中华文化与学科课程丛书　　丛书主编　崔允漷

英语教材
中华文化内容设计与使用

郭宝仙◎著

华东师范大学出版社
·上海·

图书在版编目(CIP)数据

英语教材中华文化内容设计与使用/郭宝仙著. —上海：华东师范大学出版社，2024
（中华文化与学科课程丛书）
ISBN 978-7-5760-4344-0

Ⅰ.①英… Ⅱ.①郭… Ⅲ.①英语-教材-教学研究 Ⅳ.①H319.3

中国国家版本馆 CIP 数据核字(2024)第 016056 号

中华文化与学科课程丛书
英语教材中华文化内容设计与使用

著　　者　郭宝仙
责任编辑　吴　伟
责任校对　曹一凡　时东明
装帧设计　卢晓红

出版发行　华东师范大学出版社
社　　址　上海市中山北路3663号　邮编 200062
网　　址　www.ecnupress.com.cn
电　　话　021-60821666　行政传真 021-62572105
客服电话　021-62865537　门市(邮购)电话 021-62869887
地　　址　上海市中山北路3663号华东师范大学校内先锋路口
网　　店　http://hdsdcbs.tmall.com

印 刷 者　上海商务联西印刷有限公司
开　　本　787毫米×1092毫米　1/16
印　　张　25.25
字　　数　430千字
版　　次　2024年5月第1版
印　　次　2025年1月第2次
书　　号　ISBN 978-7-5760-4344-0
定　　价　88.00元

出 版 人　王　焰

(如发现本版图书有印订质量问题，请寄回本社客服中心调换或电话 021-62865537 联系)

上海市哲学社会科学规划课题"新时代中学英语教科书中国文化内容重构研究"(课题批准号 2019BYY019)的研究成果

总序

自 2001 年新课程实施以来，中国基础教育课程改革自始至终都面临这样一个问题：如何为历史转型、民族复兴和教育强国提供强有力的课程支撑？

从国际学生评估项目（简称 PISA）的成绩来看，中国基础教育发展已达到历史高位，我们学生的总体水平在世界范围内名列前茅。但是，我国学科教育要实现从"有质量"到"高质量"的转型发展，不但要将其置于全球教育的视域中深思，还应在回应民族复兴的实际需求上熟虑。《义务教育课程方案和课程标准（2022 年版）》从有理想、有本领、有担当三个方面系统绘制了新时代的育人蓝图。"三有"新人从正确价值观、关键能力、必备品格三个方面定位了课程育人的整体架构。若要实现育人蓝图，其中一个全新的、关键的任务就是，要发挥课程、教材和教学培根铸魂、启智增慧的作用。而培根铸魂的核心就是加强中国学生对中华文化的认同。

2013 年 11 月，党的第十八届中央委员会第三次全体会议，就深化教育领域综合改革目标，提出"全面贯彻党的教育方针，坚持立德树人，加强社会主义核心价值体系教育，完善中华优秀传统文化教育，形成爱学习、爱劳动、爱祖国活动的有效形式和长效机制，增强学生社会责任感、创新精神、实践能力"。2014 年 3 月，教育部进一步印发《完善中华优秀传统文化教育指导纲要》，强调"引导青少年学生更加全面准确地认识中华民族的历史传统、文化积淀、基本国情，认清中国特色社会主义的历史必然性，坚定走中国特色社会主义道路、实现中华民族伟大复兴中国梦的理想信念，具有重大而深远的历史意义"。这是改革开放以来，教育职能部门第一次旗帜鲜明地提出：加强中华优秀传统文化教育，是深化中国特色社会主义教育和中国梦宣传教育的重要组成部分。将传统文化和核心价值观教育覆盖到小学至大学育人的全过程、各环节和各学科，逐渐成为教育界共识。2021 年 1 月，教育部颁布《中华优秀传统文化进中小学课程教材指南》，从基本原则、总体目标、主题内容、载体形式、学段要求、全学科覆盖等方面，对中华优秀传统文化进课程教材进行了系统布局。具体而言，不同学段有关中华优秀传统文化的要求是不同的：小学应重点培育学生对中华优秀传统文化的亲切感和感受力；初中应重点增强学生对中华优秀传统文化的理解力；高中应重点增强学生对中华优秀传统文化的理性认识和践行能力，进行文化创新。"全学科覆盖"强调要结合各学科具体主题、单元、模块等，融入相应的中华优秀传统文化内容和载体形式，尤以语文、历史、道德与法治（思想政治）三科为主，艺术（音乐、美术等）、体育与健康学科有重点地纳入，其他学科有机渗透，进而形成纵向有机衔接、横向协同配合的格局。在实施中要秉承"以学生为本"的教育理念，发挥各学科独特育人功能、学科间综合育人功能，开展跨学科主题教育教学活动。以中华优秀传统文化涵养社会主义核心价值观，坚定学生的文化自信。

中华优秀传统文化是中华民族在五千多年的历史发展长河中形成的智慧结晶和精神所在，是当代中国文化的根基，蕴含了以人为本、天人合一、和而不同、天下为公等思想理念、道德规范和人文精神，对于培育和提升人的思想道德、文化素养、审美水平有着非常重要的意义。中小学20多门学科的新课程标准明确了学科属性的文化教育目标，"中华文化"也构成了"全学科"文化教育的基本内容。如语文学科的文化自信、道德与法治学科的政治认同、英语学科的文化意识、历史学科的家国情怀、艺术学科的文化理解。虽名称不一，但文化认同是共同的主旨，涉及对中华优秀传统文化、革命文化、社会主义先进文化的认同等。在激烈的全球文化竞争中加快文化认同教育的步伐，强化、培育学生对中华文化的认同感，是我国深化基础教育课程教学改革的使命担当。

如何推进中华优秀传统文化进入各科课程内容？又应使其以怎样适切的形象出现在各科教材之中？如何使其有别于学科知识教学，引领中小学生完成从文化认知到文化认同的学习历程？怎样发挥新媒体、新技术为学习带来的便捷作用以有效传播中华优秀传统文化？这套"中华文化与学科课程丛书"致力于切实解决这些问题，集中承载了作者聚焦学科课程文化的基础性研究所作出的学术贡献——努力建构了各学科课程文化领域的学科体系、学术体系和话语体系。

这套丛书包括董蓓菲教授的《走向文化自信：语文课程文化研究》、沈晓敏教授的《思想政治课中华优秀传统文化资源的开发》和郭宝仙教授的《英语教材中华文化内容设计与使用》。她们运用比较研究、调查研究、文本分析、语料库分析、案例分析等方法，开展跨社会学、文化学、心理学、教育学领域的学理探讨，取得了阶段性的成果：提出了语文学科课程文化研究的理论基础,明确了思想政治课中华优秀传统文化学习资源开发的路径和步骤,探索了本土文化研究视角下英语教科书中华文化内容设计与使用原理……开阔的国际视野,扎实的学科实践,兼具学术性和实践性的成果,能够为学科教育研究者、教材编写者、职前和在职教师开展学科课程文化研究提供切实的帮助!她们结合国家级课题成果率先完成了丛书的撰写,代表学科专家开课程文化研究之先河,具有创新性与引领性,但也难免有需要商榷和改进之处,期待读者赐予宝贵意见和建议!

  这三位作者都是我的同事,作为所长,我深感荣幸和自豪,在此也向她们表示祝贺,故欣然为序。

崔允漷

2024 年 4 月

前言

一、写作背景与目的

本书是我主持的上海市哲学社会科学规划课题"新时代中学英语教科书中国文化内容重构研究"(课题批准号 2019BYY019)的研究成果,主要研究如何设计和使用英语教材中华文化内容,培养学生中华文化跨文化传播能力。同时,我也希望通过本书,阐述自己对中华文化融入英语教材的目标内容体系与方法体系的思考,抛砖引玉,引发更多关于该课题的理论和实践研究,助力具有中国特色的英语教材体系建设。

近年来,用英语"讲好中国故事"日益受到关注,《普通高中英语课程标准(2017年版)》首次将英语课程中的文化界定为中外文化,并对英语课程中中华文化的学习及中华文化传播能力的培养提出了要求。这要求我们立足中华文化立场,重新审视英语教育中传统的文化教学理念与实践,探讨帮助学生达到有关要求的可行路径。本书选择以教材为切入点展开研究,主要有以下几方面的考虑:

一是教材的独特地位。教材是课程的核心文本,是我国学生跨文化语言输入的主要来源,是教师与学生之间互动的媒介和桥梁,从教材视角展开研究,有助于从政策层面、设计层面和实施(使用)层面一体化地探讨英语课程中华文化传播能力培养路径。

二是教材引领教师专业发展的功能。科尔塔兹(Cortazzi)和金(Jin)曾提出,教材有多种功能,它是意识形态,是教师,是资源,是权威,是教师培训者。探讨适应新时代要求的英语教材设计与使用的理论与实践路径,既有助于落实课程改革的有关理念和要求,又能为教师理解和落实用英语"讲好中国故事"的要求提供切实可行的参考和策略、具体鲜活的材料和样例,无疑有助于教师转变教学观念,提升自身文化素养、相关教学能力,进而实践教学变革。

三是个人经历与感悟。多年的英语课程教材研究让我深刻感受到,教材设计如同教学设计,集理论与技术于一体,开展相关研究需要理论与实践相结合。

十年前,我的同事沈晓敏教授送我两套日本的初中英语教材,这两套教材给我留下了非常深刻的印象,他们很重视学习者本国的传统文化,在跨文化交际情境的创设、本国文化的英语表达与传播和学生思辨能力的培养等方面有很多值得借鉴之处。这两套教材的词汇量非常小(当时日本的小学还没有正式开设英语课,初中为英语学习的起始阶段),但是教材通过巧妙的设计,克服学生语言上的限制,提供丰富的学习体验,力图实现英语学习深刻的育人价值。后来我把这些思考写成论文《英语课程中的传统文化:中日教科书比较的视角》(发表于《全球教育展望》2014年第1期)。2017年和2022年高中和义务教育英语新课标颁布后,我有幸参加了上海市新标准教材的专家审读,之后研读了其他版本的新教材,其中的中华文化内容给我带来不少启发和思考。将国内外上述教材设计经验概念化、理论化,有助于丰富我国英语教材研究理论,对新时代中国特色英语教材体系建设具有积极意义。

基于上述考虑,本书试图为英语教育研究者、英语教材编写者、职前和在职英语教师等,思考和研究英语教育中的中华文化跨文化传播能力培养,分析和利用教材中的相关资源,或开发校本资源,开展相关研究等提供参考和借鉴。

二、本书框架和内容要点

本书立足中国基础英语教育实际,从教材政策层面、设计层面和实施(使用)层面一体化视角,探讨英语教材中华文化跨文化传播能力培养路径,全书框架及内容要点如下:

引言部分介绍研究背景,梳理已有相关研究,分析英语通用语和中国文化"走出去"背景下英语教材文化内容的设计面临的挑战,提出应对策略。

英语教育中的文化学习通常通过语言学习得以实现,且英语教材渗透中华文化,须从语言学习与文化学习相互促进的角度思考。因此,第一章梳理对文化概念的不同认识、文化的分类、文化概念的变化及由此出现的不同的语言学习模式,在此基础上阐释英语学习中语言学习与文化学习的关系,强调英语教材中华文化学习应与语言学习相融合。

明确了语言学习与文化学习的关系,还需要明确中华文化学习的目标或要求,英语教材中华文化内容的设计和使用应以课程标准相关要求为依据。因此,第二章对英语课程标准中跨文化能力要求进行比较研究,分析其对我们思考英语课程中本土文化学习要求的启示。这章建构英语课程跨文化能力要求比较研究框架,从跨文化知识、技能和态度三方面对我国的课程标准和欧洲语言能力标准中有关要求进行比较研究,分析其对我们思考英语课程中华文化学习要求的启示。

如何处理英语教材中本土文化与英语国家文化、其他国家文化的关系,培养学生本土文化跨文化传播能力,是非英语国家英语教材设计面临的共同问题。开展国际比较研究,能为我们解决该问题提供参考和思路。第三章建构英语教材本土文化内容分析框架,并基于该框架对我国、日本和韩国主流高中英语教材中的本土文化内容进行比较研究,分析其中本土文化内容、学习要求、呈现方式、学习活动等的特点及其对教材本土文化内容设计与使用的启示。

外语教学中文化的学习大多是附带性的、零散的,将文化项目作为一个连贯有序的整体进行通盘考虑,对于促进学生语言、文化、思维的融合发展有积极意义。第四章基于前面章节的研究,运用多种研究方法研制英语教材中华文化内容大纲,运用问卷调查法、访谈法,选取教材编写者、学科教育专家、有经验的中学英语教师、有海外跨文化交流经验的英语教师等作为调查对象,探讨大纲中文化项目的学习顺序和语言能力要求。

文化大纲为英语教材中文化项目的选择提供了框架和参考,如何基于具体教学情境,选择和组织文化项目、呈现相关内容是教材文化内容设计需要回应的重要课题。第五章阐释英语教材中华文化项目选择与呈现原则,运用语料库分析法,对我国高中英语教材与国际英语语料库中的中华文化项目及其呈现进行比较,通过分析具体样例,为中华文化项目的选择与呈现提供切实可行的思路。

教学性是教材的根本属性,而科学有效的学习活动是教材教学性的重要体现。第六章研究英语教材如何设计中华文化学习活动,更好地促进语言与文化的融合发展,本章分析此类活动的主要特征和设计路径,阐述了活动设计的原则。

前面几章探讨的是教材中华文化内容的设计,设计好的内容主要是文化意义潜势,只有师生围绕其展开良性互动,其价值才能实现。因此第七章探讨英语教材中华文化学习资源的使用,首先讨论如何用好教材中的中华文化学习资源;其次探讨如何开发和利用英语报刊、视频中的中华文化学习资源,辅助教材有关内容的学习,以便使中华文化的学习超越教材，联系实际，使学生产生个性化体验和感悟。

前面七章阐释了本书关于英语教材中华文化设计与使用的基本理念和策略，第八章通过初中"中医药文化"和高中"古今交汇"两个完整的中华文化学习单元创编和使用案例，展示本书所主张的理念与策略，希望能为英语教材设计与使用、校本课程建设提供具体、可行的参考和借鉴。

三、本书的特点

本书有以下几方面的特点：

1. 内容体系完整，体现了教材文化内容的政策（目标）、设计和使用一体化视角。从中华文化跨文化传播能力的学习要求（目标），到中华文化大纲、中华文化项目选择、组织与呈现及学习活动设计，再到教材使用，全书通过整体视野的观照，强化对中华文化跨文化传播能力培养的一体化思考，有助于读者对英语课程中华文化跨文化传播能力的培养形成整体认识，更好地理解教材，用好教材，或开展中华文化英语校本课程建设。

2. 研究视角多元，研究方法多样，呈现了一套教材文化内容研究方法体系。采用文本分析、问卷调查、访谈、国际比较、语料库分析、案例分析等多种研究方法，从中外文化互联、互通、互动和互生的视角探讨教材中华文化内容的建构战略与策略。

3. 国际视野与本土经验相结合。无论是本土文化学习要求（目标），还是教材中本土文化内容的总体设计、文化项目的选择与呈现、文化学习活动的设计等，都分析了我国课标、教材与教学实践中已有的经验与不足，同时也开展了国际比较，借鉴国际上的经验。

4. 理论与实践相结合。每个章节的理论和观点的阐释大多结合教材、教学和现实生活中的实际案例加以说明，最后一章又以完整的单元学习材料和教学设计案例的形式，展示本书主张的理念与策略，方便读者更好地理解本书的核心观点，体现了学术性与实践性的融通。

5. 语言、文化、思维相融合。在英语学习中，中华文化的学习主要靠语言学习得以实现。全书基于中国学生英语学习实际，从语言能力、文化意识、思维品质、学习能力等融合发展的视角，探讨英语教材中华文化内容的设计与使用。

四、致谢

本书从开展课题研究到成稿、修改和出版,历经四年多,期间得到了很多人的指导、支持和帮助。我的导师章兼中教授对课题的设计和论证提出了具体的建议,梅德明教授、鲁子问教授、黄远振教授、邹为诚教授、陈霜叶教授、吴刚平教授、陈振华编审在课题研究和书稿撰写的不同阶段以不同形式提供了指导和帮助,在此表示诚挚的感谢!

本书由我执笔完成,而课题研究是集体合作的结果,课题组成员的付出和贡献使本书有了比较好的写作基础。上海泗塘中学的周黎频老师和龚慧老师、上海交通大学附属中学嘉定分校的曾文琦老师,根据本书的理念分别编写和实践了初高中案例。我指导的2018级—2021级研究生中有多位同学参与了课题研究,如祝艺玮、郑钰洁、丁珍、冯雨卓、郑珊珊、翁业秋、隋湘虹、胡欣颖、周沁瑜、祁钰晗、吴昕语、黄家好、韩斯同、胡蓉、尹丽莎等,其中有的同学围绕相关主题撰写了硕士学位论文。祝艺玮、翁业秋的论文分别为第二章、第四章提供了基础素材和数据;郑珊珊、隋湘虹的论文分别为第三章、第五章提供了数据。此外,胡欣颖、尹丽莎和吴昕语分别起草了第六章的第二、三节和第七章的第二、三节。在此一并致以衷心的感谢!

最后,我要感谢华东师范大学出版社的编辑吴伟女士,正是她耐心、专业的付出和精益求精的态度,保证了本书的出版质量。

在新的历史语境中研究英语教育中的文化,特别是从本土文化视角研究英语教材,是一个全新视角,也是一项挑战性的任务。本人能力有限,书中不足之处欢迎读者批评、指正,也希望能抛砖引玉,引发更多这方面的理论和实践研究。

郭宝仙
2024年1月

目录

引　言 　　　　　　　　　　　　　　　　　　　　　　　　1

　　第一节　新时代英语教材的文化使命　　　　　　　　　1
　　第二节　中华文化内容融入英语教材面临的挑战　　　　6
　　第三节　新时代英语教材文化使命的实现路径　　　　　9

第一章　英语教材里的文化、文化学习与语言学习　　　　15

　　第一节　英语教材里的文化　　　　　　　　　　　　　17
　　第二节　英语教材里的文化学习　　　　　　　　　　　28
　　第三节　英语教材里文化学习与语言学习的关系　　　37

第二章　跨文化能力视角下英语课程的本土文化学习要求　43

　　第一节　本土文化学习要求研究的背景　　　　　　　　45
　　第二节　跨文化知识要求比较及其启示　　　　　　　　69
　　第三节　跨文化技能要求比较及其启示　　　　　　　　78
　　第四节　跨文化态度要求比较及其启示　　　　　　　　89

第三章　英语教材里本土文化内容的国际比较　　　　　　99

　　第一节　英语教材里本土文化内容的比较框架　　　　101
　　第二节　我国高中英语教材里的本土文化内容及其启示　115

第三节　韩国英语教材里的本土文化内容及其启示　　127

第四节　日本英语教材里的本土文化内容及其启示　　144

第四章　英语课程中华文化大纲的研制　　159

第一节　文化大纲的分类及研制方法　　161

第二节　中华文化大纲的研制与修订　　169

第三节　中华文化大纲中文化项目的重要性差异分析　　183

第四节　中华文化大纲中文化项目的语言能力要求　　191

第五章　英语教材里中华文化项目的选择、组织与呈现　　203

第一节　中华文化项目的选择　　205

第二节　基于教材与语料库比较的文化项目选择案例分析　　216

第三节　文化项目的组织与呈现　　228

第四节　基于教材与语料库比较的文化项目组织与呈现案例分析　　238

第六章　英语教材里中华文化学习活动的设计　　251

第一节　语言、文化与思维相融合的学习活动的基本特征与判断标准　　253

第二节　文化学习活动的设计（一）　　258

第三节　文化学习活动的设计（二）　　266

第七章　英语教材里中华文化学习资源的使用　　275

第一节　英语教材里中华文化资源的使用策略　　277

第二节　英文报刊中华文化资源辅助教材的使用　　285

第三节　中华文化视频资源辅助教材的使用　　291

第八章　英语教材里中华文化学习的单元创编与使用案例　　303

第一节　初中英语"中医药文化"单元创编案例　　305
第二节　初中英语"中医药文化"单元设计与使用说明　　312
第三节　高中英语"古今交汇"单元创编案例　　319
第四节　高中英语"古今交汇"单元设计与使用说明　　330

附录　　345

附录1　《中学英语教材里中华文化内容的重要性及语言能力要求》调查问卷　　345
附录2　中学英语教材中华文化内容大纲　　356
附录3　大纲里中华文化项目的重要性和语言能力要求情况表　　362
附录4　不同类别文化项目重要性分布情况（问卷调查结果）　　370
附录5　教材文本分析的能力要求结果　　375
附录6　不同类别文化项目最高语言能力要求分布情况（问卷调查结果）　　380

引 言

随着我国综合国力、国际地位的提高和英语的全球化,我国英语教育所面临的国内外形势发生了很大变化,英语教育面临新的文化使命,要求我们重新思考和定位英语教育中的文化立场和文化内容。

第一节 新时代英语教材的文化使命

语言与文化密不可分,文化教育是英语教育的重要内容,对英语教育中"文化"的不同理解和定位直接影响英语教育的目标定位与教学实践。长期以来,"英语外语教育都以本族语者的英语作为学习内容,并以此作为衡量成败的标准"[1],无论是在语音、词汇、语法的准确性方面,还是在语用的恰当性方面,都希望学习者达到接近本族语者的水平。与此相联系,在比较长的一段时间,我们都将英语教育中的文化等同于目的语文化,我国的英语课程文件长期以来也都将文化定位为"所学语言国家的文化"[2],如 2011 年版的课标。

近年来,我国英语教育所处的国内外环境发生了很大的变化,英语教育中传统的文化教学理念与实践受到诸多质疑与挑战[3],而教材(本书中指教科书)在我国英语教育中具有极其重要的地位:首先,教材是国家主流价值观的载体,是课程的核心文本、

---

[1] 文秋芳. 大学英语面临的挑战与对策:课程论视角[J]. 外语教学与研究,2012(02):283-292.
[2] 中华人民共和国教育部. 义务教育英语课程标准[S]. 北京:北京师范大学出版社,2012:23.
[3] 文秋芳. 在英语通用语背景下重新认识语言与文化的关系[J]. 外语教学理论与实践,2016(02):1-7,13.

文化传承的主要途径,传递着关于文化精髓和合法文化的认识①,教材中体现的价值立场和选择站位直接关系到"为谁培养人""培养什么人""怎样培养人"的核心问题。其次,教材是中小学英语教师开展教育教学的重要材料和依据,是学生跨文化语言输入的主要来源。因此,明晰新时代英语教材的文化使命,探讨其实现路径有着极为重要的意义。

一、立足本土文化,理解世界多元文化

(一) 英语国际语背景下,语言与文化的关系

随着经济的全球化和信息交流的网络化,英语的使用范围不断扩大,世界上用英语交际的非本族语者人数已经远远超过本族语者人数。英语的本质和作用已发生改变,它不再是英美等"本族语"国家特有的语言,而已成为不同国家和民族用以表述不同文化的国际通用语(English as a lingua franca)②(以下简称"英语国际语")。全球文化正在渗透国家文化,其文化参考框架多种多样,且不断变化。

国际通用语的习得有以下几个特征③:学习者不需要内化该本族语者的文化常模(规范);该语言不属于哪个国家;学习该语言的目的是使学习者能够向其他人表达他们的观点和文化。可见,英语国际语的一个重要特征就是英语与其本土文化之间的关系已经发生变化④。在英语国际语背景下,我们用英语进行国际交流的对象可能是英语本族语者,但更多的时候是非英语本族语者,如日本人、德国人等,这时交际双方不再需要依赖英语国家的文化进行沟通⑤,交流内容也不限于科技知识,还包括双方的

---

① [美]M. 阿普尔,L. 克丽斯蒂安-史密斯. 教材政治学[M]. 侯定凯,译. 上海:华东师范大学出版社,2005:95.

② Jenkins, J. Current Perspectives on Teaching World Englishes and English as a Lingua Franca [J]. TESOL Quarterly, 2006,40(1):157−181.

③ Smith, L. English as an International Auxiliary Language [J]. RELC Journal, 1976,7(2):38−43.

④ McKay, S. L. Teaching English as an International Language: The Chilean Context [J]. ELT Journal, 2003,57(2):139−148.

⑤ 文秋芳. 在英语通用语背景下重新认识语言与文化的关系[J]. 外语教学理论与实践,2016(02):1−7,13.

文化实践和价值观念。

(二) 英语学习中融入本土文化的价值与意义

英语国际语背景下语言与文化关系的变化使得培养学习者用英语传播本土文化的能力成为当务之急,学习者理解自己的文化变得至关重要,因为这有助于其理解他人的文化①。

从社会文化理论的视角看,教材利用学生的生活经验,有助于其形成对自身文化的认同、忠诚与喜爱②。因此,20世纪90年代以来,许多国家和地区都将跨文化能力作为外语课程目标,而且对本土文化的学习要求逐渐提高。早期的课程文件,如美国《21世纪外语学习标准》和欧盟《欧洲语言共同参考框架》等要求理解目标文化、反思本族文化,培养跨文化能力,而近年来不少国家(如日本、韩国等)的要求是,弘扬本国文化,培养跨文化英语交际能力③。

二、用英语讲好中国故事,坚定文化自信,增强国家认同

(一) 国家和个人文化发展需要

近年来,用英语讲述中国故事已成为我国的客观需求。从国家层面看,我国提出"提高国际话语权。要加强国际传播能力建设……讲好中国故事,传播好中国声音,阐释好中国特色","中华文化走出去","提高文化开放水平……扩大对外文化交流,加强国际传播能力和对外话语体系建设,推动中华文化走向世界","讲好中国故事,展现真实、立体、全面的中国,提高国家文化软实力","坚定道路自信、理论自信、制度自信、文化自信","不断提升国家文化软实力和中华文化影响力","深化文明互鉴,推动中华文化更好走向世界"等,希望借助英语等有影响力的语言,阐释我国的立场、观点,使世界

---

① McKay, S. L. Teaching English as an International Language: Implications for Cultural Materials in the Classroom [J]. TESOL Journal, 2000(04):7-11.
② Cortazzi, M., & Jin, L. Cultural Mirrors: Materials and Methods in the EFL Classroom [M]//Culture in Second Language Teaching and Learning. Cambridge: Cambridge University Press, 1999:67.
③ 束定芳,朱彦,等. 基础教育阶段英语课程标准国别研究报告[M]. 上海:上海外语教育出版社,2018:82-107.

能更好地理解中国,提升我国国际影响力①。

而从个人层面看,越来越多的中国公民通过旅游、留学和社交媒体等参与到与异域文化的交流中,用英语讲好自己的故事成为客观需求。所有这些都要求我国的英语教育调整目标定位,加强中华文化的输入与学习②。

(二)新课程标准的文化定位

在上述国内外背景下,《普通高中英语课程标准(2017年版2020年修订)》(以下简称《高中新课标》)将高中英语课程总目标阐述为培养具有中国情怀、国际视野和跨文化沟通能力的社会主义建设者和接班人,首次将英语课程中的"文化"界定为中外文化,强调理解中外文化,增强国家认同和家国情怀,坚定文化自信③。这标志着我国英语课程目标在价值取向上发生了重要的变化。由此,英语教材如何加强中华文化的输入与学习,成为落实有关要求和服务国家发展战略的紧迫课题。

三、引领教师英语文化教育的理念与实践

新时代英语教育所面临的新形势和课程标准的要求,都对教师的文化教育理念与实践能力提出了新要求。然而,在英语教学实践中,部分英语教师对文化教学持无用论、简单论和复杂论等错误观点④,仍有不少英语教师还是将目标语文化作为文化教学的重点,重视其对英语教学的推动作用⑤。英语教学的评价指标也局限于应试成绩,许多英语教师将英语教学目标框定在词汇、语法、阅读等表面层次的教学活动中,而有关文化的教学内容是零碎的、有限的⑥。可见,英语教师对英语文化教育的认识

---

① 中共中央关于全面深化改革若干重大问题的决定[J].求是,2013(22):3-18.
② 文秋芳.在英语通用语背景下重新认识语言与文化的关系[J].外语教学理论与实践,2016(02):1-7+13.
③ 中华人民共和国教育部.普通高中英语课程标准(2017年版2020年修订)[S].北京:人民教育出版社,2020:4.
④ 谢平,叶文斌.中华优秀传统文化的教学回归与融合——在高中英语课标观照下[J].江苏教育,2020(19):28-32.
⑤ 张红玲.跨文化外语教学[M].上海:上海外语教育出版社,2007.
⑥ 谢平,叶文斌.中华优秀传统文化的教学回归与融合——在高中英语课标观照下[J].江苏教育,2020(19):28-32.

和实践都有诸多局限,离新课程标准中文化育人的理念尚有差距。

目前,无论是高校的师范生培养还是教师的岗前培训,大多围绕语言教学能力进行,几乎很少关注文化教学方面的能力,更不要说本土文化教学能力[1]。研究发现,我国英语教师中华文化素养偏低[2],中西文化的批判性思维意识有待提高,中华文化英语表达水平欠佳[3]。这使得许多英语教师既没有明确的本土文化教学目标,又缺乏相关的知识储备和教学经验,因而中华文化的教学显得比较随意且缺乏系统性。随着高中新课标与教材进入课堂,英语教师在教学中融入中华文化的意识有所提升,但由于缺乏相关的理论指导和引领,文化教学出现了顾此(文化)失彼(语言)、以讲代悟、以知代行,以记(忆)中学代替用中学、悟中学的现象。

教材在英语课程的文化教育中具有多重功能,科尔塔兹和金(Cortazzi 和 Jin)对此作了如下精辟的阐释[4]:教材是教师,直接向学生教授目的语国家文化;教材是内容地图,可以让师生对将要学习的语言和文化内容有整体认识;教材是资源,是文化教学内容的主要来源,为师生提供适宜且有用的学习材料和活动;教材是培训者,它蕴含了最新研究成果和先进理论,为教师开展文化教学提供指导;教材是权威,它是由专家编写的,其中的文化内容被认为是正确和可靠的;教材是去技能的,教师过度依赖教材,就会丧失创造性、批判性地使用教材的能力;教材是意识形态,施加给师生一种世界观或文化系统,间接地建构其文化观念。鉴于英语教师文化教育观念与实践能力现状,以及我国英语教育以教材为课程核心,注重教师、教材的作用这一传统[5],研制适应新时代要求的英语教材,有利于发挥教材作为培训者的功能,引领教师文化教育观念与实践。

---

[1] 张红玲.跨文化外语教学[M].上海:上海外语教育出版社,2007.
[2] 李小霞.文化"走出去"语境下英语专业教学中存在的问题及解决途径[J].高教学刊,2017(05):82-83.
[3] 袁小陆,赵娟,董梅.外语教育中的文化自觉培养现状与归因研究[J].外语教学,2017(03):56-61.
[4] Cortazzi, M., & Jin, L. Cultural mirrors: Materials and Methods in the EFL Classroom [M]//Culture in Second Language Teaching and Learning. Cambridge: Cambridge University Press, 1999:199-201.
[5] 孙有中.中国外语教材建设:理论与实践[M].北京:外语教学与研究出版社,2021:156.

第二节　中华文化内容融入英语教材面临的挑战

　　新时代背景下,我国英语教材面临的新使命要求我们基于国内外英语教材文化内容设计与使用的已有研究和实践经验,探讨英语教材中包括中华文化在内的内容设计,为新时代英语教材设计与评价提供切实的依据和指导,推动新课标理念和立德树人根本任务的落实;结合英语学科特点,推动落实教育部关于中华优秀传统文化融入课程教材体系的要求,以及培养国家认同、文化自信的国家战略要求。然而,目前关于英语教材里中华文化内容的研究,大多为分析中华文化在教材中所占比重,尚未见基于新时代背景,从英语教材设计与使用视角对中华文化学习要求、内容选择、组织与呈现等展开的系统研究,而这正是本书所要补救的缺失。

　　关于英语教材文化内容的相关研究将在本书第三章具体展开,这里对英语教材中文化内容面临的挑战作一简要分析。面对英语教育的新形势、新要求,英语教材中的中华文化内容有诸多需要调整和改进的方面,面临不少新的挑战。由于多年来课程标准中传统的文化立场定位,新课标颁布前国内英语教材文化内容大多存在着厚此(西方文化)薄彼(中华文化)的现象,导致英语学习者在跨文化交流中中华文化意识与自觉欠缺①,表现出"中华文化失语症"②③,使英语教育隐藏文化安全隐患④。对这些问题加以分析,有利于更清晰地认识英语教材文化内容设计需要解决的问题,思考可行的解决方案。

---

① 赵彦春,吕丽荣.国学经典英译的时代要求——基于外文出版社出版的《英韵:三字经·弟子规·千字文》[J].外语教学,2016,37(04):96-99.
② 从丛.中国文化失语症:我国英语教学的缺陷[N].光明日报,2000-10-19.
③ 张珊.中国外语教育的文化自觉[J].外语教学,2017(02):7-11.
④ 曾敏.冲击与回应:文化安全视域下的外语教育[J].教育研究与试验,2012(03):60-63.

一、中华文化内容不足或被边缘化

对《高中新课标》颁布前不同学段、版本的一些英语教材文化内容进行研究,发现英语教材虽然已经注意渗透中华文化,但总体而言英语国家文化占主导地位,反映了英语教学传统的文化定位。这表现在两个方面:第一,英语国家文化所占比重较高,中华文化、世界其他国家文化内容较少。对多套依据 2003 年课标编制的高中英语教材进行研究,都得出了上述结论①②。第二,英语国家文化主导还体现在其所占篇幅和呈现方式上。例如,10 套教育部规划的大学英语教材中,英美国家文化的语篇占比最高达 81.2%,中华文化相关语篇占比最高仅为 7.3%③;某套主流高中教材中英语国家文化多以课文形式呈现,而中华文化多以插图、练习形式呈现。该套教材中除了英美等 5 个英语国家外,明确出现的国家有 35 个,但它们大多是以一两句话或几个专有名词的形式一笔带过,教材的文化内容还是以促进中国与英语国家的交流为主要目的。

同时,教材中呈现的中华文化内容也有很多不足。例如,某高中教材的中华文化内容中当代文化较多,古代文化较少,近现代文化极少。以人物为例,明确出现的当代人物有 8 位,古代人物有 5 位,近现代人物只有 1 位。

二、中华文化内容结构零散,系统性欠佳

基于传统的文化定位,英语教材的编写往往对西方文化的分布与处理有着较为细致的顶层设计,西方文化内容有着比较完善的体系,在教材每册、每单元中都有所体现,但对中华文化内容往往没有系统化设计的思路,相关内容大多是零散地分布在各部分,彼此缺乏联系,因此无法形成完整的文化体系④,不利于培养学生跨文化交际能力。

例如,依据 2003 年课标编制的某主流高中教材在 5 册书中分别用一个单元介绍

---

① 徐晨. 高中英语教材文化内容对比研究[D]. 兰州:西北师范大学,2013:38 - 40.
② 曾霏. 高中英语教材母语文化缺失分析[D]. 福州:福建师范大学,2011:24.
③ 刘艳红,Zhang, L, J, May, S. 基于国家级规划大学英语教材语料库的教材文化研究[J]. 外语界,2015(06):85 - 93.
④ 徐若梦. 浅议我国英语教材出版的"文化失语"与传承[J]. 出版广角,2016(01):79 - 80.

一个英语国家的地理、历史等,涉及加拿大、英国、美国、澳大利亚和新西兰5个国家,这5个单元的两篇课文都用于介绍所涉及的国家。该教材还在5册书中分别用一个单元的两篇课文介绍剧本《百万英镑》《皮格马利翁》《李尔王》、英语诗歌以及英国小说家与作品。对西方音乐、绘画、航海、探险、美国民权等也都分别用一个单元的两篇阅读文本介绍。可见,该教材针对英语国家文化有着较为清晰的顶层设计,内容全面系统,分布均衡,有利于学生全面深入地学习英语国家文化,培养国际视野。相比之下,中华文化内容显得较为零散,教材的55个单元中只有5个单元是两篇课文都围绕中国学生和中华文化相关话题展开的,其他中华文化内容分散于各册书的不同板块中,这使得中华文化内容的学习难以形成相互累积和强化的效果。例如,介绍中国古代文明时,提到了古董、算盘、司南、四大名著、神话故事、唐诗等,这些都零星地分布于教材中。

三、主动传播、传承中华文化的意识不足

教材明确地包括传播中华文化的相关内容和活动,有意识地渗透用英语介绍中华文化的方法,有助于培养学生文化传播的意识和能力。但有的英语教材中主动传播、传承中华文化的意识不足。笔者对中日初中英语教材中的传统文化进行比较研究后发现①,我国教材中主动传播中华文化的内容较少,分布不够均匀;缺乏显性教授和传播传统文化方法的内容;跨文化交际中介绍传统文化时较为笼统,语言表述上显得有些被动。如在新西兰学习的中国交流生说,"按照要求,交流生要向人们介绍自己的文化。我从中国带了许多相片、明信片和一些中文书,我向同学们介绍中国,还做了一些简单的中国菜"。这里除了中国菜比较具体明确外,到底还介绍了哪些中华文化,不得而知。

四、中华文化内容的学习缺乏深度

这表现在三个方面:第一,中华文化内容,尤其是传统文化内容多以插图形式呈现。例如,某套初中教材中共包括14项中华传统文化内容,其中6项为插图(含3项

---

① 郭宝仙.英语课程中的传统文化:中日教科书比较的视角[J].全球教育展望,2014(01):111-119.

不带标题)。第二,部分输出练习未提供相关语言输入。例如,某教材针对嫦娥奔月等神话传说设计表达活动,但输入仅提供了插图,这样的输出练习由于缺乏语言支架,落实的可行性较弱。第三,中外文化比较的内容较少,不利于加深学生对中华文化的理解和反思。例如,研究发现三套主流高中教材中跨文化比较的内容占比分别仅为1%、0.8%和3%[①]。

高中新课标颁布后,基于该课标的英语教材里的中华文化内容出现了很多积极的变化,其中的经验值得挖掘和提炼。教材设计是一项集理论研究与实践运用于一体的工作,如何根据新时代国家发展战略需要和英语国际语的交际特点,确立英语教材新的文化立场,重构英语教材文化内容,应对英语教材在新时代所面临的挑战,培养学生的文化自觉和跨文化能力,乃是当下重要且紧迫的研究课题。

第三节 新时代英语教材文化使命的实现路径

要实现新时代英语教材的文化使命,我们既需要吸收已有的研究成果,开展系统的理论研究,探讨英语教材中华文化传播能力发展路径,同时也要结合教材分析,吸收和提炼实践经验。具体来说,可以通过以下方面探讨英语教材实现文化使命的途径和方法。

一、教材文化使命的实现路径

(一)提升英语教材设计的文化自觉

英语教育中文化教育的结果是多方面的,如特定文化的理解、一般文化的理解、能力、适应、社会变迁和学习者的身份归属等。为实现新时代英语教材文化功能与定位的转型,我们不能仅仅停留在英语学科和学习者个体跨文化交际的层面探讨文化教育,而要从我国社会发展和学生文化认同、国家认同培养的高度设计和规范英语教材中的文化内容,立足于中国立场对教材传达的文化价值与中国国家形象进行顶层设

---

① 徐晨.高中英语教材文化内容对比研究[D].兰州:西北师范大学,2013.

计,对教材中的中外文化进行整体规划。将英语教材中的中华文化内容设计置于当前跨文化外语教育大背景下思考,有助于我们认识英语教育中"文化"这一概念丰富、动态变化的内涵,分析英语学习与文化学习间的关联,明确英语教材中华文化跨文化传播能力,提高教材文化内容设计的文化自觉。

(二) 分析和借鉴国内外英语教材本土文化内容设计经验

如前所述,教材编写是一项集理论研究与实践运用于一体的工作,英语教材研制实践中有许多好的经验值得发扬光大。从世界范围看,许多国家在将英语作为外语来教学的过程中,都面临着如何处理好本土文化与英语国家文化的问题,研究这些国家,尤其是东亚国家的相关经验,有助于丰富和深化我们对英语教材文化内容设计相关问题的认识,为我们提出英语教材中华文化设计战略与策略提供参考与借鉴。具体如分析和比较不同教材中本土文化内容及其分布、呈现方式是怎样的;是如何处理本土文化与英美文化、其他国家文化关系的;各类文化所占比例如何,是以文化共现,还是独现的方式呈现的;呈现的是文化相似点,还是文化差异点等。

(三) 探讨英语教材中华文化内容的设计策略

开展有关文化、文化学习与语言学习的关系、跨文化能力等主题的理论阐释与研究,其目的是为英语教材中本土文化内容的设计提供明确的目标定位与引领,而国内外已有经验可以让我们了解好的文化内容的表现特征,这些都为我们探讨中华文化内容的设计提供了有益的思路。同时,探讨英语教材中华文化内容的设计还需要考虑一些基础性的课题。

首先,英语教材的中华文化输入需要以具体的中华优秀文化内容为载体,基于文化本身的特点和学生认知特点、文化学习的特点及时代特征,选择中华文化内容。

其次,教材的风格和呈现方式对成功的教学实施非常重要①,教材创新不仅仅是内容的创新,还是形式或结构的创新,教材如何呈现文化内容,使其易教、利学②也是重要的研究课题。

此外,中华文化内容的设计要体现语言学习与文化学习相互促进、相互渗透的意

---

① [美]M·阿普尔,L.克里斯蒂安·史密斯.教科书政治学[M].侯定凯,译.上海:华东师范大学大学出版社,2005:305.
② 石鸥,刘艳琳.深刻理解课程标准,切实提高教材质量——基于新方案、新课标编写教材的几点思考[J].课程·教材·教法,2022,42(10):4-11.

识,针对中华文化内容设计适宜的教学活动,加深学生对文化知识的认识与体验,并为其提供有意义的语言实践机会,真正促进跨文化能力的培养与发展。这些都是有待探讨的课题。

(四) 研制英语课程中华文化学习大纲

在英语课程中开展文化教学有诸多难点,如文化教学通常是零散的,而不是作为连贯有序的整体出现的;英语学科中的文化内容容易与学生在历史、地理、语文等学科中学习到的文化内容产生重叠。而导致语言课程中文化教学难以实施的一个重要原因,是难以设计文化大纲[1]。因此,研制英语课程中华文化学习大纲,一方面有助于发挥英语学科"立德树人"的学科价值,让人们更加关注英语学科育人的独特性,另一方面,有助于明确英语学习中的中华文化项目,更好地实现英语国家文化、中华文化和世界其他国家文化的互联、互通、互鉴,培养国际视野、家国情怀和中华文化跨文化传播能力。

(五) 提升教师相关专业素养,发挥教材专业引领作用

教师是教育变革中的能动力量,英语教材只有通过教师基于教学实际情境的创造性演绎,才能真正有效地实现它所肩负的文化使命。然而,长期以来,学习外语似乎就是为了交际[2],大多数英语教师一般只重视语言的交际功能和工具属性,而忽视了语言的认知、社会文化和生物属性[3]。同时,英语教师既是英语学习者,也是文化学习者,我国英语教师的中华文化素养偏低,中西文化的批判性思维意识有待提高,中华文化英语表达水平欠佳[4],跨文化教学的意识与能力有待提高[5]。

这一方面要求教师转变观念,明确新时代背景下英语教师应具备的文化立场和文化身份,充当文化学习的示范者,加强汉语言文学、中华文化的学习,提高中华文化素养,增强中外文化比较和中华文化传播的意识与能力。另一方面要求教材发挥教师专

---

[1] Stern, H. H. Issues and Options in Language Teaching [M]. London: Oxford University Press, 1992.
[2] 龚亚夫.论基础英语教育的多元目标——探寻英语教育的核心价值[J].课程·教材·教法, 2012(11):26-34.
[3] 韩宝成.关于我国中小学英语教育的思考[J].外语教学与研究,2010(04):300-302.
[4] 袁小陆,赵娟,董梅.外语教育中的文化自觉培养现状与归因研究[J].外语教学,2017(03):56-61.
[5] 顾晓乐.外语教学中跨文化交际能力培养之理论和实践模型[J].外语界,2017(01):79-88.

业发展的引领作用,为教师提供多样化支持,保障教材设计理念与目标在教学中真正得到落实。例如,可以在教师用书中为教师在具体文化情境中使用教材提供切实可行的建议和指导,如提供文化知识及其学习目标的详细讲解和解读,帮助教师分辨不同的文化学习结果;设计多层次教学活动和建议;编制教材辅助文化读本等。另外,还可以为教师提供教材文化内容设计理念的相关培训。

二、研究方法

新时代赋予了英语教材新的文化使命,这一使命的实现并非易事,因为从观念的转变到将观念付诸实践,有许多理论问题需要研究,有很多实践空白需要填补。比如,中外文化的平衡、文化学习目标的达成等。这些问题都需要我们以一种不断反思的方式思考与改进,从而彰显英语教材的文化功能,开辟英语教材设计的新方向。本书试图围绕上述途径探索英语教材里中华文化内容的设计与使用,以抛砖引玉,推动新时代我国英语教材文化内容设计的创新研究与实践。具体说来,本书的写作过程中综合采用以下研究方法:

(一) 文献研究法

研究者收集和分析国内外关于英语国际语背景下英语外语教育的有关文献,以及外语课程标准、外语教材文化内容评价标准、外语教材本土文化研究的相关文献,建构英语课程标准本土文化学习要求比较研究框架、英语教材本土文化内容比较研究框架和英语课程中华文化学习初始大纲等。

(二) 内容分析法

采用量化与质性相结合的内容分析法,对代表性的中外英语教材、英语语料库进行文本分析。量化方法用于对本土文化内容所占比重、呈现方式(独现或共现)、呈现角度(文化相似性还是差异性)、学习深度等进行统计。质性方法用于对文化内容整体设计思路、内容选择和呈现的整体印象和特征等进行分析。

(三) 比较研究

这有两方面:其一,基于英语教材本土文化内容分析框架,运用国际比较的方法,选取我国、日本、韩国有代表性的英语教材,比较它们在本土文化内容选择、呈现及活动设计等方面的特点,分析这些特点对中华文化视角下英语教材设计与使用的借鉴意义。其二,对我国教材与国际英语语料库中文化关键词词频、呈现方式与呈现视角进行比较研究,以便为教材里的中华文化内容选择、组织与呈现提供参考。

(四) 访谈法

研究以英语教育专家、具有较丰富跨文化交际经验的教师、有丰富教学经验的中学英语教师、英语教材编写者等为访谈对象,通过小组访谈和个人访谈,获取他们对研究所构建的英语课程本土文化学习要求比较框架、英语教材本土文化分析框架修订建议,对中华文化学习大纲中文化项目的重要程度及文化项目的语言能力要求的反馈意见。

(五) 问卷调查法

参考国内外教材文化内容评价标准,结合本研究构建的中华文化学习大纲,设计英语课程中华文化学习大纲调查问卷/量表,请教材编写者、有丰富跨文化交际经验的专家、有经验的中学英语教师等对问卷中的中华文化项目的重要程度和语言能力要求适宜性进行判断。

(六) 试点研究

基于本书所倡导的中华文化视角下教材设计与使用的理念,设计初中和高中的中华文化英语学习单元样例,在上海市某初中和某高中分别进行试点研究,根据学生学习情况不断修改完善,形成英语教材中华文化英语学习单元创编与使用案例,供教材编写者和教师参考。

注:本章的部分内容曾以"新时代英语教材的文化使命及其实现路径"为题发表于2020年第9期的《课程·教材·教法》。

第一章

英语教材里的文化、文化学习与语言学习

文化是语言教学的核心,几乎所有语言教材都包含文化信息①。探讨英语教材里中华文化内容的设计与使用,首先要明确文化的概念,分析英语学习与文化学习的关系,包括与中华文化学习的关系。

第一节 英语教材里的文化

探讨英语教材里的中华文化内容,其主要目的在于培养学生中华文化跨文化传播能力,而"有关文化内涵的概念界定一直以来都是跨文化外语教学原则的风向标"②。因此,研究教材里中华文化内容的设计与使用,我们首先需要理解、把握文化的概念、性质和特点。

一、文化的定义、分类与特点

(一) 文化的定义

文化是我们日常生活中使用频率很高,内涵极为丰富的一个概念,由于文化现象包罗万象,很难给其下一个精确的定义。我们一方面需要了解常见的界定,另一方面需要将其置于外语跨文化教育视角下审视。

文化是什么?这一直是各门社会科学争论的一个问题,人类学、社会学、心理学等各门学科就"文化"的解释争论不休,相关定义层出不穷。这些定义从不同方面揭示了文化的特征。例如,梁漱溟提出,"文化就是吾人生活所依靠的一切"③,该界定指出了文化在政治、经济和文化生活中无处不在的特点。与此相类似,苏新春认为文化包括"与人有关的一切活动、现象、事物"④。莱文和巴克斯特(Levine 和 Baxter)把文化比

---

① Kramsch, C. Context and Culture in Language Teaching [M]. Oxford: Oxford University Press, 1993.
② 孙有中. 中国外语教材建设:理论与实践[M]. 北京:外语教学与研究出版社,2021:47.
③ 梁漱溟. 中国文化要义[M]. 济南:山东人民出版社,1990:9.
④ 苏新春. 文化语言学教程[M]. 北京:外语教学与研究出版社,2006:50.

作海洋中的冰山,露出水面的部分称为显性文化,例如语言、饮食、衣着、身体语言等;隐藏在水下的部分为隐性文化,如观念、价值、态度等①。联合国教科文组织则将文化看作是"一个社会或某个社会团体拥有的精神、物质、理智和情感等方面的显著特点构成的综合的整体,不仅包括艺术、文学,还包括生活方式、价值体系、传统和观念"②。《现代汉语词典》对文化的定义为"人类在社会历史发展过程中所创造的物质财富和精神财富的总和,特指精神财富,如文学、艺术、教育、科学等"③。上述几种界定分别揭示了文化的社会属性、存在形式及类属等特点。

对文化的界定之所以有不同意见,是因为学者们总是基于自己的专业、研究的目的和关注的问题界定文化④。英语学习中,学生通过学习语言而学习文化,由于学习时间和内容的限制,英语教材不可能将包罗万象的文化纳入其中。因此,对文化概念的解释不仅需要考虑其完整性,而且必须顾及其可行性⑤,即考虑文化的范围与本质。但从外语教学角度对已有界定进行分析发现,所谓的完整性和可行性也是相对而言的⑥。外语教学视角的诸多界定中,莫兰(Moran)的界定较有影响:"文化是人类群体不断演进的生活方式,包含一套共有的生活实践体系。这一体系与一系列共有的文化产物相关,以一套共有的世界观念为基础,并置于特定的情境之中。"⑦这一界定突出了文化的生存性(即它是一种生活方式,一种生活实践体系),强调了文化的群体性(文化是一类群体共有的)、流变性(文化是不断演进的)、境况性(特定的境况)⑧。

国内外语教学界采用的较多的界定,如"文化是特定社会群体(而不是个别人)的

---

① Levine, D., Baxter, J., & McNulty, P. The Cultural Puzzle: Cross-cultural Communication for English as a Second Language [M]. Englewood Cliffs, NL: Prentice Hall, 1987.
② UNESCO. Cultural Diversity: Common Heritage and Plural Identities. Paris: UNESCO, 2002:9.
③ 中国社会科学院语言研究所词典编辑室. 现代汉语词典第6版[M]. 北京:商务印书馆. 2012:398.
④ 胡文仲,高一虹. 外语教学与文化[M]. 长沙:湖南教育出版社,2000:7.
⑤ Seelye, H. N. Teaching Culture: Strategies for Foreign Language Educators [J]. The Modern Language Journal, 1975,59:145–146.
⑥ 陈申. 语言文化教学策略研究[M]. 北京:北京语言文化大学出版社,2001:3.
⑦ [美]莫兰. 文化教学:实践的观念[M]. 北京:外语教学与研究出版社,2009.
⑧ Moran, P. R. Teaching Culture: Perspectives in Practice [M]. Beijing: Foreign Language Teaching and Research Press, 2009:11.

整个生活方式,它与交际密切相关,受社会准则的制约,是一整套约定俗成的社会生活方式的体系(而不是零星的社会现象),由有形和无形两种形式构成"[1]。这一界定既体现了文化与语言交际直接相关的特点,也体现了文化中价值观念和社会准则层面的支配作用。

上面这些界定回答了文化是什么的问题,但是有研究者指出,认识文化概念时,重要的不是文化是什么,而是文化做了什么[2],将文化作为一个名词,会给人一种错误的印象,让人们认为文化是一个对象或物体。其实文化更多地具有动词,而非名词的属性,文化是一个创造意义的动态过程[3]。文化的功能是维持和转变社会秩序,它提供给个体或群体某种心理结构,指引人们生活的方方面面[4]。我们探讨英语教材里的中华文化内容,不仅仅是要丰富学生的中华文化知识,更重要的是通过科学设计,使语言学习与文化学习相互融合、相互促进,更好地发挥教材文化育人的功能。

(二) 文化的分类

除了下定义,人们也常常用列举、分类的方式来进一步揭示文化的内涵。研究者从外语教育的视角提出了多种有价值的分类,了解这些分类有助于我们从多样的视角认识英语教材中文化内容可能的存在样态。本研究侧重探讨英语教材的中华文化学习,从这个视角看,以下文化分类有重要的参考价值。

1. 国别视角

英语教学界传统上将英语教学中的文化定位为目的语(英语)国家文化,这是一种比较典型的从国别视角认识文化的现象。例如《义务教育英语课程标准》(2011版)指出:"在英语教学中,文化主要指英语国家的历史、地理、风土人情、传统习俗、生活方式、文学艺术、行为规范和价值观念等。"[5]这一界定通过列举的方式明晰了英语教学中文化的范围和内容。也有许多研究借鉴卡奇鲁(Kachru)[6]对世界英语的分类,将英

---

[1] 胡文仲,高一虹. 外语教学与文化[M]. 长沙:湖南教育出版社,2000:9.
[2] [美]库玛. 文化全球化与语言教育[M]. 邵滨,译. 北京:北京语言大学出版社,2017:7.
[3] Street, B. V. Culture Is a Verb: Anthropological Aspects of Language and Cultural Process [M]//Language and Culture. London: Multilingual Matters, 1993:23-43.
[4] Geertz, C. The Interpretation of Cultures [M]. New York: Basic Books, 2017:8.
[5] 中华人民共和国教育部. 义务教育英语课程标准[S]. 北京:北京师范大学出版社,2012:23.
[6] Kachru, B.B. World Englishes: Approaches, issues and resources [J]. Language Teaching, 1992,25(01):1-14.

语教学中的文化分为内圈国家文化、外圈国家文化和扩展圈国家文化,三者所指向的国家分为以英语为母语的国家、以英语为官方或第二语言的国家、以英语为外语的国家。再如,科尔塔兹和金①将教材中的文化内容分为本土文化、目标语文化和国际文化,这里的本土文化即学习者自身的文化,目的语文化即所学语言国家文化,英语教育中即英语国家文化,国际文化即世界其他国家文化。根据这一分类,中国英语教育语境中,中华文化即学习者的本土文化。因此,本书在谈到我国英语教材里的中华文化时,中华文化和本土文化两种表述所指内涵相同。

从国别视角认识文化,为教材设计与教学内容的选取提供了一个较为可行的操作路径,有助于平衡不同来源文化所占比例。但是从这一视角出发,教材常常把文化分解为国家特征中那些可识别的部分,并加以呈现,这些常常是模式化、刻板化的。正如下一节将要阐述的,文化是一个复杂的动态过程,随着全球化的深入,不同文化间的互动与相互影响增多,以国家为界来确定单一民族文化的时代在很多地区已不复存在②。我们应把文化看作是一个更为复杂的概念,是多面、全球、本土和混合文化流③。从这个意义上看,英语教材或教学中对文化内容的选择和呈现应注意引导学生关注不同文化间的互动与互鉴。

2. 文化的构成要素视角

从文化构成要素视角界定文化也是外语教学中常见的做法。例如,《美国外语学习标准》(1996版)对文化的界定是:文化是三个相互联系的维度,包括产物(products)、实践(practice)与观念(perspectives),该标准的更新版《面向世界的语言学习标准》④基本也沿用这一界定。其中的"文化产物"既可能以物质形式存在,如筷子、某一文化中特有的食物、运动、建筑或油画、剪纸、文学作品片段等,也可能以非物质形式存在,如口头传说、舞蹈、文化礼仪或教育体系。"文化实践"通常指人们的生活方

---

① Cortazzi, M., & Jin, L. Cultural Mirrors: Materials and Methods in the EFL Classroom [M]//Culture in Second Language Teaching and Learning. Cambridge: Cambridge University Press, 1999:204 - 205.
② 李晓琪. 汉语作为第二语言教学的文化教学研究[M]. 北京:商务印书馆,2019:16.
③ [美]库玛. 文化全球化与语言教育[M]. 邵滨,译. 北京:北京语言大学出版社,2017.
④ The National Standards Collaborative Board (American Council on the Teaching of Foreign Language ACTFL). World - Readiness Standards for Learning Languages 4th ed [S]. Alexandria, VA: Author. 2015.

式、行为方式、风俗习惯等。"文化观念"包括认识、信念、价值和态度,它左右人们的文化交际行为和文化产物的创造。英语教材中的哲学思想(如儒家思想)、名人名言、神话等都是文化观念的具体体现。有些文化观念在许多文化中被普遍认可,如平等、尊重等,而有的观念在不同文化中受重视的程度不同,如隐私。

文化产物、文化实践和文化观念三者之间密切关联,文化产物是其中最容易被感知的部分,文化实践展示了文化作为生活的本来面貌,文化观念反映出一个民族的历史文化精神气质与思想内核。文化产物连接着文化观念,在文化实践、习俗的展示中起着标志性作用①。文化产物和文化实践多为显性的,大部分的文化观念隐含在"文化冰山"之下,是隐性的。对于显性文化内容,可以直接教学,对于隐性文化内容,则需要引导学生去分析和体验。

在上述文化三要素中,人是非常重要的因素,文化通过一代又一代人的实践而得以传承、发展,人又是社会化的产物,每个个体也具有文化性,个体的观念和行为是在文化中形成的。人们因年龄、性别、所属阶层、职业、地域、经济发展水平、宗教信仰等的不同,又形成不同群体。正因为如此,在文化三要素的基础上应增加两个维度,文化社群(communities)和文化人物(persons)②,前者包括文化社群进行文化实践所在的特定社会环境,可以是广泛的社群(如国家文化、种族),也可以是更狭义的群体(如少数民族文化、部落文化),后者指某一文化中的人,可以是文化名人,也可以是普通人,文化人物的所有文化行为都在一定的文化社群中发生。

增加文化社群和文化人物两要素,强调了人在文化中的重要性,而且将文化社群与文化人物独立开来,其意义在于让我们认识到,群体归属和认同是重要的,但又是多重的、矛盾的和动态的,个体具有能动性,我们不能将个体简化为归属于单一群体,也不能把个体所展示的文化视作整个社群或者整个民族的文化③。例如,中国功夫风靡全球,但不能认为每个中国人都是武林高手。从这个角度看,教材恰当地呈现文化,避免容易让学生产生文化刻板印象的文化呈现方式尤为重要。

《高中新课标》也对文化进行了分类,强调文化知识指中外文化知识,包括物质和

---

① 陈莹. 国际汉语文化与文化教学[M]. 北京:高等教育出版社,2013:144-145.
② Moran, P. R. Teaching Culture: Perspectives in Practice [M]. Beijing: Foreign Language Teaching and Research Press, 2009.
③ Atkinson, D. TESOL and Culture [J]. TESOL Quarterly, 1999,33(4),625-654.

精神两方面,物质方面包含饮食、服饰、建筑、交通以及相关的发明与创造等;精神方面包括哲学、科学、教育、历史、文学、艺术,还有价值观、道德修养、审美情趣、社会规章制度和风俗习惯等①。《义务教育英语课程标准(2022年版)》则将文化分为物质文化与非物质文化两个类别,它们所包含的内容与高中的课标基本一致,只是在非物质文化中增加了"劳动意识",是英语学科落实劳动教育理念的具体举措,另外将《高中新课标》中的"社会规章制度"改为"社会规约"②。两个课标都用列举的方式清晰地规约了文化学习内容的范围,但没有凸显不同文化要素的特色,如文化实践、文化社群和文化人物的意义,对于我国这样一个民族多、地域广、差异大的国家来说,容易导致教材编制与教学中相关文化内容缺失或被忽视。

3. 文化表征的视角

在语言学习中,文化需要通过某种文本、方式呈现或反映出来,才能成为学习的对象。因此,我们也可以从文化表征(cultural representation)或呈现的视角认识文化。里萨杰(Risager)③根据语言教学中文化表征的形式,区分出文化的三种维度:内容维度(the content dimension)、情境维度(the context dimension)和美学维度(the poetic dimension)。内容维度指的是教学的主题内容,这个维度的文化与文化所属的国家形象同义,如英语教材中关于英美国家地理、历史等内容,关于袁隆平、屠呦呦等科学家的内容等。情境维度指的是语言使用发生的社会情境,以及情境中得体使用语言所需要的社会文化知识。例如,教材语篇中人物的国籍、族裔背景以及活动环境都是语言使用的社会文化背景。美学维度指的是语言的审美运用(the poetics of language),与口头和书面形式中语言的审美、诗意运用有关。

如果说内容维度是直接、显性地呈现文化,那么后两个维度则是间接、隐性地呈现文化,英语教育对两者均需重视。但从实际情况看,三个维度中,内容维度是在文化教

---

① 中华人民共和国教育部. 普通高中英语课程标准(2017年版2020年修订)[S]. 北京:人民教育出版社,2020:32.
② 中华人民共和国教育部. 义务教育英语课程标准[S]. 北京:北京师范大学出版社,2022:23.
③ Risager, K. Language and Culture Pedagogy: From a National to a Transnational Paradigm [M]. Clevedon: Multilingual Matters, 2007:8.

育中表征得最好的一个维度,在研究成果的广度和数量上如此[1],在我国也是如此。以文化内容为中心的英语教育偏重文化信息的获取,不能很好地帮助学习者应对未知的文化语境,教师需要运用丰富的知识储备来解释各种文化现象。情境导向的文化学习旨在通过建立语言实践与文化内涵之间的关系,培养学习者的交际能力。

英语教材中涉及多元文化,如何进一步加强这些内容的文化育人功能值得我们思考。在教材版面容量有限的情况下,强化和优化情境维度与美学维度的文化设计无疑是一条可行路径,从这个角度看,教材中有些内容尚有改进空间。例如,教材中有一项活动,让学生向外国友人制定到我国某一城市旅游的计划,但并没有交代外国友人的职业、兴趣、爱好等个人信息,这可能会导致学生制定的计划千篇一律,缺少对交际对象需求的考虑。这样的活动不能很好地呈现多元文化互动的场景。另外,在交际语言教学和任务型语言教学的理念下,教材强调使用现实生活中人们使用的真实语言,而真实的"交际英语"因为"重在传递信息,学生在大体了解信息之后,就无再读之兴趣,从而学不到生成语言的酵母"[2],这样的语篇中,语言往往平淡无味,人文含量和美学价值不高[3]。

《高中新课标》中的文化要求部分包含了文化美学维度的有关要求,如必修要求第7条"在学习活动中初步感知和体验英语语言的美";选择性必修要求第5条"在学习活动中理解和欣赏英语语言表达形式(如韵律等)的美"以及选修要求第5条"在学习活动中观察和赏析语篇包含的审美元素(形式、意蕴等),获得审美经验,形成对语言和事物的审美感知能力",这些规定有助于丰富人们对于文化的认识,促进文化意识的培养[4]。

上述文化的不同分类帮助我们从不同视角认识文化的概念,了解教材中潜在的文化内容和呈现形式。我们思考教材中中华文化内容的设计与使用时需要采用开放的

---

[1] Risager, K. Language and Culture Pedagogy: From a National to a Transnational Paradigm [M]. Clevedon: Multilingual Matters, 2007:8.
[2] 张正东.关于多种英语教材的思考[J].基础教育外语教学研究,2005(11):20-24.
[3] 韩宝成.从一项调查看中小学英语教科书存在的问题及编制原则[J].外语教学理论与实践,2014(02):56-63+96.
[4] 中华人民共和国教育部.普通高中英语课程标准(2017年版2020年修订)[S].北京:人民教育出版社,2020:32-33.

心态、多元的视角,展示英语学习中文化的多面性、复杂性,帮助学生逐步养成文化比较和反思的意识。

(三) 文化的特点

前面学界对文化的界定和分类的观点,一定程度上都隐含了对文化特点的认识,对其加以归纳和概括,有助于深化我们对英语教材中文化的认识。结合关世杰①、肖仕琼②的观点,可以对文化的特征作以下表述:

文化是由人类加工制造出来的,是人们后天习得的知识和经验,是一个复杂的体系,其各组成部分互相联结、互相依存。符号是人类各种文化的精髓,而语言是最为重要的象征符号,文化通过符号得以保存和传递。文化的大部分存在于人们的意识之外,为人们所不自觉,文化是人们行动的指南,指导着人们的行动③。

文化具有共享性和传承性,即文化是一个群体共同创造的社会性产物,必须被一个群体和一个社会的所有成员所共同接受、遵循、传承。这使得文化常以民族或阶级的形式出现,具有民族性、阶级性,这种民族性主要通过其世界观来反映。正因为如此,文化也具有相对性,各种社会的文化差别巨大,一种文化中的习俗在另一种文化里可能是不被接受的。各民族常有本民族文化优越感(ethnocentrism)倾向,把自己的文化置于中心地位,解释和判断其他文化,因而带有思维偏向,会阻碍跨文化沟通。

同时,文化是变化的,文化间的交流及生产力的发展都会带来文化的变化;文化又是相互影响、相互渗透的。例如,中华文化就是融合了传统文化、社会主义文化和西方优秀文化等多种元素而构成的。

基于文化的这些特点,再对英语教材里中华文化内容的设计与使用进行思考,我们可以获得一些启示。例如,文化通常为人们所不自觉,但却是人们行动的指南,英语教材要尽可能地设计文化联系、文化比较的内容,帮助学生"让熟悉的陌生化",从他者视角认识自我,"让陌生的熟悉化",将他者文化与本土文化建立联系,从而提高学生的自我和他者文化意识,对中外文化形成更深刻的理解。再如,各民族常有民族文化优越感这一特点,提醒我们设计文化内容时,注意站在"他者"的视角选择适宜的呈现策略。

---

① 关世杰. 跨文化交流学:提高涉外交流能力的学问[M]. 北京:北京大学出版社,1995:18-22.
② 肖仕琼. 跨文化视域下的外语教学[M]. 广州:暨南大学出版社,2010:5-8.
③ 胡文仲. 跨文化交际面面观[M]. 北京:外语教学与研究出版社,1999:44.

二、中华文化的界定与分类

综上所述,虽然文化是英语教育中的高频词,但由于其内涵的丰富性、文化的复杂性,很难对其作出精确的定义,人们往往基于研究目的和关注的问题理解其内涵,通过分类的方式使其具体化。本书探讨中学英语教材里中华文化内容的设计与使用,需要借鉴已有的研究,基于我国基础教育英语课程改革大背景以及课标的理念与要求,界定和认识中华文化。

(一) 界定

《高中新课标》在课程内容中的"文化知识"部分指出,文化知识包含中外文化知识,涵盖物质和精神两个方面,并进一步指出,"学习中外优秀文化,有助于学生在对不同文化的比较、鉴赏、批判和反思的过程中,拓宽国际视野,理解和包容不同文化,增强对中华优秀传统文化、革命文化和社会主义先进文化的认识,形成正确的价值观和道德情感,成为有文明素养和社会责任感的人"。[①] 由此,课程标准进一步明确了英语课程里中华文化的内涵,即中华优秀传统文化、革命文化和社会主义先进文化。本书即采用该课标对中华文化作出的界定。

(二) 分类

为了使中华文化内容具体化,本研究借鉴莫兰的观点[②],将中华文化分为文化产物、文化实践、文化观念、文化社群和文化人物。而在具体分析教材中的文化内容时,有的文化信息(如河流、山脉等)难以归入上述类别,于是本研究增加文化信息这一类别。

近年来,英语教育中的中华文化跨文化传播能力培养日益受到学界的重视,也有学者从中国故事讲述的视角探讨了英语教材编写,其中涉及对中国故事的宏观分类,这类研究有助于我们细化对中华文化的认识。例如,杨吕娜认为高中英语教材应讲好五类中国故事[③]:(1)中国道路故事,主要向世界介绍中国制度,如关于中国特色社会

---

① 中华人民共和国教育部. 普通高中英语课程标准(2017年版2020年修订)[S]. 北京:人民教育出版社,2020:31.
② Moran, P. R. Teaching Culture: Perspectives in Practice [M]. Beijing: Foreign Language Teaching and Research Press, 2009.
③ 杨吕娜. 高中英语教材讲好中国故事策略研究[J]. 课程·教材·教法,2022,42(7):125-131.

主义、中国共产党治国理政的故事。(2)中国梦故事,即中国人民努力奋斗实现中华民族伟大复兴的故事,向世界表现中国力量。(3)中国人的故事,即中国历史人物和现代人物的优秀精神故事,向世界展现中国精神。(4)中华文化故事,即中华传统、优秀文化故事,向世界推介中华文化。(5)中国发展故事,即中国和平发展、合作共赢的故事,向世界传递中国方案。这一分类细化了中国故事,让我们明确中国故事的重点,不过这一分类中涉及的概念内涵较模糊,类别之间交叉明显,如中华文化故事的内涵足以涵盖其他类别。我们可以分别将五类故事纳入莫兰①的分类中,即中国道路故事、中国梦故事、中国发展故事既可以从文化产物、文化实践、文化观念视角学习,也可以从文化社群和文化人物视角学习。

如前所述,我们在理解文化概念时受传统观念的影响,容易关注文化的静态性、实体性特征。随着全球化的深入,不同文化间的互动与相互影响增多,文化呈现出复杂、多面、动态变化等特点。这要求我们对中华文化的认识不能囿于国家地理,也不能局限于将文化视为静态不变的实体。在这方面,中西方文学和文化研究的新倾向对我们有积极的借鉴价值。中西方文学和文化研究中陆续出现"在世界中"的学术倾向和研究实践,中国文学研究中也已陆续出现一些"在世界中"的自觉意识,并试图重新确定"中国"与"世界"的关系②。这里的"世界"不是名词,而是动词,即"世界化",我们要关注不同文化的"交错互动",既要看到中华文化学习借鉴西方文化的开放性、包容性,也要看到中华文化对世界文化的影响。

例如,王德威主编的《新编中国现代文学史》(*A New Literary History of Modern China*)(下称《新编》)③,其中用海德格尔的概念,提出了"世界中的中国文学"这一观念,将其作为建构中国现代文学史的结构框架,不仅观察中国如何遭遇世界,也将'世界带入中国'",呈现了中国现代文学其实是"不同文化、文明的'交错互动',即各大洲、国家、社会、机构和社群之间,语言、文化和思想相互交流、传译和衍生的结果"④。例如,关于1940—1942年的延安,除了毛泽东的《在延安文艺座谈会上的讲话》,另外值

---

① Moran, P. R. Teaching Culture: Perspectives in Practice [M]. Beijing: Foreign Language Teaching and Research Press, 2009.
② 曾军. 中西文论互鉴中的对话主义问题[J]. 中国社会科学,2022(03):186-203+208.
③ Wang, Der-wei. A New Literary History of Modern China [M]. Harvard University Press, 2017.
④ 季进. 无限弥散与增益的文学史空间[J]. 南方文坛,2017(05):39-42.

得一提的是"延安的西洋文学课",也就是周立波在"鲁艺"开设的"名著选读"课程,这门课不仅介绍高尔基、法捷耶夫和普希金、莱蒙托夫、果戈理、托尔斯泰,还介绍了蒙田、歌德、巴尔扎克等。到了1952年,周立波的《暴风骤雨》和丁玲的《太阳照在桑干河上》等一同获得"斯大林奖",成为"社会主义的世界文学"典范,在20世纪50年代被分别翻译成了多种语言的译本。同时,《钢铁是怎样炼成的》等苏联文学作品在中国发行。这些作品交相辉映,共同构成了《新编》所说社会主义的世界文化①。此外,该书还将海外(世界)华文文学的部分写进中国现代文学史。

这些例子很好地阐释了王德威所说的"世界中"的三层含义②:(1)"世界中"的世界始终处于复杂变动、开放更新、不断被召唤和揭示的状态;(2)"世界中"是"中国"的一种"凸显其兀自彰显的"此在的存在方式,对"中国现代文学"的认知和把握也需要充分的具体化和历史化;(3)"世界中"可以"作为一个批判性的观念……不仅观察中国如何遭遇世界,也将'世界带入中国'"。

借鉴上述观点,我们认识英语课程与教材中的中华文化时,应注意以下视角:

(1) 中国大地上的中华文化

我们要观照中国大地上的中华文化,既要包括中华优秀传统文化,也要展示我国人民的日常生活习俗、文化产物等吸收外来成分的部分,体现中华文化开放、包容的特点。例如,大多数中国人接受了尊重隐私、女士优先、采用西式婚礼、AA制等观念或行为方式。

(2) "世界中"的中华文化

同时,我们要关注"世界中"的中华文化,呈现传播至世界的中华文化、得到好评的中华传统和文化等,体现中华文化的国际影响。例如,中华文化在世界其他国家人民及其生活习俗、文化产物、社会发展等方面的体现,如我国参与国际组织、为解决国际问题所作出的贡献等,以及中国留学生、海外华人在异国他乡传播中华优秀文化所作出的杰出贡献等。

(3) 中华文化的传承与创新

从文化传承与创新的角度,立足当下,体现中华文化的古今联系与传承。总之,对英语教材里中华文化概念的认识,要关注中外文化的互动、互鉴,也要关注中华文化的

---

① 戴燕.重写文学史如何可能[J].读书,2021(06):31-39.
② 曾军.中西文论互鉴中的对话主义问题[J].中国社会科学,2022(03):186-203+208.

传承与发展,既要包括文化知识,也要突显英语学习过程中文化意义的理解与文化身份建构的动态过程。

第二节　英语教材里的文化学习

文化在语言和教学两方面影响语言教学,语言方面表现在它影响语言的语义、语用和语篇,教学方面表现在它影响教材的选择,因为教材的设计需要考虑所要呈现的文化和采用的教学法。不管我们是否意识到,教材中教学方法的背后都有一个怎么看待知识的问题。教材背后的知识观很大程度上决定着其中教学方法的选择、运用、改革、创新等方面的成效,影响学生学习的方式和结果。

因此,教材对于文化概念的不同认识,直接导致不同的文化教学内容和教学策略,决定学生文化学习的方式。探讨英语教材中的文化学习,不能回避对文化概念的认识。本节在前文梳理文化概念的基础上,分析外语教育界对文化概念认识的转变及不同文化观下的语言学习模式,基于知识分类与学习方式之间的关系,对英语教材中的文化学习方式提出思考和建议。

一、对文化概念认识的转变

从前文对文化概念的梳理中可以看出,学界对文化概念的认识有一些基本差异,这些差异总体而言可以概括为两种不同的文化观,分别可以称为本质主义(essentialism)和非本质主义(non-essentialism)。国际外语教育学界的文化观经历了一个变化的过程,本质主义的文化观受到质疑,但依然占据一席之地,非本质主义在国际上已成为主流[1]。

---

[1] 孙有中,廖鸿婧,郑萱,秦硕谦. 跨文化外语教学研究[M]. 北京:外语教学与研究出版社,2021:18.

(一) 本质主义

20 世纪 90 年代前,人们主要将文化看作是一套以国为界、某一群体共享且相对稳定不变、可教可学的产物、观念和行为方式,这种观点被称为本质主义文化观(essentialism)[1]。具体表现如下:有人将文化作为知识(culture as knowledge),认为文化"是一种储存在记忆、书籍和其他物体之中,便于将来使用的、群体所共同拥有的知识"[2];也有人将文化视为行为(culture as behavior),认为"文化由互不相关的行为或行为组构成,如传统习俗等,将文化视为能够观察得到的、人们共享的东西"[3]。

本质主义的文化观在人们的认识中普遍存在,一提到英语教材中的文化,人们立刻会联想到某个国家的文学作品、地理历史信息等,许多教材会针对语篇中相关文化内容设置文化链接板块,为其中所涉及的文化内容提供补充拓展信息。这种观点下的文化教育主要是知识传授。

随着全球化、信息网络化的发展,地球村已变得越来越小,人们的活动范围已打破民族和地区的界限,过去对某一国家、民族文化的描写显得越来越不符合实际。同时,社会群体是受外界影响的,文化中的个体是能动的,具有特殊性,即使是同一社群的文化也不是同质的,性别、年龄、阶层、地理等都会影响个体所经历的文化。因此,分析文化的单位不应该局限于单一的国家文化,忽略亚群体的文化或其他共存文化以及个体本身的多元性[4][5]。但本质主义的文化观将文化视为静态不变的外在知识,关注表层的行为,没有看到行为背后的价值观念,也没有认识到文化内部的多样性以及个体在

---

[1] 孙有中,廖鸿婧,郑萱,秦硕谦. 跨文化外语教学研究[M]. 北京:外语教学与研究出版社, 2021:15.

[2] Kluckhohn, C. Mirror for Man [M]. New York: McGraw-Hill, 1949:24.

[3] Robinson, G. L. N. Crosscultural Understanding: Processes and Approaches for Foreign Language, English as a Second Language and Bilingual Educators [M]. New York: Pergamon Press, 1985:8.

[4] Holliday, A. Culture, Communication, Context and Power [M]//The Routledge Handbook of Language and Intercultural Communication. Abingdon: Routledge, 2012:37 – 51.

[5] Kramsch, C., & Uryu, M. Intercultural Contact, Hybridity, and Third Space [M]//The Routledge Handbook of Language and Intercultural Communication. Abingdon: Routledge, 2012:211 – 225.

创造文化中的作用,或语言与文化在意义建构方面的互动。本质主义的文化观因此受到了批评。

(二) 非本质主义

20世纪90年代,受社会建构主义影响,二语习得和外语教学领域出现了社会文化转向①,外语教学对文化的认识也发生了变化。社会建构主义强调社会文化在个体发展中的作用,认为文化是话语(culture as discourse),而不是一个实体,强调文化是动态的,通过话语协商、由话语创造,同时又受到话语挑战,共同进行意义建构的对话过程。在这种观点看来,话语是意义的载体和反映,不仅反映了说话者个体的思想和意图,也反映了说话者所属语言社区的社会秩序,这两者不可分离②。因此,文化的概念不仅指国家文化和种族文化,还包括其他可视为实践共同体的文化,比如学校文化、学习文化、公司文化等③。

这种对文化的新认识将学习者本民族的文化带进了外国语言和文化的课堂,关注跨文化的交际与互动,将学习者的文化身份和文化创造能力放到了重要的位置。教学过程中,学习者在本国文化与外国文化相互作用的过程中建构意义,语言学习与文化学习相融合。

(三) 文化观的转变

21世纪以来,随着全球化的进一步发展,文化之间的互动冲突与交错关系使人们进一步认识到文化的动态性、多样性与过程性。"语言教学中的文化逐渐从国家视角,通常是单一文化的视角,转向跨国或者全球/本土视角,转向全球化文化的动态流动性,聚焦于文化的复杂性和杂交性"④,这种观念的变化,其中一个重要的特点是从过去只关注具体文化(specific culture),到关注通用文化(general culture),由文化的绝

---

① Firth, A. & Wagner, J. On Discourse, Communication, and (Some) Fundamental Concepts in SLA Research [J]. The Modern Language Journal, 1997,81(3):285-300.
② Kramsch, C. Context and Culture in Language Teaching [M]. Oxford: Oxford University Press. 1993:10.
③ 孙有中,廖鸿婧,郑萱,秦硕谦. 跨文化外语教学研究[M].北京:外语教学与研究出版社,2021:16.
④ Risager, K. The Cultural Dimension of Language Teaching and Learning [J]. Language Teaching, 2011,44(4):485-499.

对性到文化的差异性①,所谓"通用文化",即由态度、知识、行为等构成的跨文化交际能力②,学界开始强调文化作为感知、阐释和创造意义的方式/图示/框架/视角的个体性和主观性关系。

对文化概念认识的变化使人们认识到,英语教育不是要把学习者培养成地地道道的"外国人",而是要培养能够掌握外语、洞察外国文化、在外国文化与中华文化之间进行斡旋的"跨文化人",乃至参与政治与社会生活的跨文化公民。

二、文化学习的模式与取向

文化学习是获得与来自其他文化人士进行有效交际和互动所需要的文化知识、技能与态度的过程,它是一个动态发展、不断进行的过程,学习者认知、行为与情感参与其中。由于对文化概念的不同认识,出现了不同的文化学习模式和取向,如文化作为知识和文化作为过程③两种模式以及文化和跨文化两种取向④。

(一) 知识性学习模式和过程性学习模式

1. 知识性学习模式

在文化作为知识的模式中,文化被视为外在、独立而成系统的知识,可以通过教学来传递,文化学习因而就是获得文化知识和信息的过程。在该模式中,教材是文化信息的主要来源之一,其主要功能是概括并呈现一系列文化信息或对文化行为的描述,而学生是文化知识的接受者,他们通过阅读、倾听教师讲授或识记等方法学习文化,缺少围绕文化信息用英语进行交流、实践的机会。英语教材中以这种方式呈现文化内容的情形比较普遍,教材通过各种方式补充与单元主题相关的文化内容,如设计文化链

---

① Paige, R. M., Jorstad, H. L., Siaya, L., et al. Culture Learning in Language Education: A Review of the Literature [M]//Culture as the Core: Perspectives on Culture in Second Language Learning. Greenwich, CT: Information Age Publishing, 2003:173-236.

② 孙有中,廖鸿婧,郑萱,秦硕谦. 跨文化外语教学研究[M]. 北京:外语教学与研究出版社,2021:6.

③ Wright, D. A. Culture as Information and Culture as Process: A Comparative Study [J]. Foreign Language Annals, 2000,33(3):330-341.

④ Liddicoat, A. J., & Scarino, A. Intercultural Language Teaching and Learning [M]. Chichester: Wiley-Blackwell, 2013.

接或拓展学习板块等,这种方式很难展示文化的复杂性以及文化与日常生活和语言间关系,而且对于文化知识板块,教材编写者或是有意或是无意,不提学习要求,也不设计相关的学习活动,仅要求获取与记忆文化知识相关的英语表达,教师采用灌输的方式教学,学生缺少围绕文化信息用英语进行交流、实践的机会。

这种观点长期以来影响外语教学,文化学习由于缺乏情境创设,未与学生相关经验建立联系,缺少相关语言实践,难以使学生对文化现象产生切身体会和共鸣。

2. 过程性模式

每种文化都有其亚文化表现以及体现在个体身上的复杂性,教材不可能向学生传递所有可能的文化信息。为了将文化作为知识呈现给学生,外语教材经常将文化同质化[1],当学生与教材中表征的任何一种文化或其亚文化中的个体打交道,而交际对象的文化与教材书中表征的文化不同时,这种方式就可能带来问题。因此,需要一种基于过程的文化教学。

文化作为过程的学习模式强调将文化看作是动态开放、供学生探究的过程,在此过程中,学生基于文化信息开展相关活动,理解和建构意义。通常采用的学习方法包括文化体验、角色扮演、田野调查、思辨式对话、影视赏析(基于文本和符号的话语分析)等。这种模式关注具体的交际行为背后的价值观念的差异,强调有意识地通过人际互动与交际,建构意义和文化身份。

教材通过设计文化相关的活动,由关注文化的绝对性到关注文化的差异性,引导学生对文化问题进行思考、讨论,在此过程中,语言扮演复杂的双重角色,既是文化学习的媒介,又是文化的塑造者[2],语言教学与文化教学得以有机结合。在此过程中,外语教师的角色不是文化知识的供应者,而是文化学习的协调人。

可见,在文化作为过程的模式中,教学内容从关注目的语文化到目的语文化和学生本族文化并重,教学目标不仅关注文化知识,还重视认知、情感和行为共同发展的过

---

[1] Damen, L. Closing the Language and Culture Gap: An Intercultural Communication Perspective [M]//Culture as the Core: Perspectives on Culture in Second Language Learning. Charlotte: Information Age Publishing-lap, 2003:75.

[2] Paige, R. M., Jorstad, H. L., Siaya, L., et al. Culture Learning in Language Education: A Review of the Literature [C]//Culture as the Core: Perspectives on Culture in Second Language Learning. Greenwich, CT: Information Age Publishing, 2003,173 - 236.

程,该模式有助于培养学生欣赏不同文化的态度和跨文化交际能力。

(二) 文化取向和跨文化取向

与上述两种模式相类似,语言教育中有关文化教学的讨论存在文化和跨文化两种取向。

1. 文化取向

这种取向把文化被视为一种实体和学习的对象,学习者学习文化就是积累文化知识,文化仍是外在于学习者的,没有与学习者的实践、观念、态度、世界观和身份建立联系,更谈不上对其产生影响。

这种取向在高中英语新课标颁布之前的英语教材中比较普遍,比较明显的特点是从单一文化视角介绍某一文化现象,如介绍牛津英语词典、夏威夷人的友谊观等。这样的语篇意在以第三者视角向学生客观地呈现文化事实,有助于拓展学生的国际视野,但由于文化内容与学习者的年龄、兴趣爱好、日常生活有一定距离,文化学习的结果主要是获取文化知识,不太容易引发情感体验和态度的变化。

2. 跨文化取向

这种取向认为,外语学习就是学习者用外语与他人交际时语言与文化进行互动、生成意义的过程,其中涉及学习者视角的转变。在交际过程中,由于学习者语言和文化背景、先前经验等的差异,对于同一文化现象,可能会有多种不同的理解,这就要求学习者在互动过程中采用"局外人"的观点审视自己的言语行为,并不断对自我进行监控、分析、解释和调节,理解语言输入并作出回应。这样语言学习就成为将学习者与英语社群的现实世界相联系的一种方式。

跨文化取向有多种实现方式,如在不同文化之间建立联系、将学习者的现实生活与异域文化建立联系、引导学习者结合自己的已有经验,就所学的文化内容进行自我反思等,"让熟悉的陌生化,让陌生的熟悉化"。这些方式的一个共同特点就是将语言和文化建立联系,将所学与自己已有的生活经验、文化经验建立联系,学习者学到的不是静态的文化知识,而是个性化的思考。

(三) 对上述两种模式和倾向的分析

文化作为知识和文化作为过程,文化取向和跨文化取向,两者侧重点不同,但观点有相通之处,那就是把文化作为静态知识获取,还是通过语言与文化相融合的学习、实践过程来实现。两种模式和倾向在我国英语教材中都有体现。正如本书第一章所指出的,尽管文化学习和教学一直被视为英语教育的重要组成部分,对以往我国英语教材的研究发现,英语教材里中华文化的学习深度有待提升,如何提升文化内容的学科育人价值仍然有许多值得深思的问题。克拉姆契(Kramsch,C)在谈到一些教材中的文化内容时指出,在许多语言课文中,文化常常被简化为四个F,即食物、集会、民间传说、统计数据等。大量涉及文化内容的文本仅限于提供公开的'旅游文化'或讲述抽象且不相关的事实……①。类似的现象在我国的英语教材中也存在。这样的内容无疑使语言学习中的文化学习停留于信息的表层,难以有效彰显文化内容应有的育人价值,不利于将语言能力的培养与文化意识、思维品质及学习能力的培养相融合,这是英语教材和教学应该避免的。

三、从知识分类视角看英语教材中的文化学习模式

从上文可见,对文化概念的不同认识产生不同的文化学习模式,而不同的文化学习方式决定了学生最终能学到什么。要改进学生文化学习的效果,首先需要转变对文化概念的认识,探讨与文化本质相适应的文化学习模式。

(一) 知识类别与学习方式

实际上,一些中华文化英语读物或英语文化教学中常见的"以讲代悟""以知代行"等问题,都与教材设计者(教师)的文化本质观有密切关系。所谓以讲代悟,就是用教材(教师)的文化知识灌输,代替学生的文化体验和感悟。"以知代行"指重视学生运用英语获得文化信息的输入,而忽视积极文化情感的培养和运用语言表达、传播文化能力的培养。从这些实际问题解决的角度,可以借鉴有关研究,将英语学科的知识分为事实性知识、方法性知识和价值性知识三类②,在此基础上探讨英语教育中的文化学习模式。

从该分类看,英语学科的事实性知识,即英语学科的知识体系,语法知识、词汇知识、语篇知识、文化知识、语用知识都属于此类。这类知识的特点决定了学生通过背

---

① Kramsch, C. Context and Culture in Language Teaching [M]. London: Oxford University Press, 1993.
② 吴刚平,郭文娟,李凯. 课程与教学论[M]. 上海:华东师范大学出版社,2023:216.

诵、抄写、辨析、填空、默写、问答、反复操练等记中学的方式可基本达到知识掌握的目的,其考核方式主要是看学生是否记住。

方法性知识就是会做、会用的知识,如学生学习了语法、词汇和语篇知识后,能在新的语言交际情境中运用,则说明学生掌握了方法性知识,这类知识是个人能力系统的主要组成部分,外延往往近乎布鲁姆目标分类学中定义为"能力和技能"的知识,也就是英语听、说、读、看、写等能力。这类知识需要通过做中学的方式获得,也就是通过分析、综合、归纳、提炼、概括、解释、自由表达等学习过程而获得。在学习过程中,学生不是单纯的"知识接受者",而是以教材和生活经验为媒介,与教师、同学之间展开互动与交流,成为意义和知识的建构者。

价值性知识指学科价值和学习意义,如语篇中所蕴含的家国情怀、国际视野、环保意识以及学生对英语学习意义的认识等,这类知识需要在做中学的过程中,经过体验、反思、比较、权衡、取舍、相互激发、借鉴、建构等体悟,将所思所悟纳入个人的行为准则和信念系统,是一个悟中学的过程。

综上,学生通过记中学获得事实性知识,通过做中学获得方法性知识,通过悟中学获得价值性知识。学习方式决定了学生会学到什么性质和类别的知识。

(二) 变革文化学习方式,体现文化多面性、动态性、复杂性等特征

从上述知识类别与学习方式视角看,如果希望学生掌握文化知识,可以采用记中学的方式;如果希望培养学生识别语篇中蕴含的文化元素,并进行联系、分析、比较、描述、阐释、评价等,宜采用做中学的方式;如果希望学生能体悟语篇中作者的情感和价值观,并形成自己的看法和态度倾向,就需要采用悟中学的方式。

文化作为知识的学习模式中,学生的学习方式主要是记中学,文化作为过程的学习模式中,学生的学习方式主要是做中学、悟中学。记中学、做中学、悟中学三种方式的划分贴近日常教学实践,且使文化作为过程的模式具体化了。记中学虽然能让学生通过教师的讲授学到方法和价值观念,但学生学到的常常不是方法和价值观念本身,而只是记住了关于方法和价值观念的结论。例如在课堂教学中,教师往往在快结课时进行主题升华,告知学生所学语篇的主题意义和育人价值,这样的教学就是通过记中学的方式让学生学习价值性知识,学生获得的只是一个结论而已,并无深切的体会。

跨文化能力的提升在很大程度上取决于学习者的主观认识和亲身体验。单靠知识传授,学习者很难完成从单一文化人向双文化人的过渡①。近二三十年来,文化教育学强调的重心已经发生了变化,从聚焦教学材料转向聚焦文化学习过程。这种变化有多重意义,其中最主要的意义是聚焦于学生个体,也就是关注发展学习者将外语文化与他们自身文化背景相联系的意识与个性②。学习者对自己文化的探索、发现语言和文化的关系、文化分析与文化比较是跨文化外语教学三个基本的学习过程③④,而元意识和跨文化比较是跨文化教育的核心⑤。根据新课标,核心素养中的语言能力、文化意识、思维品质、学习能力是相互联系的,英语语言能力构成英语学科核心素养的基础要素,文化意识体现英语学科核心素养的价值取向,思维品质体现英语学科核心素养的心智特征,学习能力构成英语学科核心素养的发展条件⑥。这些要求我们认识到文化概念的多面性、动态性、复杂性、相对性等,引导学生采用做中学、悟中学的学习方式,将学习者自身文化融入其中开展语言学习和文化学习。

在跨文化外语教学中,教材不仅是学习者接触跨文化信息的直接媒介,也是跨文化能力培养的首要材料来源,教材同时具有引领教学变革和教师培训的功能。英语教材中文化内容的设计应区分不同知识类型,设计相应的学习方式,引导教师转变教学方式,尤其是针对方法性知识和价值性知识设计做中学、悟中学的学习方式,使语言学习与文化学习互相融合、互相促进,推动学生发展。

---

① 张红玲. 跨文化外语教学[M]. 上海:上海外语教育出版社,2007:347.
② Risager, K. Language and Culture Pedagogy: From a National to a Transnational Paradigm [M]. Clevedon: Multilingual Matters, 2007:9-10.
③ Kramsch, C. Context and Culture in Language Teaching [M]. London: Oxford University Press, 1993.
④ Byram, M. Teaching and Assessing Intercultural Communicative Competence [M]. Clevendon: Multilingual Matters. 1997.
⑤ 孙有中,廖鸿婧,郑萱,秦硕谦. 跨文化外语教学研究[M]. 北京:外语教学与研究出版社, 2021:52.
⑥ 中华人民共和国教育部. 普通高中英语课程标准(2017年版2020年修订)[S]. 北京:人民教育出版社,2020:4-5.

第三节　英语教材里文化学习与语言学习的关系

无论是作为知识,还是作为过程,无论是通过记中学、做中学,还是悟中学,英语学习中的文化学习通常都是通过语言学习得以实现的,或者说好的文化学习过程本身就是语言学习过程。英语教材中渗透中华文化,其设计也应从语言学习与文化学习相互促进的角度思考,避免"语言"和"文化"失衡、顾此失彼的现象,要么注重语言知识和能力的培养,缺少文化意识的提升,要么走向另一极端,把英语课上成"英语版的中国文化课"。

一、认识语言学习与文化学习关系的两个角度

(一) 语言学习与文化学习是同一过程的两个方面

莫兰在他的文化体验模式中强调,语言在文化学习中有四种功能,即学生学习用语言参与文化体验、描述文化、阐释文化并对文化作出反应[①]。用语言参与文化体验,即学生通过接触各种模态的文化文本,通过听、说、读、看、写等不同形式参与文化体验。用语言描述文化,即用语言描述文化产物、文化实践、文化观念、文化社群或文化人物,这时需要的是描述性的语言。用语言阐释文化,指的是用语言识别、解释、判断文化现象背后的文化观念,比较与对照自我文化与其他文化的观念。用语言作出反应,指的是学习者用语言表达自己与文化内容相关的观点、情感、疑惑、策略与计划等,这里的焦点是认识自我,形成自我反思的意识。

表 2-1　语言与文化的关系(Moran, 2009:36)

文化层面	语言与文化的本质
产物	语言用于描述并操作文化产物

[①] Moran, P. R. Teaching Culture: Perspectives in Practice [M]. Beijing: Foreign Language Teaching and Research Press, 2009:36.

续 表

文化层面	语言与文化的本质
实践	语言用于参与文化实践
观念	语言用于识别、判断、阐释文化观念
人物	语言个体用于表达文化中的独特身份
社群	语言用于恰当地进入特定文化社群

要实现上述四种语言功能,学生需要学习使用相应的语言表达形式[①]:要用语言参与文化内容的学习,就要学习如何参与社会人际互动,进行交流与表达;要用语言描述文化体验,就要学习特定的描述性词汇和表达;要阐释文化体验,就要学习和使用与批判性思维、严谨探究感知、价值观和态度等相联系的词汇和表达;而要用语言表达对文化现象作出反应,就需要学习和使用与所学文化内容有关的个人观点、情感等的词语和表达。

莫兰的上述观点清楚地阐述了外语学习过程中语言学习与文化学习之间的联系,学习英语的过程本身就是体验多元文化的过程。

(二) 语言学习是本土文化与目的语文化间联系的纽带

外语学习中,语言学习与文化学习相融合的另一个突出特点,是语言学习是本土文化与目的语文化之间建立联系的纽带。培养学习者得体、有效的跨文化沟通能力,必然要求外语教育将学习者自身的文化与目的语文化建立联系,多位学者对此做了阐述。根据拜拉姆(Byram, M)的观点,外语教育应当包括四个基本的组成部分,即语言学习、语言理解、文化理解和文化经验[②]。学习者通过将他们的母语和外语进行比较分析,获得新的文化经验。在这一观点中,学习者的本民族文化作为不可缺少的文化教学内容,以互动的方式与目的语文化发生关系,外语文化教学摆脱了将目的语文化作为文化教学唯一重点的局限,实现了双向文化教学。

---

① Moran, P. R. Teaching Culture: Perspectives in Practice [M]. Beijing: Foreign Language Teaching and Research Press, 2009:42.
② Byram, M. Cultural Studies in Foreign Language Education [M]. Clevedon: Multilingual, 1989:136-146.

与上述观点相类似,佩奇(Paige R. M.)等综述了已有研究后发现[①],已有的文化教学法都将文化学习确定在三个基本的学习过程中,即学习者对自己文化的探究;发现语言与文化的关系;分析与比较文化的启发式学习,并指出对自己文化的元意识和跨文化比较是这种文化教育学的核心。

　　上述两项研究指出了帮助学习者发现文化与语言间关系,进行跨文化理解与体验都是语言学习过程中重要的组成部分,特别是指出了学习者探究自己的文化在外语学习中有重要的地位。科恩等指出外语学习中文化学习的五个维度,进一步丰富了佩奇等的上述观点。这五个维度是[②]:(1)作为文化存在的自我。每个人都是文化的一部分,不管我们是否意识到,我们所属的文化会影响我们思维、与人互动和知识代际传递的方式。因此,外语教育要鼓励学生学习英语时思考自己的文化,帮助学生理解文化是如何塑造他们的,并且形成在文化之间建立联系的氛围,鼓励学生建构自己的文化观念,而不仅仅是为他们提供关于这些话题的信息。(2)文化要素,即一种文化或社会的信念,包括文化观念、文化实践、文化产物等。(3)跨文化现象,包括文化休克、文化适应、文化调整以及其他文化的人士对相似情境有不同理解的事实。让学生知道跨文化交际时可能遭遇的文化冲突,以及可能经历的文化适应阶段。(4)特定文化,指的是某一具体的文化,包括其历史、地理、政治制度,更重要的是理解该社会的独特特征。(5)文化学习策略,即成为具备文化素养的人所需要的具体的学习策略。作者认为,通过探索这些维度,可以帮助学习者与目的语文化建立联系,提升文化差异意识,改进他们自身的跨文化交际能力。

　　外语学习中,学习者带着自身的文化进入语言学习,学习者是在本土文化与目的语文化、世界其他国家文化的相互碰撞、互动中理解语言、理解文化,建构自身文化身份的。

---

① Paige, R.M., Jorstad, H.L., Siaya, L., et al. Culture Learning in Language Education: A Review of the Literature [EB/OL] https://carla.umn.edu/culture/res/Litreview.pdf.2023-09-29.

② Cohen, A.D., Paige, R.M., Kappler, B., et al. Maximizing Study Abroad: A Language Instructor's Guide to Strategies for Language and Culture Learning and Use [M]. Minneapolis: Center for Advanced Research in Language Acquisition, University of Minnesota. 2003:53.

二、英语教材中语言学习与文化学习应相互促进与融合

莫兰的文化体验理论突出了文化学习中语言的功能,拜拉姆、佩奇等人的跨文化研究强调了语言学习是本土文化与目的语文化建立联系的纽带,这些观点从不同视角阐释了跨文化学习过程中语言学习与文化学习相融合的关系。两种视角的研究给我们的启示,就是英语教材中有关文化内容的设计要树立语言学习与文化学习相互促进、相互渗透的意识,其中中华文化的设计与使用也不应例外。

《高中新课标》也倡导要开展语言、文化、思维相融合的英语教学,同时,跨文化学习项目如果只是有助于学习者更好地洞察另一种文化,而不能帮助学习者更深入地理解自身文化,那么它就没有达成跨文化教育的目标。虽然跨文化可能成为参与另一种文化学习的副产品而出现①,但在外语学科教育中,"国际视野和跨文化沟通能力应该以中国情怀和中华基因为根基"②。因此,英语教材里中华文化内容的设计,不仅要立足于语言学习与文化学习相互促进,还应注意中外文化的联系与比较,引导学生做中学、悟中学,通过探索、体验、比较、对比等多种方式,学习中外文化知识,引导学生将文化知识转化为内在的、具有正确价值取向的认知、行为和品格;关注中外文化的差异与融通,正确认识和对待他国文化,吸收中外文化精华,积极发展跨文化沟通策略能力,并树立国家认同感,自觉传播和弘扬中外优秀文化,坚定文化自信③。

结语

中华文化传播能力的培养需要依托于具体的文化内容,而对于文化概念的不同认识,直接影响对文化学习心理过程的认识,因而导致不同的文化教学内容和教学策略。为此,本章首先基于已有研究成果,探讨了英语教材中文化的概念、分类与特点,在此

---

① Liddicoat, A., & Scarino, A. Intercultural Language Teaching and Learning [M]. Chichester: Wiley-Blackwell, 2013.
② 梅德明. 新时代外语教育应助力构建"人类命运共同体"[N]. 文汇报, 2018-2-9(6).
③ 鲁子问, 陈晓云. 高中英语文化意识教育实践路径[M]. 北京: 外语教学与研究出版社, 2019: 10.

基础上，明确中华文化的概念、构成要素。

知识类型要求采用与其特征相匹配的学习方式，本章接下来介绍了对文化概念认识的变化，以及不同的文化概念的认识产生的文化学习模式、倾向。随着英语的全球化和全球文化互动的增多，人们认识到文化的动态性、多样性、过程性、相对性等特点，英语教育中的文化不再仅仅偏重英美文化，而是重视在学习过程中融入本土文化，重视多元文化互动，要注意体现文化动态变化的特征，并通过呈现不同的亚文化，避免学生对文化产生刻板印象。

同时，文化学习因此不仅涉及事实性知识的获得，还包括方法性知识、价值性知识的学习。英语教材应根据文化知识类型和学生实际，设计记中学、做中学、悟中学等方式。无论教材中采用怎样的文化学习模式，教材文化内容的有效性都取决于教师如何使用教材。我们建议根据文化内容的特点和学生特点，合理地选择文化学习模式，将语言学习与文化学习有机结合，共同促进学生核心素养的发展。

第二章

跨文化能力视角下
英语课程的
本土文化学习要求

要使英语教材中的中华文化内容有利于学生语言学习与文化学习相互促进,就需要将其置于跨文化能力培养的视域中加以考察,明确其中有关本土文化的学习要求。目前国内关于英语跨文化能力的研究主要针对大学生,对中小学生的相关研究还较为薄弱。在中华文化"走出去"的时代背景下,探讨这一问题的必要性与紧迫性日益凸显。英语国际语背景下,许多国家和地区都将跨文化能力作为英语课程目标的重要组成部分,将其纳入英语课程标准或英语能力标准中。因此,对英语课程标准、英语能力标准中有关本土文化的学习要求进行比较,无疑有助于我们更好地思考我国英语课程有关中华文化的学习要求。

本章通过文献研究法和访谈法,构建英语课程跨文化能力要求比较研究框架,依据该框架对有代表性的英语课程标准和语言能力标准中的跨文化能力要求进行比较研究,分析其对我们思考英语课程本土文化学习要求的启示。

第一节 本土文化学习要求研究的背景

英语作为外语的教育就是跨文化教育,英语跨文化能力的内涵与构成是跨文化教育的目标导向,要对英语跨文化能力中有关本土文化的学习要求进行比较研究,首先需要明确英语跨文化能力是什么。国际上,跨文化能力研究始于20世纪60年代,至今已取得了许多成果,但对于跨文化能力的界定及其构成,尚无一致的认识。本节在梳理已有相关研究的基础上,构建与我国基础英语教育目标相吻合的跨文化能力框架,介绍英语跨文化能力比较研究的文本选取以及比较研究的方法和过程。

一、英语跨文化能力的内涵与构成

跨文化能力(intercultural competence)的概念最早由哈默(Hammer)等提出[1],现

---

[1] Spitzberg, B. H., & Changnon, G. Conceptualizing Intercultural Competence [M]//The SAGE Handbook of Intercultural Competence. Thousand Oaks, CA: SAGE, 2009:2-52.

已成为传播学、管理学、教育学等领域日益关注的问题,其内涵根据应用领域的不同而有所差别。国内外对跨文化能力研究目的不同,西方理论关注外派人员与移民的跨文化适应,中国的理论着眼于国际化人才培养①。在教育学领域,与跨文化能力内涵相关的概念还有"全球化能力"(global competence)、"国际能力"(international competence)、"跨文化交际能力"(intercultural communicative competence)等。这三个概念中,前两者有站在欧美强势国家一边的倾向,美国的研究存在三者混用现象,而"跨文化能力"的概念更为中性,在不同国家、民族、种族的范畴内均可使用,相关研究也较为丰富,容易形成中西方对话,更适合中国②。

在外语教育领域,跨文化能力的概念最早在1997年由欧洲学者拜拉姆通过其专著《跨文化交际能力教学与评估》(*Teaching and Assessing Intercultural Communicative Competence*)明确提出。外语教育界谈到跨文化能力时,常常会联系到跨文化交际能力,对于两者的关系,目前学界基本有三种理解:等同说、小于说和大于说。等同说,即认为两者是相同概念,可互用③④⑤。小于说,即认为跨文化能力是跨文化交际能力的组成部分,后者还包括语言能力和语篇能力等要素⑥⑦。大于说,即跨文化能力包括诸多要素,其中涵盖了跨文化交际能力⑧。

本章旨在比较中外外语课程标准对跨文化能力的学习要求,故而采用"跨文化能力"这一概念,它涵盖跨文化交际能力,在关注语言交际能力的同时,注重跨文化能力其他方面的重要性,基于本研究的目的,本书仅关注跨文化知识、技能和态度等

---

① 戴晓东. 跨文化能力理论发展六十年:历程与展望[J]. 外语界,2019(04):58-66.
② 王小青. 国际能力、全球化能力和跨文化能力术语比较研究[J]. 比较教育研究,2017,39(04):23-30.
③ Chen, G. M. Relationships of the Dimensions of Intercultural Communication Competence [J]. Communication Quarterly, 1989, (37):118-133.
④ Spitzberg, B. H. A Model of Intercultural Communication Competence [C]//Intercultural Communication: A Reader (7th Ed.). Belmont, CA: Wadsworth, 1994:347-349.
⑤ 庄恩平. 对经济全球化背景下跨文化交际学研究的思考[J]. 中国外语,2006(01):57-61.
⑥ Byram, M. Teaching and Assessing Intercultural Communicative Competence [M]. New York: Multilingual Matters, 1997.
⑦ 文秋芳. 英语口语测试与教学[M]. 上海:上海外语教育出版社,1999.
⑧ Kotthoff, H., & Spencer-Oatey, H. Handbook of Intercultural Communication [M]. Berlin: Mouton de Gruyter, 2007.

要素,而不涉及其中的语篇能力等要素,在涉及相关文献时仍保留原作者使用的术语。

(一) 跨文化能力的内涵与模型

跨文化能力的研究经历了多个发展阶段,从强调交际任务完成的"有效性",到以"有效性"和"得体性"相结合为焦点,再到英语作为国际语背景下,强调西方与非西方理论视角相整合①,交际中双方双向调节与相互顺应②。由于其概念的复杂性,目前国内外学者对跨文化能力仍存在不同的解读,有影响的界定如:跨文化能力是个体基于跨文化知识、技能和态度,在跨文化交际中实现有效得体沟通的能力③;持不同情感、认知和行为取向的人之间得体、有效互动的能力,这些取向通常反映在国籍、种族、宗教等方面④。可见,"得体性"和"有效性"被视为跨文化能力的主要标准,但至于开展得体、有效的跨文化交际到底需要具备怎样的跨文化能力,学界从不同视角提出诸多理论模型,这些模型互相补充,对其加以分析和比较,能为我们构建跨文化能力比较研究的框架提供借鉴。

1. 国外经典模型

国外典型的跨文化能力模型有以下三种:

(1) 跨文化能力成分模型

英国学者拜拉姆⑤提出的跨文化交际能力模型被认为是对跨文化外语教学最具解释力的理论框架⑥。拜拉姆认为,跨文化交际能力是个人跨越文化边界进行交流互动的能力,包括语言能力、社会语言能力、语篇能力和跨文化能力,其中的跨文化能力

---

① 戴晓东. 跨文化能力理论发展六十年:历程与展望[J]. 外语界,2019(04):58-66.
② 许力生. 跨文化能力构建再认识[J]. 浙江大学学报(人文社会科学版),2011(03):132-139.
③ Deardorff, D. K. Identification and Assessment of Intercultural Competence as a Student Outcome of Internationalization [J]. Journal of Studies in International Education, 2006,10 (3):241-266.
④ Spitzberg, B. H., & Changnon, G. Conceptualizing Intercultural Competence [M]//The SAGE Handbook of Intercultural Competence. Thousand Oaks, CA: SAGE. 2009:2-52.
⑤ Byram, M. Teaching and Assessing Intercultural Communicative Competence [M]. New York: Multilingual Matters, 1997.
⑥ 孙有中,廖鸿婧,郑萱,秦硕谦. 跨文化外语教学研究[M]. 北京:外语教学与研究出版社,2021:2.

包含态度、知识、技能及批判性文化意识。他认为,要想成功地进行沟通交流,还必须发展语言能力与语篇能力等。拜拉姆不断发展他的模型,引入跨文化公民概念,重新诠释跨文化能力,认为一个合格的跨文化公民应该具备态度与情感、行为、知识与技巧、行动四方面的能力①。

(2) 跨文化能力结构模型

这类模型中较有影响力的代表为迪尔多夫(Deardorff,D.K.)建构的金字塔式跨文化能力模型(如图2-1)②。该模型同样包含态度、知识和技能三要素,但与成分模型的区别之处在于,它强调各要素间的逻辑关系及其与跨文化能力的整体关系。该模型共四层,最底层是必备态度,包括尊重、开放、好奇与探索。这一阶段对学习者而言最为

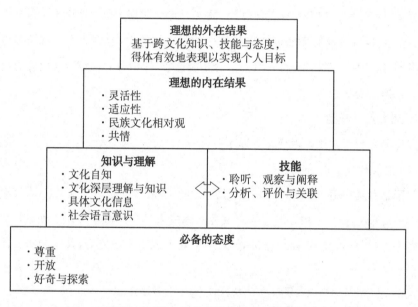

图2-1 迪尔多夫跨文化能力结构模型

---

① Byram, M. Conceptualizing Intercultural (communicative) Competence and Intercultural citizenship [C]//The Routledge Handbook of Language and Intercultural Communication. New York: Routledge, 2014:85-97.

② Deardorff, D.K. The Identification and Assessment of Intercultural Competence as a Student Outcome of Internationalization at Institutions of Higher Education in the United States [D]. Raleigh, NC: North Carolina State University, 2004.

重要,是根本的出发点。第二层包含知识与理解、技能,两者相互联系,对文化知识等内容的领悟层次越高,跨文化技能的提升越迅速,反之亦然。第三层包含理想的内在结果。塔顶是可观察的、理想的外在结果,即最终能够展开得体有效的跨文化沟通活动。

该模型中,跨文化能力从个人水平上升至人际互动水平。跨文化能力的水平取决于基础要素的掌握程度,即跨文化沟通活动中的有效、得体程度,取决于个人跨文化态度、知识和技能的掌握程度。该模型告诉我们,培养学生中华文化跨文化传播能力,首先要从个人意识、态度层面入手。

(3) 跨文化能力发展模型

也有学者从个人能力发展的视角出发构建跨文化能力模型,这种模型强调以下几点:(1)能力会随着时间的推移而发展。(2)通过持续的互动交流,学习者会产生更多的共同取向,促进学习和彼此文化观点的融合。(3)学习过程的成长阶段是彼此依序建立的,试图确定标志着更多成就的发展阶段。跨文化能力发展模型中,贝内特(Bennett)提出的跨文化敏感性模型最为典型(如图2-2)①。由该图可见,该模型认为跨文化敏感性经历了两个发展阶段,即由民族中心主义到民族相对主义,两个阶段既相互关联,又有本质区别。该模型集中体现了跨文化交流中态度和意识的发展过程,但未涉及跨文化能力其他要素的发展变化。

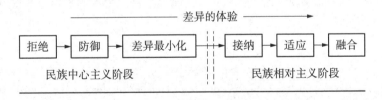

图 2-2 贝内特跨文化能力发展模型

上述跨文化能力模型从不同视角揭示了跨文化能力的内涵、特征,而拜拉姆②和

---

① Bennett, M. J. A Developmental Approach to Training for Intercultural Sensitivity [J]. International Journal of Intercultural Relations, 1986, 10(2):179-196.

② Byram, M. Teaching and Assessing Intercultural Communicative Competence [M]. New York: Multilingual Matters, 1997.

迪尔多夫①几乎都认同知识、技能和态度等能力要素在跨文化能力中占据主导地位。这些模型对跨文化能力的研究产生了深远的影响,为我们深入理解英语跨文化能力提供了启示。

2. 国内模型

国内英语教育早期相关研究偏重交际能力的培养,20世纪90年代出现跨文化交际能力的概念,跨文化能力是其中的组成部分。国内跨文化能力模型主要是在国外已有模型的基础上加以修改,使其本土化②。例如,高一虹③提出跨越和超越两个层面的能力观,前者包括文化知识、交际技能和移情,后者包括文化差异意识、灵活性与开放性、生产性自我认同。杨盈、庄恩平提出④,跨文化能力由全球意识、文化调适、知识和交际实践构成,其中全球意识是基础,文化调适和知识为中间层,交际实践是最终目标。许力生、孙淑女借鉴中西方研究成果,建构"递进—交互"培养模型⑤,认为全球化语境下跨文化能力涵盖知识习得、动机培养、技能训练、交流互动、交际结果五个要素,其中知识是基础,动机是前提,技能是关键。

由上可见,国内学者建构的模型基本包含了知识、技能、态度和意识四个层面,高永晨则在此基础上增加了"思辨"和"策略"两个能力要素,构建了跨文化交际能力知行合一模型。该模型聚焦知识和行为两大系统⑥,将知识、思辨与意识划归为知识能力系统,将技能、策略与态度整合为行为能力系统。鲁子问⑦基于布鲁姆等人的教育目标分类研究,从认知(知识)、情感(态度)、技能(能力)三个层面探讨了跨文化教育的

---

① Deardorff, D. K. The Identification and Assessment of Intercultural Competence as a Student Outcome of Internationalization at Institutions of Higher Education in the United States [D]. Raleigh, NC: North Carolina State University, 2004.
② 孙有中,廖鸿婧,郑萱,秦硕谦. 跨文化外语教学研究[M]. 北京:外语教学与研究出版社,2021:31.
③ 高一虹. 跨文化交际能力的培养:"跨越"与"超越"[J]. 外语与外语教学,2002(10):27-31.
④ 杨盈,庄恩平. 构建外语教学跨文化交际能力框架[J]. 外语界,2007(04):13-21+43.
⑤ 许力生,孙淑女. 跨文化能力递进—交互培养模式构建[J]. 浙江大学学报(人文社会科学版),2013,43(04):113-121.
⑥ 高永晨. 中国大学生跨文化交际能力测评体系的理论框架构建[J]. 外语界,2014(04):80-88.
⑦ 鲁子问. 中小学英语跨文化教育理论与实践[M]. 北京:中国电力出版社,2005.

具体目标,即跨文化教育的知识目标、跨文化教育的态度目标和跨文化教育的能力目标。

综上,国内外学者关于跨文化能力构成要素的观点有许多契合之处,都认同知识、态度、意识、技能或行为是其重要组成部分。由此,我们可以从这些方面描述基础教育英语课程中的跨文化能力。另外,国内已有模型有两个特点,相比于英语文化等强势文化,"国内更重视保护传统文化,所提出的跨文化能力模型在重视发展对外交流能力的同时,也强调对中华文化的体认和传承"①,这是值得我们学习和坚持的。

(二) 英语跨文化能力各构成要素

分析了国内外代表性英语跨文化能力模型的基本维度,还需进一步确定各维度的具体构成,以便进一步明确英语教材中文化内容的学习要求。下面结合国内外有关外语跨文化知识、技能、情感态度和价值观以及意识的研究,分别分析这些要素各自的构成,为构建符合本研究目的的比较框架提供参考。

1. 跨文化知识

跨文化知识是发展跨文化能力的基础,文化的复杂性和动态性给外语跨文化知识的界定与分类带来了困难。代表性外语跨文化能力模型都对跨文化知识做了分类,这些类别大多在本书第一章讨论文化的分类时都有提及,不同模型的侧重点有所不同,从中我们可以看到以下不同视角:

其一,关注影响跨文化交际过程或实践的跨文化知识。有的模型不仅列举了静态文化知识,还强调影响跨文化交际实践的过程性知识。例如,拜拉姆②认为跨文化知识包括社会和个人交往一般过程知识、本国与他国社会群体及其产物知识等。杨盈和庄恩平③认为,外语教育中应重视直接影响人们交际实践的跨文化知识,并将这些知识分为社会习俗、历史、宗教和价值观四要素。钟华等在比较分析了拜拉姆和文秋芳构建的跨文化交际能力框架的基础上,提出跨文化知识是交际者在跨文化沟通活动中应当具备和运用的知识,并将跨文化知识分为大众文化知识、高级文化知识和深层文

---

① 孙有中.中国外语教材建设:理论与实践[M].北京:外语教学与研究出版社,2021:31.
② Byram, M. Teaching and Assessing Intercultural Communicative Competence [M]. New York: Multilingual Matters. 1997.
③ 杨盈,庄恩平.构建外语教学跨文化交际能力框架[J].外语界,2007(04):13-21+43.

化知识三个层次①。

其二,强调学习者本国与他国文化知识、文化自知与文化理解知识。"跨文化就是'去中心'的能力,即用他人看待我们的方式来看待我们自己,熟悉陌生的东西,并使熟悉的陌生化。批判性地反思那些我们想当然的东西"②,拜拉姆的这一视角区分了学习者本国与他国文化知识,强调文化自知。国内也有类似的观点,如徐佳指出③,跨文化知识包括"东道国"和"原籍国"文化知识,跨文化交际实践使得学生能更加多角度、跨文化地认识本土文化。

这种去中心化的观点,为外语教师和学习者提供了一种关注他人,也关注自己,并处理两者之间关系的方式。英语国际语背景下,英语教育中本土文化重要性日益凸显,这种视角有助于转变以目的语文化为中心的传统思维视角,对于培养学生本土文化意识和认同,进而培养跨文化能力具有积极意义。

2. 外语跨文化技能

跨文化交际过程中,双方需要具备怎样的跨文化技能才能使交际得体而有效呢?对此,研究者也提出了许多不同的观点。例如,拜拉姆认为,跨文化技能包括解释与联系技能、发现与互动技能,前者指结合自身文化经历解释异文化的能力,后者指获取文化新知以将其应用于交际实践的能力④。迪尔多夫则将跨文化技能分为聆听、观察和阐释,分析、评价和关联技能⑤。这些观点主要从跨文化交际过程的视角来分析跨文化技能。

我国学者借鉴国外观点,对英语教育中的跨文化技能提出了自己的观点。如吴卫平等整合国外上述两位学者的观点,将我国大学生的跨文化技能分为认知和交流技能

---

① 钟华,白谦慧,樊葳葳.中国大学生跨文化交际能力自测量表构建的先导研究[J].外语界,2013(03):47-56.

② Byram, M., Masuhara, H. Intercultural Competence [A]. In Tomlinson, B. (eds) Applied Linguistics and Materials development [C]. 2013.

③ 徐佳.跨文化能力概念模型内涵的扩展研究[J].湖北社会科学,2018(01):181-186.

④ Byram, M. Teaching and Assessing Intercultural Communicative Competence [M]. New York: Multilingual Matters. 1997.

⑤ Deardorff, D. K. The Identification and Assessment of Intercultural Competence as a Student Outcome of Internationalization at Institutions of Higher Education in the United States [D]. Raleigh, NC: North Carolina State University, 2004.

两大类别,前者指通过语言或非语言交际掌握新的文化知识与态度等,后者指观察、理解、阐释与分析文化异同并有效处理文化冲突的能力①。这一观点从认知和交流两个维度对各跨文化技能加以归类整合,有其可取之处。

对于基础教育阶段的跨文化技能,我国研究者也提出自己的观点,如鲁子问认为跨文化能力包括跨文化认知、比较、取舍、参照、传播能力②;梅德明和王蔷对2017年版高中英语课标中文化意识的外在行为表现进行了解读与归纳,认为文化意识具体表现为能够比较与判断、调适与沟通、认同与传播、感悟与鉴别③。这两种观点除了强调文化联系与比较、调适,还突出了对优秀文化的认同和传播能力,这是值得关注的。

3. 外语跨文化情感、态度和价值观

跨文化情感、态度和价值观是发展跨文化能力的根本出发点。对于外语跨文化情感、态度和价值观的具体构成要素,国内外学者的意见较为一致。例如,拜拉姆和迪尔多夫对跨文化态度的分类中都包含了开放、尊重、好奇等积极的情感、态度因素。④⑤ 孙有中也认为,外语专业国际化人才应该尊重世界文化的多样性,具有跨文化同理心⑥。同样的,徐佳提出跨文化共情力概念,认为具备跨文化共情力的人能够做到理解他人、尊重差异且坚持原则、包容与开放等⑦。鲁子问认为,从人类跨文化交际实践可以发现,开放、包容、尊重、平等、客观和谨慎等积极的跨文化态度,能化解故步自封、狭隘、歧视、偏见和盲动等消极的态度,有助于促进积极的跨文化理解和交往⑧。因此,中小学英语跨文化教育应将上述积极态度作为目标,这一观点整合了已有研究中的主要观点,全面而具体。

---

① 吴卫平,樊葳葳,彭仁忠. 中国大学生跨文化能力维度及评价量表分析[J]. 外语教学与研究,2013,45(4):581-592+641.
② 鲁子问. 中小学英语跨文化教育理论与实践[M]. 北京:中国电力出版社,2005.
③ 梅德明,王蔷.《普通高中英语课程标准(2017年版)》解读[M]. 北京:高等教育出版社,2018.
④ Byram, M. Teaching and Assessing Intercultural Communicative Competence [M]. New York: Multilingual Matters. 1997.
⑤ Deardorff, D.K. The Identification and Assessment of Intercultural Competence as a Student Outcome of Internationalization at Institutions of Higher Education in the United States [D]. Raleigh, NC: North Carolina State University, 2004.
⑥ 孙有中. 外语教育与跨文化能力培养[J]. 中国外语,2016,13(03):1+17-22.
⑦ 徐佳. 跨文化能力概念模型内涵的扩展研究[J]. 湖北社会科学,2018(01):181-186.
⑧ 鲁子问. 中小学英语跨文化教育理论与实践[M]. 北京:中国电力出版社,2005.

4. 外语跨文化意识

意识组成跨文化能力的信念系统。国内外学者对跨文化意识的认识也有诸多相似之处。例如,拜拉姆的跨文化能力框架中包含批判性文化意识这一要素,该要素包括认识到自身意识形态与价值观,并从多元文化观点评判本文化及他文化等①。与此相似,杨盈和庄恩平将跨文化意识称为文化知觉能力,认为它包含自我意识和文化相对意识两个部分,前者即交际者对自我的认知,后者与本族文化及异文化密切相关②。

高永晨则进一步对已有研究作了高度概括,认为跨文化意识指的是跨文化交往过程中体现出的敏感性与自觉性,即对本土和外国文化异同的敏感性与调节自我认知以实现有效交流的自觉性③。之后,沈鞠明和高永晨④又对意识的三个具体要素进行了详细阐释,即自我认同意识指理性看待自己的意识形态和价值观;本土文化意识是一种基于自身地域、文化传统及其思维方式的独特性的理性自觉;全球文化意识是指在跨文化交际中超越本土文化的局限性,具有批判性文化意识和多元文化意识。

几位学者对跨文化意识的界定和描述中,都提到了"自我认知"以及对本土文化和外国文化中他人意识形态与价值观等的认知。但高永晨等对跨文化意识内涵的阐释更为全面、详细,且对意识维度提出了更高的能力要求。

(三) 思考与启示

综上,虽然目前跨文化能力研究在概念界定、分析视角、要素构成以及不同要素之间的关系等方面仍然存在很多分歧与争议,但是学者们在以下四个方面达成了共识⑤:跨文化能力是一个复合概念,包括情感、知识和行为三个基本要素;跨文化能力既是个人特质,也是互动技能,更是一个动态的发展过程;跨文化能力是交际双方感知、认可的能力,其主要标准是得体性和有效性;任何特定视角都有局限性,唯有采用多种视角才能准确理解跨文化能力的内涵,辨析其构成要素。

---

① Byram, M. Teaching and Assessing Intercultural Communicative Competence [M]. New York: Multilingual Matters. 1997.
② 杨盈,庄恩平. 构建外语教学跨文化交际能力框架[J]. 外语界,2007(04):13 - 21 + 43.
③ 高永晨. 中国大学生跨文化交际能力测评体系的理论框架构建[J]. 外语界,2014(04):80 - 88.
④ 沈鞠明,高永晨. 基于知行合一模式的中国大学生跨文化交际能力测评量表构建研究[J]. 中国外语,2015,12(03):14 - 21.
⑤ 戴晓东. 跨文化能力理论发展六十年:历程与展望[J]. 外语界,2019(04):58 - 66.

具体从构成要素而言,知识、技能、态度和意识各维度的核心内涵有其共通之处(如表 2-1 所示)。

表 2-1 五种主要跨文化能力框架对比

代表人物	宏观结构	微观维度
拜拉姆 (1997)	知识 技能 态度 意识	• 知识:本国与他国社会群体及其产物知识、社会与个人交往过程知识 • 技能:阐释与联系技能、发现与互动技能 • 态度:好奇、开放、谨慎 • 意识:批判性文化意识
迪尔多夫 (2004)	知识 技能 态度	• 知识:文化自知、文化深层理解与知识、具体文化信息、社会语言意识 • 技能:聆听、观察与阐释,分析、评价与关联 • 态度:尊重、开放、好奇与探索
鲁子问 (2005)	知识(认知) 能力(技能) 态度(情感)	• 知识:物质文化、社会制度和日常生活文化、政治、经济、军事文化、历史文化知识 • 能力:跨文化认知、比较、取舍、参照、传播能力 • 态度:开放、平等、尊重、宽容、客观、谨慎
杨盈,庄恩平 (2007)	知识 文化调适 交际实践 意识	• 知识:价值观、社会习俗、历史、宗教 • 文化调适:心理调适能力、灵活应变能力 • 交际实践:语言与非语言交际能力、交际策略能力 • 全球意识:自我意识、文化相对意识、跨文化思维
高永晨 (2014)	知识 技能 态度 意识 策略 思辨	• 知识:表层文化知识、深层文化知识 • 技能:语言技能、非语言技能、互动性、适应性 • 态度:开放性、包容性、灵活性 • 意识:全球文化意识、本土文化意识、自我认同意识 • 策略:语码转换策略、合作策略、移情策略 • 思辨:逻辑性、推论性

外语学习过程中,学习者的跨文化知识、技能、情感态度与意识相互支撑、相互作用,共同推动其外语跨文化能力的提升。从国内外有关跨文化能力的文献可以发现,

目前,跨文化能力概念和理论框架的本土性研究有待加强[1],已有研究对象大多针对英语专业大学生,鲜有涉及中小学生的富有成效的研究。中国跨文化能力研究者如何借鉴西方理论,基于我国基础英语教育和跨文化人才培养的实际需要,发展本土化的理论,为英语课程开发、教材编写、教学提供指导,值得探讨。

二、跨文化能力描述框架的构建、检验与修订

笔者借鉴已有研究,确定了外语跨文化能力描述框架的基本维度和每个维度的构成要素,初步形成多维度的外语跨文化能力描述框架,作为本土文化学习要求比较研究的初始框架。

(一)初始框架

1. 跨文化能力维度

基于前文的文献梳理与分析,我们确定了描述外语跨文化能力的基本维度及核心内涵,即知识、技能、态度与意识四大维度,以下对四个维度的具体组成部分作出进一步细分。

2. 各维度的构成要素

(1)跨文化知识

国内跨文化能力模型有两个特点[2]:(1)相对于英语文化等强势文化而言,国内更加重视保护传统文化。所提出的跨文化能力模型在重视发展对外交流能力的同时,也强调中华文化的体认和传承。(2)依然承认文化定型的作用,认为至少在认识语言文化差异的起步阶段,有必要帮助学生建立一定的文化定型。但在高级阶段,学生需要超越简单的文化定型,对文化差异有更深刻的理解。为此,基于英语作为国际通用语背景下本土文化地位日益凸显的事实,从英语课程的文化多元主义视角和学生跨文化能力的培养现状出发,将跨文化知识分为本土文化知识和外国文化知识两大类别。在文化内容的分类上,本研究采用莫兰的文化五要素分类。

---

[1] 戴晓东. 跨文化能力理论发展六十年:历程与展望[J]. 外语界,2019(04):58-66.
[2] 孙有中,廖鸿婧,郑萱,秦硕谦. 跨文化外语教学研究[M]. 北京:外语教学与研究出版社,2021:31.

(2) 跨文化技能

如前文所述,借鉴国外研究,关于跨文化技能构成要素,我国学者有的从认知和交流两个维度对各跨文化技能加以归类整合,有的强调跨文化交流中的文化联系与比较、调适,还有的突出对优秀文化的认同和传播能力的培养。鉴于基础英语教育阶段英语学习特点,尤其应突出在语言学习过程中开展文化学习,从语言与文化相融合的视角认识跨文化技能,这样更有助于实现英语教育中的文化育人目的。我们可以借鉴已有跨文化能力模型中的技能维度、莫兰的文化体验理论和教育目标分类学实现这一目的。

从学生的英语学习实践看,对文化知识的学习会经历感知—理解—输出,再内化为自己的情感态度价值观、外化于行的过程,在此过程中,语言发挥几种功能,莫兰[1]将其概括为参与、描述、解释和反应。对照布鲁姆目标分类,这几种语言功能的认知要求是由低到高、逐步提高的。根据安德森(Anderson)等提出的新版教育认知目标分类模型,学习者的认知行为分为识记、理解、应用、分析、评价与创造六个认知水平[2]。其中,识记(recognize)指对事实、信息等的识别与回忆;理解(understand)指学习者能够从所学内容中建构意义,包括举例、解释、总结等认知行为;应用(application)涉及将掌握的知识运用于新的情境中以解决新的问题;分析(analyze)包括对事物隐含观点、价值等的推断和归因;评价(evaluate)则要求能够基于标准做出判断,是复杂程度较高的认知活动;创造(create)是将要素整合为内在一致或功能统一的整体。借鉴莫兰的上述观点,结合我国中小学生英语学习中的认知特点,我们构建了一个认知难度由低到高、涉及的语言能力由理解到表达的跨文化技能框架,包括获取、理解、描述、阐释、评价与反应六个要素。

(3) 跨文化态度

我们将国内外跨文化能力理论中的态度因素加以整合,参照鲁子问[3]对中小学英

---

[1] Moran, P. R. Teaching Culture: Perspectives in Practice [M]. Beijing: Foreign Language Teaching and Research Press, 2009.

[2] Anderson, L. W., Krathwohl, D. R., Airasian, P. W., et al. A Taxonomy for Learning, Teaching and Assessing: A Revision of Bloom's Taxonomy of Educational Objectives [M]. New York: Longman, 2001.

[3] 鲁子问. 中小学英语跨文化教育理论与实践[M]. 北京:中国电力出版社,2005.

语跨文化教育的态度目标分类,最终确定了开放与包容、尊重与平等、客观与谨慎三要素。

(4) 跨文化意识维度

综合借鉴杨盈、庄恩平[①]、高永晨[②]对跨文化意识维度的内涵界定和要素分析,我们将其分成自我认同与文化相对意识两大要素。

综合上述理论演绎的结果,我们将外语跨文化能力的基本维度和具体要素加以整合,初步形成本研究的外语跨文化能力描述框架。

(二) 初始描述框架的检验与修订

1. 效度与信度检验

为确保研究框架的科学性与可操作性,在正式依据描述框架开展比较研究之前,我们对框架的效度与信度进行了验证。

我们邀请了五位国内外语教育与研究领域的知名专家学者和两位一线中学英语教师进行访谈,以获取他们对该研究框架的评价意见。五位专家学者中,一位是教育部课程标准研制组成员,长期从事中小学外语跨文化教育研究。另外四位是高校教师,他们或对跨文化能力研究领域有所涉猎,或专长于基础英语教育、比较教育与跨文化教育研究。两位中学英语教师具有一定的英语跨文化教学经验和反思感悟。专家学者们的观点汇总如下:

评价一:本研究借鉴了国内外相关研究成果,包括迪尔多夫的研究。迪尔多夫的跨文化能力模型有其比较明显的优势。他所构建的能力框架结构是按照能力模型的构建过程来做的,作了先行部分的解释。他在构建框架的过程中,将"意识"融入其他三个维度之中,即他的模型在"attitudes""knowledge""skills"三个部分都包含了"awareness",而不是将其单独分出来,所以需要从整体上把握这一部分……他的这种做法可能有一定的参考价值,可以使本框架更加完善。

评价二:国内外学者在跨文化能力比较研究方面确实已经有很多成果了,所选的

[①] 杨盈,庄恩平. 构建外语教学跨文化交际能力框架[J]. 外语界,2007(04):13-21+43.
[②] 高永晨. 中国大学生跨文化交际能力测评体系的理论框架构建[J]. 外语界,2014(04):80-88.

第二章　跨文化能力视角下英语课程的本土文化学习要求

相关研究也都做得不错，给人启发。我来提供一些信息供你参考：外语教学为什么要开展跨文化教育？目的到底是什么？已有研究表明，跨文化能力与语言能力是不成正比的。那么为什么中小学生要接受跨文化教育？主要还是兴趣问题。早期是培养意识，即尊重他国文化，有这样的"awareness"，为之后高级阶段的跨文化学习与跨文化交际能力的培养打下基础。中小学外语教学中跨文化能力培养的主要目的是兴趣，其培养既不能流于表面，又不要要求太高。

评价三：本研究有关外语跨文化能力的介绍使我学到了很多。研究者对跨文化能力的每一级维度都有非常明确的介绍，对比了其他学者的定义、诠释和内涵之后，得出了自己的框架，并对跨文化能力进行了详尽的描述。但框架中有两个地方我没有十分明白。本框架构建了认知难度由低到高、由理解到表达的跨文化技能维度。其中，"反应"既带有理解，又带有表达，有时可能不一定涉及"评价"，所以"反应"能力放在什么位置比较合理，有待思考。此外，我感觉框架对跨文化意识的描述与态度中的很多维度非常接近。有一些意识又是关于知识方面的，比如能够"感知"其实和认知、知识挂钩。所以，怎样比较确切地对跨文化意识进行界定，可能语言表述上要再考虑一下。

评价四：本研究通过对比国内外具有典型性、代表性的跨文化能力框架，构建了包含知识、技能、态度与意识的跨文化能力描述框架。我觉得跨文化知识的二级指标，即本土文化知识和外国文化知识，也是一种分类的办法。但如果按照本框架中技能、态度、意识所采用的分类方法，似乎知识所采用的本土、外国这种地域性分类方法不是很合适，从知识的本质去分类是不是更好一些呢？……本研究中，我觉得跨文化意识的概念可能有一点模糊。该框架如果要将跨文化意识区分开来，应该在概念上有一个非常明确的界定。

评价五：本研究构建的跨文化能力框架，具有一定的参考价值，我能够从中吸收很多东西。总体来说，在跨文化能力框架一级指标跨文化知识中，本土文化知识等相关指标有一点偏静态，似乎不能体现动态的过程。文化其实处在一个动态的发展过程……在跨文化技能维度，我觉得好像可以有一个思辨的技能。此外，关于"客观评价文化现象"这一描述，其实有时候不太能够"客观"地作出评价。文化现象其实是一种主观、互动的东西……另外，跨文化态度和意识维度区别不太明显，或者说两者是不是存在一定的重叠性？那么是不是索性用英语中的"disposition"一词，将跨文化态度和意识合并成跨文化的一种"倾向"。

初始研究框架总体上得到了肯定和认可,专家学者们认为,该框架综合借鉴了国内外具有权威性和代表性的跨文化能力模型,从中演绎出共核部分,能够反映外语跨文化能力的本质,其描述的跨文化能力的基本维度和具体指标也较为合理、全面。但是在一级维度的跨文化态度、跨文化意识这两个维度以及某些具体指标的文字表述方面,还需要进一步修改完善。

内容分析中,信度(reliability)主要指能否根据条目的概念和操作定义得出一致的结果。如果定义准确,抓住了事物的根本特征且有详细的操作定义,信度就可能稳定一致。[①] 虽然本研究对外语跨文化能力描述框架的每个维度及其构成要素都作出了详细的概念定义与描述说明,且给出了相关跨文化能力描述语作为判断示例,但是不能排除后续比较研究中可能会掺杂对课程标准或外语能力标准文本内容解读的个人主观性。因此,有必要对框架的信度进行检验。

研究过程中,课题组邀请一位高中英语教师试用本描述框架,独自对我国的三份课标,即《高中新课标》、中国香港 2017 年版《英语语言教育:主要学习领域课程指南》高中阶段的"价值观与态度"内容、中国台湾 2018 年颁布的《十二年基本教育课程纲要》高中阶段的"文化理解"内容,以及欧洲委员会 2018 年颁布的《欧洲语言共同参考框架》补充版本《欧洲语言共同参考框架(增补版)》(以下简称《欧框(二)》)中对应外语跨文化能力高级阶段的描述语,进行分析编码。通过对比该教师与课题组成员编码结果的一致性来验证本研究框架的信度。结果表明,不同研究者对相关外语跨文化能力描述语的归类在外语跨文化知识和跨文化态度维度上的判断基本一致,仅在外语跨文化技能维度上存在一处出入。故经检验,该框架具备良好的信度。

2. 初始框架的修订

初步建立了外语跨文化能力描述框架之后,我们试用该框架分析几份外语课程文件,初步了解其适用性和可行性,并对不妥之处进行调整。接着,在对受访专家学者和教师的评价意见进行综合分析的基础上,结合研究对象特点以及我们对中学生外语跨文化能力的研究与理解,对框架进行如下几方面修订。

---

① 彭增军. 媒介内容分析法[M]. 北京:中国人民大学出版社,2012.

(1) 将初步构建的外语跨文化能力描述框架中的跨文化意识维度与跨文化态度维度相整合,形成了"跨文化态度"维度并给出了明确的定义。

(2) 将跨文化意识维度中的"反思跨文化交际活动表现"这一要素融入跨文化技能维度之中。

(3) 对跨文化技能各构成要素的语言描述进行了修改与完善。

我们将修订后的描述框架再次投入试用并检验框架信度,如此反复,最终构建出较为完善、科学且具有可操作性的研究框架。

三、跨文化能力描述框架及其说明

通过梳理并综合借鉴国内外相关文献,对比分析国内外几种具有影响力和代表性的跨文化能力模型,我们确定了包含知识、技能和态度三个维度的外语跨文化能力描述框架。框架的主要维度和具体构成要素如表2-2所示。

表2-2 跨文化能力要求比较研究框架及具体构成要素

维度	构成要素	简要描述
跨文化知识	本土文化知识	文化产物、文化实践、文化观念、文化人物和文化社群
	外国文化知识	文化产物、文化实践、文化观念、文化人物和文化社群
跨文化技能	获取	识别并获取文化信息以便将其运用于现实情境
	理解	复述文化信息,区分不同文化,参照外国文化,观照本土文化,理解不同文化内涵
	描述	基于自己对不同文化的理解,用所学外语描述文化现象
	阐释	联系自身跨文化经历,比较文化异同,发现不同文化的共性与个性,分析背后缘由,合理阐释不同文化现象
	评价	适切表达和分享个人观点、情感等,评价不同文化现象
	反应	选择合适的语言形式和社交语言进行互动交流,从他需视角出发传播本土文化,反思跨文化交际活动表现,灵活调整个人交际行为,确保交际活动顺利进行

续表

维度	构成要素	简要描述
跨文化态度	开放与包容	有兴趣及意愿主动了解和学习外国文化、主动寻找机会进行跨文化交际,包容外国文化
	尊重与平等	理性看待自身价值观、能力等,认同本土文化,具有跨文化敏感性,尊重世界文化的差异性与多样性
	客观与谨慎	从他人角度出发,克服偏见或刻板印象,不轻易评判别国文化

下面将从基本维度和构成要素的定义与描述两个方面对本土文化学习要求比较框架加以说明,并以现行的外语跨文化能力量表、美国《迎接 21 世纪外语学习标准》为例,说明框架各维度及指标的具体表现形式,为后续开展英语课程标准和外语能力标准中本土文化学习要求的内容分析和比较提供思路。

（一）外语跨文化知识

外语跨文化知识,指外语学习者为实现得体有效的跨文化交际而应当具备和运用的知识,包括本土和外国文化知识。本土文化知识亦即母语文化知识,外国文化知识既包括目标语文化知识,也包括其他非目标语国家的国际文化知识,但其他国际文化知识非本研究的关注重点。外语学习者应当具备相关本土及外国文化产物、实践、观念、人物和社群知识。比如吴卫平等"ICC 评价量表"[①]要求学习者了解本国历史与社会政治等知识;还要求学习者了解外国文化禁忌知识。

（二）外语跨文化技能

外语跨文化技能,指外语学习者运用已有的跨文化知识进行跨文化交际活动,或面对不同文化时的行为技能。外语学习者应掌握的基本跨文化技能如下。

1. 获取

获取,即外语学习者能够识别并运用各种方法、技巧与策略获取文化信息以将其运用于现实情境。获取文化信息的渠道可以是课堂,也可以是日常生活中真实的跨文

---

① 吴卫平,樊葳葳,彭仁忠. 中国大学生跨文化能力维度及评价量表分析[J]. 外语教学与研究,2013,45(4):581-592.

化交际情境。比如,美国《迎接 21 世纪外语学习标准》中的标准 3.2①,即学生通过外语及其文化,有效获取信息。

2. 理解

理解,即外语学习者能够理解不同文化的内涵,理解文化产物、实践、观念、人物与社群之间的关系。比如美国《迎接 21 世纪外语学习标准》中的标准 2.1②,即学生证实与理解所学文化实践和观点间的关系。

3. 描述

描述,即外语学习者能够基于自己对不同文化的理解,用所学外语描述文化现象。描述的文化现象可以是关于文化五要素的各个层面。

4. 阐释

阐释,即外语学习者能够联系自身相关跨文化经历,通过对比本土文化与外国文化的异同,进一步分析与探究背后的缘由,加深对文化的理解和洞察力,进而合理阐释不同文化现象。描述是对文化内容的认知,而阐释则要求能够识别、判断、解释文化现象背后的原因。比如,美国《迎接 21 世纪外语学习标准》中的标准 4.2③,即学生通过比较本土文化与目标语文化,证实与理解文化内涵。

5. 评价

评价,即外语学习者能够基于明确的标准和对自我的认知,运用所学外语评价文化现象,与来自不同文化背景的人适切表达和分享自己的观点、思想、情感态度等。

6. 反应

反应,即外语学习者能够根据不同的跨文化情境,选择合适的语言形式和社交语言(如问候、道歉等),运用各种交际技巧和策略进行互动交流,反思跨文化交际活动表现,灵活调整自己的交际行为,确保交际活动顺利进行,使交际达到预期效果。比如,学生能够得体有效地发起、维持和结束交谈,交际失误甚至交际冲突产生后,能够采取

---

① 章兼中.美国《迎接 21 世纪外语学习标准》评介[J].中小学外语教学(中学篇),2006,29(01):7-11.
② 章兼中.美国《迎接 21 世纪外语学习标准》评介[J].中小学外语教学(中学篇),2006,29(01):7-11.
③ 章兼中.美国《迎接 21 世纪外语学习标准》评介[J].中小学外语教学(中学篇),2006,29(01):7-11.

一定的手段(如转述、借用、求助等)进行补救,克服交际困难。

(三) 外语跨文化态度

外语跨文化态度指外语学习者在面对本土文化与外国文化以及在跨文化交际过程中所持有的情感、态度和价值观念。跨文化态度是个人跨文化能力发展的基础,只有对本土文化与外国文化、跨文化交际活动持有积极的情感、态度和正确的观念、认识,个人的外语跨文化能力才能得到进一步提升与发展。外语学习者应当既不妄自菲薄,也不妄自尊大,既不崇洋媚外,也不盲目排外,具体包括开放与包容、尊重与平等、客观与谨慎三项指标。

1. 开放与包容

开放与包容,指的是外语学习者能够包容异域文化,具有主动了解和学习外国文化、主动寻求机会进行跨文化交际的兴趣和意愿。开放是双向的开放,既主动"走出去",又欢迎"走进来",主动学习优秀的外国文化,对异文化不妄加排斥、不故步自封,并以此镜鉴自身本土文化。包容是基本的跨文化态度,是对不同于本土文化的异文化的认可与接受。比如吴卫平等"ICC 评价量表"[①]中的要求:愿意与有着不同文化背景的外国人交流、学习。

2. 尊重与平等

尊重与平等要求外语学习者能够首先理性看待自身价值观、能力等,认同本土文化。同时,能够意识到外国文化中他人意识形态和价值观等的存在,具有跨文化敏感性。尊重文化差异性与多样性,不歧视、贬低任一文化。尊重与平等是和谐的跨文化交际的前提,有利于避免因文化差异而引发的跨文化冲突。比如,钟华等"ICC 自测量表"[②]中的要求:和来自不同文化的人交流时,如果对方的观点和自己的不一样,能尊重对方的观点。

3. 客观与谨慎

客观与谨慎要求外语学习者能够从他人的角度出发,克服自己对于外国文化的偏

---

① 吴卫平,樊葳葳,彭仁忠. 中国大学生跨文化能力维度及评价量表分析[J]. 外语教学与研究,2013,45(4):581-592.

② 钟华,白谦慧,樊葳葳. 中国大学生跨文化交际能力自测量表构建的先导研究[J]. 外语界,2013(03):47-56.

见或刻板印象,不轻易评判他国文化。比如,钟华等"ICC自测量表"[①]中的要求:和来自不同文化的人交流时,能设身处地为对方着想;和来自不同文化的人交流时,往往不轻易下结论。

三、跨文化能力比较对象的选取及比较研究的过程

(一) 比较文本的选取

如前文所述,一些国家和地区重要的外语课程标准或外语能力标准都将外语跨文化能力作为重要的课程目标,这些标准是教材编订、教学与评价的重要指南,其编制凝聚了大量专家学者多年的心血,其对学生跨文化能力的描述较为科学、权威,选取代表性的标准文本进行分析,可以为我们思考基础英语教育本土文化学习要求提供启示与借鉴。

选取我国海峡两岸暨香港三份课程标准和欧洲委员会的《欧洲语言共同参考框架》作为分析比较对象,对其中外语跨文化能力的内涵和要求进行对比分析。这几份文本分别为:我国的三份标准,即《普通高中英语课程标准(2017年版2020年修订)》(中国教育部,2020,以下简称《高中新课标》)《英语语言教育:主要学习领域课程指南》(中国香港,2017,以下简称《课程指南》)《十二年基本教育课程纲要》(中国台湾,2018,以下简称《基本教育课程纲要》);《欧洲语言共同参考框架》(以下简称《欧框(一)》)及其补充版本《欧洲语言共同参考框架(增补版)》(以下简称《欧框(二)》,以下同时提到欧盟上述两个文件时统称《欧框》)。

1. 选取依据

选取以上文件主要出于以下考虑:海峡两岸暨香港同根同源,分析比较同一时期的三份课程标准中跨文化能力及其中有关本土文化学习的要求,对于丰富和深化我们的相关认识具有积极意义。在开展本研究时,我国的《义务教育英语课程标准》(2011年版)仍处于修订过程中,因此选取《高中新课标》为研究对象。该标准将"文化意识"作为核心素养之一,对普通高中英语课程的文化知识内容做出明确规定,并对高中生

---

① 钟华,白谦慧,樊葳葳.中国大学生跨文化交际能力自测量表构建的先导研究[J].外语界,2013(03):47-56.

文化意识水平及其学业质量水平进行了细致划分。同时,《课程指南》和《基本教育课程纲要》都对跨文化能力做了相关规定。

欧洲委员会2001年颁布的《欧框(一)》将跨文化意识和跨文化技能等划归为外语学习者应当具备的重要能力①,该文件是极具国际影响力的语言能力标准之一,2018年欧盟又颁布了该文件的补充版本《欧框(二)》,其中新增能力等级描述的一个重要内容便是"多元文化能力",②可见跨文化能力的重要地位和价值。

2. 中欧标准文本简介

(1) 海峡两岸暨香港的课程标准

我国教育部颁布的《高中新课标》以塑造具备中国情怀、国际视野与跨文化能力的时代新人为总体目标,将文化意识规定为英语学科核心素养的一个维度,界定了"文化知识"的概念,并在必修、选择性必修与选修的课程中提出明确要求,在核心素养水平划分中提出一级、二级和三级三个级别的具体要求。此外,高中英语学业质量水平表中也蕴含了对高中生外语跨文化能力的有关要求,如"能口头介绍中外主要节日"。

《课程指南》2017年由我国香港地区教育局颁布,详细规定了课程目标、学习目标,并就课程规划、学习和教学、评价等内容提供了实施建议。英语语言教育主要学习领域(key learning area)是课程的重要组成部分,包括知识、一般技能、价值观和态度三部分,旨在为学生提供广泛的学习经验,提高其文化理解和全球竞争力。该标准将拓展学生对其他文化知识和经验的习得作为英语教育的重点学习领域,将价值观教育列为课程发展的新重点,并将培养学生文化包容等态度视为价值观教育的重要内容。该标准并未对外语跨文化能力进行直接描述,有关要求蕴含在必修和选修两个课程类别各项学习目标与能力要求的描述之中。

《基本教育课程纲要》于2018年由我国台湾地区教育部门颁布,旨在引导学生"尊重与悦纳多元文化,培养国际视野与全球永续发展的世界观"。该课标提出了"三面九

---

① Council of Europe. Common European Framework of Reference for Languages: Learning, teaching, assessment [M]. Cambridge: Cambridge University Press, 2001.
② Council of Europe. Common European Framework of Reference for Languages Learning teaching assessment Companion Volume with New Descriptors[EB/OL].[2024-02-02]. https://www.redalyc.org/journal/921/92155180008/92155180008.pdf.

项"英语学科核心素养,强调培养终身学习者和均衡发展的现代公民①,对学生为适应目前生活与迎接未来挑战而应具备的知识、态度和能力提出了要求。该课标将"多元文化与国际理解"纳入英语学科核心素养并阐释了其内涵,将外语跨文化能力的描述分为基本能力和进阶能力两个阶段,涉及外语跨文化知识、技能和情意三个维度。在学习表现部分,以"能做"的方式描述了高中生应有的"文化理解"学习表现。在学习内容部分,清晰地说明高中生应该掌握的"文化与习俗"等重要知识。

(2)《欧框》

《欧框(一)》是20世纪90年代欧洲委员会为推动欧洲各国文明交流、促进欧洲一体化,历时20多年编制而成的一套语言学习、教学和评估的建议标准,为欧洲语言教学、课程设置、教材编写、考试命题等提供了统一基准与重要参考②。该文件自颁布后产生广泛影响,现已成为世界外语教育领域极具权威性与代表性的语言能力标准之一。2018年,为了应对世界形势的诸多变化,保持《欧框(一)》的活力和开放性,欧盟委员会发布了《欧框(二)》,该文件的重要贡献之一便是细化了多元文化及"多元文化能力"(pluricultural competence)的理念,使其概念更加清晰,更具可操作性③。

《欧框》以"Can Do"的方式描述语言能力。它将语言能力水平分为A基础阶段(包括A1入门级和A2初级);B中级阶段(包括B1初中级和B2中高级);C高级阶段(包括C1熟练级和C2精通级)。其中对语言学习者或使用者综合能力(general competence)的描述蕴含了外语跨文化能力的相关要素。综合能力包括知识、技能、精神境界和学习能力四部分,其中知识部分界定了语言学习者或使用者应该重视和拥有的目标语国家的"社会文化知识"(sociocultural knowledge)、"跨文化意识"(intercultural awareness)和"跨文化技能"(intercultural skill)。精神境界中的态度部分描述了学习者应具备的外语跨文化态度、动机、价值观和信仰等。《欧框(一)》并未对外语跨文化能力进行等级描述,增补版《欧框(二)》设计的多元文化能力表则提供了详细的相关等级划分与描述。

---

① 徐瑰瑰.台湾十二年基本教育课程改革及其启示[J].当代教育科学,2014(18):15-17+20.
② 刘壮,韩宝成,阎彤.《欧洲语言共同参考框架》的交际语言能力框架和外语教学理念[J].外语教学与研究,2012,44(04):616-623.
③ 傅荣,李亚萌.《欧洲语言共同参考框架》新旧版本对比述评[J].法语国家与地区研究,2019(04):27-33+90.

（二）比较研究的过程

依据构建好的跨文化能力描述框架，从跨文化知识、技能和情意三个维度对所选中欧标准中体现的跨文化能力构成要素展开文本分析。具体实施步骤如下：

1. 筛选与提取

仔细研读四份标准，参照外语跨文化能力描述框架的一级指标，即跨文化知识、跨文化技能和跨文化态度三个维度，逐一审视各份文件中的外语跨文化能力描述语，将其中与上述维度相关的能力描述分别筛选和提取出来，按从低到高的能力等级依次排序，制成表格。

由于本研究选取的是我国海峡两岸暨香港英语课程标准中高中学段的外语跨文化能力，属于基础教育外语跨文化能力发展的高级阶段，因此，在对欧洲外语能力标准的研究中，本研究仅对其外语跨文化能力的高级阶段进行分析比较。而《欧框（二）》指出，B2 中高级的高水平描述语也可适用于 C 级，故而本研究对欧洲标准中的 B2 中高级、C1 熟练级和 C2 精通级三个等级进行研究。在对四份标准进行比较时，按照相同的划分依据进行对比分析。比如，以课程结构为划分依据，对比《高中新课标》和《课程指南》中必修课程与选修课程有关外语跨文化能力的描述与要求；以能力发展为划分依据，对比《高中新课标》和《欧框》对外语跨文化能力的三级描述与要求。

提取出的外语跨文化能力有关描述以句子为单位，可能包含跨文化能力某一维度下的多项指标。比如，《高中新课标》中"基于对中外文化差异与融通的理解与思考，探析异同产生的原因"，这句有关技能维度的能力描述语就包含了"理解"与"阐释"两项二级指标。

2. 分解与归类

对于上述依据外语跨文化能力描述框架一级指标提取出的描述语，参照其对应的二级指标及具体描述，分解包含多项指标的描述语，并将其归入表格对应的二级指标中。

3. 呈现与分析

首先，利用表格直观呈现四份外语跨文化能力标准对跨文化知识、跨文化技能和跨文化态度三个维度的描述情况。然后，根据表格内容进一步分析四份标准体现的外语跨文化能力构成要素和有关能力要求的特点。最后，以文字形式表述分析结果。

第二节 跨文化知识要求比较及其启示

本节对中欧课程标准中的跨文化知识要求进行比较,分析其对我国英语课程本土文化知识要求的启示。跨文化知识是培养跨文化能力的基础,跨文化交际要求学习者能在不同文化间进行比较,联系自身。因此,课程标准通常将外国文化知识与本土文化知识的学习要求糅合起来描述,为了更清晰地识别其中对本土文化的要求,我们将中欧标准中的文化知识和能力要求分解为外国文化与本土文化两个方面,又进一步将两者按照文化要素划分,即文化产物、实践、观念、人物和社群五个要素,从而对有关知识内容及能力要求进行比较。

一、英语课程标准中跨文化知识及能力要求比较研究

四份标准都重视外国文化知识,各要素的覆盖范围广,对外语学习者所需外国文化知识的描述较为详尽,其中有共同特征,也有差异。

(一)各标准跨文化知识内容及能力要求

1. 我国海峡两岸暨香港的英语课程标准

(1)《高中新课标》中的跨文化知识及能力要求

该课标将"文化知识"作为课程内容六要素之一,单独对其要求进行了详细描述,其中体现了对外语跨文化知识的要求。该标准将高中英语课程分为必修、选择性必修和选修三种课程类别,每一课程类别都对外国和国际文化产物与实践知识有要求,但三类课程都未涉及外国文化社群知识。对本土文化知识各要素的要求大致与外国和国际文化知识相对应,每一类课程都涉及本土文化产物知识和本土文化实践知识,但都不涉及本土文化人物与社群知识,仅有必修课程涉及本土文化观念知识。

就文化各要素涉及的具体内容而言,外国和国际文化产物方面要求理解"常用英语典故和传说";在外国文化实践知识方面,要求学习英美等国主要传统节日、习俗、待人接物与行为举止等;在外国文化观念方面,要求感悟英美等国体育精神。对于外国

文化人物知识,该课标突出英美等国家主要名人对社会的贡献和影响,通过了解主要名人的生平经历和成就,学习借鉴优秀成果。

在本土文化知识方面,关于本土文化产物知识,必修课程要求"初步运用英语介绍中华优秀传统文化,如京剧、园林、武术、饮食文化等",选择性必修和选修(提高类)课程中提到以非物质形态存在的"汉语典故和传说"。在本土文化实践知识方面,主要从中国传统节日、习俗、中国人的待人接物与行为举止几个方面描述外语学习者所应具备的跨文化知识。而在选修(提高类)要求中,对本土文化实践知识的要求从文化人物间的交际行为上升至国家对外关系层面。对学习者的要求由引导外语学习者获取和积累知识,提升跨文化交流技能,向理解文化内涵从而坚定文化自信过渡和深化。该课标未涉及本土文化人物和社群有关知识,对本土文化观念知识的描述较少,仅在初级阶段提及"感悟中国体育精神"。

综上,该课标在英语跨文化能力发展的各个阶段都涵盖了对外国和国际文化知识、本土文化知识的描述,整体呈现出重视文化产物与实践知识,不够重视文化观念与文化人物知识,缺少文化社群知识的局面。另外,该课标非常重视语言中的文化,体现在中英文"典故和传说"的相关要求中。

在英语跨文化知识各要素的能力要求上,《高中新课标》中跨文化知识维度按必修、选择性必修与选修的课程结构方式依次提出要求。不同跨文化知识内容的掌握要求详见表2-3和表2-4。

表2-3 《高中新课标》外国文化知识具体内容的掌握要求

跨文化知识维度	具体内容	掌握程度要求关键动词		
		必修	选择性必修	选修
外国文化产物知识	英美等国主要体育运动	了解	/	/
	常用英语俗语与成语的文化内涵	理解	/	/
	英美等国地理概况与旅游资源	/	了解	/
	英美等国政治、经济等	/	比较	/
	英美等国主要大众传播媒体	/	分析	/
	部分优秀英语文学作品,如小说、诗歌与戏剧	/	理解、欣赏	/
	重要世界历史文化现象	/	/	了解

续　表

跨文化知识维度	具体内容	掌握程度要求关键动词		
		必修	选择性必修	选修
	经典演讲、文学名著等	/	/	理解欣赏
	常用英语典故、传说和有代表性的文化标志	/	比较	运用
外国文化实践知识	英美等国的主要传统节日、主要习俗、人们的待人接物与行为举止	比较	/	/
	常用英语词语表达方式	/	比较	/
	英美等国对外,尤其是对中国的关系	/	/	了解
外国文化观念知识	英美等国家的体育精神	感悟	/	/
外国文化人物知识	英美等国主要文学家、艺术家和政治家等及他们的成就与贡献	了解	/	/
	名人传记	/	/	理解欣赏

表2-4　《高中新课标》本土文化知识具体内容的掌握要求

跨文化知识维度	具体内容	掌握程度要求关键动词		
		必修	选择性必修	选修
本土文化产物知识	京剧、武术、园林和饮食等中国优秀文化	介绍	简述 传播与弘扬	/
	中国政治、经济等方面的基本情况	/	比较	/
	汉语中与英语中相近的常见典故与传说等	/	比较	运用
本土文化实践知识	中华传统节日	介绍 比较	简述	
	中国的主要习俗;中国人的待人接物与行为举止等;汉语里常见俗语与成语的表达方式	比较	/	/
	汉语词语里与常见英语词语相近的表达方式	/	比较	/
	中国对外政治、经济与文化的积极影响	/	/	了解
本土文化观念知识	中国体育精神	感悟	/	/

从这两份表格可以看出,课标对不同类型课程中学生跨文化知识的能力要求相互衔接且螺旋上升。例如,本土文化产物知识要素中的"中国优秀文化",在必修课程阶段的能力要求为"初步使用英语介绍",在选择性必修课程阶段的能力要求则提升为使用英语简述其表现形式及内涵。在语言能力要求上,从"介绍"内容到"简述"表现形式及内涵,语言水平和意义内涵的要求都有提升。此外,课标还强调中外文化对比,如"比较中外传统节日的异同"等,反映出课标重视比较文化异同对于探究不同文化、尊重文化多样性的积极作用。

(2)《课程指南》中的跨文化知识及能力要求

《课程指南》规定,英语课程框架包括知识、技能、价值观与态度三部分。在知识部分,该标准鼓励外语学习者开展比较中西方文化事件、文学作品、生活方式和价值观等的任务或活动。可见,该课标要求学习者既认知和了解中西方文化产物、实践和观念等方面的知识,又要能够对比中外文化。标准中对外国文化知识的内容描述较为简略,涵盖了外国文化产物、文化实践和文化人物知识三项指标。在外国文化产物知识方面,主要覆盖了服饰、饮食、娱乐、科技以及文学艺术作品等;外国文化实践知识方面,仅在必修课程中涉及了文化风俗这一要素;外国文化人物知识方面,仅在必修课程阶段体现了成功人士及其惊人事迹这一要素,未涉及文化观念方面的内容。该标准未涉及本土文化知识相关内容。

《课程指南》在必修课程阶段并未对跨文化知识各构成要素进行具体的能力要求描述。在选修课程阶段,分别对语言艺术中的戏剧、短篇小说、诗歌和歌曲等提出了相应的学习目标要求。例如,对于短篇小说,要求外语学习者能够理解短篇小说的主要特性(如主题、人物、情节);通过口头、书面和表演的形式,表达短篇小说中富有想象力的思想和情感;了解英语在短篇小说中的作用并将其应用于语言学习和使用等。

(3)《基本教育课程纲要》中的跨文化知识及能力要求

《基本教育课程纲要》的学习重点包括学习内容和学习表现两部分,都围绕英语学科核心素养展开。在学习内容部分,课标对重要学科知识内涵进行了界定,包括语言知识、沟通能力、文化与习俗和思考能力四大主题。其中,"文化与习俗"主题对外语学习者所需掌握的跨文化知识进行了规定,但对跨文化知识的内容描述较少,仅涉及中外文化实践知识,在文化观念方面要求学生了解"社会上的多元文化观点",没有明确划分本土和外国文化观念。

在学习表现的"文化理解"部分，课标描述了跨文化知识的掌握程度要求，对文化实践知识构成要素的能力要求停留在"了解"和"介绍"层次。比如，"了解外国风土民情"和"了解国际社会基本生活礼仪"。

2.《欧框》中跨文化知识及能力要求

《欧框（一）》从知识、技能、精神境界与学习能力四要素对外语学习者综合能力进行了界定。在知识层面，对外语学习者应知的"社会文化知识"进行了专门的分类描述，主要集中在外国文化知识维度，未提及本土文化知识。关于外国文化知识，要求了解目标语国家和地区政治、经济、人文和地理情况的重要性，涉及音乐、影视作品、文学等艺术形态的外国文化产物知识；对外国文化实践知识的要求包括日常生活习惯和礼节、肢体语言与习俗等。该标准也兼顾了价值观、信仰等外国文化观念，关注到了少数民族文化。

可以看出，《欧框（一）》注重开展得体有效的跨文化交际所必须掌握的外国文化知识，强调了解和理解目标语国家人民的生活方式、习俗礼节及价值观念等，以便最终能够用所学外语在目标语国家应对日常生活所需。标准未涉及外国文化人物知识也未对跨文化知识维度各构成要素的内容提出具体的能力要求。

（二）对我国英语课程本土文化知识学习要求的启示

1. 研究发现

根据前文的梳理与分析，中欧课程标准在外语跨文化知识维度上的要求可总结如下：

（1）中欧标准都重视外国文化产物知识和实践知识

首先，文化产物知识方面。我国海峡两岸暨香港的三份标准中只有《基本教育课程纲要》未对文化产物知识作相关描述，其他两份标准都给予了充分关注，且对文化产物知识的分类较为明确，各自关注重点突出。《高中新课标》涵盖了艺术形态、机制等多重文化产物知识，强调外语学习者对常用英语典故和传说的理解和运用。《课程指南》则聚焦外国文学艺术，在选修课程阶段凸显了对外国文学艺术作品中的戏剧、短篇小说和诗歌等文化产物知识的学习。

《欧框（一）》也重视外国文化产物知识，与《课程指南》一样，聚焦外国文学艺术，主要包含音乐、影视艺术和文学等艺术形态类知识。

其次，文化实践知识方面。中欧标准都非常重视文化实践知识的重要性，突出了仪式化的跨文化交际实践知识。比如，我国的三份标准中，《高中新课标》围绕传统节日、习俗、待人接物与行为举止等，要求外语学习者积累相关知识，《课程指南》和《基本教育课程纲要》也都对文化风俗提出了要求。《基本教育课程纲要》还要求学习者了解国际社会的基本生活礼仪,强调有效跨文化交际所需要的文化实践知识。

《欧框(一)》也重视得体有效的跨文化交际所需的外国文化实践知识,列举了外语学习者应知的体态语和礼仪行为等方面的知识,强调能用所学外语在目标语国家应对日常生活。

(2)《欧框》相对关注文化观念和文化社群,我国标准则不够关注或未涉及

《欧框(一)》要求外语学习者了解同社会职业、财富和民族特性等因素有关的文化价值观和信仰,关注的内容较为多样,但并未对这些内容展开详细描述,也未对其提出具体的能力要求。我国海峡两岸暨香港的三份标准中仅有《高中新课标》涉及了文化观念知识,提及中外体育精神,要求外语学习者感悟中外体育精神的共同诉求。这表明中欧标准对文化观念知识都不够重视。

关于文化社群知识,《欧框(一)》指出存在不同文化群体,认为外语学习者应知的跨文化知识囊括了地区、社会群体、种族的生活水平差异,种族和族群的关系以及少数民族等方面的文化社群知识。该标准关注到了因地域、社会阶层和宗教信仰等的不同而呈现出的微观文化差异。我国的三份标准涉及的基本上都是国家层面的文化,如中华文化、英美等国家文化,都未涉及文化社群方面的知识。

(3)我国标准涉及文化人物知识,欧洲标准未提及

我国的三份标准中,《高中新课标》和《课程指南》都涉及文化人物知识要素,都要求外语学习者了解外国历史文化名人或成功人士的事迹、成就等,以学习和汲取优秀人类文明成果。《欧框(一)》未涉及文化人物方面的文化知识。

(4)中欧标准对本土文化知识及能力要求的有关描述差异较大

中欧标准都不同程度地关注了跨文化交际中所需的本土文化知识,但在本土文化知识各具体要素的覆盖范围、描述的详略程度和能力要求的高低上存在显著差异。

我国的三份标准中,《高中新课标》对本土文化知识的描述最为具体、全面,不仅从文化产物、实践和观念三个层面描述了外语学习者所需本土文化知识及其能力要求,而且贯穿于外语跨文化能力发展的各个阶段,表现出语言水平提高和意义内涵提升的发展变化。《基本教育课程纲要》简略提及本土文化实践知识,但未体现任何其他要素的内容。《课程指南》未对外语学习者所需本土文化知识情况作出明确要求,鼓励外语学习者开展对比中外文化事件、文学作品、生活方式与价值观等的任务或活动,间接体

现了本土文化产物、实践和观念知识要素。

《欧框》引导外语学习者思考为培养跨文化能力,该如何正确认识本民族文化与目标语文化之间的关系,但未对本土文化知识的具体构成要素及其能力要求进行详细描述。

(三) 研究启示

通过上述梳理和比较可发现,总体而言,我国《高中新课标》中跨文化知识及能力要求较为具体,尤其凸显了国家对培养具备中国情怀的时代新人的教育目标,在强调外国文化知识与实践的同时,凸显对中华优秀传统文化的掌握要求,对本土文化知识进行了非常全面、详细的描述,不仅从文化产物、实践和观念三要素具体描述学习者所需的本土文化知识及其能力要求,而且将其贯穿于跨文化能力发展的各个阶段,相关要求呈现螺旋复现、递进发展的特点,蕴含了通过本土文化知识内容的学习对学习者坚定文化自信的跨文化情意的培育。另外,该课标还强调中英语言中的文化,这些都为教材确定中华文化知识学习目标提供了指导。通过比较,我们可以获得对我国包括中华文化知识在内的跨文化知识目标的相关启示:

1. 充实或进一步明确文化观念知识的要求

外语学习者通过比较、分析不同的文化观念,才能深入理解不同文化的内涵。文化观念的内隐性使其成为文化学习的难点,学习者通过学习文化产物和实践知识,通过文化体验和感悟,才能把握文化现象背后的文化观念。也许是考虑到文化观念的学习难度,《高中新课标》对文化观念比较明确的要求主要体现于"感悟中外体育精神的共同诉求",显得对文化观念知识的要求过于单一。而《欧框(一)》要求外语学习者了解与社会职业各阶层(知识分子、官员、手工业者和体力劳动者)、财富(收入和财产)、传统和变化、民族特性等多重因素有关的文化价值观和信仰等,由此看出该标准对文化观念要素的覆盖范围较广泛。因此,《高中新课标》充实或进一步明确文化观念知识的内涵与要求,有助于引导人们在把握文化产物、实践视点的同时,感知和理解重要文化观念,加深对文化知识的学习,而教材设计者可针对文化产物、实践等知识设计文化观念的学习内容。

2. 增加文化社群知识的要求

文化中通常包括由许多不同社群形成的文化,外语学习者本身也因性别、性格和对文化了解的不同呈现出种种文化差异。《高中新课标》对文化社群知识不够重视,有关要求基本上都是国家层面的文化。《欧框(一)》指出了不同文化群体的存在,关注到因地域、社会阶层和宗教信仰等的不同而呈现出的微观文化差异。《高中新课标》可以考虑增加对文化社群知识要素的描述与要求，突出帮助学生熟悉文化社群知识、意识到不同群体文化差异的重要性，教材可设计相关内容弥补课标规定的不足。

表2-5 中欧课程标准对英语跨文化知识维度中本土文化知识的描述比较

本土文化知识	海峡两岸暨香港的英语课标			《欧框》
文件名称	《高中新课标》	《课程指南》	《基本教育课程纲要》	
文化产物	**初级**：初步使用英语介绍中国优秀文化 **中级**：了解中国政治和经济等；比较汉语与英语中相近的常见典故、传说；简述中国优秀传统文化 **高级**：运用汉语典故与代表性文化标志	/	/	/
文化实践	**初级**：了解中国主要习俗、中国人的待人接物与行为举止、汉语里常见俗语与成语表达方式；初步使用英语介绍传统节日 **中级**：比较汉语词语中与常见英语词语相近的表达方式；简述中华传统节日 **高级**：了解中国对外政治、经济和文化的积极影响	/	**初级**：了解并介绍中国主要节庆习俗及风土民情 **中级**：/ **高级**：/	/
文化观念	**初级**：感悟中国体育精神 **中级**：/ **高级**：/	/	/	/
文化人物	/	/	/	/
文化社群	/	/	/	/
总体情况	侧重本土文化产物与实践知识，忽视本土文化观念知识，不涉及本土文化人物和社群知识。总体上知识内容衔接而又螺旋上升，不断加深加广	提及本土文化产物、实践和观念等有关要素，但并无具体内容描述	仅涉及本土文化实践知识，且整体能力要求水平偏低	未对本土文化知识进行具体描述

表2-6 中欧标准对英语跨文化知识维度中外国文化知识的描述比较

外国文化知识	海峡两岸暨香港的英语课标			《欧框》
文件名称	《高中新课标》	《课程指南》	《基本教育课程纲要》	
文化产物	**初级**:了解英美等国主要体育运动;理解常见英语俗语与成语的文化内涵 **中级**:了解英美等国旅游资源和地理概况、大众传播媒介、政治和经济等;理解常用英语典故和传说、优秀文学作品 **高级**:了解重要世界历史文化现象;理解并欣赏文学名著与经典演讲等;运用英语典故和代表性文化标志	**初级**:不同文化中的服饰、饮食、娱乐、科技等 **中高级**:语言艺术中的戏剧、短篇小说、诗歌和歌曲以及流行文化		艺术(音乐、影视艺术、文学、戏剧、流行歌曲)
文化实践	**初级**:了解英美等国主要习俗、节日、人们的待人接物与行为举止等 **中级**:了解常用英语词语表达方式 **高级**:了解英美等国对外尤其是对中国的关系	**初级**:不同文化中的风俗 **中高级**:/	**初级**:了解并介绍世界各国(地区)主要节庆习俗及风土人情;了解国际社会的基本生活礼仪 **中高级**:/	日常生活习惯、礼仪礼节、肢体语言、人际关系和社会习俗等
文化观念	**初级**:感悟英美等国体育运动精神 **中级**:/ **高级**:/	/	/	与社会职业各阶层、财富、民族特性等相关的价值观、信仰
文化人物	**初级**:了解英美等国政治家、文学家和艺术家等以及他们的贡献与成就 **中级**:/ **高级**:理解和欣赏名人传记	**初级**:成功人士及其事迹 **中高级**:/	/	/
文化社群	/	/	/	社会群体、种族的生活水平差异;种族和族群的关系;少数民族

续 表

外国文化知识	海峡两岸暨香港的英语课标			《欧框》
文件名称	《高中新课标》	《课程指南》	《基本教育课程纲要》	
总体情况	侧重文化产物与实践知识,忽视文化观念知识,不涉及文化社群知识 总体上知识内容衔接而又螺旋上升,不断加深加广	涵盖了文化产物、实践和个体知识 整体内容描述较为简略,除语言艺术要素外,未对其他要素进行能力要求描述	仅涉及文化实践知识,且整体能力要求水平偏低	兼顾文化产物、实践、观念和社群知识,未涉及文化人物知识,无具体能力要求描述

第三节　跨文化技能要求比较及其启示

　　英语课程中的中华文化学习,其实质是学习运用英语进行中华文化跨文化沟通与交流,这种跨文化能力的培养,除了需要掌握包括本土文化知识在内的跨文化知识,还应培养跨文化技能、跨文化态度。英语跨文化技能,指英语学习者运用已有的跨文化知识,进行跨文化交际或面对不同文化时的行为方式和具体表现。在跨文化交际中,学习者运用跨文化技能,在真实的生活情境或课堂等现实情境中,借助语言或非语言交际获取新的跨文化知识,联系自身,分析比较、判别各种中外文化现象,深入理解其精神内涵,学会作出正确的价值判断,最终将获取的文化新知综合运用于跨文化交际实践,从而有效得体地进行跨文化沟通,协调甚至解决跨文化冲突。本节对中欧课程标准文件中跨文化技能的要求进行比较研究,分析对我们思考我国英语课程中中华文化学习技能要求的启示。

一、英语课程标准中跨文化技能比较研究

(一) 英语课程标准中的跨文化技能要求

1. 我国海峡两岸暨香港英语课标中的跨文化技能要求

(1)《高中新课标》中的跨文化技能维度

《高中新课标》将"文化意识"划分为三个素养级别,其中包含了对跨文化技能维度的描述。每一层级的具体能力描述详见表2-7。

表2-7 《高中新课标》与跨文化技能相关的能力描述

跨文化技能维度	素养级别		
	一级	二级	三级
获取	能够在明确的情境中根据直接提示找出文化信息	能够选取适当的方法在课堂等现实情境中获取文化信息	能够运用多重方式方法在真实生活情境中获取文化信息
理解	加深对中国文化的理解	理解文化多样性	理解中外文化差异与融通
描述	能够用所学英语简单介绍中外文化现象	能够用所学英语描述中外文化现象	能够用所学英语讲述中国故事,描述中外文化现象
阐释	比较具有文化多样性的事物与活动;对比中外文化	结合实际情况分析、比较和解释中外文化异同;能够用所学英语比较中外文化现象	探析产生中外文化异同的原因;阐释中外文化现象
评价	/	/	分析与判别文化现象蕴含的价值取向
反应	/	运用简单的跨文化交际策略	调适交际策略

总体来看,《高中新课标》较为全面均衡地兼顾到英语跨文化技能的各项指标。素养的每个级别都对获取、理解、描述、阐释提出了要求,但是只在三级水平阶段提出"评价"技能要求,关于"反应"技能的描述只在二、三级素养级别中有所体现。学习者的跨

文化能力需要通过对其应对任务情境的外在行为和表现加以推断①。各级别技能的差异在于交际任务情境的复杂度、技能所指向的文化内容、语言应用水平等。

例如,"获取"技能三个级别的差异在于,交际任务情境的复杂程度和相应获取信息的方式方法,从"明确的情境",到"课堂等现实情境",再到"真实生活情境",分别对应极简化的现实情境、简化的现实情境和真实的现实情境,②情境的复杂程度不同,学生获取文化信息的方式方法也会有所改变,从一级"根据直接提示找出",到二级"选择合适的方式方法",到三级"运用多种方式方法"。这为该技能的培养与评价提供了较明确的标准。

"理解"三个级别的差异主要在于所指向的内容。例如,"理解"的内容从"中华文化"到"文化的多样性",再到"中外文化差异和融通"(如表2-8所示),揭示了文化理解能力由内及外的认知发展规律。英语学习者首先需要了解自身本土文化,其次是外国文化,并进一步体会世界文化的差异性与多样性。在此基础上,借助他者视角反观本土文化,加深对本土文化的理解,从而把握本土文化与外国文化的异同。

表2-8 《高中新课标》跨文化技能维度对应的内容

跨文化技能维度	对应的内容		
	一级	二级	三级
获取	文化信息	文化信息	文化信息
理解	中国文化	文化的多样性	中外文化差异和融通
描述	中外文化现象	中外文化现象	中国故事、中外文化现象
阐释	具有文化多样性的活动和事物	中外文化的异同、中外文化现象	产生中外文化异同的历史文化原因、中外文化现象
评价	/	/	文化现象所反映的价值取向
反应	/	跨文化交际策略	跨文化交际策略

而"描述""阐释"三个级别的差异表现在所指向的内容、具体的语言应用水平上。例如,"描述"的内容由"中外文化现象"到"中国故事与中外文化现象"(如表2-8所示),逐步具体化且具有一定的现实意义。在语言应用水平上,从能够用所学英语"简

---

① 梅德明,王蔷.《普通高中英语课程标准(2017年版)》解读[M].北京:高等教育出版社,2018.
② 梅德明,王蔷.《普通高中英语课程标准(2017年版)》解读[M].北京:高等教育出版社,2018.

单介绍",到"描述",再到"讲述",水平的递进体现了技能的变化发展。"阐释"技能要求外语学习者能够"对比"中外文化,并结合所学跨文化知识和实际情况进行"分析""比较",尽可能"解释"中外文化异同,最终能够探究文化异同背后的缘由,并用英语"阐释"中外文化现象。

评价方面,要求学习者能够分析和判断文化现象蕴含的价值导向,说明该标准重视文化学习对学习者认知自我,形成个人情感、态度和价值观念的重要作用。反应方面,关注跨文化交际策略的"运用"和"调适",但该课标并未对跨文化交际策略的内涵加以阐释。

(2)《课程指南》中的跨文化技能

中国香港地区的《课程指南》在其主要学习领域的一般技能部分明确指出,一般技能是学习者学会如何学习的基础,包括合作技能、沟通技巧、创造力、批判性思维技能等九项技能,但其中并未给出对外语跨文化技能的具体要求。

(3)《基本教育课程纲要》中的跨文化技能维度

中国台湾地区的课程纲要透过学习重点落实学科核心素养,在其"文化理解"部分描述了外语学习者跨文化能力的学习表现,相关具体能力描述详见表2-9。从该表可见,该课标的相关描述语主要集中在基本能力阶段,整体能力要求都不高,在进阶能力阶段,仅涉及"反应"技能的描述,另外,"获取"和"评价"技能在该课标中均未体现。

表2-9 《基本教育课程纲要》与跨文化技能相关的能力描述

跨文化技能维度	能力级别	
	基本能力	进阶能力
获取	/	/
理解	能从多元文化观点,了解不同的文化及习俗; 能了解外国的风土民情; 能了解国际社会的基本生活礼仪	/
描述	能以英语介绍中外主要的节庆习俗及风土民情	/
阐释	能比较中外文化的异同,并进一步了解其缘由	/
评价	/	/
反应	能应用国际社会的基本生活礼仪	能融合文化知识与语言能力,解决生活中的实际问题

可以看出,理解、描述和反应技能描述语所指向的内容基本都为文化实践层面。比如,了解文化习俗、风土民情和基本生活礼仪,介绍中外主要节庆习俗及风土民情。对"阐释"技能略有涉及,要求学习者能够"比较中外文化的异同,并进一步了解其缘由",但并未明确要求英语学习者能够阐释文化异同背后的缘由。随着跨文化技能的进一步提升,该课标最终要求英语学习者能够"应用"国际社会的基本生活礼仪。

2. 《欧框》中的跨文化技能维度

《欧洲语言共同参考框架:学习、教学、评估》指出,外语学习者的跨文化技能(intercultural skills)包括:在本土文化与外国文化间建立联系的能力;辨别并运用各种策略同异文化人物进行交流的能力;在本土文化和外国文化之间充当中介者,并有效处理跨文化误解和冲突的能力。跨文化能力一直是《欧框(一)》强调的重要概念,但《欧框(一)》并未对其进行能力等级描述。《欧框(二)》新增能力等级描述的一个重要内容便是"多元文化能力"(pluricultural competence),对外语学习者应具备的跨文化能力进行了详细的分级描述。相关内容如表2-10所示。由该表可见,《欧框(二)》对跨文化技能各项指标都有要求,这些技能所指向的内容基本为文化产物、实践、观念、人物和社群五要素。比如,能够描述、评价自己和其他社会群体的观点和实践,能够解释文化价值观念和实践的背景及其各个方面等。

表2-10 《欧洲语言共同参考框架》与跨文化技能相关的能力描述

跨文化技能维度	能力级别		
	B2	C1	C2
获取	能够识别由文化所决定的行为模式(如手势和话语音量)的异同点	/	/
理解	能够正确理解相关文化中的文化线索	/	/
描述	*能够描述自己和其他社会群体的观点和实践	/	/

续 表

跨文化技能维度	能力级别		
	B2	C1	C2
阐释	*能够解释另一文化中的文件或事件,并将其与自己的文化或自己所熟悉的另一种文化中的文件或事件联系起来; 能够解释自己文化和其他文化中特殊的沟通方式以及由此产生误解的风险	能够借助跨文化交往、阅读、电影等,敏锐地解释文化价值观念和实践的背景及其各个方面; 能够解释自己对于所处社群和所熟悉的其他社群的文化假设、先入之见、刻板印象和偏见的理解	/
评价	*能够评价自己和其他社会群体的观点和实践; 能够讨论媒体中所表达的关于自己所处社群和其他社群的信息和观点的客观性和均衡性	能够建设性地、适当地表达自己的反应以使问题清楚明了	/
反应	在跨文化交往中,能够恰当地作出反应并表达自己	能够处理跨文化交际中模棱两可的问题	能够根据语境发起和控制自己的行为与表达方式; 能够作出细微调整以防止或消除误解和文化事件

注:用星号(*)标记的描述语表示 B2 级的高水平,也可适用于 C 级。

该标准在跨文化能力发展的初级阶段便对"获取""理解"和"描述"技能提出了较高的能力要求,在中、高级阶段不再有所提高。"阐释"和"评价"技能在跨文化能力发展的初、中级阶段均有涉及,"反应"在初、中、高级阶段均有涉及。从各技能的级别来看,在 B2 级别,即外语跨文化能力的初级水平阶段,《欧框(二)》要求外语学习者能识别和解释跨文化交际中可能出现的误解,有效地开展交流。在 C 级别,即中、高级水平阶段,学习者要能够敏锐地解释文化信仰、价值观念和文化实践的背景,理解和讨论其各个方面,并在跨文化交际过程中得体、有效地表达自己。从这些描述中可以看出,该标准非常重视跨文化实践,关注其中可能产生的误解、背后的原因及应该作出的应对。

《基本教育课程纲要》和《欧框》都侧重"反应"技能,前者强调外语学习者运用跨文化知识和技能解决实际问题的能力,比如"能融合文化知识与语言能力,解决生活中实际问题",要求学习者能够将学科知识与语言能力整合运用于生活情境之中;后者的要求从能够在跨文化交往中恰当地作出反应,过渡到能够处理跨文化交际中的实际问题,再递进到能够灵活调整个人跨文化交际行为和表达方式以预防或消除跨文化冲突,体现了对跨文化技能的综合运用,突出交际的有效性和得体性。两者皆注重跨文化技能在跨文化交往中的综合运用,强调能应用跨文化技能解决实际生活问题。

(二)英语课程标准中的外语跨文化技能比较

1. 研究发现

纵观四份标准,除中国香港的课程标准未对外语跨文化技能作出要求外,其他三份标准都不同程度地体现了对外语跨文化技能的要求。三份标准在外语跨文化技能维度上的情况如表2-11所示。根据前文的梳理与分析,对三份标准在外语跨文化技能维度上的异同点总结如下:

表2-11 中欧标准外语跨文化技能要求比较

跨文化技能	中国英语课程标准		《欧框》
文件名称	《高中新课标》	《基本教育课程纲要》	
获取	**初级**:根据直接提示,在明确情境中找出文化信息 **中级**:选取适当方法,在课堂等现实情境中获取文化信息 **高级**:使用多重方法,在真实生活情境中获取文化信息	/	**初级**:识别由文化所决定的行为模式的异同点 **中级**:/ **高级**:/
理解	**初级**:深入理解中国文化 **中级**:理解文化的多样性 **高级**:理解中外文化差异与融通	**初级**:了解不同文化及习俗、世界各国(地区)风土民情、国际社会的基本生活礼仪 **中高级**:/	**初级**:正确理解相关文化中的文化线索 **中级**:/ **高级**:/

续 表

跨文化技能	中国英语课程标准		《欧框》
文件名称	《高中新课标》	《基本教育课程纲要》	
描述	初级:简单介绍中外文化现象 中级:描述中外文化现象 高级:描述中外文化现象,讲述中国故事	初级:介绍中外主要节庆习俗及风土民情 中高级:/	初级:描述自己和其他社会群体的观点和实践 中级:/ 高级:/
阐释	初级:对比具有文化多样性的事物与活动;对比中外文化 中级:解释中外文化异同,结合实际情况分析比较;用所学英语对比中外文化现象 高级:探析中外文化异同产生的原因;阐释中外文化现象	初级:比较中外文化异同,并进一步了解其缘由 中高级:/	初级:解释另一文化中的文件或事件;解释自己和其他文化中特殊的沟通方式及由此产生误解的风险 中级:借助跨文化交往、阅读等,解释文化价值观念和实践的各个方面;解释自己对于所熟悉的社群的文化假设、刻板印象和偏见等的理解 高级:/
评价	初级:/ 中级:/ 高级:分析与判断文化现象蕴含的价值趋向	/	初级:评价自己和其他社会群体的观点和实践;讨论媒体表达的关于自己所处社群和其他社群的信息和观点 中级:建设性、适当地表达自己的反应以使问题清楚明了 高级:/
反应	初级:/ 中级:运用简单的跨文化交际策略 高级:调适交际策略	初级:应用国际社会的基本生活礼仪 中高级:融合文化知识与语言能力,解决生活中的实际问题	初级:恰当地作出反应并表达自己 中级:处理跨文化交际中模棱两可的问题 高级:根据语境发起和控制自己的行为与表达方式;作出细微调整以防止或消除误解和文化事件

续表

跨文化技能	中国英语课程标准		《欧框》
文件名称	《高中新课标》	《基本教育课程纲要》	
总体情况	• 较为全面均衡地兼顾了技能各项指标 • 整体能力要求水平较高,强调能够在不同复杂程度的任务情境中获取文化信息,能够理解、对比、思考与探究中外文化异同 • 突出理解中国文化、讲好中国故事	• 未体现获取和评价技能 • 整体能力要求水平偏低,技能描述语主要集中在初级能力阶段,多停留在了解、介绍水平层面 • 侧重文化实践层面跨文化技能的掌握和运用	• 比较广泛地覆盖了技能各项指标 • 整体能力要求水平偏高,侧重在跨文化交际过程中对跨文化技能的综合实际运用 • 技能动词对应的内容基本围绕文化五要素展开,尤其针对文化实践、观念和社群的各个方面

(1) 描述详略程度有所不同

各标准对跨文化技能的构成要素和能力要求的描述详略程度不一。其中,《高中新课标》的描述最为全面、详尽,且层次分明,从初级、中级和高级水平三个阶段描述,兼顾了跨文化技能的各项指标。《欧框》分别从初级和中高级水平阶段对跨文化技能提出了要求,比较广泛地覆盖了跨文化技能的各项指标。《高中新课标》和《欧框》呈现出的一个共同特点是:随着语言水平的变化,学习者在跨文化能力的发展过程中,认知和元认知能力水平逐步提升。《基本教育课程纲要》的描述则比较简单,没有体现对获取和评价技能的要求,对阐释技能也只是略有涉及。

(2) 能力要求水平高低有别

总体而言,《高中新课标》和《欧框》对跨文化技能的整体能力要求较高,而《基本教育课程纲要》对跨文化技能的整体能力要求较低。《高中新课标》涉及了跨文化技能的各项指标,在跨文化能力的各个级别中都有对"获取""理解""描述"和"阐释"技能的要求,且技能水平随着语言水平的提升而层层递进。《欧框》也较广泛地覆盖了跨文化技能的各项指标,在跨文化能力的初级阶段便对"获取""理解"和"描述"技能提出了较高要求,"阐释""评价"和"反应"类认知难度较高的技能在初、中级阶段也皆有要求。而《基本教育课程纲要》对学习者跨文化技能的要求主要集中在初级水平阶段,在中高级水平阶段,仅涉及"反应"技能的要求,"评价"这一认知难度水平较高的技能则未有体现。

同时,中欧标准中同一跨文化技能所指向的文化内容也有所不同,这也反映出不同的认知水平要求。比如,就"理解"技能而言,《高中新课标》涉及的理解内容由"中华文化",到"文化的多样性",再到"中外文化差异和融通",学习者需要首先了解本土文化,其次是外国文化,并进一步感知中外文化异同,体会世界文化的差异性与多样性,而《基本教育课程纲要》要求了解的对象是文化习俗、风土民情和基本生活礼仪等比较容易认知的文化实践内容。再比如,对于"描述"技能,《高中新课标》指向的内容由"中外文化现象",到"中国故事",较为抽象复杂;而《基本教育课程纲要》语言描述指向的内容为国内外主要节庆习俗及风土民情,较为具象简单。《欧框》要求外语学习者能够描述自身和其他社会群体的观点和实践,不仅涉及不同文化群体,还包括文化实践和隐性的文化观念,这都对学习者有着较高的能力要求。

(3) 强调不同层次的技能

从"理解""介绍""描述""解释"等动词的高频出现可以发现,中欧标准都十分强调学习者低层次的文化理解能力,强调学习者能够用所学语言描述和阐释文化实践和观念等内容。此外,《基本教育课程纲要》和《欧框》还都侧重"反应"技能,前者强调外语学习者运用跨文化知识和技能解决实际问题的能力,如"能融合文化知识与语言能力,解决生活中实际问题",要求学习者能够将学科知识与语言能力整合运用到生活情境中;后者的要求从能够在跨文化交往中恰当地做出反应,过渡到能够处理跨文化交际中的实际问题,再递进到能够灵活调整个人跨文化交际行为和表达方式以预防或消除跨文化冲突,体现了对跨文化技能的综合运用,突出交际的有效得体性。两者皆注重跨文化技能在跨文化交往中的综合运用,强调能应用跨文化技能解决实际生活问题。

二、对我国英语课程本土文化学习技能要求的启示

纵观四份标准,除我国香港地区的课程标准未对外语跨文化技能提出要求外,其他三份标准都十分强调学习者初级水平的理解、描述和阐释技能,要求学习者能够用所学外语描述、阐释文化实践和文化观念等,注重文化理解能力及表达

能力。基于标准的比较,对我国英语课程中中华文化学习技能要求提出以下思考:

(一) 夯实基础技能,对高层次技能提出分阶段要求,而不仅限于高级阶段

跨文化技能的学习需要循序渐进,"理解""描述""解释"是"评价""反应"的基础,对于同一技能而言,不同阶段学习者的差异在于认知活动所针对的内容不同①。为此,对于初级阶段的学生培养高层次的技能也是可行的。我国《高中新课标》中高层次技能"评价""反应"在初级阶段(即一级)不作要求,在二级和三级才有要求,而《欧框(二)》则是所有技能在初级都有要求,对于较低阶技能"获取""理解"和"描述",在初级阶段便提出了较高的要求,在中、高级阶段不再有新要求,比如,能够识别文化实践中的异同点,能够正确理解文化线索,能够描述文化实践和隐性的文化观念,都对学习者有着较高的能力要求。而高阶技能"阐释""评价"技能在跨文化能力发展的初、中级阶段均有涉及,"反应"在初级、中级、高级阶段均有涉及。技能的难度层级除了表现在认知水平上,也与其所指向的学习对象有关。对于初级和中级阶段的学生,可以提出指向具体内容的高阶技能。

(二) 尽可能地使技能所指向的内容明确具体

如前所述,技能的不同水平表现在任务情境的复杂度、所指向的内容和语言水平等方面,尽可能使跨文化技能所指向的学习内容明确、具体,有助于培养初级和中级阶段学生的高阶跨文化技能。

比较《高中新课标》《基本教育课程纲要》与《欧框》跨文化技能所指向的内容可以发现,后两者部分技能描述,尤其是高阶技能的描述比前者具体。比如,就"理解"技能而言,《高中新课标》涉及的理解内容由"中华文化"到"文化的多样性"再到"中外文化差异和融通",这些相对比较笼统、抽象。《基本教育课程纲要》要求了解的对象是文化习俗、风土民情和基本生活礼仪等,是比较容易认知的文化实践内容。再比如,对于"描述"技能,《高中新课标》中能力指向的内容由"中外文化现象"到"中国故事",较为抽象复杂,而《基本教育课程纲要》指向的内容为中外主要节庆习俗及风土民情,较为具象简单。《欧框》要求外语学习者能够描述自身和其他社会群体的观点和实践,不仅

---

① 郭宝仙,章兼中.构建我国中小学外语阅读能力的结构框架体系[J]. 课程·教材·教法,2016,36(4):23-29.

涉及不同文化群体,还包括文化实践和隐性的文化观念。

关于"阐释"技能,《高中新课标》的中级要求是"解释中外文化异同,结合实际情况分析比较;用所学英语对比中外文化现象"。《欧框》要求"解释文化价值观念和实践的各个方面;解释自己对于所熟悉的社群的文化假设、刻板印象和偏见等的理解"。

关于"评价"技能,《高中新课标》的高级要求是"分析与判断文化现象蕴含的价值取向",《欧框》的初级要求是"评价自己和其他社会群体的观点和实践;讨论媒体表达的关于自己所处社群和其他社群的信息和观点",中级要求是"建设性、适当地表达自己的反应以使问题清楚明了"。

通过比较上述具体技能要求描述语,可以看出,技能所指向的学习内容明确、具体,更便于教材编写者和教师理解和把握。

(三)兼顾跨文化技能的综合实际运用

《基本教育课程纲要》和《欧框》都注重跨文化技能在真实跨文化交际情境中的综合实际运用,前者强调外语学习者运用跨文化知识和技能解决实际问题的能力,要求学习者能够将学科知识与语言能力整合运用于生活情境之中,后者则要求外语学习者能够灵活调整个人跨文化交际行为和表达方式,以预防或消除跨文化冲突,强调跨文化交际的有效性和得体性。

相较于这两份文件,《高中新课标》"运用和调适基本的跨文化交际策略"的描述显得过于简略,未能有效凸显将跨文化技能运用于真实的跨文化交际情境中的重要性。因此,我们建议《高中新课标》兼顾跨文化技能在真实的、不确定的、复杂的跨文化交际情境中的综合实际运用,对得体有效的跨文化行为提出一定要求。

第四节 跨文化态度要求比较及其启示

英语教育作为跨文化教育,其中一个重要的目标是培养学生的跨文化态度,英语跨文化态度,指英语学习者在面对本土文化与外国文化,以及在跨文化交际过程中所持有的情感、态度和价值观念。英语学习者在面对不同文化现象时会产生不同的价值判断和行为倾向,带有自己的文化立场与观点,这是跨文化态度的外显表现。英语跨文化态度是跨文化沟通能力发展的基础,学习者对本土与外国优秀文化、跨文化交际活动持有积极的情感、态度和正确的观念,其跨文化能力才能得到进一步发展。英语跨文化教育最终的目标,是使英语学习者形成正确的文化情感态度等,并逐步内化为高尚的文化品格,落实立德树人的根本任务。

前文确定了开放与包容、尊重与平等、客观与谨慎三方面的跨文化态度指标,本节比较中欧四份标准的相关要求,分析其对我们思考英语课程中本土文化学习态度要求的启示。

一、英语课程标准中跨文化态度要求比较研究

(一) 英语课程标准中跨文化态度要求

1. 海峡两岸暨香港英语课标中的跨文化态度要求

(1)《高中新课标》中的跨文化态度

《高中新课标》在"文化意识"的水平划分里蕴含了对外语跨文化态度维度的描述,每一层级的具体能力描述详见表2-12。

表2-12 《高中新课标》与跨文化态度相关的能力描述

跨文化情意维度	素养级别		
	一级	二级	三级
开放与包容	有意愿及兴趣接触、对比包含文化多样性的事物与活动	/	/
尊重与平等	感知中外文化差异,初步形成跨文化意识 坚定文化自信	提升跨文化意识,在跨文化沟通过程中,能意识到彼此存在的文化差异 尊重文化多样性,具备国际视野,进一步坚定文化自信	具备跨文化意识 尊重文化多样性 感悟世界文化丰富性与多样性 自觉坚定文化自信
客观与谨慎	/	/	/

由上表可知,《高中新课标》对尊重与平等的要求最为具体,涉及开放与包容的要求较少,未体现对客观与谨慎的关注。该标准对开放与包容的描述极为简略,只在外语跨文化能力的初级水平阶段描述了对文化多样性的兴趣,要求英语学习者有兴趣及意愿接触并比较多元文化。

《高中新课标》对尊重与平等指标的描述可以分为三个层面:具备跨文化意识、尊重文化多样性以及坚定文化自信。首先,要求英语学习者感知到文化差异,进而意识到中外文化的差异性,逐步提高并最终具备跨文化意识(从"初步形成跨文化意识",到"提高跨文化意识",再到"具有跨文化意识")。其次,要求英语学习者自觉认同本民族优秀文化,增强国家认同感和家国情怀(从"坚定文化自信",到"进一步坚定文化自信",再到"自觉坚定文化自信"),并将其转化为一种自尊、自信、自强的个人品质和人文修养[①]。

另外,该课标在课程内容的"文化知识"部分也蕴含了对学习者价值观念和必备品格的简短描述[②]。比如,必修课程阶段的"对比中国的主要习俗,尊重和包容文化多样性"和选修(提高类)课程阶段的"树立中华文化自觉"等描述,都体现了通过文化知识的学习,培育学习者平等、包容、尊重等积极的跨文化态度。

(2)《课程指南》中的跨文化态度

中国香港地区的《课程指南》将"价值观教育"(values education)列为课程发展的新重点,并将培养学生具备文化包容、尊重多元文化等积极的价值观和态度(values and attitudes)视为价值观教育的核心内容,在对关键阶段英语学习态度、价值观等发展的描述中,蕴含了英语跨文化态度方面的相关描述。

该标准指出,价值观和态度对学生的学习方式有重大影响,是学校课程的重要组成部分。价值观构成态度和信念的基础,有助于形成个人行为和批判性判断的基本原则,是学习者应该培养的宝贵品质。态度是一种个人性情,可能会对人们的行为和生活方式产生积极或消极的影响。该标准的有关要求涉及了跨文化态度各项指标,具体如表2-13所示。

[①] 梅德明,王蔷.《普通高中英语课程标准(2017年版)》解读[M].北京:高等教育出版社,2018.
[②] 鲁子问,陈晓云.高中英语文化意识教育实践路径[M].北京:外语教学与研究出版社,2019.

表2-13 《课程指南》与跨文化态度相关的能力描述

跨文化态度维度	相关描述
开放与包容	对不同的文化、意识形态和观点持开放态度,愿意与不同的人分享想法
尊重与平等	尊重英语语言国家的不同文化
客观与谨慎	以谨慎和批判的态度使用语言、对待各种思想和价值观

总体而言,该标准中对跨文化态度的语言描述较为简单笼统,没有具体的分级描述。开放与包容指标要求学习者对不同文化、意识形态和观点持开放态度;尊重与平等指标要求学习者尊重英语语言国家的不同文化,但并未提及本土文化认同意识。客观与谨慎方面要求学习者以谨慎和批判的态度对待不同文化的思想和价值观念。

(3)《基本教育课程纲要》中的跨文化态度维度

中国台湾地区的《基本教育课程纲要》直接描述了跨文化态度维度,对课程基本理念及普通高级中等学校教育阶段核心素养实质内涵的阐述中也涉及了跨文化态度。该标准指出,英语教育作为一种外语教育,其目的是培养学生的多元观点,尊重多样性的文化。英语课程与教学旨在使学生养成"透过语言学习探究不同国家文化,进行跨文化反思"的特质。课标将"多元文化与国际理解"纳入英语学科核心素养,并对其具体内涵做了界定与阐释。该标准还规定,高中学段的学习者要"具备国际视野及地球村观念,能从多元文化观点了解、欣赏不同的文化习俗"。

由此可见,《基本教育课程纲要》关注了跨文化态度的开放与包容、尊重与平等两项指标,对客观与谨慎这项指标未有体现,如表2-14所示。

表2-14 《基本教育课程纲要》与跨文化态度相关的能力描述

跨文化态度维度	相关描述
开放与包容	主动关注国际形势与全球议题,能够响应时代脉动,培养多元文化价值观和国际理解
尊重与平等	具有自我文化认同的信念,尊重并欣赏多元文化 能从多元文化观点出发,尊重不同文化与习俗 能尊重与欣赏外国风土民情
客观与谨慎	/

开放与包容方面,该标准要求外语学习者能够主动关注国际形势和全球性话题,发展国际理解和多元文化价值观。所谓国际理解,即了解、尊重并欣赏本土与世界其他国家和地区的文化,且认识到世界是一个地球村,从而发展互相信赖和互相帮助的世界观。尊重与平等方面,该标准要求学习者认同自我文化,在认可自身文化独特性与优越性的同时,尊重世界上的不同文化,尤其是能够从多元文化的观点出发,尊重并欣赏不同的文化习俗、风土民情等。

2. 《欧框》中的跨文化态度维度

《欧框(二)》的多元文化能力表中涉及了外语学习者跨文化态度维度的有关描述,集中体现在尊重与平等方面。相关内容如表 2-15 所示。

表 2-15 《欧洲语言共同参考框架》与跨文化态度相关的能力描述

跨文化情意维度	能力级别		
	B2	C1	C2
开放与包容	/	/	/
尊重与平等	在跨文化交往中,能够意识到在一种文化中自己通常认为理所当然的事情不一定会被他人认可	/	能够意识到文化差异
客观与谨慎	/	/	/

《欧框(二)》没有直接提及认同本土文化或尊重多元文化的态度,但有关描述语隐含了对外语学习者跨文化敏感性的要求。比如,"能够意识到在一种文化中自己通常认为理所当然的事情不一定会被他人认可""能够意识到文化差异",这两条要求涉及文化差异敏感度。

此外,《欧框(一)》指出,在精神境界层面,外语学习者的跨文化交际活动受交际者的个性特点等个人因素影响。基于此,《欧框(一)》提出了"跨文化个性"(intercultural personality)的概念,认为外语学习者跨文化个性包含态度和意识两个方面,发展这样的个性是外语教育的重要目标之一。这些个性因素包括"对外国人和外国文化的开放程度及感兴趣程度""面对文化差异时,有别于传统观念态度的主观愿望和能力"等态度因素,也包括"交际的意愿和本能需要"等动机因素。这些个性因素虽然没有直接描述外语跨文化态度维度的有关能力要求,但指向了开放与包容、客观与谨慎两项指标。

一方面,外语学习者要对外国人、外国文化和跨文化交际经历持积极开放的态度,保有兴趣;另一方面,在跨文化交往中,对待不同文化时,外语学习者要摒弃传统视点,客观全面地认知、理解异文化。

(二) 中欧标准中外语跨文化态度维度比较

在跨文化交往中,无论是语言交际还是非语言交际,均受制于一定的跨文化态度。中国海峡两岸暨香港的标准与《欧框》都肯定了外语跨文化态度的重要性,我国的《高中新课标》和《基本教育课程纲要》均在其英语学科核心素养中包含了英语跨文化态度的培养目标,《课程指南》在"价值观和态度"发展的描述中蕴含了英语跨文化态度的有关要求;《欧框》在其"跨文化个性"和"多元文化能力表"中涉及了外语跨文化态度维度的有关描述。中欧标准在外语跨文化态度维度上的要求如表 2-16 所示。

表 2-16 中欧标准对外语跨文化态度维度的描述比较

跨文化态度	中　　国			《欧框》
文件名称	《高中新课标》	《主要学习领域课程指南》	《基本教育课程纲要》	
开放与包容	初级:有接触、对比包含文化多样性的事物与活动的意愿及兴趣 中级:/ 高级:/	对不同文化、意识形态和观点持开放态度,愿意与不同的人分享想法	主动关注国际形势与全球性话题,培养多元文化价值观和国际理解	对外国人和外国文化的开放程度及感兴趣程度;交际的意愿和本能需要
尊重与平等	初级:意识到中外文化差异,形成跨文化意识;坚定文化自信 中级:提升跨文化意识,能够注意到彼此间存在的文化差异;尊重文化多样性,进一步坚定文化自信 高级:具备跨文化意识;尊重多样性文化,体会文化丰富性与多样性;自觉坚定文化自信	尊重英语语言国家的不同文化	具有自我文化认同感,尊重并欣赏多元文化;能从多元文化观点出发,尊重不同文化与习俗;能尊重与欣赏世界各国(地区)的风土民情	初级:在跨文化交往中,能够意识到在一种文化中自己认为理所当然的事情不一定被他人认可 中级:/ 高级:能够意识到文化差异

续 表

跨文化态度	中国			《欧框》
文件名称	《高中新课标》	《主要学习领域课程指南》	《基本教育课程纲要》	
客观与谨慎	/	以谨慎和批判的态度使用语言、对待各种思想和价值观	/	面对文化差异时，有别于传统观念态度的主观愿望和能力
总体情况	对尊重与平等的描述层次最为丰富，开放与包容要求较少，未体现对客观与谨慎的关注 强调具备跨文化意识、尊重文化多样性以及坚定文化自信	对各项指标均有所涉及，总体上描述较为简单笼统，且没有具体的分级能力要求	关注了开放与包容、尊重与平等两项指标，对客观与谨慎一项未有体现 强调自我文化认同感、尊重并欣赏多元文化以及国际理解	未对各项指标进行直接能力描述，但有关描述语隐含了对开放、跨文化敏感性以及客观与谨慎的要求

根据前文的梳理与分析，对中欧标准在外语跨文化态度维度上的异同点总结如下：

1. 关于开放与包容指标

中欧标准中都涉及该指标，描述都较为简略，都要求外语学习者有兴趣及意愿了解多元文化事物、活动、意识形态和观点等，并进行跨文化交际，但在情意的主动性和语言要求上有一定差异，如我国的三个标准中，《高中新课标》要求"有兴趣和意愿"接触和比较文化多样性事物和活动，中国香港的课标提出了语言输出要求，即"愿意与不同人分享"，中国台湾的课标要求"主动关注"国际形势与全球性话题。可见，几者水平差异表现在主动性的程度和语言要求上。

2. 关于尊重与平等指标

中欧标准均涉及该指标，但在描述的内容、详略程度和深度上各具特点。从内容上看，我国的《高中新课标》《基本教育课程纲要》都要求培养自我文化认同、尊重文化多样性。从描述详略程度和深度上看，《高中新课标》的要求层次最为丰富，区分了三个方面、三个掌握级别，即具备跨文化意识、尊重文化多样性以及坚定文化自信，该标准对本土文化的要求也最高,要求坚定文化自信。另外,从描述的具体程度看,《基本教育课程纲要》突出强调了对不同文化习俗、风土民情等的尊重,该描述具体明确,方便课程实施中的具体落实。

《欧框》列举了文化差异意识的具体表现,即"在跨文化交往中,能够意识到在一种文化中自己认为理所当然的事情不一定被他人认可",这一要求具体易懂,突出了跨文化交际实践。

3. 关于客观与谨慎指标

从人类的跨文化交际实践可以发现,客观和谨慎等积极的跨文化态度能够化解偏见和盲动等消极的跨文化态度,有利于促进积极的跨文化理解和交往[①]。然而,只有我国的《课程指南》对客观与谨慎这一指标有明确的规定,要求外语学习者以谨慎和批判的态度对待各种思想和价值观。

二、对我国英语课程本土文化学习态度要求的启示

英语课程与教学旨在使学生能够通过语言学习探究不同国家的文化,进行跨文化反思,从而树立家国情怀、国际视野、中华文化自觉,坚定文化自信。通过上述比较、分析,对于英语课程中本土文化学习态度要求,我们有以下思考。

(一)增设客观与谨慎方面的要求

在跨文化沟通过程中,客观的态度是准确地认知和理性地评价不同文化的前提,谨慎则以充分的认知以及合理、批判性的思考为基础。与不同文化背景的人进行交流,除了要有文化的自我认知,还需要有他者意识,克服对外国文化的偏见或刻板印象,不轻易评判他国文化。同时,能换位思考,设身处地为对方着想,根据交际的需要,客观、恰当地发表自己的观点,介绍和传播中华文化,而不是不顾他人需要,根据自己的意愿和想法讲述中国故事。《高中新课标》没有这方面的要求,建议增设该指标,教材编写和教师教学中尽量弥补这一方面的缺失。在认可自身文化独特性与优越性的同时,尊重各国家、各民族的文化,尤其是能够从多元文化观点尊重并欣赏不同的文化习俗、风土民情等。

---

① 鲁子问. 中小学英语跨文化教育理论与实践[M]. 北京:中国电力出版社,2005.

(二) 丰富和细化开放与包容方面的要求

英语学习中的开放与包容态度,不仅表现在主动性、兴趣与意愿的程度上,还体现在具体的言语行为上,如输入(接触)与输出。《高中新课标》对开放与包容的态度只是从意愿和兴趣角度提出初级水平的要求,没有涉及语言输出层面的要求。基于上述比较研究,建议我国英语课程与教学从主动程度和语言使用两方面提出不同的层次要求。具体说来,既要要求对不同的文化和观点持开放包容的态度,还应对与他人分享提出要求,区分不同难度水平,如有与他人分享的意识、愿意与他人分享、主动与他人分享等。

(三) 加强能力要求对教学与评价的参考性、指导性

英语课程标准对跨文化学习结果进行清晰明确的描述,能为教材编写、教学和评价提供明确具体的参考依据,有助于形成科学、系统的培养模式。英语学习过程中,中低水平阶段的进步或发展变化较为明显[1],对这些阶段的跨文化能力进行较为细致清晰的描述对教学和测评具有重要的参考价值。但总体而言,中欧标准对外语跨文化态度目标要求的描述都较为简略、笼统,对学习者能做什么的描述缺乏对活动的内容和环境的描述,系统性欠佳。目标要求的明确性不足,不利于其发挥对教材编写、教学和评价的引领作用。

具体从《高中新课标》看,其中跨文化态度的能力级别有较明显的层层递进的特征。比如,各个能力级别中反复出现"跨文化意识"和"文化自信"的要求,且其学习要求有所提升,从一级要求"坚定文化自信",到二级要求"进一步坚定文化自信",再到三级则要求"自觉坚定文化自信",本土文化认同感和文化自信的培养贯穿于跨文化能力发展的各个阶段,这些值得肯定。但是其能力要求描述较为简略笼统,描述语之间互相依赖,不同使用者很难达成一致的理解,难以作出基于标准的评价。

我们可以通过避免使用模糊的表达方式,将跨文化态度置于一定的活动内容和环境中加以描述,使每条描述语都具有较好的独立性,很好地体现跨文化态度发展的顺序,提升对教学、学习以及测试的参照性、引领性。例如,《欧框》中提到"在跨文化交往中,能够意识到在一种文化中自己认为理所当然的事情不一定被他人认可",这一表述就很具体。

---

[1] 韩宝成. 国外语言能力量表述评[J]. 外语教学与研究,2006(06):443-450.

本章小结

想要在基础教育英语课程中培养学生的家国情怀、国际理解及中华文化传播能力，需要在跨文化能力的大框架下思考有关要求，"既不放任自流，也不要求过高"。本章基于跨文化能力已有研究，建构基础教育英语跨文化能力框架，包括跨文化知识、跨文化技能和跨文化态度，它们分别又由若干要素构成。依据该框架对中国海峡两岸暨香港的英语课程标准、《欧洲语言共同参考框架》的外语跨文化能力构成要素和具体要求进行比较，从中分析其对我国英语课程中本土文化学习要求的启示意义。

通过比较，我们建议我国英语课程充实文化观念知识的有关要求，增加文化社群知识；夯实基础技能，对高层次技能提出分阶段要求，而不是仅限于高级阶段，尽可能地使技能所指向的对象明确具体，兼顾跨文化技能的综合实际运用；结合语言表现要求，将跨文化态度所指向的对象具体化，提升相关描述的明确性和引领性，增设客观与谨慎指标，细化开放与包容方面的要求，提升能力要求对教学与评价的参考性、指导性。

教材是课程的主要载体，下一章将依托本章英语课程本土文化学习要求研究和英语教材文化内容研究的已有成果，建构教材文化内容分析框架，并对中外英语教材中的本土文化内容进行比较研究，以便为我国英语教材中本土文化内容的设计与使用奠定基础。

第三章

英语教材里
本土文化内容的
国际比较

跨文化能力要求比较研究为我们认识英语教材中本土文化学习目标提供了较为清晰、全面的认识,这些目标在教材中只有依托具体的文化内容和活动才能实现。因此,如何选择和呈现文化内容、设计适宜的文化学习活动成为英语教材文化内容设计与使用需要研究的重要课题。

英语国际语背景下,英语教学中如何处理英语国家文化、本土文化和世界其他国家文化之间的关系,培养学生的跨文化能力,是许多非英语国家共同面临的问题。如第一章中所述,20世纪90年代以来,许多国家和地区都将跨文化能力作为外语课程目标,其中对本土文化的要求呈现出逐渐提高的特点。早期的课程文件,如美国《迎接21世纪外语学习标准》、欧盟《欧洲语言共同参考框架》等要求理解目标文化、反思本族文化,培养跨文化能力①②③,而近年来不少国家(如日本、韩国等)的要求是,弘扬本国文化,培养跨文化英语交际能力④。这些理念上的变化,无疑与我国新课程改革的理念有相同之处。英语教材是课程的主要载体,分析国外中学英语教材中的本土文化内容,对于建构中国英语教材中的中华文化内容有借鉴意义。

日本和韩国是中国的近邻,与中国同属东亚文化圈,英语也是这两个国家主要的外语教学语种,如何处理英语教学中传统文化与英语国家文化的问题也是它们的英语教育所面临的问题。两国英语教材中对本土文化的处理方式对我国具有可比性和可借鉴性。本章首先建构英语教材本土文化内容分析框架,并基于该框架选取我国、日本和韩国代表性英语教材,分析其中的本土文化内容特点及对教材文化内容编写和教材使用的启示。

第一节 英语教材里本土文化内容的比较框架

比较教育中的比较,不是一般意义上的比较,即不是列出两个不同事物的相同点

---

① Byram, M. Teaching and Assessing Intercultural Communicative Competence [M]. New York: Multilingual Matters. 1997.
② 陈申.语言文化教学策略研究[M].北京:北京语言文化大学出版社,2001.
③ 祖晓梅.跨文化能力与文化教学的新目标[J].世界汉语教学,2003(04):59-66+3.
④ 束定芳,朱彦等.基础教育阶段英语课程标准国别研究报告[M].上海:上海外语教育出版社,2018:82-107.

和不同点,进行简单的比较,而是根据所研究问题的性质决定比较的原则,并基于这些原则,依据我们比较熟悉一方的情况来考察我们不太熟悉的另一方,或者依据比较陌生一方的情况,审视我们习以为常或平时视而不见的情况,从而加深我们对教育规律的认识①。在研究中,起关键作用的是这个原则,它是决定比较教育研究是否具有科学性,能否回答所研究的问题的关键。开展英语教材本土文化内容的比较研究,首先需要确定科学的分析比较原则,即比较的框架,而这离不开对已有研究的学习与借鉴。本节首先分析有关教材本土文化和教材文化内容评价标准的相关研究,在此基础上建构英语教材本土文化内容分析框架。

一、英语教材本土文化内容已有研究

对英语教材中本土文化内容的研究主要包括以下几方面:

(一) 本土文化内容的必要性与意义

英语国际语背景下,外语学习者学习本土文化和目标语文化同等重要,本土文化对外语学习的促进作用体现在提供情境、减轻学习负担、满足情感需求等方面②;教材应该为学生提供更多了解本土文化、用英语向他人加以解释的机会③,帮助学生形成对自身文化的认同、忠诚与喜爱④。针对教材的文化内容以内圈国家文化为主的状况,学者们普遍建议增加教材中非英语国家文化的比重⑤,并指出,世界希望了解中国立场,我国的英语教学想完成这项任务就一定要加强中华文化的输入与学习⑥。

---

① 邹为诚. 基础教育英语教材国际比较研究[M]. 广西教育出版社,2020:2-3.
② Khan, I. A. Teachers' Perceptions of the Significance of Local Culture in Foreign Language Learning [J]. Journal of English Language and Literature, 2014,1(3):65-70.
③ McKay, S. L. Teaching English as an International Language: Implications for Cultural Materials in the Classroom [J]. TESOL Journal, 2000(04):7-11.
④ Cortazzi, M., & Jin, L. Cultural Mirrors: Materials and Methods in the EFL Classroom [M]//Culture in Second Language Teaching. Cambridge: Cambridge University Press, 1999: 196-219.
⑤ 郑晓红. 跨文化交际视角下的教材评价研究——与 Michael Byram 教授的学术对话及其启示 [J]. 外语界,2018(02):80-86.
⑥ 文秋芳. 在英语通用语背景下重新认识语言与文化的关系[J]. 外语教学理论与实践,2016 (02):1-7+13.

(二) 教材中文化内容的类型与所占比例

这类研究选择当代、历史上其他国家、地区基础英语教育教材,分析其中英语国家文化、本土文化和其他国家文化内容类型、所占比例。其中当代视角的研究最多,针对亚洲国家(如日本、韩国、泰国、印度尼西亚、巴基斯坦、土耳其和伊朗等)和地区(如中国台湾、中国香港)英语教材的研究较多,历史视角(主要针对民国时期教材,如陶莉,2016)和国际、地区比较研究较少(已有研究如 Ookawa,2017;吴晓威等,2014;郭宝仙,2014)①②③④。

研究发现,我国现行英语教科书及各国、地区英语教科书以英美文化为主,本土文化占比很小或缺失;我国民国时期的教科书在中华文化内容的类别、内容分布和语境化等方面强于当代教科书;国际上使用范围较广的英语教科书,出版时间不同,其中英语国家的文化内容有较大差异,近年来出版的英语教科书中本土文化内容增多,英美文化内容减少⑤,亚洲有些国家和地区(尤其是日本)多年来英语教科书中本土文化内容一直较为丰富⑥,在文化内容的多样性、呈现方式、用英语介绍本国文化的方法等方面很有特色⑦⑧。这类研究重在分析不同国别文化所占比重,没有关注不同国别文化间的联系,研究框架差异较大,但它们反映了研究者和教科书编写者对本土文化的认

---

① 陶莉. 英语课程中的传统文化——民国与当代教材的比较研究[J]. 黑龙江教育学院学报,2016,35(8):68-70.
② Ookawa, K. Analyzing High School English Textbooks in Japan and Korea[J]. Journal of Applied Linguistics and Language Research, 2017, 4(7): 75-96.
③ 吴晓威,鞠墨菊,陈旭远. 人教版高中英语教科书母语文化内容的缺失及改进[J]. 教育理论与实践,2014,34(32):53-55.
④ 郭宝仙. 英语课程中的传统文化:中日教科书比较的视角[J]. 全球教育展望,2014(01):111-119.
⑤ Naji Meidani E, Pishghadam R. Analysis of English Language Textbooks in the Light of English as an International Language (EIL): A Comparative Study [J]. International Journal of Research Studies in Language Learning, 2013,2(2):83-96.
⑥ Ookawa, K. Analyzing High School English Textbooks in Japan and Korea[J]. Journal of Applied Linguistics and Language Research, 2017, 4(7): 75-96.
⑦ 郭宝仙. 英语课程中的传统文化:中日教科书比较的视角[J]. 全球教育展望,2014(01):111-119.
⑧ 吴晓威,鞠墨菊,陈旭远. 人教版高中英语教科书母语文化内容的缺失及改进[J]. 教育理论与实践,2014,34(32):53-55.

知,为本研究探讨中华文化内容及其分类提供了参考,也为本研究选取研究样本提供了重要信息。

(三) 文化内容的呈现方式

关于英语教材中文化内容的呈现方式,研究者主要分析教材中文化内容的载体形态,如文字、图片、视频、图文结合等。而对国际汉语教材文化内容的研究则关注了教材中不同国别文化的相互联系[①],分析了教材中不同文化是以共现,还是独现的方式呈现。共现,即呈现多种国别文化或多个社会文化背景,共现时可能呈现的是文化之间的共性,也可以是差异性。独现,即仅呈现一种国别文化或一个社会文化背景。例如,整个阅读课文均围绕美国旧金山的多元文化展开,这是文化独现。如果文中联系到我国的云南,介绍那里的多元文化情况,则是采用了文化共现的方式。

近两年,英语教材中的文化逐渐成为研究热点,教材文化呈现的研究取得新进展。例如,张虹、李晓楠[②]基于大学和高中英语教材文本分析,研制"英语教材文化呈现分析框架",包括呈现内容和呈现方式两个维度,每个维度分别包含多个具体的子维度。该框架的价值在于为呈现方式赋予不同权重,克服了传统上仅以频次和百分比等方式计算文化呈现比重的不足,对于教材编写、分析与评价研究具有借鉴价值。

(四) 文化学习活动

文化有作为知识和作为过程两种不同的学习方式,学习活动是英语教材最重要的组成部分之一,教材是否设计文化学习活动以及文化活动的质量,直接影响学生跨文化能力的培养。个别研究者分析了教材针对文化内容所设计的学习活动,例如曾霏[③]分析了教材中针对本土文化的活动类型,如调查、信息收集、讨论、表演、影视、辩论等,并对人教版高中英语教材母语文化进行了较为详细的分析。黎璇[④]根据练习对能力要求的差异,将其分为机械型练习、理解型练习和交际型练习。其中,机械型练习即加强学习者基础知识记忆的练习;理解型练习即重视对事物内涵、意义掌握的练习;

---

① 欧阳芳晖,周小兵. 跨文化视角下的中美汉语教材文化呈现比较[J]. 华文教学与研究,2016(01):78-84.
② 张虹,李晓楠. 英语教材文化呈现分析框架研制[J]. 中国外语,2022,19(2):78-84.
③ 曾霏. 高中英语教材母语文化缺失分析[D]. 福州:福建师范大学,2011:24.
④ 黎璇. 对外汉语中级语言文化类教材练习研究[D]. 广州:暨南大学,2017.

交际型练习即强调知识运用的练习。钱璇（2018）①根据输入输出假说，将牛津高中英语教材中本土文化活动分为输入型和输出型的活动，对应学生在语言学习中输入和输出的能力要求。

（五）文化内容的语言能力要求

文化内容的学习可以有不同的掌握要求，例如，可以是听、读、看等理解性要求，也可以是说、写等表达性要求，还可以根据布鲁姆教育目标分类，设计更细化的要求，如知道、分析、推断、评价等。关于教材中文化内容的分析可以分析教材内容在这些能力方面的要求。例如，李志辉和邵晓霞②发现人教版高中英语教材中有关中华文化的内容主要集中在文化的输入过程 Pre-reading 和 Reading 等部分，而在其他文化输出部分，如 Using Language 中的 Speaking 和 Writing 部分则出现得较少。

（六）态度

不管是有意还是无意，教材呈现的文化内容总是隐含或明确地传递了教材编写者对文化的某种情感态度，一般称为隐性课程。我们可以从两个方面认识教材中文化内容传递的态度。一是教材编写者选择和呈现文化内容的心态；二是编写者试图培养的学生对文化的态度。这主要表现在教材的元语言，文化内容出现的语境以及文化内容的呈现心态等方面。例如，郭宝仙③分析发现，日本《新皇冠》初中英语教材中不仅包括较多的显性传播传统文化的内容，而且明确地教给学生介绍传统文化的方法，这些内容本身就隐含着教科书对传统文化的积极态度，而且教材中与传统文化现象相联系的语句和表达态度的关键词都为积极态度词语，说明教材编写者试图培养学生对传统文化的积极态度。

我国对外汉语教育专家针对教材中文化内容的呈现心态进行了较为深入的研究，如李泉④认为，在国际汉语教学中，文化呈现应取平和、务实、超然的心态。平和的心态，就是平等对待中外文化；务实心态，就是明确语言课和语言教材中文化介绍和阐释

---

① 钱璇. 牛津高中英语教材中国文化缺失研究[D]. 南京：南京师范大学, 2018.
② 李志辉, 邵晓霞. 高中英语教材中中国文化内容整合探析——从"中国文化失语"现象说起[J]. 基础教育外语教学研究, 2019(05)：22－27.
③ 郭宝仙. 英语课程中的传统文化：中日教科书比较的视角[J]. 全球教育展望, 2014(01)：111－119.
④ 李泉. 文化内容呈现方式与呈现心态[J]. 世界汉语教学, 2011(03)：388－399.

的目的,主要是为了学习者更好地理解和运用汉语,是为汉语教学服务的;超然心态,即把文化介绍的目的定位在使汉语学习者了解进而能理解中华文化,而不是一定让其认同和接受中华文化。具体在内容的呈现上,要以中性的立场进行客观描述,不炫不贬,即对己方文化不炫耀、不溢美,对他方文化不贬损、不排斥。鲁子问教授在本课题的开题论证会上也强调,中华文化的跨文化传播需要处理好"他需"与"我愿"的关系,这在一定程度上与李泉的观点是相同的。

(七) 国外基于本土文化研制英语教材的尝试

早在 20 世纪 90 年代,摩洛哥教育部就实施了一个教材项目,将摩洛哥文化而不是英语本族语文化作为英语教科书的基础①,智利则研发了一套完整的教材,其中包括了大量的本土文化内容②。

综上所述,已有相关研究从不同视角为我们探讨英语教材中中华文化内容的设计与使用提供了参考和借鉴。

二、关于教材文化内容评价标准的研究

教材中的文化内容对于促进学生跨文化交际能力的发展举足轻重,那么我们如何判断教材中的文化内容是否有助于实现这一目的呢?一些学者对此展开研究,提出了评估教材中文化内容的标准或评价清单,有的阐释了文化内容评价的原则,这些对我们搭建科学合理的中华文化内容分析框架有积极的借鉴作用。下面借鉴孙有中的观点③,从评价原则、评价清单、评价框架三方面对已有研究进行分析。

(一) 评价原则

我国学者张红玲④提出了跨文化外语教材编写的十条原则,主要围绕文化内容和

---

① McKay, S. L. Toward an Appropriate EIL Pedagogy: Reexamining Common ELT assumptions[J]. International Journal of Applied Linguistics, 2003,13(1):1-22.
② McKay, S. L. Teaching English as an International Language: The Chilean context[J]. ELT Journal, 2003,57(2):139-148.
③ 孙有中,廖鸿婧,郑萱,秦硕谦. 跨文化外语教学研究[M]. 北京:外语教学与研究出版社,2021.
④ 张红玲. 跨文化外语教学[M]. 上海:上海外语教育出版社,2007:279-283.

类型、文化教学材料、文化活动、语言与文化内容的关系等展开,这些原则充分考虑了中国学生英语学习的背景和文化,有助于处理语言与文化的关系,平衡教学内容与教学过程中的挑战。这些原则的可操作性强,既可以作为教材质量的评价原则,也可以作为选择教材的标准①。

除了整体性教材文化内容评价标准,也有学者对教材中文化练习的设计提出了原则,如祖晓梅②综合已有研究认为,文化练习活动应具有互动性、体验性、跨文化性和任务型四个基本特点。还有学者指出,练习应该与课文主题相呼应,通过导向性提问,强化学生的跨文化意识③。

(二) 评价清单

已有研究中比较多的研究以清单的形式列出教材内容的评价标准,这些清单关注的内容有不同侧重,在覆盖面上也有较大差异。如赖曼列出了八条标准④,主要涉及文化内容的目标、文化类型(如是否考虑、联系学习者自身文化)、特点(如对学生来说是否有趣、是纯粹的事实性材料还是启发性材料),文化的呈现视角与方式(如视角是否不带偏见)。基利卡亚(Kilickaya)⑤列出了 15 条标准,涵盖的面非常广泛,涉及目标、文化类型、文化活动、呈现特征、教学辅助等,该标准特别引人关注的是意识提升和教学辅助方面的标准,前者如编者、作者观点分析、社会群体和文化多样性,后者如是否对教师使用教材的角色给出具体建议、是否对教师如何使用教材中文化内容给出指导或建议等。

从上述内容可以看出,不同清单中也不乏一些共同要素,这些对于我们更深入地理解和分析教材文化内容,乃至使用教材开展文化教学都非常有启发意义。

(三) 评价框架

有的研究者采用模型建构的方式呈现了评价英语教材中文化内容时需要考虑的

---

① 孙有中. 中国外语教材建设:理论与实践[M]. 北京:外语教学与研究出版社,2021:160.
② 祖晓梅. 汉语文化教材练习活动的编写[J]. 语言教学与研究,2018(01):8-17.
③ 杨盈,庄恩平. 跨文化外语教学:教材与教法——外语教学跨文化能力模式的应用[J]. 江苏外语教学研究,2008(02):16-21.
④ Reimann, A. A Critical Analysis of Cultural Content in EEL Materials [J]. Journal of the Faculty of International Studies, 2009,28(8):85-101.
⑤ Kilickaya, F. Guidelines to Evaluate Cultural Content in Textbooks [J]. The Internet TESL Journal, 2004,10(12):38-48.

重要维度,比较有影响的如里萨杰、拜拉姆等①的框架。里萨杰的框架包括以下四个维度:微观层面的社会和文化现象;宏观层面的社会、政治和历史问题;国际和跨文化问题;教科书作者的观点和风格。拜拉姆等的评价框架附有评价清单,该框架包括以下九个方面:社会身份认同和社会群体、社会相互作用、信仰和行为、社会政治机构、社会化和生命周期、民族历史、国家地理、民族文化遗产、刻板印象和民族认同②。这一框架非常具体、全面,视角较丰富,既涉及重要的文化产物,又涉及文化实践、文化观念、文化社群,同时体现了学习者文化、社会身份认同及文化学习中可能出现的问题,如刻板印象。

刘(Liu)在综合分析了外语教材文化内容评价的已有研究后,运用层次分析、专家评议等方法建立了教材文化内容的综合性评价层级模型③。该模型包括学习目标、文化主题、文化信息、文化活动、教学辅助五个维度以及17项评价标准(见表3-1)。该评价标准综合了已有研究的成果,从教学实践的视角归纳了影响教材选择和评价的主要因素,具有较强的操作性。

表3-1 外语教材文化内容评价标准(Liu, 2016)

维度	标准	标准解释
学习目标	文化知识	是否旨在发展文化知识
	交际技能	是否旨在发展交际技能
	跨文化态度	是否旨在发展跨文化态度,如尊重他者文化或开放的心态
文化主题	相关性	话题从文化上看是否适合学生
	兴趣	话题是否能吸引学生
	多样性	话题是否丰富、反映社会的不同方面

---

① Risager, K. Cultural References in European Textbooks: An Evaluation of Recent Tendencies [M]//Mediating Languages and Cultures: Towards an Intercultural Theory of Foreign Language Education. Clevedon: Multilingual Matters, 1991:181-192.
② Byram, M., Morgan, C. & Colleagues. Teaching-and-learning Language-and Culture [M]. Clevedon: Multilingual Matters, 1994.
③ Liu, K. Prioritizing Criteria for Evaluating Cultural Contents in EFL Textbooks through AHP [J]. Journal of Language Teaching and Research, 2016,7(5):841-850.

续表

维度	标准	标 准 解 释
文化信息	文化类型	教材呈现了怎样的文化？（一种文化还是多元文化？是否包括了学生自己的文化？是否有联系学生自己文化的意识并提升活动的文化内容？）
	文化敏感性	呈现的文化信息是否对学生的价值观念和信念敏感
	观点和代表性	体现的是作者的观点还是实证研究的观点。对文化的观点是否既包括了正面的，也包括了负面的？是否有需要应对的文化刻板印象（种族、性别或文化方面）
	真实性	信息是否是真实的、事实性的或最新的
	呈现	文化信息是整合在课程内容当中的，还是附加在后面的
文化活动	学生参与	活动是否能够吸引学生积极参与或者积极学习
	熟悉度	活动是否是师生所熟悉的
	活动的保障	时间限制、空间限制和所需要的材料
教学辅助	插图和图像	文化元素是否通过图像、插图呈现，是否容易解释
	教师手册	是否提供教师用书、提供教学支持
	辅助教学资源	是否有光盘等真实的资料

上述对教材中文化内容评价的已有研究有不同视角和侧重点，从不同方面帮助我们更深入地认识中国学生英语学习中文化学习的特点。

三、教材本土文化分析框架的构建、验证与说明

基于上述分析，英语教材中的文化内容及其呈现方式反映了教材编写者对语言学习与文化学习关系的认识，不仅影响学生语言能力的发展，也影响文化育人的效果，构建英语教材本土文化内容分析框架，外显语言与文化间关联，有助于构建语言与文化相融合的英语教学，助力英语核心素养的培养。

（一）本土文化内容分析框架的构建与验证

如前所述，本研究的主要目的是建构一个能全面描述教材中本土文化内容的框架，以便使教材中的有关内容都能反映出来，刘的评价标准是在综合研究已有评价清

单和标准的基础上研制的,有较强的操作性。① 基于已有的教材研究经验和我国基础英语教材的实际,基于本书第二章跨文化能力框架和本土文化学习要求的研究,我们借鉴刘的评价标准建构了分析框架初稿,并通过专家焦点访谈和教材文本分析对其进行论证、验证。

1. 焦点访谈论证

为了提高分析框架的效度,课题组邀请专家组进行焦点访谈,对框架进行论证。专家组包括四位基础英语教学领域的专家学者、一位初中英语教师、两位高中英语教师。四位专家学者中一位是教育部英语课程标准研制组成员,长期从事中小学英语跨文化教育研究,一位是某套高中英语新教材主编,另外两位是华东师范大学英语学科教育专家,对基础教育英语教材、教学有较为深入的研究,三位中学英语教师都为华东师范大学教育硕士毕业,长期从事中学英语教学工作,对文化教学较为关注且有一定研究和反思感悟。

专家组认为,目前中小学英语教师跨文化素养不足,建立教材本土文化内容分析框架有助于提升教师的教材分析和解读能力。专家组对课题组建构的分析框架提出以下点评与建议:

其一,在国际交流中,中华文化的传播是一种跨文化交流活动,而不是缺乏交流语境的中华文化内容展示。因此,教材里中华文化内容的选择与呈现一方面要体现跨文化语境,另一方面要注意"我愿"与"他需"的结合,也就是既要考虑我们想介绍什么中华文化,还要站在跨文化交际的角度,介绍对方需要和感兴趣的内容。

其二,英语教材呈现中华文化的方式也需要考虑交际对象的感受,讲究策略。具体来说,"向外国学生、世界介绍和宣传中华文化并没有错,特别是站在中国人的立场上。但是,从跨文化语言教学的角度看,以下这两种文化呈现心态都不是最佳的,'展示'的背后多少有些炫耀的成分,这恰是不够自信的表现;'弘扬'的意图多少会让人产生抵触的情绪,因而不够策略"。②

其三,在跨文化交往中,过于强调自身文化的独特性,容易引起其他文化背景人士

---

① Liu, K. Prioritizing Criteria for Evaluating Cultural Contents in EFL Textbooks through AHP [J]. Journal of Language Teaching and Research, 2016,7(5):841-850.
② 李泉. 文化内容呈现方式与呈现心态[J]. 世界汉语教学,2011(3):388-399.

的反感或误解，不利于建立和谐友好的交流氛围。因此，中华文化内容的呈现要兼顾中外文化的共性与个性。

专家们的建议特别强调了本土文化内容与其他文化的联系、跨文化语境与文化内容呈现策略，这些见解非常中肯，值得关注。因此，课题组结合专家意见对分析框架进行了调整。

2. 通过教材文本分析进行框架验证

虽然调整、修订后的教材分析框架中，各指标都有较为明确的界定，但是不能排除基于该框架进行教材分析和文本内容解读时的个人主观性。因此，课题组对框架的信度进行了检验。课题组成员两两一组，分别运用该框架对我国、韩国和日本代表性高中英语教材中的本土文化内容进行编码分析。每组编码员都先独立编码，然后互相比对，如遇编码不一致的部分，就对框架内容的理解做进一步的沟通和澄清，据此对分析框架做微调，直至不易产生误解。

（二）英语教材本土文化内容分析框架说明

根据专家组的建议，结合课题组前期的研究，我们对分析框架进行了修订，修订结果见表3-2，表中斜体字部分为修订过的内容，主要是对目标有所微调。表中内容前文大多有涉及，下面仅对修订过的内容作简要说明。

表3-2 英语教材本土文化内容分析框架

一级维度	二级维度	三级维度
学习目标	知识	文化观念、文化产物、文化实践、文化社群、文化人物
	技能	*知道、理解、描述、阐释、反应*
	态度	*情感(肯定/否定)、评判(肯定/否定)、鉴定(肯定/否定)*
文化信息	与其他国别文化相比，本土文化所占比重	英语国家文化、本土文化、世界文化分别所占比重
	本土文化要素	文化观念、文化产物、文化实践、文化社群、文化人物、国情

续 表

一级维度	二级维度	三级维度
文化信息呈现	呈现语境	共现：相似点、差异点 独现
	呈现的形式	课文、图片、词语、练习（活动）、注释、音（视）频
		中文、英文
文化活动	活动类型	输入：阅读、听、看 输出：说、写
教学辅助	教学指导、建议	教的建议、学的建议
	辅助教学资源	提供额外网址链接、补充阅读等

1. 知识目标

第二章中建构的英语跨文化能力分析框架，包括跨文化知识、跨文化技能和跨文化态度，文化知识包括文化观念、文化产物、文化实践、文化社群、文化人物五方面的内容。

2. 技能目标及所做调整

（1）技能目标

第二章中建构的英语跨文化能力分析框架中的跨文化技能包括获取、理解、描述、阐释、评价和反应六个方面。在英语课程中学习中华文化，从语言层面看，旨在帮助学生学习用英语来理解和表达中华文化。获取、理解、描述、阐释、评价和反应比较好地体现了我国学生在英语学习的过程中有关本土文化的理解与表达两方面的要求。因此，总体上采用原框架中的技能，其中描述与阐释的不同之处在于，描述所述内容属于语篇中的文化内容本身，而阐释则含有学习者联系自身对文化信息的理解和解释。例如，描述的活动包括汇报、回答关于文化现象的事实性问题等，阐释则包括比较中外文化、得出结论、进行预测、讨论可能性等。

（2）技能目标的调整

在教材中关于文化信息最低层次的活动大多表现为学生接触（如阅读、看图、听等）到文化信息，体现的是布鲁姆目标分类中的"知道"。因此，原框架中的"获取"调整为"知道"。

在实际开展教材分析的过程中,我们发现很难区分原来跨文化技能目标中的"评价"和"反应"活动。根据第三章的界定,"评价"指外语学习者能够基于明确的标准和对自我的认知,运用所学外语评价文化现象,与来自不同文化背景的人适切表达和分享自己的观点、思想、情感态度等;"反应"指学习者能够根据不同的跨文化情境,选择合适的语言形式和社交语言(如问候、道歉等),运用各种交际技巧和策略进行互动交流,反思跨文化交际活动表现,灵活调整自己的交际行为,确保交际活动顺利进行,使交际达到预期效果。两者都涉及对自我文化的反思,并进行相关的语言输出,实际教材分析时很难对两者进行严格的区分。因此,教材分析时将两者合并。能力发展具有递进性,由于"反应"的要求高于"评价",所以分析框架保留了"反应"能力。

3. 态度维度的调整

第三章中跨文化态度包括开放与包容、尊重与平等、客观与谨慎三个指标,在实际进行教材分析时,具体教材内容隐含的态度分析容易有较强的主观性,同时也缺乏相关可行的分析工具和框架,而澳大利亚学者马丁(Martin, J. R.)和多位学者提出的评价系统理论常常被用来分析作者对语篇中的人、物或者过程的立场、态度等人际意义,为本研究分析教材试图培养的对本土文化的情感态度提供了较为可行的框架。

评价理论关注话语如何通过评价性词汇、语法表达各种态度和情感强度等,态度系统是评价理论的核心,包括情感、评判和鉴赏三个子系统[①]。情感系统关注作者/编者利用语言资源来对某个事件、人、现象的积极或消极的情感表达,评判指运用一系列制度规范对人的行为进行肯定或否定评价,分为社会评判(social esteem)和社会约束(social sanction),鉴赏是评价产品和过程价值的系统。

无论是情感的表达(如 pain、anxiety),还是人品的评判(如 honest、lazy),抑或事物价值的鉴赏(如 splendid、unbalanced),都可以分为正面评价和负面评价,在表达方式上都有直接式和隐含式[②]。聚焦这些表达方式,方可揭示教材试图培养的情感、态

---

① Martin, J. R. Beyond Exchange: Appraisal Systems in English [M]//Evaluation in Text: Authorial Stance and the Construction of Discourse. Oxford: Oxford University, 2000.
② 司显柱,庞玉厚. 评价理论、态度系统与语篇翻译[J]. 中国外语,2018,15(01):96-102.

度、价值观。可见,态度系统理论一方面为分析教材中蕴含的态度提供了一种分析视角,使教材对本土文化的态度分析更具可操作性,另一方面让我们从另一视角认识文化学习与语言学习的内在关联。

结语

本节通过梳理已有相关研究,建构英语教材中本土文化内容分析框架,并进行了验证与修订。该框架有助于我们更深入地分析和思考英语教材中文化的传播方式,在文化学习与语言学习间建立关联,从而科学且创造性地使用教材,使文化学习与语言学习有机融合,帮助学生在语言学习中理解和鉴赏优秀文化,培养中国情怀、国际视野,提升跨文化沟通能力。由上述教材分析框架,我们也可提出使用教材时可参考的操作框架,见表3-3。

表3-3 教材中本土文化内容教学参考框架

问题	选项	教学决策
涉及的文化信息是什么?	文化观念、文化产物、文化实践、文化社群、文化人物、国情信息	
理想的学习结果是什么?(目标)	知道、理解、描述、阐释、反应	
是否有跨文化的语境?	共现、独现	
情感态度如何?	情感(肯定/否定)、评判(肯定/否定)、鉴定(肯定/否定)	
	显性、隐性	
学生是否具备相关本土文化知识	有、无	
是否有相关语言支持?	有、无	
是否有辅助教学资源?	有、无	

第二节 我国高中英语教材里的本土文化内容及其启示

教材编写是一个集理论研究与实践运用于一体的工作①,基于教材分析框架对教材中的本土文化内容及其特点进行分析,既能让我们看到理念向实践转化的可行路径,又有助于我们从教材文本中提炼出文化内容编写的实践智慧,并将其转化为指导文化内容编写的理念。本章第二节到第四节分别基于教材分析框架,选择我国、韩国和日本有代表性的初中和高中教材中的本土文化内容进行比较研究。课题研究过程中,我国义务教育课程标准尚未完成修订,同时也限于篇幅,这里只呈现对高中教材的研究。

为了提高内容分析的信度,三套教材的内容编码分别由课题组成员两人一组共同完成。两位编码员分别根据教材分析框架独立完成编码后,对两人的编码结果进行比对,直至最终完成编码。本节对我国教材中的本土文化内容进行分析。

一、背景

高中英语新课程标准颁布后,我国出现多套基于新课标修订或研制的新课标教材,如人民教育出版社版、外语教学与研究出版社版、北京师范大学出版社版、上海外语教育出版社版、上海教育出版社版、译林出版社版等。长期以来,人民教育出版社编写的英语教材在我国得到广泛认可,使用范围较广。因此,本研究选取人教版2019年版的新教材作为分析对象。该版本教材在2004年版教材的基础上依据新课标的理念修订而成。

该套教材在前言中指出,修订的主要目的是全面落实立德树人根本任务,培育社会主义核心价值观,弘扬中华优秀文化,充分体现英语课程工具性和人文性的统一,发

---

① 郭宝仙.以学习者为中心的英语教材:特征、表现与启示[J].课程・教材・教法,2022(09):136-144.

展学生语言能力、文化意识、思维品质和学习能力等英语学科核心素养,充分体现英语学科特殊的育人价值,培养具有中国情怀、国际视野和跨文化沟通能力的社会主义建设者和接班人[①]。前言的"突出文化意识"部分指出,通过展示多姿多彩的中外文化来培养学生对中华文化的认同和传承,加深对人类优秀文化的学习和鉴赏;通过让学生分析中外文化异同,发展其多元思维和批判性思维,增强学生跨文化理解和跨文化沟通能力,构建人类命运共同体意识[②],这些都充分说明了教材对课标中的课程目标,包括其中的文化意识目标理念的重视。

根据新课程标准要求,高中英语教材分必修、选择性必修和选修,人教版高中英语教材中有必修教材、选择性必修教材、选修教材,分别服务于不同的教学目标和要求。这里选择三册必修教材作为研究对象,必修课程的内容与要求面向全体学生,具有基础性特点,旨在为所有高中学生搭建英语学科核心素养的共同基础,使其形成必要的语言能力、文化意识、思维品质和学习能力,为他们升学、就业和终身学习构筑发展平台。

人教版必修教材每册包括五个单元和配套的学生活动手册,除了第一册Welcome Unit 有额外的 Building Up Your Vocabulary 板块,三册书每个单元都包含以下板块:Listening and Speaking, Reading and Thinking, Discovering Useful Structures, Listening and Talking, Reading for Writing, Assessing Your Progress, Video Time。

二、英语教材中中华文化基本情况

为了了解教材中的文化内容,尤其是本土文化内容的基本情况和编写特点,研究团队对教材中的文化内容进行了统计。本研究不对国别、地域不明显的文化做统计,如环境保护等。统计时如果出现文化共现,则涉及的文化各计一条记录;文化人物的个人实践活动都不计入文化实践类别中,而是统一归到文化人物中。如果出现同一本土文化内容涉及多个能力要求,则按最高的能力要求计一条记录;在关于教材文化态

---

① 刘道义,郑旺全.普通高中教科书(英语)[M].北京:人民教育出版社,2019:前言.
② 刘道义,郑旺全.普通高中教科书(英语)[M].北京:人民教育出版社,2019:前言.

度的统计过程中,以词、短语为重点分析对象,先统计属于态度系统的哪一个子系统(情感、评判、鉴赏),再看在子系统中是肯定评价还是否定评价;如同一文化内容涉及多个态度子系统,则计为多条记录。同一文化内容在一个子系统中有多个同类评价词时,计一条记录;在不同单元出现的同一文化内容,按多次统计,探讨其多次呈现的意义。

(一) 本土文化所占比重

表3-4 不同来源文化所占比重

地域文化	数量(个)	比重(%)
本土文化	60	40.8%
目标语文化	45	30.6%
国际文化	42	28.6%
总	147	100%

由表3-4可见,人教版必修三册教材的15个单元中,统计所有语篇、词句、图片、音频等材料得到147条文化信息,按地域文化划分,本土文化占60条,目标语文化占45条,国际文化占42条。可见,各类文化中,本土文化数量最多,占比最高(40.8%),目标语文化和国际文化比重(分别为30.6%和28.6%)相近。

(二) 本土文化信息的类型

由表3-5可知,就人教版高中英语教材中的本土文化内容而言,文化产物所占比重最多(56.1%),接下来为文化实践(24.2%)。相对来说文化观念和文化社群比例较低(分别占6.1%和4.5%)。

表3-5 英语教材中的本土文化类型

类型	数量(个)	比重(%)
文化产物	37	56.1%
文化实践	16	24.2%
文化观念	4	6.1%

续 表

类型	数量(个)	比重(%)
文化人物	6	9.1%
文化社群	3	4.5%
总	66	100%

(三) 本土文化的语言能力要求

由表 3-6 可见,有关人教版高中英语教材本土文化内容的语言能力要求,最多的是知道(34.8%),接下来依次为描述和阐释能力(分别占 27.3%和 16.7%),相对来说理解和反应比例较低(分别占 10.6%)。

表 3-6 本土文化内容语言能力要求

技能	数量(个)	比重(%)
知道	23	34.8%
理解	7	10.6%
描述	18	27.3%
阐释	11	16.7%
反应	7	10.6%
总	66	100%

(四) 本土文化信息的呈现方式

《高中新课标》关注不同文化的对比,尤其是本土文化和其他文化的联系与比较,因此我们关注文化共现和文化独现这两种呈现方式,重点关注共现的策略,分析共现的是文化之间的相同点,还是差异点。由表 3-7、3-8 可以看出,人教版高中英语教材中本土文化信息大多采用独现形式,占 77.3%,文化共现为 22.7%。而文化共现中呈现差异点的内容占 53.3%,呈现共同点的占 6.7%,两方面都呈现的占 40%。

表3-7 本土文化信息呈现方式

呈现方式	数量(个)	比重(%)
独现	51	77.3%
共现	15	22.7%
总	66	100%

表3-8 文化信息共现方式

呈现方式	数量(个)	比重(%)
共同点	1	6.7%
差异点	8	53.3%
异同点	6	40%
总	15	100%

(五) 本土文化信息呈现形式

考虑到本研究的研究范围为教材所有板块,我们主要区分文化信息的载体形式,即将教材本土文化呈现形式分为图片、文字和音频三类。在此基础上,结合教材实际情况,添加"图片＋文字""图片＋音频""文字＋音频""图片＋文字＋音频"四类。由表3-9可以看出,人教版高中英语教材中的本土文化呈现形式,以"文字＋图片"呈现的比重最高,占42.4%,"音频＋图片"和"文字"的呈现比重也不低(分别占18.2%和16.7%),但是没有"文字＋音频"的呈现形式。

表3-9 本土文化呈现形式

呈现形式	数量(个)	比重(%)
文字	11	16.7%
图片	6	9.1%
音频	5	7.6%
文字＋图片	28	42.4%

续　表

呈现形式	数量(个)	比重(%)
文字＋音频	0	0
音频＋图片	12	18.2%
文字＋图片＋音频	4	6.1%
总	66	100%

(六) 本土文化活动

为避免与本土文化学习能力的统计和分析重复，也为了更全面地涵盖涉及的活动，我们将教材中的本土文化活动分为输入型和输出型。输入型指听力、阅读、看视频等培养学习者语言理解能力培养的活动；输出型活动指口语、写作等培养学习者语言表达能力的活动。同时考虑教材实际情况，将同时涉及输入型练习和输出型练习的本土文化内容进行额外统计。具体结果如表 3-10 所示。人教版教材中有近半的本土文化内容(40.9%)同时包含输入型和输出型活动，只涉及输入型活动的本土文化内容占 43.9%，只涉及输出型活动的本土文化内容占 15.2%。

表 3-10　本土文化活动

练习	数量(个)	比重(%)
输入型	29	43.9%
输出型	10	15.2%
输入型、输出型	27	40.9%
总	66	100%

(七) 本土文化内容的态度

依据马丁的态度理论[①]，参考已有对教材隐含的态度分析的相关研究，我们将态度分为情感(affect)、评判(judgement)和鉴赏(evaluation)三个子系统，结合教材实际

---

① Martin, J. R. Beyond Exchange: Appraisal Systems in English [M]//Evaluation in Text: Authorial Stance and the Construction of Discourse. Oxford: Oxford University, 2000.

情况,对运用两个态度子系统的本土文化信息条进行额外统计。具体统计结果如表3-11。从表中可见,人教版教材中有过半的本土文化信息(56.1%)不包含编者态度,在隐含编者态度的本土文化信息中,鉴赏系统占了27.2%,情感系统占了6.1%,没有涉及评判系统,还有9.1%的本土文化信息包含了两个态度子系统。

表3-11 对本土文化内容的态度

态度	数量(个)	比重(%)	备注
情感	4	6.1%	1条否定放烟花
评判	0	0	
鉴赏	18	27.2%	
两种	6	9.1%	
无	37	56.1%	
总	66	100%	

三、英语教材中本土文化的特点

(一) 以多元文化为导向,重视本土文化,特别是本土文化产物和文化实践

从文化的国别来源看,人教版教材中文化内容多元,其中本土文化内容所占比重最高。教材也通过具体的编写手段体现中外文化之间的联系,有的语篇中围绕同一主题展示中外不同的文化。例如,第三册第一单元节日主题的阅读语篇"Why do we celebrate festivals"、第三单元多元文化主题关于旧金山的课文、第四单元关于太空主题的课文"Space: The final frontier"。同时,教材中的目标语文化和国际文化内容不局限于常见的英美文化,还包括了南非、澳大利亚等英语为官方语言的国家文化,以及泰国、土耳其等国的特色文化。这些内容说明,该套教材兼顾本土文化认同和国际视野的培养,在弘扬中华优秀文化、增强文化自信的同时,展示目的语国家和世界其他国家优秀文化,培养学生人类命运共同体意识。

在本土文化诸要素中,本土文化产物最受重视。文化产物是学习者最容易认知的

文化形态,是文化教学最直接的内容①,教材注重中华文化产物的学习,让学生首先用英语理解和表达容易认知的内容,符合由具体到抽象的认知规律。教材所选取的文化产物涉及的领域较多,如地理(如九寨沟、丽江古城、平遥、中国喀斯特地貌)、历史(如兵马俑)、建筑(如长城)、艺术(如昆曲、剪纸、琵琶、书法)、动物(如华南虎、藏羚羊)等,而且这些内容较有代表性,例如,联结过去与现在的中国书写系统,体现儒家思想影响的孔庙、孔府、孔林,体现利用信息技术保护和传承文化遗产的莫高窟等。这些内容向学生展示了中华文化古今联系、中华文化的传承与保护以及中华文化观念的影响等方面的重要内容,有助于深化学生对中华文化的理解,提升文化传承的意识,培养学生中华文化的英语理解与表达能力。

另外,教材中关于本土文化实践的内容也占一定比重,这些本土文化实践既有涉及个体日常场景化的实践,如第一册的衔接单元介绍中国高一新生韩静开学第一天的经历,又有涉及文化产物的制作,如第三册第一单元有关腊八粥制作过程的介绍,还有全民性或群体性、仪式化的交际行为,如第三册第一单元介绍了元宵节、中秋节、春节和那达慕盛会、壮族民歌会,还有现代社会对中华民族具有重要意义的实践,如中国太空探索的历程。学习者通过该套教材的学习可以了解到丰富且具有我国民族特色的本土文化实践,加深对本土文化的认识,为参与本土文化实践做好准备。

(二) 本土文化往往采用单独呈现的方式,共现时侧重差异点

人教版教材中的本土文化内容大多采用独现的方式,尤其是大量的本土文化产物都是单独呈现的。单独呈现有助于为本土文化内容提供比较充足的展示空间。

在中外文化共现时,教材更多地呈现本土文化和其他文化的差异点。例如,在第一册第四单元自然灾害主题下介绍了汶川地震、加拿大阿尔伯塔山火、斯里兰卡科隆坡水灾,编者引导学习者关注不同地区的地理环境条件不同,产生的自然灾害有所不同;第三册第四单元中呈现世界各国在不同阶段为太空探索作出的不同贡献。教材对共同点的关注较少,只有第一册第三单元探讨体育精神时,着重关注郎平和乔丹共同拥有的拼搏、坚持的体育精神。

对不同文化差异的呈现有助于学习者感悟文化的多元性,更全面地认识本土文化

---

① Moran, P. R.. Teaching Culture: Perspectives in Practice [M]. Beijing: Foreign Language Teaching and Research Press, 2009.

和其他文化,增强文化理解,培养跨文化意识,为跨文化交流做准备。

(三) 多采用第三人称叙述文化人物

人教版教材中关于本土文化人物的内容较少,且大多较为简略。只有第一册和第三册在 Reading for Writing 板块设计了完整的语篇,介绍郎平和林巧稚,对孔子和航天员杨利伟的介绍都是在听力板块,通过人物对话作简单介绍。这种方式较难使学习者对这些人物产生全面深入的认识,更无法基于教材的学习体会这些人物的精神品质。

从叙述视角看,教材对本土文化人物和文化社群的呈现以第三人称叙述为主,通过不同词句的选择流露出编写者对本土文化人物和社群的态度。例如,在第一册第三单元运动与健康主题下,教材以评选"活着的传奇"为导入,介绍了两位著名的体育运动员:郎平和乔丹,教材对两位运动员的介绍都采用第三人称,以举例的方式介绍了郎平承担不同角色时的个性特点。这种叙述视角有优势,也有不足。其优点在于,第三人称叙述是站在与故事无关的人物立场进行叙述的。教材编写者得益于这种无视角限制的自由,可以无所不知,可以在同一时间出现在各个不同的地点,可以了解过去、预知未来,还可随意进入任何一个人物的心灵深处挖掘隐私[①]。教材编写者可以借助这种写法,灵活地选择和安排课标要求的本土文化内容,而不受特定时空、视角的限制。其缺点是,容易让读者也站在旁观者的视角看待语篇中的人物,形成客观认识和判断,但不易让读者参与和体验语篇中人物的情感,进而产生共情。

(四) 文化学习活动循序渐进,注重支架支持和自主学习能力培养

教材倾向于为所有本土文化内容配以问题或任务,明确具体的能力要求。纵观三本必修教材,单元内各板块都设计问题或任务来引导学习者,有针对性地培养学习者的不同能力,尤其是 Listening and Speaking 和 Reading and Thinking 两个板块的问题和活动设计都是层层递进的。

以第二册第五单元"音乐"主题下的 Listening and Speaking 板块为例,该板块设计了如下 6 个活动:(1)听前看图片,回答问题,明确听力活动的主题是关于不同类型音乐的。(2)词、图配对,知道不同类型音乐的英语表达。(3)听力材料中人物、动作与音乐类型的匹配练习,帮助学生把握不同音乐类型的特色。(4)对话填空,填写具体信息。这里提示的学习策略是"paraphrase",教材解释了该策略是什么,什么时候用。

---

① 梅德明. 新编英语教程学习指南[M]. 上海:上海外语教育出版社,2012:29.

(5)回答问题,这些音乐是否也让你跟这些学生有同感?为什么是或不是?你喜欢什么类型的音乐?它让你有何感受?(6)二人结对访谈活动,谈论喜欢的音乐类型和原因,教材提供图片、表达喜欢音乐理由的语言支架和对话样例。可以看出,活动由输入到输出,输出活动对语言的要求也是逐步提升,而最后的输出活动教材提供了多样化的支架。通过循序渐进的活动,学生对不同类型音乐的认识逐步加深,不同层次的学生语言能力逐步得到锻炼和发展。同时,教材的活动设计也帮助新手教师更快地把握本土文化内容教学设计的关键,明确教材设计的目的。

同时,教材非常重视提供语言、内容、方法等方面的支架。例如,每个单元的Reading for Writing 板块都针对具体的写作任务提供相应的评价清单,为学生的写作提供指导。例如,第一册第五单元"Language around the world"课文摘自中国学生英语学习网上论坛的帖子,刘文(Liu Wen)描述了自己英语学习中最大的困难,另外两位同学为其提出建议。写作评价清单包括一般内容和写作技能两方面。这样的内容安排有利于培养学生的自主学习能力。

(五) 强调文化的语言输出,偏重描述介绍性活动

前文所述,文化学习有两种模式,文化作为信息(知识)和文化作为过程,在人教版教材中,两种学习方式都有体现,输入与输出兼具的活动及输出型活动都是需要运用输入中获取的文化信息进行表达,教材中一半以上的活动(56.1%)是要求学生进行语言产出。可见,该套教材兼顾文化信息的输入与输出,偏重两者兼顾的活动,这样的设计有助于实现课程标准提出的语言与文化相融合的语言教学理念。

有关本土文化内容的语言能力要求,根据所占比重由高到低依次为知道、阐释、描述、理解和反应,从语言学习需要从输入到输出的心理顺序而言,这样的安排有其合理性。三册教材中有关本土文化内容的简单介绍类活动较多,要求学生进行反应评价的相对较少,在Project板块也是如此。例如,第二册第一单元"文化遗产"Project板块有三个活动,第一个是对子活动,要求学生看图片,讨论以下问题:(1)你是否熟悉图中这些中国非遗项目?(2)你是否曾观察或参与过这些项目?如果有的话,在何时何地?与你的同伴分享你的经历。(3)你还知道哪些非遗项目?与你的同伴分享这些信息。第二个活动是小组活动,要求学生能选择代表中国非遗文化产物,根据所给提示性问题利用图书馆和网络开展探究。第三个活动是在班级展示小组探究内容。不难看出,在前面的诸多模块作了一定的有关文化遗产保护的讨论和铺垫后,教材编者对学习者

在非物质文化遗产方面的能力要求更多的还是落在"描述"。

四、启示与建议

(一) 以多元文化为导向,确保本土文化比重,重视文化共现

英语教学中文化学习的目的是通过语言、文化学习的"跨文化对话",让学习者通过本土文化与目的语文化、世界文化的互动,培养跨文化的交流意识和跨文化交际能力。从文化来源看,人教版教材中的本土文化内容所占比重最高,总体呈现"重视本土文化,同时兼顾目标语文化和国际文化"的特点,教材编写者尤其要重视本土文化与其他文化的共现,尽可能地同时呈现共同点和差异点,使学习者可以通过比较和对比,理解和体悟中国本土文化的独特性,同时了解世界文化的多样性,进而培养其在跨文化交流中处理不同文化背景下产生的意见分歧的能力。

对于教师而言,需要仔细阅读和分析教材,参照课标把握不同本土文化内容的能力要求,有意识地引导学习者关注和比较不同文化之间的差异与融通,正确认识和对待本土文化和其他文化,做到兼收并蓄,培养国际视野和文化自信。

(二) 根据学生实际设计活动,培养反应能力,彰显显性文化背后的观念

在任何教学中,文化观念都是最难把握的教学内容,学习者只有把握本土文化观念的视点,才能进一步形成自己独立有效的视点。因为文化观念是一个民族文化的根本,是与其他文化最大的差异所在,而文化产物、文化实践只是文化冰山的显露部分,是挖掘和理解冰山隐藏部分的前提[1]。因此,培养学生的本土文化跨文化传播能力,知道和能简单描述本土文化是不够的,还需要能结合自身,对这些文化现象背后蕴含的文化观念形成自己的认识、情感、态度。

目前教材中的本土文化观念体现不多,除了两个单元的起始页的价值引领句提到了老子的名言和辛弃疾作品中的话语,只有第二册第四单元在听力素材中泛泛地介绍了孔子的思想,第三册第二单元的视频板块介绍了"仁",而其中关于文化观念的练习还需要改进,使其能更具体、更具操作性。例如,关于"仁"的内容,教材设计的

---

[1] Moran, P.R. Teaching Culture: Perspectives in Practice [M]. Beijing: Foreign Language Teaching and Research Press, 2009.

"看"后活动是三个小组讨论题:(1)你认为孔子的思想在哪些方面还影响着中国的教育和社会?(2)你认为理解并每天践行了"仁"的思想后,你的生活会发生变化吗?(3)如果每个人做事时都坚持公平原则,孔子的公平理念会怎样改变社会?这三个问题,尤其是后面两个问题都较笼统,学生的回答很容易停留于口号。如果教师结合学生实际生活中的具体事例,或补充与课文相匹配的学习材料,设计相关活动,就更有操作性。

对教师而言,可以依据新课标对本土文化学习的要求,结合学习者实际,调整教材中有关本土文化内容的学习活动和能力要求。例如,针对教材单元片首语中呈现的辛弃疾《青玉案·元夕》的片段,可以提问引导学生探讨其内涵,还可以带领学习者简单诵读和翻译。

(三) 为输出性文化学习活动补充相关素材和支架

教材中针对有些本土文化内容只有输出性活动,这类活动对学习者来说往往具有一定难度。例如,第二册第一单元要求学习者介绍中国非物质文化遗产中的昆曲、剪纸、风筝、书法,与其他三者相比,昆曲离大多数学习者的生活较远,在没有任何信息输入的情况下,直接要求学生介绍,容易影响学习者学习的积极性。第三册介绍了中国的多元文化和中国太空探索历程,学习者在日常生活中无法接触和了解相关内容,而且在单元学习中几乎难以获得充足的信息,这一定程度上增加了学习者输出活动的难度,也对学习者课后信息查找整理的能力提出了较高的要求。在教材修订时,可以补充相关的输入材料,使学习更为可行。

(四) 提升文化主题学习的整合性

该套教材内容丰富,板块较多,连同视频在内,每个单元至少都包括四个较大语篇,但单元中缺乏整合各版内容和主题的统整性活动。例如,第三册第一单元"Festivals and Celebrations",单元首页是辛弃疾的诗《青玉案·元夕》,其中"凤箫声动,玉壶光转,一夜鱼龙舞"描绘了元宵节景人合一的民俗风情。听说和阅读板块谈论中外节日,听并讨论板块谈论节日经历,读写板块阅读关于内蒙古那达节的经历,项目板块两个活动分别要求介绍中国的一个节日、制作一个节日食谱。可整个单元学习后,学生应对单元主题形成怎样的理解呢?教材中没有设计整合性活动。

课标在文化意识三级水平要求中指出,"基于对中外文化差异和融通的理解与思考,探究产生异同的历史文化原因",这要求学习者能用演绎和归纳的方式分析和整合知识,在更高的抽象层次上进行概括。① 教材内容如能围绕单元主题,设计整合单元各版块内容的活动,则有助于学生形成整体认识,这也是教师创造性使用教材的着力点。

(五)进一步增强本土文化内容的多样性,引发学生的参与感

本土文化人物、社群的有关内容可以使文化内容具体、生动、感人,同时由于它们是特定历史时期的产物,一定程度上承载着本土文化实践和本土文化观念,对它们的介绍往往离不开其具体的实践成就和思想态度。教材如能增加对人物或社群的自述类或访谈类内容,抑或改变一些主题素材的叙述口吻、载体形态,由笼统的说明和描述,改为具体人物或社群的实例,文化内容就可以将学生代入其中,产生情感共鸣。

考虑到教材容量有限,编写者也可以在学生用书,或者教学资源中提供这些方面的材料供师生选择,一方面减轻英语教师备课压力,另一方面,学习者可以高效地把握最具代表性的本土文化内容,为选修阶段深入学习和探究本土文化作铺垫。

第三节 韩国英语教材里的本土文化内容及其启示

一、背景

(一)英语教育的社会文化背景

韩国的英语教育始于旧韩末时期(1897—1910年)的公办官学和教会学校②。1910—1945年,韩国被日本占领,日本在朝鲜半岛实行同化政策,强行推广日语教育,韩国的英语教育陷入没落境地。二战和朝鲜战争以后,韩国对英语教育进行了恢复和重建,为了在教育领域中大力"去日本化",加强与美国的军事同盟关系,英语教育开始蓬勃发展。1995年,韩国加入WTO,国内市场由此向全球开放。同年,为了保持在全球化时代的国际竞争力,韩国政府成立全球化特别委员会,负责制定推动韩国全球化的行动方案。该委员会将国民的外语能力视为决定韩国能否积极参与全球化的

---

① 梅德明,王蔷.《普通高中英语课程标准》(2017年版)解读[M].北京:高等教育出版社,2018.
② 邹为诚.基础教育英语教材国际比较研究[M].南宁:广西教育出版社,2020:85.

关键因素①,采取了一系列国家行动来改善国民英语水平,尤其是听说水平。1997年,韩国政府在小学课程中引入英语教育,规定英语为小学三年级以及更高年级的必修课程。

(二) 英语课程改革基本情况

韩国自1954年正式提出国家教育课程以来,经历了多次课程改革,最近的两次分别在2008年和2015年,英语课程标准也随之做了相应的修订。韩国的英语教学起初广泛采用语法翻译法,20世纪90年代开始强调采用交际教学法,2008年改革提出要将英语教育从"学科中心的课程"转变为"体验中心的课程",强调以学习者为中心、基于任务的课堂和用英语开展教学②。2015年9月颁布的新课程改革方案以培养未来社会需要的核心素养为目标,英语课程重点培养自我管理、知识信息加工素养、沟通素养和公民素养③。

在推进英语教学、开展一系列改革的过程中,英语所承载的英美文化价值观对本国语言、文化的蚕食引发人们的担忧。因此,2008年和2015年修订的英语课程标准都对此做出了回应。例如,2008年的英语课程标准中,中学英语课程目标部分指出,"理解英语呈现的多样化外语信息,并将其应用于实践;通过英语教育欣赏多元文化并用英语介绍我们的文化"④。2015年的英语课程标准提出,"学校英语教育培养用英语与世界各地的人交流,了解其文化,并将我们的文化推广到世界各地的人才"⑤,初中阶段目标指出,"了解外国文化和信息,用英语介绍我们的文化"。高中阶段目标指出,基于对本国文化和外国文化的兴趣和正确理解,尊重每种文化的独特性。"学习者在欣赏外国文化的同时,反思自己的文化,并能够一定程度上用英语与他人交流韩国

---

① 牟宜武,崔吉林. 全球化时代背景下的韩国当代英语教育改革行动——以交际为导向[J]. 外语教学理论与实践,2018(01):90-98.

② 束定芳,朱彦等. 基础教育阶段英语课程标准国别研究报告[M]. 上海外语教育出版社,2018:73.

③ Ministry of Education. 영어과 교육과정 [2022-02-03] [EB/OL] httpp://ceri.knue.ac.kr/pds/2015_02_english.pdf.

④ Ministry of Education, Science and Technology. The School Curriculum of the Republic of Korea [S]. 2008,44.

⑤ Ministry of Education. 영어과 교육과정 [2022-02-03] [EB/OL] httpp://ceri.knue.ac.kr/pds/2015_02_english.pdf

文化"。在该标准中,韩国教育部进一步指出,"学习者应正确理解外国文化,学会欣赏韩国文化的价值,并通过认可这种文化价值观,学习发展具有国际视野的全球公民应具备的基本礼仪和协作技能"。这些要求在中学英语教材的文化内容都有相应的体现。

(三)英语课程与教材

英语在韩国为国家共同基础课程,国家对英语课程从小学到高中实施统筹管理,按照课程目标中的交际能力、情感态度和以学生为中心的思想来设置各学段的课程,英语在高中阶段为必修课程,学生可以从《英语会话》《英语阅读与写作》《英语Ⅰ》《英语Ⅱ》《实用英语》《英语文化》《职业英语》《英美文学》等科目中,根据自己未来发展的方向选择合适的英语课程。其中《英语Ⅰ》与《英语Ⅱ》是在初中英语必修课的基础上进一步提高语言技能的综合英语课程①,与中国高中英语必修教材比较相近。

本研究以 Neungryul Gyoyuk 出版社出版的《英语Ⅰ》《英语Ⅱ》(以下称韩国教材)为研究对象,分析其中的本土文化内容。该出版社是韩国最知名的出版社之一,而该套教材为韩国使用最广泛的高中英语教材②。该套教材每册都包括六课(lesson),其中五个普通课,一个特别课。普通课包含的板块依次为引入、听说、阅读、语法、写作、文化、项目(project)及总复习(含复习和自我反思),除了听说有两个板块,其他都为一个板块,特别课只包含一篇课文和相应的阅读理解练习。可见,韩国教材中的"课"类似于我国的单元(unit),为了便于表述,下文用"单元"表述"课"。

二、韩国英语教材中本土文化的基本情况

(一)本土文化及其所占比重

经过统计分析,在韩国高中英语教材的文化信息中,目标语文化占 35.6%,世界文化占 42.5%,本土文化则为 21.8%。由此可见,韩国英语教材以向学生介绍英语国家文化和世界文化,帮助学生了解文化多样性为主,这与陆韵(2015)等的研究结果一

---

① Ministry of Education, the Republic of Korea. The National Curriculum for the Primary and Secondary Schools [EB/OL]. http://english.moe.go.kr/enMain.do 2022:22.
② Taejung Ma, Sungae Kim. How Cultural and Linguistic Diversity in an English Textbook is Being Portrayed in South Korea: A Textbok Analysis [J]. ITJ, 2018, 15(1):29-48.

致,但是与本课题组对韩国初中教材的研究发现相反。韩国初中英语教材涉及的几类文化中,本土文化所占比重最高。这说明韩国初中和高中英语教材对文化学习的侧重点不同。

表 3-12　不同来源文化所占比重

地域文化	数量(个)	比重(%)
本土文化	38	21.8%
目标语文化	62	35.6%
国际文化	74	42.5%
总	174	100%

从文化类型看,韩国教科书本土文化内容以文化产物为主,在所有本土文化内容中所占比重为 53%,文化人物与文化观念所占比重都为 15.7%,文化实践占比 10.5%,而文化社群占比最少,为 5%。

表 3-13　英语教材本土文化类型

类型	数量(个)	比重(%)
文化产物	20	53%
文化实践	4	10.5%
文化观念	6	15.7%
文化人物	6	15.7%
文化社群	2	5%
总	38	100%

(二) 本土文化的呈现

从表 3-14、表 3-15 可知,韩国英语教材中的本土文化内容大多(59%)采用与其他国家文化共现的方式呈现,其中又以共现本土文化与其他文化相似点的居多(69%),共现差异点的较少(31%)。这说明编写者注重运用跨文化视角呈现文化内容,倾向于呈现本土文化与其他文化的相似之处,帮助学习者与交际对象建立交流的文化基础。这种呈现方式既有助于学习者更好地认识自己的文化,也有助于学习者与来自不同文化的个体进行交际时求同存异。

表3-14 本土文化内容呈现方式

呈现方式	数量(个)	比重(%)
独现	11	41%
共现	27	59%
总	52	100%

表3-15 文化内容共现方式

呈现方式	数量(个)	比重(%)
相似点	11	69%
差异点	5	31%
总	16	100%

(三) 本土文化活动

表3-16 本土文化活动的类型

活动类型		数量	比重	合计
输入	读	18	42%	47%
	听	2	5%	
输出	写	7	16%	53%
	说	16	37%	

教材针对本土文化的活动中,阅读和说的活动较多,分别占活动总量的42%和37%,写的活动占16%,听的活动占5%。由此,我们可以看出韩国教材中本土文化相

关活动的几个特点:首先,重视本土文化的表达能力,一半以上的本土文化学习活动是输出性的活动,其中口语表达类活动居多。其次,重视书面输入,口头输出、书面输入的活动远远多于听力输入。另外,总体而言,输入与输出活动比较均衡。

(四) 本土文化活动的语言能力要求

为了了解对于本土文化内容的能力要求,我们也对教材中本土文化的相关活动进行了分析。表3-17列出了教材中本土文化活动相关能力要求情况。教材中有的本土文化内容是作为信息呈现的,如名人名言,对这类内容,没有设计相关的活动。有的内容则设计多个活动,表中所列数据为针对某个文化内容活动中最高要求的活动的数量。

由表3-17可以看出,关于本土文化学习的能力要求中,要求"知道""阐释"的活动最少,说明总体而言,教材编写者希望学生通过体验的方式,而非表层信息感知的方式学习本土文化,能力要求以"理解"居多,近一半的活动最高要求是理解,其次为描述、反应,两者的比例接近。这说明教材编写者比较重视培养对本土文化的理解和基本情况的介绍,对于文化背后的观念、原因等开展探究的要求较少。

表3-17 本土文化内容的能力要求

能力要求	数量	比重
知道	5	1%
理解	23	46%
描述	9	18%
阐释	5	1%
反应(评价)	8	16%

(五) 本土文化内容的态度

表3-12显示,韩国教材中的本土文化内容不多,出现了38个项目,我们对这些本土文化内容隐含的态度进行分析统计。具体统计结果如表3-18。从表中可见,教材中隐含有态度的本土文化内容不多,只有11项,其中情感与鉴赏相差不多,不包含评判系统。

表 3-18 对本土文化内容的态度

态度	数量(个)	比重(%)
情感	6	55%
评判	0	0
鉴赏	5	45%
总	11	100%

(六) 教材中的教学辅助

韩国教材每个单元的文化板块都有一个"Find more and share"活动,引导学生开展文化探究,并为学生搭建探究支架,让学生知道如何学习。支架包括两种,一是策略支架,为学生提供信息检索关键词,二是语言输出支架,为学生用英语介绍文化内容提供语言输出样例或思考题。例如,《英语Ⅰ》第四单元文化板块"Find more and share"部分让学生查找联合国教科文组织世界记忆名录中的一个项目,回答以下四个问题并与同学分享:该名录的名称是什么?它来自哪个国家?何时被收入该名录中?为什么被收入该名录?还有什么特别的地方?教材给出检索关键词"UNESCO Memory of the World",这其实渗透了学习策略的培养。

三、韩国教材中本土文化的特点

韩国英语教材中的本土文化内容不多,但内容的选择与组织视角很独特,值得我们关注、学习、借鉴。

(一) 大观念统领教、学、评,搭建单元一体化学习结构

围绕大观念组织学习内容,以观念建构推动知识学习和技能发展,已成为创新教学内容和方式的重要途径。根据韩国最新一轮课程改革的方案①,此次改革的一个重要目的是"改善学习经验的质量",课程组织与教学建议强调以核心概念为中心重新建

---

① Ministry of Education. The National Curriculum for the Primary and Secondary Schools[2022-02-03][EB/OL] The-National-Curriculum-for-the-Primary-and-Secondary-Schools-2015.pdf (koreaneducentreinuk.org).

构学科内容,实现学习内容量的最优化;改善学习内容的组织方式;整体设计内容,加强学科内、学科间学习内容的关联。因此,韩国英语教材一个非常明显的特征,就是大观念在教材设计中处于核心地位,围绕大观念一体化设计教、学、评。所谓大观念(big idea),是指反映学科本质、处于课程中心地位、统摄教学过程的学科概念架构、内容联结与方法,它在碎片化的小概念之间建构有意义的联结,具有广泛的适用性和解释力[1]。大观念具有中心性、网状性、抽象性、持久性、迁移性的特点[2],其根本特性乃是意义性[3]。大观念既可以作为课程目标和内容,也可以作为教学与评价的组织方式、教学与评价的对象,具有重要的课程意义[4]。在韩国英语教材中,大观念的上述三种课程意义都有明显的体现。

1. 作为课程教学目标和内容

表3-19 两册教材各单元的大观念与大问题

	单元	单元标题(大观念)	大问题(big question)
《英语Ⅰ》	第一单元	内心的火花	怎样激发我们的潜能?
	第二单元	拥抱我们的不同	如何尊重他人?
	第三单元	我们是紧密联系的	我们如何生活在一起?
	第四单元	建设更美好的社会	我们可以为社会作出什么贡献?
	第五单元	观察、思考、创造	从哪里获取灵感?
《英语Ⅱ》	第一单元	生命中珍贵的事物	如何保存生命中珍贵的事物?
	第二单元	换位思考	如何更好地理解他人?
	第三单元	做一个批判性思考者	为什么批判性思维很重要?
	第四单元	发现并做自己热爱的事	是什么让你的心脏保持跳动?
	第五单元	技术:改变的引擎	技术正在如何改变我们的生活?

---

[1] 王蔷,周密,蒋京丽,闫赤兵.基于大观念的英语学科教学设计探析[J].课程·教材·教法,2020,40(11):99-108.

[2] 王蔷,周密,蒋京丽,闫赤兵.基于大观念的英语学科教学设计探析[J].课程·教材·教法,2020,40(11):99-108.

[3] 李松林.以大概念为核心的整合性教学[J].课程·教材·教法,2020,39(10):56-61.

[4] 崔允漷.论大观念及其课程意义[J].上海课程教学研究,2015(02):3-8.

韩国教材中的大观念,既是单元教学目标,又是要学习的内容。

一方面,教材以单元标题的方式清晰展示本单元学生需要内化的大观念,并在引入板块列出理解和表达大观念需要掌握的重点语言点的例句和语言功能,使学生在开始单元学习前就知道要达到的目标。韩国两套教材《英语Ⅰ》《英语Ⅱ》共十个单元,两套教材中的单元标题见表3-19。从该表可见,每个单元的标题都含有明显的价值判断,明示单元的主题意义和价值引领,学生能从中获得足够的信息提示,明确学习本单元后应当树立的大观念。两套教材的单元标题和大问题如表3-19所示。例如,《英语Ⅰ》第二单元"拥抱我们的不同"(Embracing our Difference),其中"拥抱"一词说明本单元旨在传递的大观念是悦纳人与人、国与国、文化与文化之间的差异。通过本单元的学习,学生要能认识到尊重不同的个体、群体和文化的重要性。

另一方面,大观念本身也是要学习的课程内容。教材每个单元的引入板块都呈现一段谚语或一个视频,阐释单元大观念,教材各版块分别围绕大观念的某个方面展开。例如,"拥抱我们的不同"单元引入板块呈现谚语"用你喜欢别人对待你的方式对待他人,因为善有善报,恶有恶报"(Treat others as you want them to treat you, because what goes around comes around.)、"尊重:接受和尊重我们是不同的"(Respect: accept and respect that we are all different.),相关思考题为"尊重他人意味着什么? (What does it mean to respect others?)"这些引入性内容将要学的内容与学生生活经验建立联系,阐释了单元大观念的内涵,有助于学生准确理解大观念。此外,韩国教材单元各板块分别围绕"人与人的不同"的不同方面展开,展示大观念的内涵及其与子观念的概念关系:如性格(听说板块)、个性(阅读板块)(写作板块)、世界各国礼节的差异(文化板块)、制定班级规则(项目化学习板块)。这些内容展示了大观念的基本内涵,即有组织、有结构的概念关系,体现了基于大观念的课程结构化的特点,能促进深度理解[①]。

2. 作为评价对象

教材每个单元的总复习板块都设有自我反思板块,该板块分为两个部分,第一部分要求学生回答单元大问题,教材给出两个回答样例,要求学生给出自己的回答。第二部分要求学生反思自己本单元的学习,回答三个问题:本单元你学到的最有趣的是

---

① 吕立杰.大概念课程设计的内涵与实施[J].教育研究,2020,41(10):53-61.

什么？你认为哪些活动有挑战？为什么？你想改进什么？

综上，大观念是韩国英语教材单元设计的核心，整个单元围绕大观念实现了教、学、评一体化设计。

3. 作为内容的组织线索

大观念是高度整合的、抽象的上位观念，为了使大观念变得可学、便于理解，韩国教材每个单元将大观念转化为"大问题"(big question)，激发学生对大观念进行思考和探究，并在单元引入板块运用可视化结构流程图，直观展示大观念、大问题与单元各版块间的关联，学生在进入单元学习前就能清楚地知道单元结构、各部分的重点及与大观念的关联。图3-1为该教材"拥抱我们的不同"单元导入板块导引图。图的左边为谚语和对"尊重"的解释（文字略），单元大问题是"我们如何互相尊重？"单元各板块分别从不同角度给出回答。单元内容由大问题出发，依次构成一个问题引领的学习循环。

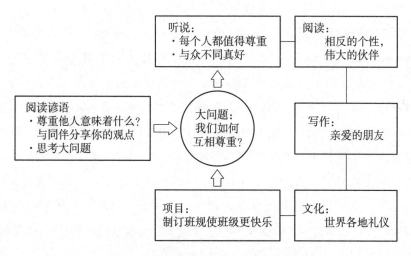

图3-1 "拥抱我们的不同"单元结构图

由上所述，单元每个板块都围绕大问题展开，并从不同角度回答大问题"我们如何为社会作贡献？"大观念、大问题将听说读写、项目化学习贯穿起来，有助于师生明晰单元内语篇之间的相互关联，明确不同语篇所要挖掘的深层意义，避免知识技能学习的碎片化、孤立状，从而帮助学生对大观念形成更加全面和相对完整的认知、价值判断和行为取向。学生在回答大问题的过程中，英语学习由关注语言，到运用语言学习，建构意义。大观念作为内容组织线索，使单元内各部分的内容联系更加紧密，学习的统整性和意义性得到加强。

(二) 本土文化内容突出传承发展、创新本土文化的关键人物和事件

与我国和日本的教材相比，韩国高中教材中的本土文化内容不多，却很有特色，值得关注。首先，非常注重挖掘、展现优秀传统文化得以传承的历程及其相关人物的事迹。例如，介绍规定韩文发音系统的《训民正音》，让学生知道世宗大王(King Sejong)是如何发明韩文的；介绍韩国的传统医学典籍《东医宝鉴》；介绍韩国被日本占领，面临文化殖民和文化破坏时，为传承和发展韩国文化作出贡献的重要人物和事件，如韩国第一个私人博物馆，展现涧松(Kansong)保护和传承国家文化遗产的事迹，以及韩国盲文的发明者朴斗星(Songam)。其次，选择体现韩国发展变化的内容。例如，谈论韩国过去的生活及现在的生活、科技与艺术、韩剧传播、韩国加速老龄化等。另外，涉及对国际上韩国文化的刻板印象，例如，韩国人都爱顿顿吃泡菜、韩国小孩都聪明好教、韩国音乐单一等。

(三) 文化内容的选择与组织力求融通古今、本土与国际

韩国英语教材中，单元的文化内容选择与组织逻辑思路非常清晰，本土文化内容大多以与其他国家文化相互联系的方式呈现，体现出由近及远、融通古今、联通本土与国际的理念。仍以前文所述的第一册第四单元内容为例。由前文所述可知，该单元内容的逻辑线索如下：由谈论自己做志愿者帮助他人、一位高中生发明 APP 让人们的生活更方便，到谈论韩国被日本占领时期韩国盲文的发明者、韩国第一个私人博物馆的创建者的事迹。在谈论传播保护本土文化遗产重要性的基础上，学习联合国教科文组织的世界记忆名录中影响韩国和世界重要事件的书面档案。

(四) 内容的编排遵循清晰的逻辑线索

无论是单元整体设计，还是文化板块内容的设计，韩国教材遵循由微观到宏观或由观念到实践的编排逻辑，体现了对学生文化学习的心理逻辑的关照。

1. 从微观到宏观

从微观到宏观，即学习内容从贴近学生生活的个体视角展开，然后转向宏大的国家、国际视角，体现了由近及远的编写理念。如第一册"建设更美好的世界"单元，先谈论身边同学如何为社会作贡献，然后学习韩国被日本占领时期，两位爱国人士为国家作贡献的故事，最后了解联合国教科文组织世界记忆名录中，韩国和其他国家为世界

作贡献的重要事件。这种编排逻辑引导学生从个体现在、历史、本国社会乃至世界等不同视角观察和思考问题。

《英语Ⅱ》第一单元"生命中珍贵的事物"(Treasure in My Life)也采用了相近的编排方法。该单元首先从对个体来说珍贵的事物(如珍贵的回忆、家庭、朋友等)入手,而后将视角转向对某个国家来说重要的事物(这里指文化符号),如韩国的韩文、韩服、泡菜,俄罗斯套娃、意大利玛格丽特披萨、南非的呼呼塞拉(Vuvuzela)等。另外,总体而言,教材文化板块(Inside Culture)较明显地体现了由微观到宏观、由近及远的编写理念。该板块基本包括四个步骤:第一步从学生视角切入话题,引导学生思考自身文化或认识了解某种文化;第二步阅读或听文化内容;第三步与同伴讨论、评价所读或听的文化内容;第四步检索更多相关文化内容并与同学分享。

2. 从观念到实践

从观念到实践,即先阐释大观念,再引导学生将大观念付诸实践。例如,第一册第二单元体现了这一编排思路。单元引入板块通过谚语阐释了"尊重"的含义,听说板块和阅读板块侧重从正反两方面展示人与人之间的差异,处理差异的不同方式可能带来的结果。单元前半部分这些内容帮助学生形成尊重人际差异的观念。单元后半部分则关注如何正确处理人与人之间的差异,如写作板块任务是写道歉信,旨在消除由差异导致的误会;文化板块介绍了各国不同的礼仪,从根源上避免由于文化差异造成的误会和不愉快。项目式学习板块鼓励学生正确处理同学之间的差异并制定班规,创建更好的班级氛围。

这种编排逻辑使学生在学习本单元后不仅能理解单元大观念,还能用实际行动践行大观念。

(五)注重文化学习的自主探究和学习者的自我融入

1. 创设文化探究的机会和空间,培养自主学习能力

教材为学生开展文化探究提供思考的空间和机会,并提供一定的学习导引工具,具体表现在以下方面:

其一,通过单元大问题,引领探究。从表3-19可以看出,各单元的大问题都是开放性问题,与学生日常的学习、生活密切联系,回答这些问题时学生需要从不同视角思考和讨论,并寻找证据支持自己的观点。

其二,教材每单元引入部分提供单元结构图,展示单元各版块间关联,这种显性的学习引导工具直观地展示单元内容结构与关联,提醒学生聚焦重要信息,帮助学生对内容形成整体认识,并将各板块内容置于整体之中学习。

其三,每个单元除了设有项目学习板块引导学生探究,文化板块也包含了探究部分。教材文化板块分四个部分,导入部分从学生视角切入话题;阅读或听力部分呈现文化内容,对话讨论部分学生与同伴结合自身实际谈论、评价所学文化内容,"检索与分享"让学生在学习和讨论该板块文化内容的基础上,自己查找相关资料开展文化探究,并与同学分享。

其四,从本土文化内容的能力要求可以看出,教材编写者希望学生通过活动体验的方式,而非表层信息感知的方式学习本土文化,比较重视培养对本土文化的理解和基本情况的介绍。

其五,该套教材多个板块都有"学习监控"板块,引导学生结合具体板块的学习目标监控和评价自己的学习,评价既指向单元学习结果,也指向学习过程,有利于培养学生的学习能力。

2. 教材元话语吸引学习者自我融入

与一般的交际文本一样,教材中的话语包括基本话语和元话语(metadiscourse 或 meta-text)两个层面[1],前者是关于话题的命题信息,后者是"关于话语的话语"[2],即作者用于组织命题信息、表明自己对信息的态度、协调与读者之间关系,以便使读者更容易而有效地理解信息的语篇元素。基本话语实现语言的概念功能,元话语实现语言的人际功能和语篇功能。研究表明,教材等教育类语篇的元话语影响读者的阅读理解程度、写作质量、运用水平等[3]。因此,从学生视角设计元话语能拉近学生与学习内容之间的距离,吸引学生融入学习中。除了语言符号,教材还可以使用视觉元话语,如版

---

[1] Crismore, A. The Rhetoric of Textbooks: Metadiscourse [J]. Journal of Curriculum Studies, 1984(3):279-296.

[2] Vande, K. W. J. Some Exploratory Discourse on Metadiscourse [J]. College Composition and Communication, 1985(36):82-93.

[3] Glava, A. E. Metadiscourse Markers. In Science Schoolbooks As Facilitators For Metacognitive Regulation Of Learning [C]//Multidimensional Education and Professional Development: Ethical Values. European Proceedings of Social and Behavioural Sciences, 2019(27):249-256.

面设计、图例、颜色搭配、外部框架等实现元语言功能①。

韩国教材单元标题和大问题中多处用"你""我们"等直接的互动表述,让读者感受到要学习的内容是与自己相关的,体现自我与他者之间的平等与包容性。通过这种互动式元话语,教材编写者以亲切有爱的专家形象与学习者互动,向其传递对其独特性和需求的关照,从而激发其参与学习的意愿。这些元话语对于读者的参与感以及情意需求的满足都有正面影响。

四、对我国英语教材本土文化内容编写的启示

(一) 加强目标的整体性和内容的一体化,引导学生明确学习预期

聚焦学生核心素养的发展是当前课程教学改革的基本导向,核心素养是知识、技能、能力和品格等具体素养成分交互整合而成的有机整体,而非它们的简单叠加,促进核心素养的发展必然要求一种更具整合性的教学样态。大观念的多重课程意义及广泛的迁移力使其对学生的学习与发展都具有整合作用。韩国教材以大观念统领单元内容,便于学生明确单元文化学习目标,开展整合性学习。这方面的启示可以从两方面思考:

1. 外显单元的大观念

学生准确理解学习目标,目标才能发挥其学习引导作用。外显大观念,就是对大概念进行表征和描述②。单元大观念实质上是学生学习完本单元后的预期结果,即单元教学目标。如前所述,大观念有多种表现形式,可以是概念(如函数、量子论)、主题(如"正义总是能战胜邪恶")、有争议的结论或观点(如"保守派与自由派")、反论(如"自由必须有节制")、理论(如"经过自然选择的进化论")、基本假设(如"文本是有意义的")、反复出现的问题(如"这是否公平")、理解或原则(如"相关性并不能确保因果

---

① Kumpf, E. P. Visual Metadiscourse: Designing the Considerate Text [J]. Technical Communication Quarterly, 2000, 9(4):401-424.
② 郭宝仙.以学习者为中心的英语教材:特征、表现与启示[J].课程·教材·教法,2022,42(9):136-144.

性")①,韩国教材单元标题大多采用短语或句子的形式,单元各板块分别围绕子观念展开,学生能清楚地从中把握单元的价值取向,在学习过程中自主建构意义。

我国教材单元标题较多采用词的形式,如"旅行""音乐""地方""互联网"等,这类标题的解读有很大的开放性,有利于发挥师生的创造性,但不同地区师生状况差异较大,这也容易导致理解偏颇。因此,可修改单元标题的表述方式,展示概念与概念间的关系,或统筹设计单元标题与导入板块的名人名言、引导性问题等,以便为学生领会大观念提供信息,同时又留有一定的探索空间。教师也可以设计相应的活动,弥补教材的不足。

2. 利用可视化工具,在大观念与单元各语篇间建立显性关联

受语言环境的制约,英语作为外语的教学尤其容易关注语言知识和技能,导致英语学习"散""低""浅"的问题②,即学习内容庞杂、零散,关注琐碎的知识点,对学习内容的理解程度低,理解浅表化。新课标要求教材编写要以主题为引领,以活动为重点,整体设计教材学习单元,这有助于改变以课时为单位的碎片化教学,提升教师单元整体教学能力。但是在教学实践中,由于缺乏学科大观念的支撑,教师仍然较多关注课时层面,加之教师专业素养参差不齐,出现了只注重单元局部,缺乏对单元整体的关照,陷入"只见树木不见森林"或"只见森林不见树木"的怪圈,背离了单元整体教学的初衷③。其实,教材中大观念不够明晰、单元内各语篇间显性关联度不高也是导致上述现象的重要原因。对此,教材可以借鉴韩国教材的做法,设计可视化工具,统整单元整体结构、展示各版块内在意义和关联。

语言学习过程中,学生要不断经历具体—抽象—具体的循环过程,其中涉及归纳和演绎两种思维方式。因此,教材可以采用演绎式教学和归纳式教学两种路径建构学生认知,促进两种思维的协同。韩国教材在单元学习前通过呈现大观念—大问题—子观念,提出单元总目标和具体目标,采用"问题—回答"式的单元编排结构,清晰地展示了单元各板块与大观念间的关联,这种演绎式教学路径逐步培养学生自主建构大观念的能力。我国已有教材在迁移运用活动前,引导学生围绕主题总结所学各语篇要点,

---

① [美]威金斯,麦克泰格.追求理解的教学设计[M].闫寒冰,宋雪莲,赖平,译.上海:华东师范大学出版社,2017:77.
② 李松林.以大概念为核心的整合性教学[J].课程·教材·教法,2020,40(10):56-61.
③ 崔超.大概念视角下英语单元教学的重构[J].教学与管理,2020(04):42-45.

体现了归纳式教学路径。教材可根据学习内容和学生情况灵活设计不同路径,为学生提供清晰的学习框架,引导其将知识结构化,如可采用单元结构图、语篇关系图、内容概要等,教师也可以设计相关活动,帮助学生统整意义。

(二)注重选择传承发展、创新本土文化的关键人物和事件

教材中的文化内容为学生构建了一个世界图景,潜移默化学生用英语介绍和传播本土文化的自觉性和能力。"只有当一个民族中的大多数文化持有者具有文化自觉意识,以保护与传承民族文化为己任,才有望真正探索到民族文化保护与传承的有效途径。"[①]韩国教材中突出了保护和传承本土文化的重要人物,强调他们及其保护的珍贵遗产在韩国历史上的重要意义,这点非常值得借鉴。我国历史悠久,优秀传统文化丰富多彩,在有限的学习时间内,需要选择典型性和代表性的文化内容,这就要求我们不仅重视有形的、物化的文化,更要重视培养学生保护和传承传播本土文化的意识与自觉性,教材中选择文化内容时优先考虑那些对中华文化传承与保护起重要作用的人物、产物和事件。例如,汉字、非常时期(如抗日战争时期)保护珍贵文物的重要人物、当今传播中华文化的重要人物和事件等。

(三)关注培养有效的文化学习者

文化与语言学习涉及文化情境、先前经验、其他起作用的因素之间的动态关系。因此,它是一个动态、发展、不断进行的过程,其中学习者自身尤为重要。每个人都是文化的一部分,不管我们是否意识到,我们所属的文化都会影响我们的思维、与人互动和知识代际传递的方式。鉴于此,有学者将"学习作为文化存在的自我"作为外语文化学习的首要目标[②]。如前所述,韩国教材文化板块渗透文化学习策略,设置开放性文化探究活动,为学生的文化探究搭建支架,引导学生成为有效的文化学习者,这非常值得借鉴。

---

① 和少英.民族文化保护与传承的"本体论"问题[J].云南民族大学学报(哲学社会科学版),2009(02):17-24.

② Paige, R. M., Jorstad, H. L., Siaya, L., et al. Culture Learning in Language Education: A Review of the Literature[M]//Culture As the Core Perspectives on Culture in Second Language Learning. Charlotte: Information Age Publishing, 2003:173.

根据我国《高中新课标》，英语课程的性质是基础文化课程①，英语教育既是语言教育，也是文化教育。英语教育中开展文化教育，就不仅是让学生知道文化信息，记忆文化知识，还包括学习语言使用的社会规约，以及高层次的学习结果，比如跨文化能力，学会如何学习文化，帮助学习者成为有效的文化学习者。在我国的外语教育实践中，教师相对比较重视培养学生的语言学习策略，培养文化学习策略的意识还不强。教材中渗透文化学习策略，为学生开展文化学习搭建支架，对于培养学生文化探究的意识和学习策略有积极意义。

（四）完善元话语和编排逻辑，调动学生文化学习的自我融入和深度学习

有意义的学习须经历"选择""组织"及"统整"三个关键的信息转化和认知历程。学习者通过选择性注意将信息纳入工作记忆中，分析文本信息，在概念之间建立联结，获得理解，将信息统整到已有知识结构中，形成高层次理解②。教材作为特殊的文本，要使学生进入这一学习过程，首先要进入学生的选择性注意，有效使用元话语有助于学生与教材视域融合。从这方面看，我们可获得如下启示：

第一，加强元话语的读者意识，提升教材的亲和力。

教材解码和传递知识的过程，也是认知情感的传递过程，教材中知识话语的沟通形态在很大程度上影响并限定了学习者对知识的情感认可度和价值判断③。教材的前言、引入板块、指令语等要体现明确的学生读者意识，避免使用脱离学生语言和认知水平、过于专业化的术语及脱离学生所处物理和社会语境的学术化表述，使知识具有对话性、参与性和情感性，即对学习者而言具有亲和力。

第二，编排逻辑清晰化，促进学习者的思维发展。

清晰的编排逻辑可使学习者对后续学习有所预期，帮助其掌握有关方法④。韩国教材中文化内容由微观到宏观、由认识到实践的编排逻辑，有利于文化学习过程中学

---

① 中华人民共和国教育部.普通高中英语课程标准（2017年版2020年修订）[S].北京：人民教育出版社，2020：1.
② 唐淑华.培养阅读素养，何必远求？从设计一本"以学生为主体"的中学课本开始[J].教科书研究，2017(02)：1-31.
③ 闻人行，庞继贤.知识亲和力的教学话语建构[J].浙江大学学报（人文社会科学版），2012，42(06)：186-194.
④ Dreher, M.J., Singer, H. Friendly Texts and Text-friendly Teachers [J]. Theory into Practice, 1998,28(2):98-104.

生的自我融入和文化观念的建构。教材文化内容从微观到宏观、由认识到实践选择和编排文化内容,自然地将学生自我带入到文化学习情境中,从自己、身边的人和事过渡到历史和国际上的文化现象、文化事实,有助于学生调动其认知、行为与情感参与其中,结合文化内容开展反省性观察,在文化间建立联系,同时理解文化是如何塑造他们的①,从而建构自己的文化观念,培养文化意识,将文化内容内化于心,外化于行。

第四节 日本英语教材里的本土文化内容及其启示

一、背景

(一) 英语教育的社会文化背景

日本是我国的近邻,国土狭小,自然资源匮乏,培养生存能力是国家发展战略,也是各学科教育的基本理念②,日本于 19 世纪 90 年代走向现代化,外语教育体制在初高中正式确立,英语成为主要外语,提高国民的英语能力被视为"与西方强国分霸世界"的必要手段③。20 世纪初,受日本民族主义思潮高涨的影响,国民对英语学习持负面甚至敌对态度。二战后日本被美国接管,经济复苏和社会发展对英语人才的需求逐步增长,对英语教育的关注度逐步提高。

在与世界其他国家交往的过程中,日本政府越来越认识到英语的实用性至关重要,20 世纪 90 年代将培养公民的英语能力视为日本经济发展的重要策略④,学习和理解发达的西方文化和科学技术成为日本实现国家现代化的重要步骤,而英语被视为引

---

① Frank, J. Raising Cultural Awareness in the English Language Classroom [J]. English Teaching Forum, 2013,51(4):2-11.
② 束定芳,朱彦等.基础教育阶段英语课程标准国别研究报告[M].上海:上海外语教育出版社,2018:94.
③ Kubota, R. Ideologies of English in Japan [J]. World Englishes, 1998,17(3),295-306.
④ Kin, K. W. Mind Your Language [N]. Straights Time(Singapore), 1999-09-02,22.

入先进文明最重要的语言①。进入 21 世纪以后,英语在全球经济、科技一体化进程中作用日益凸显,为了提高日本 21 世纪的竞争力和生存能力,日本文部省颁布了一系列政策文件,强调英语的经济作用,如《培养能使用英语的日本人的战略构想》(2002 年 7 月颁布)、《培养能使用英语的日本人的行动计划》(2003 年 3 月颁布)、《应对全球化的英语教育改革实施计划》(2013 年 12 月颁布),明确了日本未来英语改革的目标和方向,2014 年 2 月举办"有识者会议",推进英语教育。

(二) 英语课程改革基本情况

日本的英语教育目标发展有一些基本特点,绫部保志②将二战以来日本英语教育目标的发展分为三个阶段(见表 3-20),从中我们可以看出日本英语教育发展的以下特点:(1)强调听说能力培养。(2)突出学习活动。(3)重视跨文化理解。英语学习中涉及的国家由英语国家(主要为英美两国)扩展为其他国家,再到现在的"国际社会"(日本和他国),即英语教育中的文化逐渐由英语国家的文化,扩展至本土文化和其他文化。有学者指出,如何在国际化和本土化之间取得平衡,在充分运用英语促进国际化发展的同时保护日本本土的民族文化,是日本教育界十分重视的一个问题,这种平衡内外文化的思想被日本教育界视为基本的教育国策③。上述特点在日本新一轮课程改革中得到延续和加强。

表 3-20　日本英语教育目标的发展过程④

学习要领	学习细则	第一阶段	第二阶段	第三阶段
学习能力	四个能力	听说读写	表现力,理解力	听说
	内容	语言材料	语言活动 语言材料	语言活动

---

① 李雯雯,刘海涛. 近年来日本英语教育的发展及政策变革[J]. 外国语,2011,34(01):84-89.
② [日]绫部保志. 中学校学習指導要領における英語教育観の変遷:目標を中心に　異文化コミュニケーション論集 3. 京都:立教大学,2005:79.
③ 邹为诚. 基础教育英语教材国际比较研究[M]. 广西:广西教育出版社,2020:65.
④ [日]绫部保志. 中学校学習指導要領における英語教育観の変遷:目標を中心に　異文化コミュニケーション論集 3,京都:立教大学,2005:79.

续 表

学习要领	学习细则	第一阶段	第二阶段	第三阶段
素养方面	学习内容	日常生活	日常生活 风俗习惯 思维方式	语言文化
	学习范围	英语国（英美）	外国	国际社会 （日本和他国）
学生方面	学习程度	文化的理解	文化的理解 对语言的兴趣	文化的理解 对语言的兴趣 积极的态度

  日本文部省颁布的《学习指导要领》是从幼儿园到高中所有教育课程都必须遵循的基准，大约每十年修订一次。继 1998 年、2008 年修订指导要领后，2017 年、2018 年分别发布了新版《小学初中学习指导要领》和《高中学习指导要领》。新修订的《学习指导要领》将原来的"听""说""读""写"四项基本技能具体细化为"听""读""说（交际）""说（表达）"和"写"五大领域，小学的"外语活动"由原先的五、六年级提前至三、四年级，以"听""说（交际）""说（表达）"为主，每年 35 学时（每周 1 学时）；五、六年级开设作为正式课程的"外语"，加入"读"和"写"，年均 70 学时。初中的"外语"课程在内容上侧重与小学和高中英语课程的衔接，重视用英语表达的对话性语言活动，也相应地增加了对单词、语法等的学习，并且规定"用英语授课"。高中英语课程分为"英语交际（Ⅰ，Ⅱ，Ⅲ）""论理·表现（Ⅰ，Ⅱ）"两大科目，前者以培育"听""说""读""写"综合技能为目标，力求提升英语信息接收、表达、传递的资质与能力；后者通过演讲、讨论、协商等语言活动强化信息传递、思想交流等资质与能力①。综上，新版的《学习指导要领》进一步强调了口语交际能力和本土文化在跨文化学习中的重要性。

  日本《高中学习指导要领》（2018 年版）的外语篇中明确指出了要让学生理解日本和外国的语言和文化，了解日本和外国的生活、习惯、活动等的不同，注意到各种各样

---

① 王璐，李晨阳. 日本新版《学习指导要领》中的语言教育新要求[M]//国家语言文字工作委员会. 世界语言生活状况报告（2020）. 北京：商务印书馆，2020：9-15.

的想法,体验和不同文化的人交流,加深对文化等的理解①。《小学学习指导要领》则要求,外语活动课要选择有助于提高学生对日本文化和目的语文化的兴趣,加深对本国文化和外国文化理解的题材。

日本的英语教材采用审核制,只有符合官方规定的标准,经过审定的教材才可发行使用,中小学教材全部由文部科学省负责审核。本研究选择日本三省堂出版社(SanSeiDo)编写的《皇冠英语》"英语交际(Ⅰ,Ⅱ,Ⅲ)"为研究对象。该套教材每册都有十课,每课都包括一篇课文和相应的理解、评价与表达练习、语法和相关练习以及与主课文同一主题的选择性阅读。另外,第一册和第二册都在末尾安排一课选学课,分别在第5课和第10课后安排一篇阅读课文及相应练习。第三册在末尾设有2篇故事,且将十课分为三部分,每部分篇幅依次加长,每个部分末尾设有1篇课文,培养学生阅读网上语篇的技能。从教材目录看,三册书有不同侧重,第一、二册在每课主课文下标注了所属话题领域,而第三册则在此基础上增加了每篇课文的体裁,包括说明文、议论文和新闻故事。

例如,第一册中的话题包括:语言、(日本)文化;自然科学、生活方式;传统文化、共生、音乐、生活方式;社会贡献、生活方式;环境、共生;建筑、志愿者;和平、历史;科学技术、人类理解;艺术、生活。

二、日本英语教材中本土文化基本情况

(一) 本土文化所占比重

表3-21 本土文化所占比重

地域文化	数量(个)	比重(%)
本土文化	54	40%
目标语文化	51	37.8%

---

① 日本文部科学省.高等学校学习指导要领(平成30年告示)解说 外国语编 英语编[EB/OL].[2024-02-02]. https://www.mext.go.jp/content/1407073_09_1_2.pdf.

续表

地域文化	数量（个）	比重（%）
国际文化	30	22.2%
总	135	100%

在该套教材三册书的三十个单元中，我们统计所有语篇、词句、图片、音频等材料，得到135条文化信息，按地域文化划分，本土文化占54条，目的语文化占51条，国际文化占30条。本土文化和目标语文化的数量接近，所占比重较高（分别为40%和37.8%），同时国际文化比重（22.2%）也不低。

（二）本土文化信息的类型

统计发现（见表3-22），该套教材中的本土文化信息大多集中于文化产物（44.2%），其次为文化人物（30.8%）和文化实践（19.2%），文化观念和文化社群所占比重都较少，均为3.8%。教材中的文化产物和文化人物都是比较具体、鲜活的文化内容。

表3-22 本土文化的类型

类型	数量（个）	比重（%）
文化产物	22	42.3%
文化实践	10	19.2%
文化观念	2	3.8%
文化人物	16	30.8%
文化社群	2	3.8%
总	52	100%

（三）本土文化的语言能力要求

表3-23呈现了该套英语教材中本土文化内容能力的要求情况，从中可以看到，本土文化内容的语言能力要求大多集中于知道（46.2%）和反应（25%），相对而言，要求理解和描述的内容所占比重不高（各占11.5%），涉及阐释能力的比重最低，只有5.8%。

表3-23 本土文化内容的能力要求

技能	数量(个)	比重(%)
知道	24	46.2%
理解	6	11.5%
描述	6	11.5%
阐释	3	5.8%
反应	13	25%
总	52	100%

(四) 本土文化内容的呈现方式

文化联系与比较是英语教学中文化学习的重要途径,该教材中文化内容的呈现方式见表3-24。从表中可以看出,教材中76.9%的本土文化内容为单独呈现,23.1%的内容为与其他国家文化共现;文化共现中呈现差异点的内容占33.3%,呈现共同点的占41.7%,两方面都呈现的占25%。

表3-24 本土文化信息呈现方式

呈现方式	数量(个)	比重(%)
独现	40	76.9%
共现	12	23.1%
总	52	100%

表3-25 文化信息共现方式

呈现方式	共现数量(个)	比重(%)
共同点	5	41.7%
差异点	4	33.3%
异同点	3	25%
总	12	100%

(五) 本土文化信息的呈现形式

英语教材中的本土文化可以采用多种形式呈现,如图片、文字、音频或几者的整合,如图文结合、图片+音频、文字+音频、图片+文字+音频等。由表 3-26 可以看出,日本的英语教材中,本土文化以图文结合的形式呈现的比重最高,占 57.7%,其次为文字、文字+图片+音频的呈现形式(分别占 19.2% 和 11.5%),但是没有文字+音频、音频+图片的呈现形式。

表 3-26 本土文化呈现形式

呈现形式	数量(个)	比重(%)
文字	10	19.2%
图片	2	3.8%
音频	4	7.7%
图文结合	30	57.7%
文字+音频	0	0
音频+图片	0	0
文字+图片+音频	6	11.5%
总	52	100%

(六) 本土文化学习活动

本土文化学习活动分为输入型、输出型及两者兼顾型。输入型活动指听力、阅读、看视频等涉及锻炼学习者语言理解能力的活动;输出型活动指口语、写作等涉及学习者锻炼语言表达能力的活动。从表 3-27 可见,该教材中有过半的本土文化信息(65.4%)只涉及输入型活动,同时包含输入型和输出型活动的本土文化内容占 26.9%,只涉及输出型活动的本土文化内容占 7.7%。

表 3-27 本土文化学习活动

练习	数量(个)	比重(%)
输入型	34	65.4%
输出型	4	7.7%
输入型、输出型	14	26.9%
总	52	100%

(七) 本土文化内容的态度

依据马丁的态度理论,同时参考现有分析教材隐含态度的相关研究,本研究将教材文化内容中隐含的态度分为情感(affect)、评判(judgement)和鉴赏(evaluation)三个子系统。从表 3-28 可见,该套日本教材中有近半数的本土文化信息(48.1%)不包含编者态度,在隐含编者态度的本土文化信息中,鉴赏系统占了 38.5%,评判系统占了 3.9%,情感系统占了 1.9%,还有 1.9%的本土文化信息包含了两个态度子系统。

表 3-28 对本土文化内容的态度

态度	数量(个)	比重(%)	备注
情感	1	1.9%	1 条否定机器人
评判	2	3.8%	1 条否定二战日军行为
鉴赏	20	38.5%	1 条否定男孩脸色
两种	1	1.9%	
无	28	53.8%	共现 2 个
总	52		

三、日本英语教材中本土文化内容的特点

(一) 注重本土文化输入和思维能力、反应能力培养

如前所述,从文化的国别来源看,日本教材中本土文化占比最多,其次为目的语国

家文化,说明日本的英语教学非常强调本土文化的传承和传播。同时,教材的本土文化练习中,输入型练习最多,其次为输入输出型练习,这说明本土文化不是停留于静态信息,而是引导学生积极开展文化学习活动。在本土文化的练习中,非常注重思维能力和反应能力的培养,通过这些活动促进学生理解和内化文化内容,形成自己的认识和观念,开展本土文化的表达。

这主要表现在教材每个单元都针对主语篇设置"Food for Thought""Your Reaction"两个板块,前者是针对语篇内容提出问题让学生回答,后者让学生对阅读语篇中事件、人物的行为、观点展开"Agree or Disagree"的讨论,引导学习者深入思考和提炼信息背后的观点,形成自己的态度。这两部分让学生回答或讨论的问题大多为开放性的,比较尖锐且具有争议性、批判性,这样的安排使得学习者既可以通过语篇阅读和解析培养"理解""描述"等基础能力,还可以在此基础上通过讨论任务发展"阐释""反应"等高阶语言能力和思维能力。

例如,第二册第八单元介绍广濑茂男教授研制仿生机器人帮助阿富汗排雷,减少人工排雷带来的人员伤亡的故事。文中提到广濑茂男给阿富汗人解释机器人能给他们带来的帮助后,阿富汗人并不认为机器人可以在他们国家发挥作用,除了费用、技术原因,他们担心机器人会让他们失去排雷的工作。针对该语篇,"Food for Thought"部分的问题是,"你认为阿富汗人会接受广濑茂男的建议吗?你觉得为什么能接受?如果不能接受,你认为应该怎么办","Your Reaction"部分指出"未爆炸的地雷和炸弹在一些国家是大问题。我认为我们在日本不需要为此担心",要求学生听对话后进行小组讨论,并用写作的方式总结自己的观点。可以看出,教材不是直接告知学生事件的结果,而是给学生呈现一个真实的国际交往中的事件,既让学生了解了本土文化人物的杰出成就及其能为其他国家解决难题提供的帮助,培养学生对于本土文化的自豪感,又能培养其思辨能力、逻辑能力、创新能力等。

(二) 本土文化多以文字或图文结合的方式独现,与其他文化共现时侧重共同点

日本教材涉及的本土文化内容中,文化产物最多,其次为文化人物,本土文化内容大多采用文字或图文结合的形式单独呈现,其中关于本土文化人物的内容大多以课文的形式呈现。这种方式可以保证更充足的篇幅详尽地展开相关内容,凸显英语学习中本土文化学习的重要性和特殊性。而本土文化与其他国家文化共现时侧重文化间的相同点。

例如，第一册第十单元将日本漫画与《蝙蝠侠》放在一起讨论，强调的是漫画生动形象的共性；第二册第三单元音频中提到的青森县稻田画作与语篇中其他的OOPARTS，都突出自然杰作的神奇之处这一特点；第二册第七单元新干线列车降噪设计与南非东门中心等设计共同呈现仿生学的应用。立足于共同主题，呈现与其他文化的共同点可以增强学习者对其他文化的共情，感悟多元文化的共性，以更开放包容的态度去认识和学习其他文化与本土文化的差异之处[①]。

（三）侧重从文化人物这一微观视角，展示本土文化

日本教材一个非常明显的特点就是通过一个一个鲜活的人物来展示日本社会风貌和人们的生活状况，体现本土文化精神和国际贡献。具体说来有几方面的特点：

1. 文化人物背景广泛

日本教材中的文化人物来自各行各业，其中有些可能是日本家喻户晓或国际知名的，有的可能是学习者不太熟悉的人物。前者如将棋手羽生善治、网球名将锦织圭、诺贝尔生理学/医学奖得主山中伸弥、日本现代机器人之父人形机器人石黑浩、著名建筑师坂茂、盲人钢琴家辻井伸行、无国界医生关东久子、语言学家角天太作、仿生机器人专家广濑茂男、装置艺术家西野达郎，后者如乘独木舟环球航行的内野加奈子、骑自行车环球旅行的平田织佐，等等。通过这些人物，教材展示了日本各行各业的发展状况以及取得的成绩。这些人物有较强的代表性，全面展示了日本社会的发展成就和对国际社会的贡献。

2. 有关人物介绍视角多样，富有时代气息

教材大多通过这些人物来引出单元主旨，并且通过每单元的主阅读语篇介绍这些人物，这样可以对文化人物所承载的文化内容进行充分而深入的展示。关于这些人物的语篇，有的侧重介绍人物较为完整的成长/奋斗历程、影响因素等，如盲人钢琴家辻井伸行；有的侧重从某领域最新发展或面临的国际问题展开，如第二册第二课的主课文介绍羽生善治，选择性阅读的标题为"计算机与将棋手对决"，介绍日本知名将棋手与计算机对决的情况，让学生了解当前人工智能的发展情况。

通过对每位人物经历的描述，教材不仅生动、细致地传递了这些人物成长发展或相关经历中值得学生学习的经验、个性品质和文化观念，而且以通俗易懂的方式向学

---

① 郑珊珊. 中日高中英语教材中本土文化内容比较研究[D]. 上海：华东师范大学，2021.

生展示了相关专业领域的最新发展,既向学生进行了国情教育,又为学生树立了人生榜样,潜移默化地实现英语学科的育人功能。

(四) 通过人物的跨文化活动展示日本对国际社会的贡献

日本教材中对文化人物的介绍大多从国际视野和跨文化视角展开,通过这些人物的微观视角展示日本在应对人类危机和国际合作中的贡献。对这些人物呈现的视角有以下几种:

1. 偏重个人视角

例如,乘独木舟环球航行的内野加奈子、骑自行车环球旅行的平田织佐。这种视角侧重呈现文化人物个体的经历和内心体验。

2. 文化人物"走出去"视角

教材中的文化人物中有多位是通过参与非政府组织、做志愿者等方式参与并应对国际问题与挑战的,如关东久子是日本第一个加入无国界医生组织的志愿者;濑谷留美子参与联合国武装解除工程;在讲述阿富汗面临的排雷问题时,引出广濑茂男教授研制的仿生机器人所作的贡献;介绍澳大利亚北昆士兰一种土著语言即将消失时,引入语言学家角天太作为复兴该语言所作的贡献。教材通过上述几个人物微观的视角,让读者了解到了国际社会所面临的问题,以及本国在国际大舞台上所作的贡献。与宏大叙事相比,这种叙事方式符合学生的认知特点,容易达成教材的教学目标。

3. 文化人物在国内参与国际合作

除了文化人物"走出去"的视角,教材中还向读者呈现了在本国内的国际合作,比较典型的是本国人物参与日本食物银行的活动。日本食物银行是一位美国人在日本成立的非营利组织,教材呈现了该组织的几位志愿者参与这一组织的认识、态度和收获。

可见,教材通过具体的文化人物,从不同跨文化视角向学生展示了一个爱好和平、乐于助人和保护人类语言文化多样性的国家形象。

(五) 大多采用第一、第三人称结合、主客观视角相结合的口吻和视角呈现文化人物和社群

大多数关于文化人物和社群的单元采用第一人称和第三人称相结合的呈现方式,其中一篇课文以第一人称叙述(以人物访谈、自述等形式呈现),另一篇采用第三人称,这很自然地将读者置于对话者的角色,拉近教材内容与学习者之间的距离。

例如,第一册第四单元介绍盲人钢琴家辻井伸行,主阅读语篇以第三人称介绍他的经历,选择性阅读语篇以第一人称讲述父亲对其成长的影响。主阅读语篇让读者了解了主人翁的基本情况,而自述的语篇让学生看到一个更加丰富鲜活的盲人钢琴家,体会其成长、成名的不易。同样,第三册第六单元主阅读语篇以第三人称的口吻介绍武装解除专家濑谷留美子的经历,选择性阅读语篇则是她的自述,讲述她在高中毕业时如何对自己未来的职业感到迷茫,后来又是如何成为武装解除专家的,告诉高中生"你们有很多的选择和无限潜力,你们是自己人生的设计者"。在第一册第五单元呈现"参与日本食物银行(2HJ)的志愿者"这一文化社群时,语篇的每一段落分别展示一位志愿者对参与这一组织的认识、态度和收获,没有穿插教材编写者的总结和转述。

值得注意的是,该套教材对目的语国家文化人物的呈现有的也采用第一人称和第三人称相结合的方式。例如,第一册第六单元主课文为对生物学家珍·古道尔(Jane Goodall)的介绍,采用第三人称口吻,补充阅读是珍·古道尔给高中生的寄语,采用的是第一人称,讲述者直接与高中生对话,"我送给你们的话跟我妈妈对我说的一样——不要因为何人的嘲笑而丢掉自己的梦想,但是记住,你必须努力,寻找机会,从不放弃"。

三、日本教材本土文化内容的启示

(一)加强本土文化人物和群体内容,展示本土文化的成就与观念

文化产物、文化实践、文化人物、文化社群、文化观念,这些不同类型的文化是相互联系的,如文化人物、社群一定程度上承载着本土文化实践和本土文化观念。不同类型的文化又有其独特价值和作用,对文化教学来说都同样重要。教材编写者应尽可能选择多种类型的本土文化内容,不过分偏重本土文化产物或实践,适当增加本土文化人物、社群和观念的内容,可以使本土文化内容更丰富多样。

日本教材选择各行各业代表性人物,从个体微观视角呈现本土文化,重点不在于人物的身份、地位,而是通过描述这些具体人物的成长和工作经历,让学习者自然地从中体会个人成长的心路历程和其中蕴含的本国人民的价值观念、文化实践活动以及各行各业的发展情况,这种方式使得文化内容具体、鲜活、生动,更容易让学生学会做人做事,成长为有文明素养和社会责任感的人。

对于我国英语教师来说,日本教材这个特点的启示是,针对教材中的中华文化内

容,特别是比较抽象、笼统的内容,可以补充一些相关人物视角的材料,加深学生对该内容的理解。

(二) 加强重要文化社群的内容,展示我国对国际社会的贡献

不管教材编写者是否意识到,英语教材都为学生描述了一个世界图景,塑造自己国家形象,日本教材内容试图给读者塑造一个热爱和平、为解决人类面临的关键问题作出贡献的国家和人民的形象。随着我国国力提升,我国在国际组织和应对国际问题中发挥越来越重要的作用,如参与国际维和、帮助发展中国家等,其中涌现出一些可歌可泣的人物,选择这些内容有助于展示我国在构建人类命运共同体过程中所作的贡献,展示我国负责任的大国形象,也有利于学习者更加全面地认识文化社群的概念:共同的实践行为也可以形成群体,进而认识到"我们不同的身份会使我们属于不同的社会群体"①,增强学生对不同社会群体差异的包容性,从而以开放包容的心态走出去,与其他文化社群交流。教师可以针对学生情况,结合教材文化主题,补充相关文化素材。

(三) 围绕本土文化内容设计思辨与反应方面的活动,实现语言—文化—思维的融合

高质量的跨文化传播依赖于传播者本身拥有独立思考和认知文化的能力,以及创新创造新文化的能力。在英语学习过程中,如果本土文化学习仅有信息的输入,而缺乏深入理解,就难以形成深刻的认识;如果只有输入活动,就会变成哑巴英语的学习,难以实现本土文化的传播交流。这就需要针对文化内容设计文化比较、分析、阐释和反应类活动。教材编写者可以在保证知道、理解、描述、阐释等能力要求的情况下,适当增加"反应"能力要求,为学习者锻炼评价、创新本土文化创造机会。在本土文化内容呈现形式方面,可以根据具体的本土文化内容和能力要求灵活地选择和组合不同的呈现形式,在有限空间内,力求为每一位学习者提供合适的本土文化内容学习材料,充分发挥多模态呈现形式对实现本土文化教学目标的作用。

(四) 改善文化内容的叙述口吻,提高学生对文化内容的参与感

如前所述,与日常交际一样,教材除了传递信息、表达思想外,也要实现其人际功

---

① Moran, P.R. Teaching Culture: Perspectives in Practice [M]. Beijing: Foreign Language Teaching and Research Press, 2009.

能。韩礼德(Halliday)和迪克(Dik)认为①,语篇人际意义分析模式包括互动和态度两个语义成分,前者指语篇中涉及说话人与听众互动的词语;后者指的是语篇中涉及情感、批评和评价的词语。互动主要靠语气来实现,态度主要靠情态和评价性手段来实现。韩礼德的分析模式是针对小句的基础分析,但人际意义需要建立在语篇的层面上②。借鉴汤普森(Thompson)③对互动的划分,教材中的互动表现在两方面:宏观层面,教材编写者遵循中小学英语教材的体裁特点,利用各种表达手段丰富的教材内容,引导读者接受信息,投入学科知识的建构;微观层面,编写者利用各种表达手段丰富语篇内容,引导读者接受信息。

日本教材中互动的重要手段是通过不同叙述口吻,实现语篇功能和人际功能。第三人称口吻使得叙述内容显得更为客观,通过这种方式展示本土文化人物及其所从事领域的情况;而第一人称口吻展示讲述者的心路历程和内心感受,显得更为真实、亲切和生动,而讲述者邀请读者加入讨论,将学生与自身置于同一时间平台上,可以提高所述内容与读者的相关性,让学生自然而然地参与文化观察和体验,从而与叙述者产生共情,实现育人的价值。

对于我国的英语教师而言,可以设计重述课文内容的活动,让学生体会不同口吻对意义传递产生的影响,加深对文化内容的理解与体验。

(五) 从语篇的教育功能入手选择和呈现语篇

如何平衡工具性与人文性一直是英语教学面临的重要课题,偏重工具性,有助于培养实际运用英语的能力,但容易忽视学生情感态度价值观的培养。日本教材非常重视语篇的育人功能,教材中涉及英语国家文化的单元不多,即使是目的语文化内容的呈现也强调培养文化遗产的传承与保护意识。例如,关于语言和民族话题的单元"Saving Cherokee"(第二册第五单元),该单元主课文介绍北美印第安人的一个民族Cherokee族抵抗美国政府的移民政策,遭遇惨重伤亡后被迫迁徙,其语言面临消失的

---

① Dik, S.C., Hengeveld, P.C. The Theory of Functional Grammar, Part Z. Complex and Derived Constructions [M]. New York: Mouton de Gruyter, 1997:425-426.

② 李战子.语言的人际元功能新探——自传话语的人际意义研究[M].北京:军事谊文出版社,2000.

③ Thompson, G. Interaction in Academic Writing: Learning to Argue with the Reader [J]. Applied Linguistics, 2001, 22(1):58-78.

风险，以此说明保护语言多样性的意义和途径；选择性阅读介绍的是澳大利亚土著语言的保护。从该单元内容可以看出，教材编写者在选择目的语国家文化时的着眼点也很有教育意义。另外，即使是实用性较强的话题，教材选材也很重视人文性。例如，关于旅游的话题，我们熟悉的内容一般是谈论景点、交通方式和路线等，日本教材选取的语篇则分别是骑自行车环球旅游、划独木舟旅游等给人带来的视野变化，以及诗人通过旅游磨炼意志等。这些选材特点值得我们借鉴。

第四章

英语课程
中华文化
大纲的研制

英语课程本土文化学习要求及英语教材本土文化比较研究为我们思考英语课程本土文化学习的目标、文化项目的选择、组织与呈现提供了启发和借鉴。英国教育家斯宾塞提出的"什么知识最有价值"问题是课程教材研制不可回避的关键问题,一个国家和民族的文化浩如烟海,教材中应选择哪些文化项目是教材设计的一个难点。例如《高中新课标》对文化知识内容,包括中华文化作了相关规定,如必修部分提出"比较中外传统节日的异同,探讨中外传统节日对文化认同、文化传承的价值和意义""了解英美等国家的主要习俗;对比中国的主要习俗,尊重和包容文化的多样性""学习并初步运用英语介绍中国传统节日和中华优秀传统文化(如京剧、文学、绘画、园林、武术、饮食文化等)"。但到底应对比中外哪些主要习俗?介绍哪些中国传统节日、哪些饮食文化?不同的课程教材编制者会有不同的价值判断,容易导致中华文化内容的选择较多出于决策者的理解和兴趣,缺乏系统的研究。研制英语课程中华文化大纲,有助于回应上述问题。

然而,文化大纲设计的困难是影响文化教学的一个重要因素[1]。对外语课程文化大纲的已有研究主要关注目的语文化大纲,如斯特恩(Stern)[2]、胡文仲、高一虹[3]等的研究,鲜见国内英语教学界对中华文化内容大纲的相关研究。为此,我们课题组作了初步尝试,研制了英语教材中华文化大纲,这里不揣浅陋,将研究情况阐述如下,抛砖引玉。

第一节 文化大纲的分类及研制方法

"外语教学大多把文化作为附带性的存在,文化项目都是零散的,一般都是以小片段、随文解释、独立文化片段、微型戏剧或者类似形式出现,而没有把文化项目作为一

---

[1] Stern, H. H. Issues and Options in Language Teaching [M]. London: Oxford University Press, 1992.

[2] Stern, H. H. Issues and Options in Language Teaching [M]. London: Oxford University Press, 1992.

[3] 胡文仲,高一虹. 外语教学与文化[M]. 长沙:湖南教育出版社,1997:160-163.

个连贯有序的整体进行全面考虑"①,英语教材中的中华文化学习也是如此。在文化大纲的制定方面,我国对外汉语教学界有较为丰富的研究成果,这些研究为我们提供了非常有价值的借鉴。

一、文化大纲及其分类

(一) 文化大纲的概念

教学大纲(syllabus)是对一门课程教学内容的说明,列举了将要教授和测试的内容②,英语教材设计中有语法大纲、情景大纲、功能大纲、任务型大纲等。文化大纲由文化项目组成,文化项目为语言教学中的文化教学提供了具体项目,是实施课堂教学和教材编写的基石和砖瓦③。文化项目由对文化内容的分析和归纳得出,使得文化内容像语言项目、语法项目等一样供语言教学使用。④⑤⑥

文化大纲中的文化项目分为不同的层次,各个层次之间呈包含关系。例如,我们可以将文化大纲中的项目分为三层,第一层项目包括文化产物、文化实践、文化观念、文化社群、文化人物五个方面,其中,中华文化产物又包含国家战略、货币、法律、教育、大众传媒、体育赛事等第二层文化项目。每个第二层文化项目又涵盖若干第三层文化项目,如教育包含教育制度和教育机构两个第三层文化项目,每个第三层项目均有教材实例的举例。

(二) 文化大纲的分类

文化大纲根据其侧重点,可以分为以语言为本位的文化大纲和以文化为本位的文

---

① Stern, H. H. Issues and Options in Language Teaching [M]. London: Oxford University Press, 1992.
② Richards, J.C. Curriculum Development in Language Teaching [M]. Cambridge: Cambridge University Press, 2001.
③ 周小兵,谢爽,徐霄鹰. 基于国际汉语教材语料库的中华文化项目表开发[J]. 华文教学与研究,2019(01):50-58+73.
④ 陈光磊. 从"文化测试"说到"文化大纲"[J]. 世界汉语教学,1994(01):25-29.
⑤ 卢伟. 对外汉语教学中的文化因素研究述评[J]. 世界汉语教学,1996(02):42-46.
⑥ 林国立. 构建对外汉语教学的文化因素体系——研制文化大纲之我见[J]. 语言教学与研究,1997(01):18-29.

化大纲。

1. 语言本位的文化大纲

以语言为本位的文化大纲聚焦语言及语用中蕴含的文化,体现以语言和语言教学为本位的文化教学构想,从语言的语义系统切入,发掘词语的文化内涵;或从语言的语用系统切入,发掘与语言使用有关的文化规约。

例如,有学者强调,从母语与目的语在语言表达上所含的文化因素差异点入手划分文化项目,以交际形式、交际误点、交际误因等三个项目为基点,编制了若干文化项目,如时间词、数词、方位词、颜色词、见面语等。[①] 陈光磊则提出"以语用文化为重心结合语构文化与语义文化来设计文化项目",其中语构文化主要指语言结构中所包含和显示的文化特点,涉及语言的结构规则和表达方式,需要与语言的语法规则结合;语义文化主要指语义系统中内含的文化内容及文化心理,主要与语言的词汇涵义结合;语用文化指的是使用语言的文化规约,帮助学习者养成正确理解目的语,并运用其进行交际的文化能力,可以和功能—意念项目结合。

我国高中英语课程标准对于文化知识的要求涉及了语言中的文化,如"理解常用英语成语和俗语的文化内涵;对比英汉语中常用成语和俗语的表达方式,感悟语言和文化的密切关系""理解常用英语典故和传说;比较汉语中相似的典故和传说,分析异同,理解不同的表达方式所代表的文化内涵""了解常用英语词语表达方式的文化背景;对比汉语词语相似的表达方式,丰富历史文化知识,从跨文化角度认识词语的深层含义"。因此,编制中华文化大纲时对此应予以体现。

2. 文化本位的文化大纲

外语课程中的文化内容纷繁复杂,不同文化相互交织,因此,一些研究者认为对文化内容进行系统的分析和归纳,更有利于文化导入,也更符合外语课程教学的要求。因此,他们主张采用以文化为本位的文化大纲。这种大纲编制的出发点是文化及其子系统,即从外语课程中的文化元素着手,将文化内容按一定的结构层次设计成具体的文化项目,一个文化项目可以视为一个文化元素,每个文化元素的内部又进一步分解出若干个细目。

[①] 张占一,毕继万.如何理解和揭示对外汉语教学中的文化因素[J].语言教学与研究,1991(04):113-123.

上述两种大纲各有侧重。以语言为本位的文化大纲由于将文化内容与词汇或功能大纲有机结合,有利于划分文化大纲中文化项目的等级,实现语言学习与文化学习的有机融合,但蕴含在语言中的文化因素较零散。以文化为本位的大纲,文化项目的安排较为系统,但较难与语法大纲或是词汇大纲相结合,难以对大纲内容进行等级划分。新时代文化大纲的构建逐渐从语言本位转向文化本位,将原先设定的"文化因素大纲"与"文化知识大纲"融合成一个完整统一的文化大纲①。英语教材中的中华文化通常是与英语国家文化或国际文化相联系而呈现,通过有关主题或话题引入,将语言内容与文化内容融合在语篇中学习。

二、英语课程中华文化大纲研制的原则

针对学习者个体需求和文化学习取向的差异,文化大纲的基本框架应该是一种有主干、有分支的树状结构,而非线性结构,应具有可选择性。大纲的研制应遵循以下原则。

(一) 系统性原则

外语教材应当将文化看作一个系统的整体,向学生呈现成体系的文化内容,而不是随意选取文化内容,为学生呈现片面、支离破碎的中华文化内容。这样学生在把握了文化内容的大致体系后,能够在课外拓展、探索自己感兴趣的文化内容,在未来的国际交流舞台上更加条理清晰地进行跨文化交际。文化大纲中文化项目的选择能够为文化教学内容的选择提供指导,要使教材中文化内容有一定的系统性,文化大纲也应当遵循系统性原则,马新钦、周小兵等都强调了这点②③。

大纲的系统性包含两层含义,其一是大纲的整体框架结构需具有系统性。在选择文化项目并将其纳入文化大纲时,应当将文化看作一个系统的整体来看待,而不是呈现支离破碎、互不相干的文化内容;其二是每个文化项目只出现在一个类别中,避免重

---

① 赵炜. 近三十年对外汉语文化大纲研究述评[J]. 华文教学与研究,2020(02):71-77.
② 马新钦. 华文水平测试文化分级大纲研制的理念与程序[J]. 华文教学与研究,2019(03):34-41.
③ 周小兵,谢爽,徐霄鹰. 基于国际汉语教材语料库的中华文化项目表开发[J]. 华文教学与研究,2019(01):50-58+73.

复,这使得大纲的结构更加严谨、清晰。

(二) 思想教育性原则

文化内容是英语学科育人的重要载体和实现路径,学生通过英语学习中中华文化内容的学习,加深对中华文化的认知,培养家国情怀,增强文化认同。因此文化项目的选取应注重其思想教育价值,以便在语言学习的过程中,潜移默化地传递中华文化价值观念。

具体来说,大纲的研制应突出以下几点:(1)选择能体现中华优秀文化的项目。(2)选择普适性、现代性的内容。它既是中国的也是世界的,既是古代的也是当代的,具有永恒性。(3)选择富有民族性,体现民族文化精髓的内容,如天人合一观念、守正创新观念等。(4)体现当代中华优秀文化以及能够反映当今社会文化新现象的内容,体现时代发展的水平和需要,如"一带一路"等,从而使得学生能够联系生活、联系国际,对如今的中华文化内容有更加深刻的了解和认识。(5)适当引入中国古代优秀文化内容,帮助学生了解中华文化的历史,以及某些文化的历史发展脉络和古今联系。

(三) 对比原则

文化对比能够培养学生的比较意识,使学生意识到文化的相似性和差异性,提高学生对异文化的认知度和跨文化交际能力,避免交际谬误,以更加开放、包容的心态进行国际交流和文化传播[1]。在国内英语教学的大环境下,文化对比不仅能够帮助学生了解他国文化,还能够引导学生以多元文化视角审视中华文化,坚定文化自信,促进中华文化跨文化传播[2]。因此,英语课程中华文化大纲的研制需要遵循对比原则,结合所要学习的重要外国文化项目来选择中华文化项目,帮助学生学习目的语文化的同时培养对外传播本土文化的能力。文化对比可以包括三方面[3]:目的语文化具有,而本土文化不具有的;本土文化具有,而目的语文化不具有的;目的语和本土文化都具有但是有一定差别的。

(四) 针对性与实用性原则

我国学生从小在中华文化环境中成长,在中小学其他学科中也有中华文化的专门

---

[1] 何丽芬. 高中英语教材中的中国文化融入现状分析[J]. 教学与管理,2018(12):84-87.
[2] 孙有中. 外语教育与跨文化能力培养[J]. 中国外语,2016,13(03):1+17-22.
[3] 赵厚宪,赵霞. 论文化教学原则[J]. 外语教学,2002(05):73-77.

学习（如语文、历史、地理等）或渗透性学习，这与英语学习中目的语文化和国际文化的学习有很大不同。英语课程中华文化大纲的研制应针对这一特点，结合学习者已有的生活和学习经验、认知水平、语言水平、可能的跨文化交际需要，选择中华文化项目，突出跨文化交际中交际对象感兴趣和关注的中华文化项目，体现典型性、代表性，避免以英语为载体，简单重复学生在其他学科学过的事实性文化信息，体现语言、文化、思维融合发展的理念和特点。

（五）发展性与开放性

中华文化博大精深，而学生用于英语学习的时间是有限的，在一定时间内通过英语课程、教材所能学习的中华文化也是有限的。因此，应当将重点放在属于文化深层、文化内核的内容上[①]，这样学生在掌握了这些内容后就能够举一反三，融会贯通，提高在课外和以后日常生活中理解新文化现象的能力。

同样，文化内容浩如烟海，难以穷尽，大纲所涵盖的内容不可能是穷尽性、永久性的，而是选择性、开放性的。因此，文化大纲采用"内容举例"的方式，通过举例引导人们举一反三，自我扩充相关内容。如中外交流杰出人物，内容举例可能列举"郑和"，大纲使用者可以补充"张骞""鉴真""玄奘"等内容。当然，大纲的开放性不是无限度的，需要根据学习者语言水平与内容的契合度决定。

三、文化大纲研制的方法

文化教学大纲的制定是一项集理论性与实践性于一体的研究性工作，分析文化大纲的相关研究能为我们建构中华文化内容大纲提供启发和借鉴。如前所述，在大纲的制定方面，我国对外汉语界走在了英语教育界的前面，进入21世纪以来，国内对外汉语教学界出现文化大纲实践研究，先后研制出几份国际汉语教学文化大纲，其研制方法及其中的文化项目为我们思考英语教学中的中华文化及其分类提供了积极的借鉴价值。如"中美网络语言教学项目"《乘风汉语》项目组编制的《中华文化教学大纲》[②]，其中的《文化教学大纲项目一览表》是第一个正式出版的中华文化项目表；国家汉办组

[①] 魏春木，卞觉非. 基础汉语教学阶段文化导入内容初探[J]. 世界汉语教学，1992(01)：54-60.
[②] 卢伟. 中国文化教学大纲[R]. 中美网络语言教学项目第三次专家组会，2003.

织编写的《国际汉语教学通用课程大纲》①附有《中华文化题材及文化任务举例表》;周小兵等人②通过对大型国际汉语教材库中的文化教学项目标注统计,研制中华文化项目表。下面从相关研究中提取有关方法的描述,加以简要介绍和分析。

(一) 研制初始大纲

初始大纲的研制包括确定大纲的基本框架、层级关系及基础项目,建构教学辅助信息几个方面。具体如下:

首先,根据外语文化教学内容分类理论确定大纲的基本框架,保证大纲的系统性。例如,周小兵等人③综合哈默利的文化分类体系和 ACTFL 体系中对文化的分类,将国情、日常、成就、实践、观念五个方面确定为大纲的第一级文化项目。而华文水平测试文化分级大纲则根据文化的本质属性确定大纲,将文化确定为物态文化、制度文化、行为文化和心态文化几个大类,其研制理念与程序见马新钦④提出的大纲,下文用马新钦大纲指代该大纲。

其次,确定二级和三级项目。这有不同的做法,一种是参考外语文化内容标准、教材,对其中的文化项目进行标注、整合及层次、类别、序列上的调整,由此确立二级和三级项目,周小兵等⑤就采用了这一方法,标注调整后,一级项目不变,二级和三级都有增加,例如一级项目"成就"的二级项目包括成就概况、科技、艺术、文学、语言文字,其中的科技又分为农业科技、工业科技等。另一种方法是大纲研制者依据对文化项目间的逻辑关系、青少年外语学习特点,确定二级和三级项目,马新钦⑥采用这种方法,以历史的先后为序,或是采用先整体再个体、先抽象再具体的逻辑顺序,结合语言教学和

---

① 国家汉办.国际汉语教学通用课程大纲[M].北京:外语教学与研究社,2008.
② 周小兵,谢爽,徐霄鹰.基于国际汉语教材语料库的中华文化项目表开发[J].华文教学与研究,2019(01):50-58+73.
③ 周小兵,谢爽,徐霄鹰.基于国际汉语教材语料库的中华文化项目表开发[J].华文教学与研究,2019(01):50-58+73.
④ 马新钦.华文水平测试文化分级大纲研制的理念与程序[J].华文教学与研究,2019(03):34-41.
⑤ 周小兵,谢爽,徐霄鹰.基于国际汉语教材语料库的中华文化项目表开发[J].华文教学与研究,2019(01):50-58+73.
⑥ 马新钦.华文水平测试文化分级大纲研制的理念与程序[J].华文教学与研究,2019(03):34-41.

学习特点对大类的内容加以细分,形成"大类—小类—子类—文化点—内容举例"的树状结构。不论采取哪种方法,在项目的划分、标注过程中,大纲的基本框架和层级项目不断得到检验和修正。

再次,建构教学辅助信息。从外语教材中提取文化项目的常用度和教材中的实例,或基于外语教学和学习特点,提供文化项目实例,对文化项目进行不同程度的补充说明。

(二) 大纲的修订

完成大纲初始框架的制定后,需要对大纲进行修订。该步骤主要借助教材文本分析来实施。例如,周小兵等人[①]对教材进行文本分析,标注其中相关文化内容,与初始大纲对照,对其进行修订,具体操作包括调整某些文化项目之间的上下位关系、增加新的文化项目、修改文化项目的名称等。马新钦大纲制定的第一步与周小兵等所用的方法不同,但两者的第二步方法类似。后者在完成大纲研制后,对多套教材中的中华文化内容进行标注和统计,验证大纲文化项目设置的合理性[②]。

经过以上两个步骤便完成了文化大纲的研制。但是文化大纲不是一个封闭的系统,大纲不可能穷尽所有文化项目,因此它应当是开放性的,可随时加入新的文化项目或是进行调整。

需要说明的是,文化内容大纲的编制涉及两方面,一是文化项目的选取和分类,二是文化项目的频次统计以及文化项目的分级(或学习顺序安排),后者具有较大的难度。国内对外汉语文化教学大纲的研究主要集中于第一方面,如张占一、毕继万[③]、王安然[④],也有部分学者对文化项目进行量化和等级化[⑤],或是提出了量化和等级化的未

---

① 周小兵,谢爽,徐霄鹰.基于国际汉语教材语料库的中华文化项目表开发[J].华文教学与研究,2019(01):50-58+73.
② 马新钦.华文水平测试文化分级大纲研制的理念与程序[J].华文教学与研究,2019(03):34-41.
③ 张占一,毕继万.如何理解和揭示对外汉语教学中的文化因素[J].语言教学与研究,1991(04):113-123.
④ 王安然.浅析美国AP中文教材中中国文化元素的选取和编排——以《加油》和《超越》为例[D].南京:南京大学,2018.
⑤ 马新钦.华文水平测试文化分级大纲研制的理念与程序[J].华文教学与研究,2019(03):34-41.

来研究方向①②。

综上,目前我国有关文化内容大纲的研究主要集中在对外汉语教学领域,这些为本研究提供了研究方法上的借鉴。不过这些研究没有对通过文本分析得出的大纲进行验证。本研究将借鉴已有研究的方法,综合采用多种方法研制文化大纲,并对其进行验证。

第二节 中华文化大纲的研制与修订

本节主要介绍课题组研制英语课程中华文化大纲的方法与步骤。本研究对于中华文化大纲研制采用了多种研究方法,包括文献研究法、文本分析法、问卷调查法和访谈法。首先,采用文献研究法,借鉴已有研究构建初始大纲。其次,采用文本分析法,分析英语教材、高考题中的文化内容,对大纲进行初次修订。在此基础上,课题组通过研讨,进一步修订大纲。最后,采用问卷调查和访谈法,对大纲进行二次修订,形成大纲终稿。

一、构建初始大纲

(一)确定基本框架

本书借鉴莫兰③的文化分类,将中华文化分为中华文化产物、中华文化实践、中华文化观念、中华文化社群以及中华文化人物。在对具体的文化项目进行归类的过程

---

① 陈光磊.从"文化测试"说到"文化大纲"[J].世界汉语教学,1994(01):25-29.
② 周小兵,谢爽,徐霄鹰.基于国际汉语教材语料库的中华文化项目表开发[J].华文教学与研究,2019(01):50-58+73.
③ Moran, P. R. Teaching Culture: Perspectives in Practice [M]. Beijing: Foreign Language Teaching and Research Press, 2009.

中,我们发现山川、河流等文化事实很难归入上述类别中。而哈默利①的文化分类体系中的信息文化可以解决这一问题。该分类将外语教学中的文化分为三个维度:信息文化(informational culture)、成就文化(achievement culture)和行为文化(behavioral culture)。其中,信息文化指受过教育的本族语者所知晓的自己国家或社会的历史、地理、社会英雄或罪人等方面的知识。成就文化指某一国家或社会所取得的文学、艺术和音乐等成就。行为文化指日常生活的全部,包括行为层面的语言交际与非语言交际规约,以及精神层面的态度、思想与价值观。这一分类将观念和行为混淆在"行为"中,较为笼统,但弥补了莫兰的分类中难以体现文化事实信息的不足,周小兵等②在开发对外汉语教学中华文化项目表时借鉴了该分类。本书也借鉴该分类,在大纲的一级框架中增加"中华文化信息"维度,用来指动植物、地理、人口等天然存在或产生,并非完全经由人的创造和操作而出现的中华文化事实。

由此,确定了中华文化内容大纲的一级项目,即中华文化产物、中华文化实践、中华文化观念、中华文化社群、中华文化人物、中华文化信息六类。

(二) 确定二级项目

本书借鉴已有的文化大纲或文化项目表,对其中的二级项目进行删减、合并、拆分等,将其结果按照文化项目间的逻辑关系,纳入基本框架相应的一级项目中,如将语言文字、交通、服饰等归到文化产物一类,初步保证大纲的系统性。我们借鉴的成果主要有:(1)中山大学国际汉语教材基地基于大规模国际汉语教材语料研制的《中华文化项目表》(以下简称《项目表》)③④;(2)暨南大学研制的《华文水平测试文化分级大纲》⑤;(3)"中美网络语言教学项目"依据《乘风汉语》教材制定的《中华文化教学大纲》⑥;(4)

---

① Hammerly, H. Synthesis in Second Language Teaching: An Introduction to Languistics [M]. Blaine, WA: Second Language Publication, 1982:513 - 515.
② 周小兵,谢爽,徐霄鹰.基于国际汉语教材语料库的中华文化项目表开发[J].华文教学与研究,2019(01):50 - 58 + 73.
③ 张艳鑫.中美四套中级综合教材中文化内容的对比分析[D].广州:中山大学,2013.
④ 周小兵,谢爽,徐霄鹰.基于国际汉语教材语料库的中华文化项目表开发[J].华文教学与研究,2019(01):50 - 58 + 73.
⑤ 马新钦.华文水平测试文化分级大纲研制的理念与程序[J].华文教学与研究,2019(03):34 - 41.
⑥ 卢伟.中国文化教学大纲[R].中美网络语言教学项目第三次专家组会,2003.

《高中新课标》①。

1. 对《项目表》中的文化项目进行筛选和调整

从我们收集到的资料看,中山大学课题组研制开发的《项目表》依托中山大学国际汉语教材研发与培训基地建设的全球汉语教材库创建,是目前为止最为全面、精细且经过大量教材验证的中华文化分类框架。本研究在创建第二级项目的过程中,根据我国中学英语学习、教学原则及英语课程中中华文化大纲的研制目的与原则,对该《项目表》中的二级项目进行初步筛选,对不合适的项目进行删除、调整分类、修改名称,并增添适当项目,得到二级项目初稿。下面对这方面的工作做简要说明。

(1) 删除部分二级项目

《项目表》旨在为国际汉语教学服务,面向的是国外零基础的汉语学习者,帮助他们了解中国文化,而本研究旨在为我国中学英语课程教材设计中华文化内容提供参考和借鉴,面向的是学习英语的中国学生。鉴于此,我们基于中华文化大纲研制的原则和我国学生英语学习中中华文化学习的特点,删除了《项目表》中的一些中华文化项目,这些内容主要有以下四类:第一,不能反映中华优秀文化的内容,如国情—公共安全中的吸毒禁毒、犯罪率等,价值观中面子观念、圈子观念、人情观念、等级观念等项目。第二,不太能体现中华文化特色的一些日常活动,比如如何寄送包裹、看病就医的过程等。这些对于我国英语学习者而言是熟知的信息,在英语国家文化等的学习中会有所涉及,不需要将其作为主要内容。第三,较难通过语篇界定的内容。例如,"交际—交际风格"较难通过语篇界定,中国人似乎也没有一个约定俗成的、普遍的交际风格,且本大纲是为中学,而非小学英语课程教材而设,因此对话类语篇相对较少,较难体现交际风格。第四,与中国语言文字相关的内容,例如"文化产物—语言文字"中的"标准语""注音""词汇和惯用语"。中学生英语学习中不需要以英语为载体学习这些内容,因此将其删除。

(2) 增添二级项目

《项目表》中个别二级项目与其三级项目之间逻辑不严密,我们增添个别二级项目,调整其分类。例如,《项目表》将动植物归入"国情—地理",但英语学习中谈论某区

---

① 中华人民共和国教育部. 普通高中英语课程标准(2017 年版 2020 年修订)[S]. 北京:人民教育出版社,2020.

域的地理信息时,谈论更多的是气候、山川河流、风景名胜等,很少与动植物联系,因此,将动植物单列为一个二级项目,其下分列动物和植物两个三级项目。

(3) 修改部分二级项目的名称

《项目表》中有"服饰及习俗""饮食及习俗",两者之间有交叉,且中华文化实践中已有"节日节气习俗"这一项,因此,将项目名称分别改为"服饰""饮食",并归入文化产物一类,相关文化实践仍在文化实践中学习。修改后的文化项目名称简单易懂,不同研究者理解时不容易产生歧义。

2. 将筛选调整后得到的文化项目归入大纲基本框架的一级项目中

对《项目表》中的中华文化项目进行初步筛选后,我们将筛选、调整后的内容纳入本研究建构的中华文化大纲一级框架,即产物、实践、观念、社群、人物、信息。由于三级项目大多跟随二级项目进行归类,因此首先按照第二级项目的名称进行重新归类,之后再对第三级项目的具体内容进行详细修改。

例如,《项目表》中的"成就"指的是文学、艺术、科学等方面的成就,属于本研究的中华文化产物一类,因此,将《项目表》中"成就"的第二级文化项目内容"科技""艺术""文学""语言文字"均归入本研究的"中华文化产物"中。

3. 结合其他大纲进行补充和调整

从《项目表》中筛选和调整文化项目后,我们进一步结合其他大纲对初始框架进行增添、合并、删除等。

以《高中新课标》[①]为例。该课标对英语课程中的主题语境给出了具体的要求,如"人与自然"主题语境含有"自然生态、环境保护"两个主题群,其中包含"自然环境、自然遗产保护;人与环境、人与动植物;人类生存、社会发展与环境的关系"等内容。这些内容对研制中华文化大纲有指导意义。因此,我们参考《项目表》中的"环境保护",结合该课标主题的相关内容,增设"动物保护",将两项均作为三级项目,合并在新设的"环境与动物保护"这一二级项目之下。

该课标"人与自然"主题含有"灾害防范"一项,包括"自然灾害与防范,安全常识与自我保护",而《项目表》中未包含此类内容。因此我们增加了"自然灾害防范与救援"

---

① 中华人民共和国教育部. 普通高中英语课程标准(2017 年版 2020 年修订)[S]. 北京:人民教育出版社,2020.

二级项目,其第三级项目留待分析教材实例时再进行详细划分。此外,我们还结合这一主题群,在文化信息中加入"自然灾害"作为二级项目。

该课标"人与社会"主题含有"社会服务与人际沟通"一项,其中包含"公益事业与志愿服务;跨文化沟通、包容与合作"。据此,我们在中华文化实践中增设"社会服务与人际沟通"作为二级项目,其第三级项目留待教材分析后补充。

基于以上的操作,大纲的二级项目得以初步确定,其中包含 6 个一级项目、36 个二级项目,其中,中华文化产物包含 14 个二级项目,即政治和法律、经济、教育、大众传媒、体育、科技、艺术、文学、语言文字、服饰、交通、节日、节气基本信息、日常安全和建筑;中华文化实践包含 11 个二级项目,分别是购物消费、休闲娱乐、节日节气习俗、人生庆典、交际情景规范、非语言规范、环境与动物保护、文化遗产保护、自然灾害防范与救援、社会服务与人际沟通、跨文化交际;中华文化观念包含禁忌迷信与象征意义、哲学思想 2 个文化项目;中华文化社群包含民族社群和年龄社群 2 个项目;中华文化人物包含名人和历史虚构人物 2 个文化项目;中华文化信息包含地理、历史、人口、动植物、自然灾害等 5 个文化项目。

(三) 确定三级项目

初步确定了大纲的一、二级项目后,我们接下来对二级项目下的三级项目进行修改,以便在教材文本分析时能够较为顺畅、准确地将其中的文化项目实例归入初始大纲的各级项目中。三级项目大多从《项目表》借鉴而来,对其中项目的确定主要做了以下工作:

首先,根据本研究大纲的特点和需求,结合外语教学中文化教学的原则,删除初始大纲中部分三级项目,然后结合《高中新课标》内容,对三级项目进行补充,最后修改部分三级项目的名称,使得命名更为合理、通俗易懂,避免与其他项目出现相互交叉的情况。删除、增添、名称修改等内容,依据的原则与上述二级项目确定原因及实施方式基本一致,因此下面仅就其与二级项目中的不同之处做简要介绍。

1. 删除其他学科中学习的基本事实性中华文化信息

一些有关中国的基本事实性文化信息,学生在其他学科中会学习到,他们不需要再以英语为载体学习这些内容,因此将其从三级项目中删除。如"文化信息—地理"中的"行政区划""邻国""能源资源"及"中华文化信息—历史—历史年表"等是地理课、历史课的学习内容,"文化产物—语言文字"中的"标准语""注音""词汇和惯用语"等是汉语学习相关的内容等。

2. 扩充三级项目

首先，根据时代性原则，外语课程中的文化教学内容应当选择当代中华文化以及能够反映当今社会文化新现象的内容，因此，我们对现有的三级项目进行扩充，补充新兴的中华文化内容。例如，将三级项目"文化产物—交通—自行车"，修改为"文化产物—交通—自行车及共享单车"，以反映中国人出行方式新变化。

其次，借鉴《高中新课标》扩充大纲的三级项目。该课标的"人与社会"主题语境中含有"文学、艺术与体育;历史、社会与文化"两个主题群，其中提到"绘画、建筑等领域的代表性作品和人物"，[1]可见该课标主要根据所属领域对人物进行分类，而原有三级项目则是根据年代，将"文化人物—名人"分为"古代名人"和"近现代名人"两个三级项目。考虑到学生兴趣爱好和其他学科的学习经验，我们认为按照领域分类更为清晰明了，也更具有意义。因此，将中华文化人物项目中"名人"的三级项目按照领域进行划分，具体分为哪些领域则需要结合教材实例进行分析选取。

综上，借鉴已有的大纲成果，基于对我国学生英语学习及英语课程中中华文化学习的认识，对其中文化项目进行删除、增加、调整分类、修改名称等，形成了含有6个一级项目，下设36个二级文化项目，137个三级文化项目的初始大纲。

二、大纲的修订

前文基于外语文化教学理论建构初始大纲，具有较强的系统性，但由于其中的文化项目较多借鉴了国际汉语教学领域的相关成果，未必能反映我国中学生英语学习中有关中华文化跨文化学习的实际，也未必符合学生的语言水平。因此，我们对初始大纲进行了两次修订:基于英语教材文本分析的修订和基于实证研究的修订。

（一）基于文本分析的修订

为了使大纲更符合学生英语学习的实际，我们对我国中学英语教材、英语高考试卷中的中华文化、日本和韩国英语教材中的本土文化内容进行了分析。文本分析后发

---

[1] 中华人民共和国教育部.普通高中英语课程标准(2017年版2020年修订)[S].北京:人民教育出版社,2020.

现,国内初、高中英语教材和英语高考试卷中出现了初始大纲未提及的中华文化内容,日本和韩国教材中的一些本土文化内容,在初始大纲中也未有体现。因此需根据教材实例对大纲进行补充、完善。

1. 文本分析的对象

本研究开展文本分析的对象有:依据《普通高中英语课程标准(2017年版2020年修订)》编制的人民教育出版社和外语教学与研究出版社出版的高中英语教材和这两个出版社依据《义务教育英语课程标准(2011年版)》编制的初中英语教材,两者合计共25本。日本三省堂出版社的皇冠系列 English Communication Ⅰ、Ⅱ、Ⅲ(2019年3月出版),该套教材依据2018年日本《高中学习指导要领》编写。韩国京畿道出版社编写的高中英语教科书 High School English Ⅰ、Ⅱ。

本研究对2015—2019年我国所有的英语高考试卷(共计49套)中考查的中华文化进行分析,这些高考卷既有全国卷,又有自主命题省(市)的试卷,这些高考卷的信息具体如表4-1。

表4-1 课题组分析的英语高考卷

2015年(15套)	全国卷Ⅰ、全国卷Ⅱ、北京卷、天津卷、上海卷、江苏卷、浙江卷、安徽卷、福建卷、湖北卷、湖南卷、广东卷、四川卷、陕西卷、重庆卷
2016年(10套)	全国卷Ⅰ、全国卷Ⅱ、全国卷Ⅲ、北京卷、天津卷、上海卷、江苏卷、浙江卷、浙江10月卷、四川卷
2017年(9套)	全国卷Ⅰ、全国卷Ⅱ、全国卷Ⅲ、北京卷、天津卷、上海卷、江苏卷、浙江卷、浙江11月卷
2018年(8套)	全国卷Ⅰ、全国卷Ⅱ、全国卷Ⅲ、北京卷、天津卷、江苏卷、浙江卷、浙江11月卷
2019年(7套)	全国卷Ⅰ、全国卷Ⅱ、全国卷Ⅲ、北京卷、天津卷、江苏卷、浙江卷

由于上海市英语高考试卷自2018年起不再对外公布,因此本研究不包含2018、2019年的上海英语高考试卷。此外,由于时间精力有限,且高考试卷中听力部分的音频获取有较大难度,因此本研究并不涉及英语高考试卷中的听力部分。

2. 修订的具体工作

大纲修订具体包括以下几方面：补充大纲中的教材实例，并在对教材实例进行分类的过程中增加或修改二、三级项目或项目名称，合并三级项目，删除无教材实例的二、三级项目等。

例如，根据教材中提及"中国成年子女和父母同住以便赡养父母"，在大纲的中华文化观念下增加"家庭观念"作为二级项目；韩国英语教材提到的韩服，为我们初始大纲中的中华文化产物—服饰—传统服饰提供教材实例的支撑；韩国英语教材中提到了韩国的盲文，日本教材中提到了阿伊努语（日本原住民阿伊努人的语言），这两项本土文化对应到本研究的中华文化内容大纲中为"中华文化产物—语言文字—特殊人群语言"和"中华文化产物—语言文字—少数民族语言"，通过学习这两方面本土文化，学生能够关注到自己国家特殊群体使用的语言，从而对本国的语言文化有更加全面的了解。

根据教材文本分析的结果，几乎每个一级项目的二级或三级项目都有补充，其中文化观念中增加的二级项目最多，文化人物中增加的三级项目最多，由此可见教材实例的统计和分类对初始大纲起到了很好的补充作用，能够一定程度上提升大纲的系统性、全面性。

3. 记录和分析文化项目出现频次和相应的能力要求

需要特别说明的是，在根据教材对大纲进行修订的过程中，我们也记录初始大纲中每个文化项目出现的频次，分析中华文化内容相关的学习活动对学生语言能力的要求，希望通过这些信息判断教材编写者对文化项目的倾向性和对这些项目的能力要求，为文化项目的分级提供信息。语言能力要求分为知道、理解、描述、阐释、反应5个类别。

由于韩国、日本教材以及中国英语高考试卷中出现的本土文化内容数量相对较少，只占据文化大纲中少部分内容，且高考卷中的中华文化内容以考题的形式出现，并非都兼顾输入和输出，故难以统计其能力层级。因此本研究只将韩国、日本高中英语教材以及英语高考试卷中的本土文化录入文化项目的数据中，而不对其进行频次和能力要求的统计。

4. 修订结果

基于文本分析结果，对大纲进行了调整。其中对二级项目的调整包括以下方面：

中华文化产物增加了法律和饮食两个项目,中华文化实践删除了交际情景规范、非语言规范 2 个项目,中华文化观念中"禁忌迷信与象征"改为"象征意义",增加了时代精神、家庭观念 2 个项目,中华文化社群则增加"其他社群"。

5. 修订过程中的研讨

本研究在前期大纲文化项目的构建过程中多次与中学英语教师、高校英语教育专家、英语教学专业的硕士和博士研究生、访问学者等开展研讨,请他们结合自身的英语学习和教学实际、对英语教育中中华文化和跨文化交际的了解等,对大纲的构建提供建议和意见。根据文本分析结果对初始大纲进行修订后,课题组又先后围绕大纲展开多次规模不等的研讨,针对大纲中的文化项目、分类情况、命名展开讨论,确保其合理性。课题组成员在研讨过程中记录与会人员的修订意见,根据讨论意见对大纲进行进一步修订,形成初次修订版大纲。

研讨过程遵循由宏观到微观的原则,首先观察二级项目的表述是否具体、准确,是否容易引起歧义,而后结合三级项目和教材实例讨论命名是否准确,分类是否合理。研讨中发现一些需要调整的内容,如有的二级项目名称过于宽泛,有的准确性不够,有的二级项目间有包含关系,而有的文化项目在二级项目中难以反映,需要新设二级项目。有的三级项目也存在类似问题。课题组分别对这些问题展开讨论、调研相关文献等,进而对大纲做了修订。由此,进一步完成大纲的初次修订。修订版的大纲为后面编写调查问卷、对大纲作进一步验证提供依据。

(二) 基于实证研究的修订

为了进一步提高中华文化大纲的客观性、可信度,提升其对英语课程、教材和教学的实际参考价值,我们针对修订版大纲开展了问卷调查和访谈,了解教材编写者、一线英语教师和有丰富跨文化交际经验的人士对大纲的看法,并在此基础上进一步修订大纲。

1. 调查对象

根据研究目的和基础英语教育跨文化教育的实际情况,本研究采取小样本调查,主要原因有两点:一是因为本研究问卷专业性较强,且问卷较长。二是课题研究过程中我们发现,许多英语教师对英语教学中的文化教学不够重视,缺乏关注和思考,很难为本研究提供有依据和有价值的信息。因此,为保证调查结果的质量和有效性,我们在选取调查对象时,不片面追求大样本量,而是选取对本研究话题有兴趣,对英语教学中融入中华文化教学有一定认识或经验,能够认真联系已有知识和实际经验填写问卷的人员。为保证样本的代表性,本研究选取了三类调查对象(共计28名):中学英语教师(14名)、三套基础英语教育教材编写者(11名)、孔子学院教师(3名)。

选择孔子学院教师作为调查对象,旨在获取跨文化视角的建议。我们选取3名上海某985大学的教师为访谈对象,其中2人为副教授,1人为讲师。她们都有丰富的英语教育经验,她们的子女都刚刚高中毕业,因此对我国中小学英语教材中涉及中华文化的情况较为了解,同时他们都曾在美国或/和欧洲孔子学院工作过,其中两人工作2年,一人工作6年,对跨文化交流中外国人对中华文化的兴趣、困惑等较为了解。中学英语教师有丰富的英语教学实践经验,了解学生语言水平和需求,能够基于教学经验对大纲中文化项目的重要性和语言能力要求做出判断。教材编写者是大纲最直接的使用者,对英语教材中中华文化内容的编写有丰富的经验,能为本研究提出宝贵的意见。因此,由以上三类人员填写的调查问卷具有一定的代表性和全面性。

表4-2呈现了11位教材编写者的基本信息,包括性别、最高学历、参与编写教材学段、是否有中学教学经验、任教学段、教龄等。表4-3呈现了14位中学英语教师的基本信息,包括性别、最高学历、任教学段、教龄。

表4-2 问卷调查对象(教材编写者)的基本情况

项目	类别	人数	百分比
性别	男	1	9.1%
	女	10	90.9%
最高学历	本科	0	0
	硕士	9	81.8%
	博士	2	18.2%
编写教材学段	初中	1	9.1%
	高中	3	27.3%
	初中和高中	7	63.6%

续表

项目	类别			人数	百分比
是否有中学教学经验	是(5人,45.5%)	教龄	5年及以下	1	20.0%
			6—10年	2	40.0%
			11—15年	1	20.0%
			16—20年	0	0
			21年及以上	1	20.0%
		任教学段	初中	2	40.0%
			高中	3	60.0%
	否			6	54.5%

表4-3 问卷调查对象(中学英语教师)的基本情况

项目	类别	人数	百分比
性别	男	3	21.4%
	女	11	78.6%
最高学历	本科	6	42.9%
	硕士	8	57.1%
	博士	0	0
任教学段	初中	5	35.7%
	高中	9	64.3%
教龄	5年及以下	2	14.3%
	6—10年	5	35.7%
	11—15年	3	21.4%
	16—20年	0	0
	21年及以上	4	28.6%

在基于问卷修订大纲的过程中,我们对孔子学院教师进行访谈,听取他们对跨文化交际中外国人所感兴趣的中华文化内容的看法。虽然访谈结果没有对大纲中文化项目的修订产生直接影响,但是通过访谈,我们了解了孔子学院教师对大纲中文化项

目的重要性和能力要求的认识，能够为问卷数据的分析和研究建议提供参考。

2. 问卷调查

(1) 调查问卷的设计

调查问卷(见附录1)基于初次修订版大纲中的文化项目和教材实例编制而成，要求被调查者对文化项目的重要性和语言能力要求两方面作出判断。调查对象需要针对每个文化项目的重要性作出判断。为了方便问卷调查结束后统计结果，录入数据时按照数值对各个文化项目的重要性进行赋值。重要性由低到高分为"重要性低＝1""重要性中等＝2""重要性高＝3"，重要性均值越大，表明重要性越高，重要性得分高的是最需要学习的内容，得分低的则是次要的、拓展性的内容。

能力要求由低到高分为"知道＝1""理解＝2""描述＝3""阐释＝4""反应＝5"，录入数据时按照数值对各个文化项目的能力要求进行赋值操作。能力要求均值越大，表明能力要求越高。本研究依据问卷调查结果将各文化项目划分为五个层次。划分方法主要参考北京外国语大学和澳门大学根据问卷结果对同声传译译员能力要素进行层级划分的方法，①基于能力要求均值高低，结合各项能力要求选项人数比例、均值差距的分布，分别确定"知道""理解""描述""阐释""反应"五个层次。

(2) 问卷的发放

为确保调查问卷的可靠性和有效性，在正式发放问卷前，课题组将问卷发放给一些学科专家、中学英语教师和英语教育专业的硕士、博士研究生，请他们对问卷的维度、题项、有关说明、问卷的排版等提供修改意见，并基于收集到的意见对问卷进行修改后正式发放电子问卷。

由于本问卷的专业性较强，为提高问卷填写质量，在发放问卷时研究者首先向被调查者说明研究的性质、目的及重要性，并叮嘱其在填写前认真阅读问卷前面部分的"相关内容说明"和"填写说明"，若有疑问可以询问研究者，以确保调查对象理解本研究的目的以及问卷中相关项目的定义。

本研究共收集28份问卷，24份为有效问卷，有效问卷中，孔子学院教师问卷3份，中学英语教师10份，教材编写者11份。无效问卷的主要特点如下：(1)问卷未填写完

---

① 卢信朝,李德凤,李丽青.同声传译译员能力要素与层级调查研究[J].外语教学与研究,2019, 51(05):760-773+801.

整,如部分题目只做了重要性判断,部分只做了最高语言能力要求判断;(2)问卷填写时间过短。

(3) 问卷的信效度检验

问卷全部回收后,研究者通过 SPSS23.0 软件对 24 份有效问卷进行信度分析。信度检验结果如表 4-4 所示,结果显示,在重要性维度中,除了中华文化观念($\alpha=0.526$)以外,各个文化内容类型的 α 系数都在 0.7 以上,且总量表重要性的 α 系数为 0.962,说明问卷量表在重要性方面有较好的信度,中华文化观念部分信度较低,原因可能是题项较少;在最高语言能力要求维度中,各个文化内容类型的 α 系数都在 0.7 以上,多数在 0.9 以上,且总量表重要性的 α 系数为 0.976,说明问卷量表在最高语言能力要求方面有较好的信度。整个问卷量表的 α 系数为 0.978,说明本研究的问卷量表信度较好,具有较高的内部一致性。

表 4-4 问卷量表的信度检验结果

检验维度		克隆巴赫 Alpha 系数	项数
重要性	中华文化产物	0.944	47
	中华文化实践	0.924	18
	中华文化观念	0.526	9
	中华文化社群	0.799	3
	中华文化人物	0.872	11
	中华文化信息	0.779	10
	总量表	0.962	98
最高语言能力要求	中华文化产物	0.956	47
	中华文化实践	0.917	18
	中华文化观念	0.787	9
	中华文化社群	0.842	3
	中华文化人物	0.941	11
	中华文化信息	0.843	10
	总量表	0.976	98
总量表		0.978	196

调查问卷中的题项均基于修订版大纲中的文化项目编制,这些文化项目都是基于研究文献、国内外英语教材以及国内英语高考试卷整理归类而来,且经过与中学英语教师、基础英语教育专家、英语教育专业的硕士和博士研究生等多次研讨论证才最终确定,这些都使得本问卷的内容效度得到有效保证。

(4) 数据处理

研究者将回收的有效问卷以 Excel 格式导出数据并录入 SPSS 23.0 软件,对数据进行信效度检验,并运用描述性统计方法处理和分析数据。

3. 访谈

对 3 名曾在孔子学院任教的教师的访谈,主要针对中华文化内容大纲的相关问题分别进行。访谈采取一对一、面对面的形式,单人访谈时长控制在 15 分钟左右。在征询受访者意见后,对访谈进行录音。之后,研究者将访谈录音转录为文字,对每位教师的访谈内容进行编码,并对相同问题的回答进行整合,以便后续分析。

三、研究结果

基于文本分析、课题组研讨、问卷调查与访谈,本研究对初始文化大纲进行了多次修订,完成了中学英语教材中中华文化内容大纲的研制。该文化内容大纲(见附录 2)包含中华文化产物、中华文化实践、中华文化观念、中华文化社群、中华文化人物、中华文化信息 6 个一级项目,40 个二级项目,80 个三级项目。其中,中华文化产物下设 16 个二级项目,42 个三级项目;中华文化实践下设 10 个二级项目,13 个三级项目;中华文化观念下设 4 个二级项目,7 个三级项目;中华文化社群包含 3 个二级项目;中华文化人物包含 2 个二级项目,11 个三级项目;中华文化信息包含 5 个二级项目,7 个三级项目。

现有的文化大纲大多只包括文化项目,而本研究研制的文化大纲不仅包括文化项目,还基于教材文本分析列出每个文化项目的教材实例和语言能力要求,通过问卷调查了解有关人士对各文化项目的重要程度和能力要求的认识,比较了教材文本分析与问卷调查的结果,为教师、教材的编者选用文化项目、安排教学顺序提供参考。大纲中文化项目的重要性和能力要求见附录 3,在表中一个文化项目的重要性高,意味着该项目教材和被调查者对其的重视程度高,建议教材和教学中优先考虑这些项目的学习。第三节和第四节分别介绍和讨论关于文化大纲中文化项目重要性和能力要求的有关研究发现。

第三节 中华文化大纲中文化项目的重要性差异分析

有关英语教材设计和教学,如何在有限的英语学习时间内,根据学生语言水平和学习需要,从文化大纲中选择最重要或最需要的文化项目学习,合理安排教学顺序是教育工作者面临的很实际的问题。为了了解教材、教师、学科专家等对不同文化项目重要性的认识,我们在分析教材文本时统计了这些项目在教材中的出现频率,并在问卷调查中设计了文化项目重要性的调查,试图通过这两种方式为回答上述问题提供参考信息。问卷调查时,为了帮助填写者理解每一个文化项目,在每项之后都提供了教材中的实例,为其做出判断提供参考。本节对相关内容加以介绍和简要分析。

一、教材中六类文化内容重要性的总体情况

同一文化项目在教材中多次出现有助于学生加深对该文化项目的学习,进而全面、透彻地理解文化内容。因此,文化项目的出现频率一定程度上体现了教材编写者对这一文化项目重要性的认识或偏好,文化项目出现频次越高,说明教材编写者认为其重要性越高,反之亦然。

表4-5为大纲中一级文化项目在教材中出现频次的总体情况,从中可以发现,大纲中共有517例中华文化项目,其中,中华文化产物出现的数量最多,且远多于其他中华文化类型。出现频率位列第二的是中华文化信息,紧随其后的是中华文化人物和中华文化实践。中华文化观念和中华文化社群在数量上远少于前面几项,中华文化观念为19例,中华文化社群为16例,均只占3%—4%左右,说明中华文化观念和中华文化社群相对来说受重视程度较低。

表4-5 六类文化项目在教材中出现的频率

中华文化类型	数量	所占比例
文化产物	230	44.5%
文化实践	76	14.7%
文化观念	19	3.7%
文化社群	16	3.1%
文化人物	86	16.6%
文化信息	90	17.4%
总计:517		

上述数据说明,在各类文化项目中,教材编写者重视显性文化,对隐性文化重视程度不高,而显性文化中最重视中华文化产物的学习,其次为文化信息的学习,然后为文化人物和文化实践。文化信息出现频率较高,说明教材较为重视文化作为背景知识的学习,而文化社群出现频率低,说明教材尚未体现中华文化丰富多彩的亚文化。

二、各类文化项目的重要性及差异分析

(一) 文化产物的重要性及差异

1. 教材中出现的频率

我们研制的中华文化大纲中的文化产物包括16个二级项目,它们是:国家战略(如"一带一路")、货币(如中国古代钱币)、法律(如法定最小开车年龄)、教育(如孔子学院等教育机构)、大众传媒(如CCTV)、体育赛事(如北京奥运会)、科技(如航天航海)、艺术(如乐曲及乐器)、文学(如诗词曲)、语言文字(如汉字)、服饰(如传统服饰)、饮食(如茶)、交通(如共享单车等交通工具)、节日基本信息(如春节等传统节日)、日常安全(如119等紧急号码)、建筑(如故宫等古代建筑)。

教材分析发现,各二级项目在教材中出现的频次悬殊较大,法律和传统服饰在我国教材中没有出现,说明这两个文化项目在教材编写者看来不重要。大众传媒、货币和日常安全的频次依次分别只有1、2、3,说明在教材编写者看来,这三个文化项目的重要性较低。频次最高的为文学、饮食、建筑、艺术,几者频次依次增高,分别为31、

38、45、50,说明这些文化项目的受重视程度相对较高。

2. 问卷调查的结果

问卷调查中,被调查者需对每个文化项目的重要性做出低、中、高三个层次的判断。借鉴卢信朝等①对同声传译译员能力要素层级划分的方法,我们基于问卷调查结果中的重要性均值,结合各项重要性程度选项人数比例、均值差距的分布,将文化项目的重要性划分为"重要性低""重要性中等""重要性高"三个层次。问卷调查结果见附录4。

根据问卷调查结果,在中华文化产物的所有项目中,货币、语言文字—特殊人群语言的重要性最低,其次为语言文字—少数民族语言、节日基本信息—少数民族节日。语言文字—汉字与中文、饮食—节庆食物、节日基本信息—传统节日为重要性最高的3个项目,其中节日基本信息—传统节日的重要性最高,认为此项文化内容重要性高的比例达95.8%,说明调查对象认为这三个文化项目是学生在中学英语学习阶段最需要学习的中华文化产物。

3. 两类研究结果的共性与差异

比较教材分析和问卷调查的结果可以发现,两种研究方法中获得的信息有许多共性。例如,都认为货币(调查的文化项目为古代货币)的重要性低,而节日、饮食的重要性较高。仔细比对两方面获得的数据发现,问卷调查中重要性高的文化项目大多来自教材中出现频率高的艺术、建筑、饮食、文学等方面,如饮食中的节庆食物、日常食物、就餐用具,文学中的格言警句,建筑中的传统建筑,艺术中的曲艺都是被调查者认为重要性高的项目。

但两种方法获得的结果也有差异。首先,教材中出现频率不高的一些项目在问卷调查中被认为是重要性高的。例如,语言文字中的汉字与中文(汉字的演变、甲骨文、中文、英文标点符号和中文的差异等)、传统节日以及国家战略(如"一带一路"、改革开放、构建人类命运共同体)。其次,在教材中未出现(如法律和传统服饰)或出现频率低的项目(如安全中的紧急号码119、120等),在问卷调查中被认为是重要性高的。本研究没有分析小学阶段的教材,紧急号码在小学阶段学习数字时会涉及。基于上述分

---

① 卢信朝,李德凤,李丽青.同声传译译员能力要素与层级调查研究[J].外语教学与研究,2019,51(05):760-773+801.

析，教材编写者需要采用符合学生认知水平和语言能力的形式，在适合的学习阶段增加这些方面的文化项目。

（二）文化实践项目的重要性及差异分析

1. 教材中出现的频率

文化实践项目共包括 10 个二级项目：社交礼仪与习惯、体育运动、节日习俗、人生庆典、购物消费、环境与动物保护、文化遗产保护、自然灾害救援、社会服务与国际援助、文化间相互影响等。根据教材文本分析，上述二级项目中，环境与动物保护、节日习俗的频次都在 20 次左右，占比分别为 27.6% 和 23.7%，是文化实践 10 个二级项目中出现频率最高的，其次为体育运动、社交礼仪与习惯，出现频次最少的是购物消费、文化遗产保护、自然灾害救援、文化间相互影响，均只出现 2 次，占比仅为 2.6%，说明在教材编写者看来这些文化项目的重要性较低。

2. 问卷调查的发现

中华文化实践项目的重要性都为中等及以上，其中重要性中等的项目共 8 项，包括少数民族节日习俗、外来节日习俗、满月、成人礼、体育运动、社会服务与国际援助、非语言交际和自然灾害救援。重要性高的文化内容共 10 项，包括送礼收礼、生日、付款方式、就餐、环境保护、动物保护、文化间相互影响、社交礼仪与习惯中的称谓、文化遗产保护及传统节日习俗。

调查发现，在中华文化实践的所有二、三级项目中，重要性最低的三项依次为少数民族节日习俗、外来节日习俗、人生庆典——满月，重要性高的依次为社交礼仪与习惯——称谓、文化遗产保护、节日习俗——传统节日习俗。

3. 两类研究结果的共性与差异

比较教材分析和问卷调查结果可以发现，两种研究方法中获得的信息有许多共性。例如，教材中出现频率高的环境与动物保护、节日习俗在问卷调查中也显示出重要性高。

两种方法发现的结果中的不同之处有两方面：首先，教材中出现频率最低的几项，购物消费（付费方式）、文化遗产保护（如保护莫高窟）、文化间相互影响（如母亲节、父亲节在中国越来越受关注、美国许多产品为中国制造）在问卷调查中的重要性都较高。其次，教材中出现频率一般的社交礼仪与习惯在问卷调查中也被认为重要性较高，其中的三级项目包括称谓（中国姓和名的顺序）、收礼送礼（中国人当面不拆礼物及双手接礼物)、就餐(中国餐桌礼仪与习惯)。

(三) 文化观念项目的重要性及差异

1. 教材中出现的频率

大纲中共包括4个文化观念二级项目,分别为象征意义、哲学思想、时代精神、家庭观念。教材分析发现,象征意义(如长寿面代表长寿)和哲学思想(如孔子"学而不思则罔"观念)出现的频次最高,说明在教材编写者看来,这两个文化项目比较重要,而其他两个文化观念项目,家庭观念(如中国孩子长大后和父母住在一起方便赡养父母)和时代精神(如女排精神)则分别只出现1次和2次,受重视程度相对较低。

2. 问卷调查的发现

根据问卷调查结果,文化观念项目中除了动植物的象征意义(如丹顶鹤代表长寿和好运)和哲学思想中的兵家重要性为中等,其他项目重要性都为高,其重要性由高到低依次为:象征意义—节日、时代精神、家庭观念、哲学思想—儒家、象征意义中的食物、颜色和哲学思想中的道家。

3. 两类研究结果的共性与差异

比较教材分析与问卷调查的结果发现,教材中重视的项目,在问卷调查中也属于重要性高的项目,但教材中出现频率低的家庭观念和时代精神,在问卷调查中也被认为是重要性高的项目。这是教材和教学中需要重视的。

(四) 文化社群项目的重要性及差异

本研究将中华文化社群分为年龄社群(如中国大学生)、民族社群(如蒙古族)和其他社群(如中国国际救援队、女排运动员)。教材分析发现,除了年龄社群只出现1次外,其余两个项目的频次都相对较高,分别为7次和8次,说明在教材中,民族社群和其他社群的受重视程度远高于年龄社群。

从问卷调查来看,中华文化社群各项目重要性均为中等,三个项目的重要性均值差距不大,从低到高分别为其他社群、年龄社群和民族社群。

比较教材分析与问卷调查的结果可以发现,两种方法中,民族社群都被看作是三类社群中最重要的,因而说明是最受重视的。

(五) 文化人物项目的重要性及差异

中华文化人物包括杰出人物和历史虚构人物两个二级项目,其中杰出人物包括9个类别,即体育、教育、医药医学、科技、艺术、文学与历史、中外交流领域、其他领域杰出人物、帝王及领导人等。历史虚构人物包括神话传说中的人物（如神农）、文学作品中的人物（如花木兰）。

教材分析发现，杰出人物的频次远高于历史虚构人物，前者为79，后者为7，所占百分比更能看出两个项目数量的差距，分别为91.9%和8.1%，说明在教材编写者看来，杰出人物远比历史虚构人物重要。

问卷调查发现，被调查者认为其他领域杰出人物（如钟表修复师王津、陈景润、郦道元、白方礼、袁隆平、贾思勰、徐霞客等）和历史虚构人物—文学作品中人物这两类的重要性为中等，其他重要性都为高，其重要性由高到低依次为教育领域杰出人物、帝王及领导人、文学与历史领域杰出人物，90%和83%以上的被调查者认为教育领域杰出人物、科技领域杰出人物最为重要，80%以上的被调查者认为帝王及领导人、文学与历史领域杰出人物的重要性高。

从上述数据可以看出，教材和问卷调查中的被调查者都重视杰出人物的学习，尤其是重视教育、科技、文学与历史领域及帝王和领导人在国家和历史发展中的重要作用。相比之下，其他领域的杰出人物受关注程度还有提升空间。在发扬杰出人物感召作用的同时，关注学生身边值得敬佩的人物容易为学生所理解和接受。

（六）文化信息项目的重要性及差异

中华文化信息中包括五个二级项目：(1)地理，包括地理概况（如中国地图、中国地理概况）、区域城市介绍（如北京、西安、乌镇、吐鲁番）、自然景观及保护区（如泰山、珠穆朗玛峰）。(2)人口（中国人口概况）。(3)动植物（如藏羚羊、熊猫、牦牛）。(4)历史，包括历史概况（中国历史概括）、历史事件（如重庆大轰炸）、中外交流史（如丝绸之路）、考古发现（如三星堆文明）。(5)自然灾害（如汶川地震、唐山地震）。

教材分析发现，上述五个二级项目中，地理相关的文化项目的频次最高，占比接近80%，说明教材对其极为重视，其次为历史、动植物，出现频次最低的是人口和自然灾害，分别仅出现1次和2次。

在问卷调查中发现，被调查者认为中华文化信息项目重要性为中等和重要性高，其中中等的项目共3项，分别为动植物、考古发现、自然景观及保护区，其余7项为重要性高的项目。70%以上被调查者认为重要性高的项目中，由高到低排序为地理概况、历史概况、区域城市介绍、中外交流史。

综上，根据教材分析与问卷调查结果，中华文化信息中重要性最高的项目是地理，这可能是因为地理方面的信息相对比较直观，贴近学生的日常生活，容易激发学习兴趣，同时也容易与历史、人物、事件结合起来呈现。如果能够将地理方面的信息与中外交流史结合起来，就能更好地展示中华文化开放、包容的特征。

三、结论与建议

1. 中华文化大纲可以作为中学英语教材和中华文化教学的有效参考

大纲研制的过程中，一些有跨文化经历的人士都充分肯定了针对英语课程研制中华文化大纲的重要性，课题组访谈的三位在孔子学院有任教经历的教师均表示，大纲的研制是非常有意义的事，有助于系统规划、培养学生中华文化跨文化能力，对于中国学生更好地表达自我、坚定文化自信、学习用英语传播中华文化有积极意义。

对大纲中文化项目重要性的研究发现，大纲中大多数中华文化项目的重要性为中等或高，只有极少数的重要性为低。这说明大纲可以作为中学英语教材和教学中中华文化项目选择的有效参考依据，对于那些重要性高的项目，更应当予以重视。

2. 大纲中应进一步丰富反映当今中华文化的项目

大纲中虽然涵盖一定数量的当代中华文化项目，且呈现出较高的重要性，但是这类内容仍然较少。访谈中，曾在孔子学院任教两年的 X 老师在回忆与国外学生交流的经历时表示，国外学生对中国的许多当代文化十分感兴趣，如广场舞、广播体操等。因此，大纲中应当增加有关当今中国学生文化、百姓生活和社交媒体的内容，因为这些是更贴近当下中国现实的文化，是需要中学生学会理解和表达的。

同时，由于大纲面向的学习对象群体是中学生，学生在进行跨文化交流时通常从自身的学习生活出发，因此其中应适当加入与学生生活相关的文化内容。对此，在孔子学院有 6 年任教经历的 L 老师表示认同，认为可增加一些与当代中学生学校、生活相关的话题，例如年轻人喜欢的影视剧、歌曲，运动项目等，也可以在年龄社群部分增加中学生的相关内容。

3. 关注中华文化的发展和对中华文化的刻板印象，更新中华文化内容大纲

中华文化源远流长，具有历史传承性，但是随着社会的不断发展，文化处于动态发展中。中学正高级、特级教师 A 老师针对文化的这一特点提出，应当实时更新中华文化内容大纲。这就需要大纲编制者密切关注中华文化的发展变迁，适时调整大纲中的中华文化内容。

另外，由于种种原因，国际交流中常常会出现文化刻板印象，影响跨文化交际效果，在日本和韩国的英语教材中都涉及关于自己国家刻板印象的有关内容，我国教材中尚未发现这方面内容，应增加这方面的内容，帮助学生了解国际人士可能有的对中华文化认知的偏差，更好地讲好自己的故事和中国故事。

4. 大纲中一些文化项目的重要性被一致认可，应采用多种方式增强其学习

有不少文化项目在教材文本分析和调查中都被认为是重要性高的，对于这类项目，教材编写者和教师可以采用循环上升的方式编排其学习，增加学习频率，采用多种模态、多种学习方式，提高学习的效果。例如，节庆食物的学习，初次学习可以只学习重要的节庆食物名称，采用图文结合的方式呈现。后续学习可以运用视频形式，介绍节庆食物的制作程序，再次学习可以引入其背后蕴含的价值观念。

两类研究都将文化产物、文化实践、文化观念、文化社群、文化人物、文化信息这六者列为一级项目，其中，文化产物类项目在教材中出现频率最高，它也是两类研究中重要性高的项目里重叠最多的，如艺术、建筑、饮食、文学等方面的项目在问卷调查和教材分析中都是重要性高的项目。例如，饮食中的节庆食物、日常食物、就餐用具；文学中的格言警句、建筑中的传统建筑，艺术中的曲艺等在教材分析和问卷调查中都是重要性高的。

另外，文化实践中的动物保护、环境保护、传统节日习俗；文化观念中颜色、食物、节日的象征意义，儒家、道家哲学思想；文化社群中的民族社群；文化人物中的杰出人物，尤其是教育、科技、文学与历史领域及帝王和领导人；文化信息中的地理等都是两类研究中被认为是重要性高的项目。这些项目在教材和教学中都应继续给予重视。

5. 大纲中一些重要的文化项目在教材中未出现，或出现频率低，应关注和加强其学习

一些文化项目在问卷调查中重要性高，而教材中未出现或出现频率低，在教材编写和教学中应给予关注，加强相关内容的学习。这些项目包括反映当今中国人日常生活新变化的文化项目，如购物消费（付费方式—无现金支付）、当今国家战略（如"一带一路"、改革开放、构建人类命运共同体）；反映当今人们日常生活中中外文化互相影响的项目，如母亲节、父亲节在中国越来越受关注，美国许多产品为中国制造；反映中外交流史的项目，如丝绸之路；体现中外文化差异的项目，如中英文语言文字差异（中英

文标点符号差异)、称谓(中国姓和名的顺序);体现中外日常交际差异的,如收礼送礼(中国人当面不拆礼物及双手接礼物)、就餐(中国餐桌礼仪与习惯)。上述文化项目有的与学生的日常生活息息相关,有的是我国重要的国家战略,有的反映当代社会的日常生活习俗、新现象等,这些内容使学生在学习过程中能够有话可说,树立文化自信,为未来的中华文化跨文化传播打下坚实基础。

第四节 中华文化大纲中文化项目的语言能力要求

英语学习中,学生通过语言学习来学习中华文化,"学习者不是计算机或学徒,而是多种意义、身份和立场的协商者"[1],中华文化的学习能增强他们对中华文化的理解和自信认同,进而在学习世界其他文化时增强文化比较意识,这反过来又会促进学生的语言学习。语言学习与文化学习有机融合、相互促进,有助于学生英语核心素养的整体养成。

为了探索促进语言与文化相融合的途径,我们建构了英语跨文化能力分析框架和教材本土文化内容分析框架,其中包括跨文化技能,在此基础上分析教材中中华文化内容相关学习活动的语言能力要求。同时,编制调查问卷,了解被调查者对文化大纲中文化项目语言能力要求的认识。由此,为建构中华文化项目的语言能力目标提供参考,以便最终形成中华文化目标内容体系,为英语课程开发、教材编写及教学提供参考。本节介绍教材中有关中华文化学习活动的语言能力要求分析结果和问卷调查结果,并比较两者异同,分析其对英语教材和教学的启示意义。

一、各类文化项目的语言能力要求

教材本土文化分析框架部分确定的技能包括知道、理解、描述、阐释、反应五个方

---

[1] Liddicoat, A., & Scarino, A. Intercultural Language Teaching and Learning [M]. Chichester: Wiley-Blackwell, 2013:43.

面,针对教材中中华文化内容相关学习活动的语言能力要求,我们主要基于活动指令语中的动词,判断其属于这五项技能中的哪一项。问卷调查中,我们邀请被调查者对大纲中每个三级文化项目应达到的最高语言能力要求做出判断。处理问卷调查数据时,参照卢信朝等人的观点①,对上述五个层次能力分别赋值为1、2、3、4、5,进行数据统计和处理,基于能力要求均值,结合各项能力选项人数比例,分别确定每个项目的语言能力要求。限于篇幅,本节先分别介绍每类文化项目教材分析(见附录5)和问卷调查结果(见附录6),最后分析从中获得的启示与建议。完整的数据分析与讨论详见翁业秋的学位论文②。

二、各类文化项目的语言能力要求

(一) 文化产物项目的语言能力要求

1. 教材中语言能力要求

大纲中的中华文化产物共包括16个二级项目(国家战略、货币、法律、大众传媒、体育赛事、科技、艺术、文学、语言文字、节日基本信息等)、47个三级项目。分析教材的文化学习活动时我们发现,关于中华文化产物的活动最高语言能力要求多样,覆盖了知道、理解、描述、阐释、反应5个层次。二级项目中,科技、文学、艺术包含的三级项目最多,三者中艺术类所含三级项目的语言能力要求最为一致,大多为反应,而科技和文学的三级项目涵盖了各个层次语言能力要求,说明对这两大类语言能力的要求较为多样。

从三级项目来看,要求达到反应层面的最多(16个项目),其次为理解(10个项目)、知道(7个项目)、描述(5个项目)、阐释(4个项目)(从高考题和国外教材分析中增加的5个项目未做相应的能力要求分析)。这说明教材对中华文化产物的语言学习要求比较多样化,尤其偏重理解和反应两个层面,对艺术类项目的要求较为一致,大多为反应层面。

---

① 卢信朝,李德凤,李丽青. 同声传译译员能力要素与层级调查研究[J]. 外语教学与研究,2019,51(05):760-773+801.
② 翁业秋. 中学英语教学中国文化内容大纲的构建和修订[D]. 上海:华东师范大学,2022.

从具体文化项目看,要求达到反应的分别为国家战略、教育机构、天文历法、乐曲与乐器、舞蹈、绘画、工艺品、曲艺、影视作品及节目。要求达到理解层面的项目为货币、教育制度、IT技术、古代四大发明、水利科技、雕塑雕刻、诗词曲和其他文学作品、茶、就餐用具。要求达到知道层面的为大众传媒、体育赛事、医疗科技、格言警句、节庆食物、交通工具、少数民族节日。要求达到阐释层面的为航天航海、成语故事、汉字与中文、非传统节日。

2. 问卷调查中语言能力要求

从问卷调查结果看,文化产物项目的语言能力要求涉及各层面,但主要集中在描述(25项)和理解(14项),其次为阐释(6项),知道(特殊人群语言)和反应(传统节日)的都只有1项,说明被调查者对学习者中华文化产物的学习预期偏向于理解,或者在此基础上进一步用英语加以描述。唯一要求达到反应的是传统节日,接近60%的被调查者认为该项目应当达到这一要求;能力要求最低的为特殊人群语言,61.9%的教师和教材编写者认为该项只需达到知道的要求,且无人认为需达到反应要求。科技、文学、艺术三大类项目中描述与理解要求大致均衡,文学和艺术稍侧重描述,科技稍偏重理解。

从能力要求的均值差异看,要求达到描述的项目均值跨度较大,从书法篆刻(2.63)、大众传媒(2.65)到汉字与中文(3.42),说明在被调查者看来,汉字与中文更应该要求学习者能用英语来描述。要求达到阐释的项目均值跨度较小,集中在3.58~4.0,最低的是饮食—日常食物,最高的是饮食—节庆食物,对于该项文化内容,教师和教材编写者认为至少需要达到描述能力要求。

结合教材分析与问卷调查结果可以发现,两者都强调对中华文化要有多方面的语言能力要求,都重视中华文化产物的理解,但教材更强调反应能力,而问卷的被调查者更重视描述能力。由此我们可以看出,对于中华文化产物的学习,除了要求学生理解,至少还应达到能用英语描述的水平。另外,教材分析和问卷调查中对于阐释的重视程度大体相当。

(二)文化实践项目的语言能力要求

1. 教材分析结果

大纲中的中华文化实践项目共包括10个二级项目(体育运动、社交礼仪与习惯、节日习俗、人生庆典、购物消费、环境与动物保护、文化遗产保护、自然灾害救援、社会服务与国际救助、文化间相互影响等)、13个三级项目。对教材中文化实践学习活动的分析发现，这些活动的最高语言能力要求多样，同样涉及了知道、理解、描述、阐释、反应5个层面。其中要求达到反应层面的文化项目最多(共7项)，其次为描述(共4项)、阐释和知道(都为2项)，理解要求的仅有1项。

从具体文化项目来看，要求达到反应层面的项目包括传统节日习俗和少数民族节日习俗、成人礼、文化遗产保护、环境、社会服务与国际救助、文化间相互影响。要求能描述的文化项目包括就餐、非语言实际、付款方式和动物。要求达到阐释的项目为体育运动和自然灾害救援；达到知道的项目为称谓和送礼收礼；达到理解的项目为生日。

2. 问卷调查结果

从问卷调查看，文化实践项目的语言能力要求涉及除了知道以外的四个层面，其中要求最多的为阐释(10项)，其次为描述(4项)、理解(2项)、反应(2项，传统节日习俗和文化遗产保护)，说明在被调查者看来，学习者至少要能理解中华文化实践，更重要的是要能用自己的话对这些实践做出阐释。

从具体的文化项目来说，要求达到阐释的项目包括称谓、送礼收礼、就餐、非语言交际、生日、付款方式、环境保护、动物保护、自然灾害救援、文化间相互影响；要求达到描述的包括体育运动、外来节日习俗、成人礼、社会服务与国际援助；要求达到理解的为少数民族节日习俗、人生庆典中的满月；要求达到反应的则为文化遗产保护和传统节日习俗，前者为所有文化实践类项目能力要求均值中最高的，达到4.42，且54.2%的问卷调查对象认为该项文化内容应达到反应要求，没有人认为该项目可以仅停留于知道或理解要求。

结合教材分析与问卷调查可以发现，两方面数据都重视对中华文化实践项目的语言输出能力，问卷调查侧重阐释和描述能力，教材侧重反应和描述能力。

(三) 文化观念的语言能力要求

大纲中的中华文化观念共包括象征意义、哲学思想、时代精神和家庭观念4个二级项目，前两者又分别包括若干三级项目。根据教材分析，文化观念项目能力要求覆盖了知道、理解、描述、阐释、反应5个层面，9个文化项目较均衡地分布在知道、反应、理解3个层面，只有1个项目要求达到阐释层面。

问卷调查发现，中华文化观念不同类型项目的能力要求都较高，均需要学生对有关文化进行语言输出,覆盖描述、阐释和反应3个层面,且中华文化观念的9个文化项目均匀地分布在这三个语言能力要求中。能力要求均值最高的是象征意义—节日(4.62),所有被调查者都认为该项目至少应达到描述要求。能力均值最低的为哲学思想—兵家(3.17)。被调查认为需要达到描述要求的文化项目为哲学思想—兵家(3.17)、哲学思想—道家(3.25)、象征意义—动植物(3.46),能力要求均值差距不大;需达到阐释要求的文化项目为象征意义—颜色(3.67)、象征意义—食物(3.79)、哲学思想—儒家(3.79);需达到反应要求的文化项目包括时代精神、家庭观念和象征意义—节日。

对比教材分析与问卷调查结果可以看出,文本分析涉及的能力要求比问卷调查的更为广泛,除描述外各个能力要求都有覆盖。同一项目的问卷调查结果和文本分析结果的一致性较弱,9个项目中,有6个项目的教材要求低于问卷调查结果,只有3项高于问卷调查结果,这3项为哲学思想,在教材中都为反应要求,在问卷调查中为描述和阐释要求。9个项目中,哲学思想相对较为抽象,与中学生生活经验有一定距离,或许出于这个原因,问卷被调查者认为学习者能描述或阐释即可。另外,问卷调查结果将时代精神、家庭观念都列为反应要求,而教材中分别列为阐释要求和知道要求,家庭观念与时代精神都比较贴近学生生活,问卷调查的这个结果也是值得关注的。

(四) 文化人物语言能力要求

中华文化大纲中,文化人物类包括杰出人物和历史虚构人物2个二级项目,11个三级项目。教材分析发现,教材对11个项目都不作阐释要求,侧重反应要求(含体育、医学医药、艺术、文学与历史、其他领域杰出人物5项),而知道(神话传说中的人物、帝王及领导人)、描述(教育领域杰出人物、科技领域杰出人物)、理解(中外交流领域杰出人物、文学作品中的人物)三方面的要求较为均衡。

从问卷调查结果看,9个项目的要求较为集中,主要为阐释(5项)和描述(4项),要求达到阐释的项目中,均值最低的为神话传说中的人物,最高的则是教育领域杰出人物;而要求达到描述的项目中,均值最低的是其他领域杰出人物,最高的是体育领域杰出人物。

比较教材分析与问卷调查结果可以发现,教材中的语言能力要求层次区分比问卷调查的要多;问卷调查结果能力要求比较集中,偏重中华文化的语言输出能力,但未涉及反应能力。

（五）中华文化社群语言能力要求

中华文化大纲中的文化社群包括民族社群、年龄社群和其他社群3个文化项目。教材中对三者的要求分别为描述、阐释、理解。

问卷调查中发现，中华文化社群3个文化项目的最高语言能力要求为理解或描述，其中民族社群和年龄社群的语言能力要求为描述，其他社群的能力要求为理解，其中年龄社群的均值最高，为2.86。

由上可知，针对中华文化社群问卷调查和文本分析的能力要求数据一致性较高，民族社群和其他社群的能力要求一致，前者均为描述，后者均为理解。对其他年龄社群，教材要求高于问卷调查结果，要求学习者不仅能描述这类文化现象，还能对其做出比较和分析等。

（六）中华文化信息的语言能力要求

中华文化大纲中文化信息的二级项目包括地理、人口、动植物、历史、自然灾害。教材分析发现，这些项目的语言能力要求集中在理解（2项）、描述（4项）和反应（4项）。

从问卷调查结果看，对这些项目的能力要求集中在描述（7项）和阐释（3项）。自然景观及保护区、考古发现的能力要求均值最低，分别为2.92和2.96，人口的能力要求均值最高，达到反应要求。

对比两组语言能力要求的数据可以看出，文本分析涉及的能力要求更为广泛，除描述和阐释外，还有达到反应要求的项目，两类数据的共性是描述所占的比重都较高，除此之外，教材还比较重视反应，问卷结果则重视阐释。从具体项目而言，除了地理概况、动植物两者均为描述要求，其他项目教材中的要求都高于问卷调查要求。

三、总结与思考

基于上述对教材文本分析和问卷调查中关于中华文化项目语言能力要求的数据梳理，我们发现，两种数据来源都认为，大纲中有关中华文化内容的语言能力要求应涉及知道、理解、描述、阐释、反应五个方面，但各自又有不同侧重。由此，我们在设计教材文化内容和开展文化教学时可以考虑以下几方面。

(一) 应注重中华文化项目的语言输出能力,尤其是描述和阐释能力

关于中华文化大纲中文化项目的语言能力要求,教材文本分析和问卷调查的结果都覆盖了知道、理解、描述、阐释、反应五方面能力,但是教材的文化能力要求更为分散,其中阐释要求的项目最少,反应要求的项目最多,知道、理解、描述要求的文化项目较为平均,而问卷结果主要集中在描述和阐释要求。具体说来,中华文化产物的能力要求最为多样,包含知道、理解、描述、阐释、反应各方面;中华文化实践涵盖理解、描述、阐释、反应四个方面;中华文化观念中文化项目的能力要求分布在描述、阐释、反应三个方面;中华文化社群的能力要求为理解或描述;中华文化人物和中华文化信息的能力要求集中在描述和阐释。

基于以上信息可以得出,根据问卷调查结果,大纲中每个方面的文化项目都要达到描述和阐释要求,而最低和最高的两个能力要求(即知道和反应)较少涉及。这可能是因为调查对象在填写问卷过程中作出能力要求的判断时较为保守,因而较少选择反应要求的项目。同时又认为大纲中的文化项目均应达到较高层次的能力要求,因此要求达到知道这一能力要求的文化项目较少,而要求达到描述和阐释的较多。语言学习中,输入是输出的基础,学习者要能对所学文化项目进行描述和阐释,需要将那些以知道、理解为目标的基础性学习活动作为依托。从这点看,问卷调查与教材分析结果并不矛盾。通过语言表达培养学生的文化理解力和跨文化交际能力[①],由此可以为中华文化跨文化传播做好知识和语言方面的准备。

(二) 一些文化项目的语言能力要求较高,需予以重视

本研究发现一些文化项目的语言能力要求较高,具体有以下几方面:

(1) 传统节日相关项目。例如,节日基本信息—传统节日,节日习俗—传统节日习俗,象征意义—节日均达到最高能力要求,即反应。

(2) 主流文化项目的重要性高于亚文化项目。例如,文化产物—节日基本信息中,传统节日属于主流文化内容,其能力要求为反应,两个亚文化内容(非传统节日和少数民族节日)的能力要求分别为描述和理解,低于传统节日的能力要求。

(3) 体现当代中华文化新现象的文化项目。例如,文化产物—交通—交通工具的教材实例中提到共享单车,该项目的能力要求为描述,购物消费—付款方式的教材实

[①] 祖晓梅.汉语文化教材练习活动的编写[J].语言教学与研究,2018(01):8-17.

例中提到无现金支付,该项目的能力要求为阐释,中华文化产物—国家战略的能力要求为描述,中华文化观念—时代精神的能力要求为反应。

(4) 与国际交流相关的项目。例如,中华文化实践—社会服务与国际救助的能力要求为描述,中华文化实践—文化间相互影响的能力要求为阐释,均需要学生对相关文化内容进行语言上的输出。

(三) 文本分析和问卷调查结果中的能力要求存在差异和相同之处,存在差异的情况较多

文本分析和问卷调查中的能力要求情况有相同之处,例如,传统节日基本信息和习俗的能力要求均为反应,国际交流项目的能力要求为阐释或反应。

文本分析和问卷调查中的能力要求差异之处相对较多,主要分为两种情况。第一,问卷调查中的能力要求低于文本分析中的能力要求。例如,教师和教材编写者认为,学生应当学会描述中华文化实践—节日习俗,而根据文本分析,这一文化项目需要达到反应要求,学生需要学会针对节日习俗发表自己的看法或观点。这一差异或许说明,某些文化项目有更多大家没有意识到的、值得挖掘的内容,这些内容在文化教学中应当予以重视。第二,问卷调查中的能力要求高于文本分析中的能力要求。例如,有些文化内容在问卷调查结果中应达到反应要求,而在文本分析结果中,只是知道或理解这类文化内容。例如,中华文化实践—社交礼仪与习惯—送礼收礼在文本分析中的能力要求仅为知道,而教师和教材编写者认为,这一文化项目应达到阐释要求。产生这一差异的原因可能是本大纲的文本分析材料对该文化内容的重视不足。在社交礼仪与习惯—送礼收礼中,与西方人当面拆礼物的习俗不同,中国人通常不这么做,这类与西方文化有差异的文化在中学英语教学中应被给予重视,引导学生不仅了解此类文化内容,而且能够对其进行阐释,分析其背后的原因,在进行跨文化交际时能够从中外文化差异的角度,更为清晰、有条理地介绍和解释中华文化。

问卷调查中的能力要求高于文本分析结果的另一原因是,文本分析过程中,研究者不仅关注语篇中的中华文化项目,对以图片或简单句子形式呈现的文化也做了记录,因此一些文化项目的要求只停留在知道、理解要求。而问卷调查时,为了使问卷填写者在判断能力要求时更有针对性,研究者在调查问卷的指导语中明确指出,需要调查对象判断的是当大纲中文化项目出现在教材核心语篇中时应当达到的语言能力要求,因此能力要求的结果会偏向于较高层级的描述、阐释、反应等要求。

(四) 文化项目的语言能力要求和重要性之间呈一定的相关性

比较问卷调查中中华文化项目重要性和语言能力要求的分布情况,我们发现文化项目的能力要求和重要程度之间呈一定的相关性。一般来说,重要性程度越高,能力要求也越高,重要性程度越低,能力要求也越低。大纲中的所有文化项目的重要性和能力要求虽然在呈现顺序上很难完全一致,但是每个文化类别中重要性和能力要求最高以及最低的项目基本是一致的,位于中间位置的文化项目可能会在重要性和能力要求的对应上有所出入,但是差异并不大。

例如,根据问卷调查结果,在中华文化产物的二级项目中,货币重要性低,服饰、语言文字的重要性中等,但是两者的重要性均值是所在类别中重要性最低的两项。这3个项目的能力要求也较低,均为理解。重要性最高的几个项目是饮食、日常安全,其相应的语言能力要求也较高。饮食的能力要求为描述,均值是所有描述要求的二级项目中均值最高的,日常安全则为阐释要求。在中华文化实践的三级项目中,节庆习俗—少数民族节日习俗和人生庆典—满月的能力要求均值最低,是理解要求,节日习俗—外来节日习俗和人生庆典—成人礼应达到描述要求,但这两个项目也是描述水平中均值最低的两个项目,总的来说,这4个项目的重要性均为中等,且均值最低。节日习俗—传统节日习俗和文化遗产保护的能力要求高达反应,它们的重要性也最高。中华文化观念和中华文化社群两类文化项目的重要程度和能力要求的相关性更为显著,基本能够呈现对应关系。

以上第二点中提到语言能力要求高的文化项目在上一节中基本也都在重要性高的文化项目中,因此也体现了大纲中文化项目的能力要求和重要性之间的相关性。

结语

本研究综合利用多种研究方法,基于已有研究,构建中华文化内容大纲框架,并通过文本分析、访谈、问卷调查等方法,验证大纲中文化项目的重要性和语言能力要求,在研究内容、思路和方法上较已有研究有所突破。

(一) 应用前景

我们建构的中华文化大纲可以成为英语教材编写者编写教材以及教师开展中华文化教学的工具和资源。

首先，其可用于指导课堂教学、辅助教材编写。大纲中的中华文化项目系统性较强，分层、分类合理，有助于教师和教材编写者将所教文化项目置于学生中华文化学习的整体框架中考虑。

其次，其可助力文化项目的选择和学习顺序安排。关于文化项目在教材中出现的频次统计及关于其重要性的问卷调查结果的分析，能为教师和教材编写者选择文化项目、安排教学顺序提供参考。

最后，其可为英语教材与教学中华文化学习需求调研提供参考。可参照本研究建构的中华文化大纲，将文化项目分层、分类，针对性地了解学习者的学习兴趣，并与所用教材中的文化项目进行比较。

(二) 研究不足与未来研究展望

1. 不足

受客观条件影响，加之研究时间和精力所限，本研究还存在一些有待改进之处。例如，只对人教版和外研版的初、高中教材以及部分英语高考卷进行了文本分析，而大纲研究期间，依据《义务教育阶段英语课程标准（2022年版）》的教材尚未完成编写，本研究所分析的初中英语教材中的中华文化内容较少，许多文化项目只在高中出现，因此较难对能力要求进行学段的划分。后续研究可以在初中英语新教材出版后对大纲内容进行补充。

同时，由于问卷内容的专业性较强，许多教师对于英语教材中的中华文化内容关注不多，不太能为研究提供非常有效的信息，样本收集数量不多。随着新课标的推进，该问题日益引起英语教育工作者的重视，后续研究可以对更多的教师和教材编写者展开问卷调查。

2. 未来研究方向

（1）进一步丰富大纲中的文化项目

正如上节总结部分所指出的，文化的发展变化要求不断更新大纲中的文化项目，增加反映当今中华文化的项目。

（2）丰富文化项目的辅助信息

建立教材资源库，通过更多的教材分析，更新大纲中文化项目在教材中出现的频次和实例，并标注文化项目在教材中出现的位置（如课文中、文化拓展板块、练习中）、呈现方式等，为教材设计和教学提供有价值的辅助信息。

（3）补充跨文化视角的相关信息

在英语学习中学习中华文化，主要是要通过中外文化的联系与比较，培养学生的跨文化意识与能力。因此，后续研究可以为大纲中适合进行文化联系和比较的文化项目提供英语国家或世界文化中相关的项目，可以采用的比较角度、比较内容（如相似点还是差异点等）。例如，学习端午节时，可以介绍加拿大等国过端午节的时间、庆祝方式等。此外，补充他文化中可能对中华文化存在的刻板印象的相关信息也很有必要。

第五章

英语教材里
中华文化项目的
选择、组织与呈现

如引言中所述,英语教材要实现文化功能与定位的转型,首先要求我们不能仅仅停留在英语学科和学习者个体跨文化交际的层面探讨文化教育,而要从我国社会发展和学生的文化以及国家认同培养的高度设计并规范英语教材中的文化内容,提升英语教材设计与使用的文化自觉,促进学生语言能力与跨文化能力协同发展,培养中华文化跨文化传播能力,而这一目标的达成需要依托具体的文化学习内容。中华文化大纲为教材内中华文化内容的编写提供了参考,英语教材应从中选择哪些文化项目、如何组织和呈现,都是需要思考的具体问题。话题是衔接语言与文化的重要桥梁。在英语教材中,文化项目主要表现为语篇或活动的主题或话题。

针对英语教材中的文化内容,学界主要研究文化呈现,如李泉[1]、张虹、李晓楠[2],包括呈现内容与呈现方式两方面。教材是课程的主要载体,确定目标、选择经验、组织经验和评价结果是课程开发的四个基本要素和步骤[3],教材文化内容的编写,文化项目的选择、组织与呈现是彼此联系,但又有不同侧重的环节。因此,本书分别对文化项目的选择、组织、呈现展开探讨,分别先结合文献研究和对学科专家、具有丰富的跨文化交际经验的英语教师的访谈,分析和阐释文化项目选择、组织和呈现的策略,然后以文化关键词为抓手,通过比较教材与语料库中文化关键词的关注度和组织、呈现视角的异同,为教材选择、组织和呈现文化项目提供参考与借鉴。

第一节　中华文化项目的选择

英语教材应该选择什么中华文化项目/话题供学生学习,是教材设计的关键环节,既关系到学习者或受众的需求能否得到很好的满足,也关系到文化传播的目的能否达成,以及传播效果能否得到保证;既涉及技术问题,也事关文化价值观念问题。注重考虑这一问题,教材的设计才能有正确的文化价值。

---

[1] 李泉.文化内容呈现方式与呈现心态[J].世界汉语教学,2011(03):388-399.
[2] 张虹,李晓楠.英语教材文化呈现分析框架研制[J].中国外语,2022,19(02):78-84.
[3] 拉尔夫·泰勒.课程与教学的基本原理[M].施良方,译.北京:人民教育出版社,1994.

针对英语教材、教学中本土文化项目的选择,尚未见有专门、系统的探讨。1965年召开的高校外语教学改革会议专门讨论了外语教学内容的问题,反复研究后提出应当慎重处理好三个关系和一个问题:正与反的关系、古与今的关系、中与外的关系和题材、体裁多样化的问题①。这对我们思考英语教材中中华文化内容的设计有积极的指导意义。本节借鉴这些观点,结合第三章教材本土文化比较以及我们对学科专家和有丰富跨文化交际经验的英语教师的访谈,阐述英语教材中中华文化内容选择的原则。

一、适用、适合与适度

(一) 适用:语言学习与文化学习相融合

与其他学科中的文化学习相比,语言课和语言教材中的文化学习,其突出的目的是使得学习者更好地理解和运用语言,开展跨文化比较,加深对本土文化的理解,加强文化认同,培养国际视野。因此文化内容,包括中华文化内容,要紧密结合语言交际实践,与学生所学语言的学习目标、内容密切相关,与日常交际所涉及的主要方面密切相关,激发学生学习语言和文化的兴趣,使语言学习与文化学习形成良性互动效应,让学生既学习了英语,又增长了文化知识,而不能让学生为学习中华文化而学习中华文化,完全不顾语言知识、技能的学习和文化意识的培养,将中华文化的学习与英语语言的学习割裂开来。

语言学习与中华文化学习不能很好地相互促进的情形可能有以下几种:第一,中华文化内容缺乏语言支架。例如,教材呈现有关中华文化的图片,但未提供英语文字说明或设计相关活动。再如,教师在教授教材中的中国传统节日——春节后,创设情境,让学生选择一个当地的重要节日向外国友人介绍,但教师只提供了这些节日的中文提示。第二,用英语呈现中华文化内容,但没有提出相关学习要求。有的教材渗透中华内容,但只是用英语呈现相关信息,没有设计任何学习任务,这样的内容很容易形同虚设。第三,语篇中的中华文化是学生所熟知的,学习的信息差不够充分,可能影响学生的学习兴趣。当前随着英语课程改革的深入,学科育人、文化育人的理念越来越受到重视,出现了很多多模态中华文化英语学习材料,供中小学生学习,其中不乏此类

---

① 付克.中国外语教育史[M].上海:上海外语教育出版社,1986:67-82.

材料。

要实现语言学习与文化学习的良性互动,文化学习内容要适合学习者的目的语水平,针对上面第一、二种情况,需要结合所学内容,提供语言支持,设计适宜的学习任务。针对第三种情况,英语教材选择中华文化主题时,一方面应注意学科间的融合与配合,考虑学生在语文、地理、历史、道德与法治等学科中有关中华文化的学习情况以及学生的日常经验,根据英语学科特点,筛选适宜的主题和切入点,使文化学习符合英语教学的目标和教学规律。

(二) 适合:契合学生最近发展区

最近发展区是有效教学的基本原则[1],语篇的语言、内容和结构是影响理解的三个重要因素[2],当学生缺乏相关文化背景知识,或文化知识超越了学生的文化积累和文化认知时,即使文中没有一个生词,往往也难以实现文化理解。因此,英语教材中融入的中华文化应在学生的认知水平、语言能力和文化积累等所形成的理解中外文化的最近发展区内[3]。

不少英语教材中都有中华寓言故事,其中有的故事受限于学生的语言水平,叙述较为简短,所附插图大多只能展示故事的事实性信息,难以传递其中寓意。例如,某小学教材中"Uncle Bai and His Hats"讲的故事是白爷爷准备去市场卖帽子,由于天气炎热,他在大树下休息时睡着了,一群猴子学他的样子,把草帽拿走了并戴在头上,白爷爷与猴子斗智斗勇把帽子拿了回来。教学中发现,不少学生学完课文,仍然不知道白爷爷是怎么拿回帽子的,以及这个故事想告诉人们什么道理。教材需要设计相关的内容、活动等搭建支架,帮助学生学习理解。

总之,教材选择中华文化内容时,重点在于引导学生思考文化现象,理解文化内涵,培养文化意识,应注重联系学生自己的文化经验、认知、情感,选择处于学生最近发展区的内容,使其符合英语教学中文化学习的目标和教学规律。

---

[1] 鲁子问,陈晓云. 高中英语文化意识教育实践路径[M]. 北京:外语教学与研究出版社,2019:66.
[2] 郭宝仙,章兼中. 构建我国中小学外语阅读能力的结构框架体系[J]. 课程·教材·教法,2016,36(4):23-29.
[3] 鲁子问,陈晓云. 高中英语文化意识教育实践路径[M]. 北京:外语教学与研究出版社,2019:66-67.

(三) 平等适度

每一种民族文化都是在一定的环境中产生和发展的,英语教材中的英语国家和世界其他国家文化,有助于培养学生的国际视野和人类命运共同体意识,也有助于更好地认知中华文化。而教材中的中华文化内容有助于加深学生对中华文化的认同感,增强学生的民族自豪感和自信心,培养学生用英语传播中华文化的能力。中外文化的学习共同指向学生正确价值观念、必备品格和关键能力的发展,因此英语教材文化内容的设计应发挥英语课程中西文化交流融合的课程优势,将中外文化作为一个整体来认识和设计,遵循平等适度的原则选择中华文化项目,在教授和学习英语语言和文化知识的同时,视具体学情适度地融入中华文化项目,既要避免中华文化内容缺失,又要把握好度,避免矫枉过正,使学生缺失对英语国家和世界重要文化知识的学习。例如,谈论早餐主题时,若涉及的全部都是中式点心,而不提及面包、三明治等西式日常食品,既不符合许多中国青少年的生活实际,也不利于学生培养国际视野。

二、中外联系

(一) 采用中外联系的视角选择文化项目

无论是学习中华文化,还是其他异域文化,都不能将文化看作是独立而互不关联的。正如法国人类学家克罗德·列维·斯特劳斯(Claude Levi-Strauss)所言,"这样的社会压根儿不存在。所有的文化从一开始是相互借鉴融合的产物"[①]。事实上,使得文化与众不同,并赋予其永恒意义的,正是它们之间的相互联系,文化繁荣发展的一个重要原因就是与其他文化的相互联系。习近平总书记强调,文明交流互鉴是推动人类文明进步和世界和平发展的重要动力。用英语表达和传播中华文化,交际对象通常为来自不同语言社区和文化背景的人士,如能立足于学生核心素养的发展及积极的世界观、人生观、价值观的培养,将中华文化与世界其他国家文化项目的选择结合起来进行顶层设计,既可以帮助学生加深对中华文化的认识,又能帮助他们更好地认识和理解世界,提高文化鉴赏能力。因此,教材中华文化项目的选择要突破单一、静态的国别视角,围绕主题采用互联、互通、互动与互鉴的视角选择文化项目,凸显中外文化的异同,

---

① [美]库玛. 文化全球化与语言教育[M]. 邵滨,译. 北京:北京语言大学出版社,2017:8.

体现中外文化的相互影响，推动学生跨文化能力的培养和人类命运共同体的构建。

例如，学习西方节日的时候，联系我国相关节日；学习中国学校教育的话题时，联系其他国家学校教育的情况；学习世界其他国家科技发明创造时，融入中国科技发明创造有关内容。这样既能激发学生的学习兴趣，又能使学生直观形象地了解中西方文化，发现各种不同文化的共性与个性，启发学生思考如何借鉴外来文化发展提升我们自己的文化。现有教材中有少量这方面的内容，其设计思路值得推广和借鉴。例如，人教版高中教材将中外节日分为怀念祖先、纪念名人、庆祝丰收、迎接春天等几种类型加以介绍；介绍英语诗歌的形式时，简要介绍日本的诗歌和中国唐诗；外研版高中教材通过英国人熟悉的青花瓷盘，展示中华文化对英国的影响。

需要注意的是，中外联系既要注意联系英语国家和西方发达国家，也要增加其他非英语国家与民族的文化内容，如我国的重要邻国和"一带一路"国家的文化等。目前"一带一路"沿线有144个国家，基础教育阶段可以选择其中与我国交往密切的国家，介绍交际规范、风俗礼仪等时加入这些国家的交际案例，进行文化对比。例如，谈论我国西南地区，如广西、广东、云南和西藏时，联系东盟和南亚的有关国家，让学生了解世界文化的多元性特点，从而进一步促进民心相通。

（二）选择能体现中外文化互联、互通、互动与互鉴的文化项目

通过能体现中外文化互联、互通、互动与互鉴的文化项目，可以展示中华文化的开放性、包容性和国际影响力。日本的英语教材非常重视展示日本与异域文化交流、为解决国际问题所作贡献等方面的内容，通过介绍各个领域的知名人士参与国际组织、在日本的国际组织以及日本文化产物（如阿修罗雕塑）所体现的问题交融的特点等，展示其文化的开放性与包容性。我国的英语教材中也应增加这方面的内容，体现中华文化的开放性和包容性。除了介绍我国参与国际组织、为解决国际问题所作贡献等内容，还要展示日常生活习俗、文化产物等所体现的中华文化开放包容的特点。例如，文化观念和生活方式方面，大多数中国人接受了隐私的观念、女士优先、用感谢回答对方的称赞、采用西式婚礼、AA制等，这些都有助于展示一个开放的中国形象，说明中华文化愿意不断吸收外来文化这一特色。

此外，日本的传统文化教育也非常重视传统文化中"在现代得到好评的有价值的事物"，具体包括"传播至世界的日本文化"和"得到世界好评的日本的传统和文化"两方面。英语教材中文化内容的选择也应重视"传播至世界的中华文化""得到好评的中

国的传统和文化",以此展示中华文化对世界的贡献,培养学生的自豪感和文化自信,从中体会这些受到好评的现代文化中所凝聚的中华传统文化和精神。

三、典型性、代表性与独特性

(一) 从跨文化调查结果看

典型性与代表性是指要选择中华文化中最能体现其基本面貌和主要特征的内容,唯有如此,才有利于受众比较准确地把握中华文化的大概面貌和基本特征。那么,哪些内容是中华文化中最具有典型性和代表性的呢?"中华优秀传统文化是中华民族的突出优势,是我们最深厚的文化软实力"①,多项实证研究发现,对于中国,海外民众最希望了解或谈论最多的几个主要方面就包括"传统文化"。例如,根据中国外文局、察哈尔学会和华通明略三家机构联合发布的《中国国家形象调查报告 2012》,在对美国、英国、澳大利亚、印度、马来西亚、南非以及中国七个国家的 2 359 位受访者进行调查发现,对于中国,海外民众最感兴趣、最希望了解的方面主要集中在以下四方面:(1)"传统文化",发达国家 46%、发展中国家 65%的被调查者持这一观点。(2)"风景名胜",发达国家 50%、发展中国家 66%的被调查者持这一观点。(3)"历史",发达国家 45%、发展中国家 56%的被调查者持这一观点。(4)"普通人的生活",发达国家 48%,发展中国家 54%的被调查者持这一观点。

对国际社交媒体的调查也发现,中华传统文化是人们讨论的热点。徐翔对 Twitter、YouTube、Tumblr、Google、Flickr、Reddit 等具有代表性和典型性的国际社交媒体中传播热度高的帖子进行了分析,发现中国历史传统文化和艺术文化是国外社交媒体中的中华文化传播热点②。这些都表明了中华优秀传统文化的代表性和传播价值,它们应作为英语教材中中华文化内容的重要、主要组成部分。

(二) 从教材国际比较结果看

除了从具体的文化内容的视角,我们还可以从文化构成要素视角来考虑典型性与

---

① 习近平总书记 2013 年 8 月 19 日在全国宣传思想工作会议上的讲话。
② 徐翔. 网络文本内容挖掘视角下的中国文化形象呈现特征及差异[J]. 北京邮电大学学报(社会科学版),2015,17(4):1-9.

代表性中华文化的选择。文化产物、文化实践、文化观念、文化社群和文化人物五个方面相互联系,从不同侧面反映本土文化。第三章中外教材本土文化内容比较研究发现,我国英语教材中需要加强本土文化人物、社群的有关内容,如各行各业有影响力的人物、少数民族文化及保护、我国参与国际组织和国际问题解决的有关组织、重要人物的事迹等,以便使文化学习内容更为具体、生动、感人,从中自然地渗透中华文化实践和文化观念。

另外,也有学者认为,兼具独特性和代表性的内容比较适合作为传播的内容[1],如中医、"天人合一"的理念等。中医作为一种整体论的医学体系,因其独特的哲学基础和整体论的认知方法而越来越为世人所熟知,也正逐步被越来越多的人所接受。英语教材中可以结合学生的学习和生活经验,联系外国人对中医的使用,选择合适的中医药和中医疗法。如受国外游泳运动员追捧的拔火罐,近来网络刷屏的加拿大宝妈在香港体验坐月子的习俗等。

四、普遍性原则,凸显中华文化的世界意义

世界各国文化多元、异彩纷呈,但每个国家、民族的文化中也包含一定带有普遍意义的成分,如西方文化中的民主、平等,中华文化中的"和谐",这些是人类社会相互交往的基础。"当今世界对中国的了解还很不够,对许多国家和民族来说,中国仍然是个很神秘的国家,许多人对中国或者完全不了解,或者停留在百年前、三十年前的状态。"因此,我们应该树立一个开放的中国形象,一个尊重世界各民族文化,愿意与世界各民族平等相待的中国形象。[2] "英语学习要为学生学习其他学科知识、汲取世界文化精华、传播中华文化创造良好的条件",同时还应"帮助学生树立人类命运共同体意识和多元文化意识,形成开放、包容的态度"[3]。因此,英语教材中选择中华文化内容时,需要处理好中华文化与目的语国家文化、世界其他国家文化的关系,在考虑内容的典型

---

[1] 朱瑞平,张春燕.汉语国际教育背景下文化传播内容选择的原则[J].云南师范大学学报(哲学社会科学版),2016,48(1):7.
[2] 李泉.文化内容呈现方式与呈现心态[J].世界汉语教学,2011(03):388-399.
[3] 中华人民共和国教育部.普通高中英语课程标准(2017年版2020年修订)[S].北京:人民教育出版社,2020:1.

性、代表性、独特性时,也要注意中华文化中具有普遍意义的成分,这样才更有利于学生跨文化能力的培养和中外文化交流事业的发展。要深入发掘中国优秀文化中具有普适性或普遍意义的内容,凸显中华文化的世界意义,寻求与国际受众在价值和情感层面的共通点,帮助学生了解人类共同享有和遵循的精神,有利于学生树立求同存异、和谐共处、合作共赢的观念。

例如,人教版高中英语教材中关于节日的介绍谈到世界各地的节日有一些共性,如庆祝丰收、怀念先祖、迎接新年等,这样的内容能让学生认识到人类有许多共同的价值观念和追求,这是跨文化交往的基础。

五、双向需求相结合的原则

所谓双向需求结合原则,指的就是跨文化交际中文化传播者的主观愿望和受众的实际需求相结合的原则。

(一) 关注学生需求

学科、学生和社会是课程开发的三个基点,作为一门学校课程,英语学科中学习内容的选择必须考虑学生的学习和生活经验、语言学习的需要、英语水平等,选择学生表达自己的学习、生活、所思所想所感等所需要学习的重要内容。对 Twitter、YouTube、Tumblr、Google 等社交媒体中传播热度高的帖子进行分析发现①,city 以及 Shanghai 等与地方文化相关的词在国际社交媒体中有着较为共同的高热度传播。因此,教材除了可以展示上海、北京、澳门等重点城市和地区的文化遗产、文化生活、文化魅力,还可以展示学生所在城市和地方文化的内容。

(二) 考虑受众的需求

课题研究过程中,我们对学科专家、具有深度跨文化交际实践经验的英语教师进行了访谈,他们都建议,英语教材中中华文化内容的选择不仅要考虑"我愿",还要考虑"他需"。

例如,一位学科专家认为,设计英语教材中的中华文化内容需要分析传播中华文

---

① 徐翔. 网络文本内容挖掘视角下的中国文化形象呈现特征及差异[J]. 北京邮电大学学报(社会科学版),2015,17(4):1-9.

化的内外需求,我国传播中华文化的需求与目的,是展示中华文化之彩,促进外界对中华文化的理解;外国了解中华文化的需求与目的,是尽可能全面真实地认知中华文化,发现自己可学习借鉴之处。

一位有深度跨文化实践的 X 老师则提到:"通过与国外人士的交往,我一直都觉得外国人挺想知道中国人在干什么、中国孩子在干什么、中国大学生是什么样子的,以及中国的中考、高考是怎样进行的、中国人的养老问题是怎样的,等等,这些都是外国人比较感兴趣的,也都存在中外差异。"

同时,从传播学的角度看,跨文化交际中,受众未必总是被动接受别人传播的内容,一味服从传播者的安排,他们也有自身需求。一种文化是否被认同取决于对方是否需要,是否是对方所没有且需要的,也取决于时机、机遇等其他条件。[①] 例如,五四时期中国接受西方的"科学""民主"观念是由于中国社会变革发展的需要,是我们中国人自己的选择。国外学者提出的"使用与满足"理论[②],强调传播过程中受众是主动、能动的,基于个人的需求和愿望选择被传播的内容,制约着传播的过程。由此可见,在跨文化交流中,不顾对方需要,把自己希望对方了解、理解甚至接受的内容强加于人,或靠主观臆断来选择内容进行传播,不会有好的交际效果。因此,中华文化内容的选择还必须考虑交流对象,即受众的需求,受众希望了解什么内容,协调好供需双方的关系,才能达到较好的交流效果。

六、虚实结合

英语学习中的文化可分为文化产物、文化实践、文化观念、文化社群与文化人物等。其中,文化观念是文化的最深层表现形式,是一种文化的核心组成部分,是虚的、抽象的,蕴含于文化习俗、实践与产品中,而文化习俗、实践与文化产物都是实的,是文化观念的外在表现形式。文化教学中一个文化观念可以用许多例子来说明,比如过年时北方吃饺子,南方吃汤圆,它们的外在表现形式不同,但内在反映出的都是共同的价

---

① 李泉. 文化内容呈现方式与呈现心态[J]. 世界汉语教学,2011(03):388-399.
② Katz, E., Blumler, J. G., Gurevitch, M. Uses and Gratifications Research [J]. Public Opinion Quarterly, 1973,37(4):509.

值观,即对家庭与血缘的重视。同样一个文化习俗或者一个文化产物可能反映出许多观念。例如,中秋赏月除了家族团圆,还包含着中国人的女性意识、阴阳观念。月饼除了浓缩家族亲情之外,还起着协调社会关系的作用①。

从认知规律来说,从现实社会生活中的文化现象入手进行文化学习,如社会习俗及文化产物,将其与更为深层的文化观念联系起来,可以使学生更深入地达成文化学习的目标。因此,中学英语教材选择文化项目时,需要注意虚实结合,彰显"实"的文化产物和文化习俗背后的观念,唯有如此,文化内容的学习方可超越其形,掌握其"魂"。有的教材会在文化知识介绍中,涉及一些中华文化观念,例如孔子关于"礼"的观念,但这种观念如何体现在日常行为中,学生有时意识不足,这种脱离文化产物、实践,泛泛地介绍和学习文化观念,无异于纸上谈兵。

另外,面对纷繁复杂的文化现象,对价值取向的把握需注意尽量保持客观,避免较强的主观色彩与简单化倾向。

七、时代性原则

(一) 选择能展示中国今昔变化的项目

中华文化源远流长、博大精深,而学生的英语学习时间有限,在选择传播中华文化内容时,应该处理好传统与当代的关系,凸显文化内容的当代视角和内涵阐释,注重其时代价值、时代精神,帮助学习者更好地理解当代中国国情、中国社会和文化,从中体现中华文化在当今的发展和变化,体会当代中国人生活、观念中延续的传统文化和习俗,以及当今中国人与时俱进创造的新文化和发展的新观念②。

日本的传统文化教育非常重视在"过去、现代和未来相互联系的视野"下谋求文化的传承与创新③,实现这一理念的一种重要的文化内容,即"历经漫长岁月、形式发生多种变化而传至今日的事物"。也就是通过展示现实生活中具备这些特点的事物,如千社帖、垃圾袋上的传统图案等,引导学生发现传统,发现现代文化与传统文化的联

---

① 陈莹. 国际汉语教师培养与培训丛书国际汉语文化与文化教学[M]. 北京:高等教育出版社,2013:146.
② 李泉. 文化内容呈现方式与呈现心态[J]. 世界汉语教学,2011(03):388-399.
③ 沈晓敏. 指向文化创造的日本传统文化教育[J]. 中国德育,2018(14):7-11.

系,这种古今结合、古为今用的文化教学策略对我们选择英语教材、教学中的中华文化具有积极借鉴意义,能帮助学习者深入了解和理解中华文化,了解一个开放、包容和发展变化的中国,从而更好地达到文化教学和传播的目的和效果。

现行教材中已有部分中华文化内容体现了这一原则。例如,人教版高中教材必修一第五单元"Languages around the world"中读思板块"The Chinese Writing System: connecting the past and the present"一文讲述了汉字发展演变及其在联结中国的过去与现在、不同地域和方言地区方面的意义,随着中国的发展强大,汉字在传播中国历史、文化方面发挥重要作用。再如,上海教育出版社高中教材必修一第二单元"Places"主阅读语篇"Where history comes alive"就从古今结合的角度介绍西安和佛罗伦萨两个城市。这样的文化内容从学生熟悉的当代中华文化入手,展示这些文化内容的历史、变化,及其在中华文化传承发展中的重要性,既贴近学生生活,又能联系古今,让学生领悟到传承中华文化的意义。

(二) 当代中国人生活中有代表性的文化

英语教材中还可以增加一些当代中国人生活中有代表性的文化。课题组访谈的3位有多年孔子学院教学经验的英语老师对此提出了他们的看法。L老师说,"中国的发展变化很快,很多社会、文化、艺术方面的文化值得关注,但好像除了太极拳、书法、剪纸,外国人对中国的了解就不多了。因此,教材中要增加一些鲜活的内容,如果我们能把中国当代艺术带出去就更好了,学生如果在初高中可以学到这些东西,出国后更加方便表达"。

W老师说道,"眼保健操、广播操、广场舞,这些具有中国特色的活动,国外人士觉得很好奇,中国老师教外国学生做广播体操,学生的参与度很高;广场舞对老人的身体很好,可以锻炼身体,在国外很少有户外跑步这样的运动,大家多在健身房里,很少在广场上跳操"。

八、选择能展示保护、传承和创新中华文化的项目

任何传至今日、具有持续生命力的文化遗产,都经历过前人吸收其他文化精华、与时俱进地进行创造性改造的过程。例如,汉字是世界上罕见的拥有5 000年历史的古老文字,它由象形字演变而来,成为既表音又表意的方块字。如教材比较一章

所述,韩国英语教材非常重视文化传承、保护和发展中的重要人物事迹,培养学生文化传承、保护和创新的意识与能力。我国英语教材中选择中华文化内容时,对此也应高度重视。

一方面,应挖掘、展现优秀传统文化得以被传承至今的历程及其相关人物的事迹。另一方面,选择有关内容,让学生了解中华传统文化正在或曾经面临的传承问题与困境,引发学生对传统文化生存状态的关注,激发保护、传承和振兴优秀传统文化的使命感。例如,我国是最早发明陶瓷的国家,但由于科学技术发展缓慢等原因,近代以后我国的陶瓷业水平远远落后于西方发达国家。为了重振中国陶瓷业,我国通过科技创新,改进生产工艺,例如,景德镇研制的大型陶瓷隔热瓦被用作"神舟六号"飞船的"防热衣",这为陶瓷在航天领域的应用开辟了一条新路。

第二节 基于教材与语料库比较的文化项目选择案例分析

上一节阐释了英语教材中选择中华文化项目时要考虑双向需求、典型性与代表性、普遍性、时代性等原则,具体操作时究竟该如何落实这些原则呢?本研究采用语料库分析法,围绕中华文化关键词,对英语教材与国际英语语料库中的中华文化项目的关注度、呈现方式、词语搭配等进行比较研究,希望能为我国英语教材和教学中中华文化项目的选择与呈现提供具体可行的参考与借鉴。本节介绍对文化关注度的比较研究,第四节介绍对文化呈现的比较研究。

一、文化关键词及其关注度

在语言的诸因素中,词汇最能反映一个民族的文化[①],而词汇中的"关键词"尤其发挥着重要作用。文化关键词指那些与社会文化生活密切相关、蕴含丰富的社会文化信息,并能传递主流思想、价值观和态度的词汇。在某种程度上,文化关键词反映了复

---

① 胡文仲.跨文化交际学概论[M].北京:外语教学与研究出版社,1999:90.

杂的社会关系,揭示了历史发展过程中社会文化形态的变化①。借鉴李文中②的界定,本研究中的中华文化关键词是指英语文本中所包含的,表达中华文化知识经验、世界观念、哲学思想、信仰、价值观念以及名物、社会生活、习俗和行为方式的词语,其中中国传统文化关键词是承载中华文化的最核心、最重要的"词"。

文化关键词含有丰富的文化意义,是文化发展的缩影,因此研究者通过分析文化关键词,揭示其背后的社会变化。随着语料库语言学的发展,"语料库研究已成为几乎所有语言研究的重要元素"。③ 基于语料库的文化关键词研究成为分析文化关键词在某一语言社团、阶层或国家的使用和意义变化的重要手段。近年来随着中华文化"走出去"战略的提出,基于文化关键词视角的中华文化相关研究受到关注。国内学者基于语料库对文化关键词展开的研究主要视角包括通过关键词的词频研究文化的发展变化,通过语料库中文化关键词的搭配探究其背后的文化含义。

对文化关键词研究的第一步就是探究其出现频率(以下简称词频),出现频率是关注度的直接体现④。文化关键词的出现频率越高,说明人们对其重视程度和关注度越高。本研究通过考察和比较中华文化关键词在高中英语教材和国际英语语料库的词频,分析两者对中华文化关注度的差异。

二、文化关注度差异研究的设计与实施

(一) 研究目的

本研究对教材与语料库中文化项目选择与呈现的比较研究进行整体设计,通过考察中华文化关键词在两者中的词频,分析两者对中华文化关注度的差异;通过比较文化关键词的呈现方式和搭配,分析两者对文化关键词呈现方式的差异。本节介绍关注度差异分析,第四节介绍呈现方式差异分析。

---

① 卫乃兴.词语学要义[M].上海:上海外语教育出版社,2011.
② 李文中.李文中谈基于语料库的文化表述研究[J].语料库语言学,2015(01):1-11.
③ Teubert, W. My Version of Corpus Linguistics [J]. International Journal of Corpus Linguistics, 2005,10(1):1-13.
④ Teubert, W. My Version of Corpus Linguistics [J]. International Journal of Corpus Linguistics, 2005,10(1):1-13.

这里的文化关键词词频，对于教材来说，指的是一个文化关键词在教材中出现的频数在所有文化关键词出现总数中所占的比例；对于语料库来说，指的是语料库中文化关键词的每百万词频。通过对文化关键词的出现频率进行统计，能够最直观地看出国内外对中华文化关注度的高低。

(二) 研究方法

本研究主要采用语料库分析法、文本分析法和访谈法三种研究方法，研究方法与对象分别如下：

1. 语料库分析法

这里的语料库包括两方面，一是自建语料库，研究者自建人教版高中英语教材语料库。二是国际英语语料库，研究选取 NOW 语料库(News on Web Corpus)。该语料库由美国杨百翰大学(Brigham Young University)马克·戴维斯(Mark Davis)教授开发，以 20 个国家的网络、报纸新闻为数据来源，共有 129 亿个词，涵盖社会各方面的资讯，而且该语料库是实时更新的，每月增长约 1.8~2 亿个词，有利于了解英语国家的最新动态和最新关注热点。因此，它被认为是目前世界上最大最好的网络英语新闻语料库之一①，使用 NOW 语料库作为数据来源十分科学。

语料库分析通过文化关键词进行，这些词来自由中国国家广电总局主办、中国国际广播电台策划实施的大型多媒体系列文化项目《你好，中国》(英语版)。该节目选取 100 个代表中国传统文化精髓的汉语词汇，从不同侧面反映中华文化，加深国外民众对中国和中华文化的了解。节目组围绕这些文化关键词，以不同形式制作了很多衍生节目，既有电视系列纪录片(对每一个文化关键词都以视频的形式作了简洁的介绍)，也有纸质教材(将 100 个文化关键词的介绍编成 100 篇课文，汇集成一本教材)。本研究提取《你好，中国》(英语版)的 100 个文化关键词作为研究对象，是因为这些词是官方认可的代表中华文化的词语，具有权威性。

2. 文本分析法

本研究采用定量与定性相结合的文本分析法。对文化关键词在英语教材和 NOW 语料库中出现的频率、呈现方式和搭配等进行定量统计，再对以上文化内容进

---

① 吕璐，韩雪龙，韩辉等. 基于语料库的山东省国际形象研究[J]. 海外英语，2021(17)：262 - 265.

行定性分析。

3. 访谈法

为了使研究结论和研究结果更准确,研究选取有丰富跨文化交流经验、熟悉中国英语教学的老师为访谈对象,就访谈老师在跨文化交流期间观察到的中华文化教学与传播现状、英语国家受众对中华文化的关注、对教材文化内容的编写建议和文化教学的建议等,进行面对面交流。

(三) 研究对象

1. 文本分析对象

2022年4月21日,教育部颁布了《义务教育课程标准(2022年版)》,此时本课题研究接近尾声,而基于新版义务教育课标的小学和初中教材仍在编写过程中,因此,本研究选取基于《普通高中英语课程标准(2017年版2020年修订)》理念的高中英语教材进行分析。在通过教育部审核的多个版本的高中英语教材中,人民教育出版社编写的教材(以下简称人教版教材)是使用范围很广的教材之一,具有很高的影响力和权威性。同时,通过对人教版、北师大版和外研版三套使用范围较广的教材比较发现,人教版教材中有关中国国家形象的核心阅读语篇最多,而且这些语篇在整套教材中的分布最广[①]。因此,本研究以2019年4月出版的人教版教材作为分析对象。人教版教材分为必修、选择性必修和选修,各自为不同的课程目标服务。本研究选择必修的三本教材,原因在于必修课程是基础性课程,能够帮助学生达成英语学科核心素养中最基本的要求,这三册每册都包括五个单元和配套的学生练习手册。

2. 访谈对象

为了保证研究结果的准确性以及提出建议的合理性与全面性,研究者邀请了三位在欧美国家孔子学院工作过的老师为访谈对象。这三位老师,均是上海某985高校教师,其中2人为副教授,1人为讲师。她们都有丰富的英语教育经验,都曾在美国或/和欧洲孔子学院工作,其中两人在国外连续工作2年,一人工作6年,对跨文化交流中外国人对中华文化的兴趣、不解等较为了解。

(四) 研究实施

本研究从跨文化视角出发,比较《你好,中国》(英语版)中的100个文化关键词和

---

① 张琨. 高中英语教科书中的国家形象比较研究——以人教版、北师版和外研版为例[J]. 中小学英语教学与研究,2022(08):2-6+15.

人教版高中英语必修教材中提取到的文化关键词,选择重合的词作为研究对象,探究教材与英语世界对中华文化关注的异同。

1. 文本分析与语料库分析

首先,筛选和提取人教版高中英语教材(以下简称英语教材)必修三册书中的文化关键词,共提取 133 个文化关键词。其次,将从教材中提取的文化关键词与《你好,中国》(英语版)中的 100 个文化关键词进行对比,找出重合的 26 个词,比较其在教材和 NOW 语料库中的出现频率、呈现方式和搭配。最后,对 NOW 语料库中出现频率较高(每百万词频>0.5)但教材中没有出现的 11 个文化关键词进行检索并分析原因。

需要说明的是,《你好,中国》(英语版)系列纪录片提供了有关这些文化关键词的英文释义,关于其中几个词项作如下说明:(1)部分词的英文释义在语料库中检索不到,于是采用拼音注释的方法进行检索,如状元(zhuangyuan)、你好(nihao)、都江堰(dujiangyan)、土楼(tulou);(2)部分词有两种英文释义,最终的检索结果为二者之和,如剪纸(paper cutting/paper-cutting)、京剧(Beijing opera/Peking opera)、皮影戏(shadow puppet/shadow play)、泰山(Taishan Mountain/Mount Tai)、算盘(Abacus/counting frame)、蜡染(Wax printing/batik);(3)部分词会包含多重解释,在检索时会涉及另一个词,无法准确代表中国传统文化,故研究者在此次检索中对此类词不作进一步分析,如 China①、sun②、moon、things、family、money、music、paper、dance、numerals、name、baby、wedding、fan、fish 等。

2. 访谈

为了确保本研究对中华传统文化影响力的分析以及对文化教学的建议合理有效,课题组访谈了三位孔子学院的一线教师。

访谈以面对面的形式进行,课题组提前告知了受访者本研究的目的、内容和方法,并辅以访谈提纲,邀请他们分享在孔子学院任教期间观察到的英语国家对中华文化内

---

① 在检索 China 时可能会涉及瓷器,进一步检索其关联词发现,与"China"相关的词出现频率最高的是 Chinese, communist, mainland, economically, prosperity,由此可以推断,检索的"China"就是"中国"。同类词有 fan。

② sun 代表着希望,而根据检索结果,与"sun"相关的词中出现频率最高的是 solar, earth, planet 等与天文学有关的词,与中华文化无关联。同类词有 moon, money, paper, numeral, name, baby, wedding, fish, music 和 dance 等。

容的兴趣点,并对中学英语教材中中华文化内容的编写及教学提出建议。访谈结束后,研究者对收集到的访谈数据进行整理。

三、教材和语料库对中华文化关注度的比较

(一) 教材和语料库对中华文化关键词关注度的基本情况

我们对教材和 NOW 语料库共有的 26 个文化关键词的词频进行了排序。这些词在教材的 15 个单元中出现的频率共计 108 次。26 个关键词中有 18 个为文化产物类,共出现 73 次,文化观念和文化人物各 1 个,分别出现 1 次和 13 次,文化信息类关键词 6 个,共出现 21 次。

根据 NOW 语料库中的检索结果,在 26 个文化关键词中,"北京""茶""龙"这三者词频位居前三,而在高中英语教材中,"长城""孔子""茶"位列前三。由此可知,国内外对中华文化关注的侧重点有重合,也有差异。

下面按照文化关键词的分类呈现 26 个文化关键词在人教版高中英语教材和 NOW 语料库中的出现频率,前者指的是某个词的出现次数在 26 个词出现次数之和中的所占比例,后者指的是该词在 NOW 语料库中检索得到的每百万词频。

从表 5-1 看,18 个文化产物类关键词在教材中的出现频率都较低,出现频率最高的三个文化关键词依次为"长城""茶""春节",三者的频率比较接近。从表中也可以看出,多数文化产物类关键词在 NOW 语料库中的出现频率也不高,其中频率最高的三个关键词依次为"茶""风筝""灯笼",其中"茶"的频率远远高于其他关键词;"长城"的频率在语料库中排第四,说明相对而言,英语世界对其也有一定关注度。

表 5-1 文化产物类关键词的词频比较

分类	文化关键词	教材	NOW 语料库
建筑	长城	0.14	0.99
	故宫	0.03	0.41
艺术	书法	0.07	0.74
	京剧	0.01	0.04

续 表

分类	文化关键词	教材	NOW 语料库
	风筝	0.01	1.88
	剪纸	0.01	0.04
	灯笼	0.02	1.82
	瓷器	0.01	0.00
	兵马俑	0.04	0.06
	毛笔	0.01	0.00
饮食	茶	0.11	31.74
	火锅	0.01	0.16
节日基本信息	中秋节	0.03	0.35
	春节	0.10	0.35
	端午节	0.02	0.09
	清明节	0.01	0.02
语言文字	汉字	0.07	0.18
文学(小说)	《西游记》	0.01	0.06

由此可知,英语教材和语料库都重视"茶"相关的文化内容,一定程度上也都关注"长城"。此外,英语国家还比较关注"风筝"和"灯笼"相关文化,教材则较重视"春节"。

由表5-2可以看出,在文化观念、文化人物、文化信息三类共计8个关键词中,文化人物类关键词"孔子"在教材和语料库中的出现频率都比较高,文化观念类关键词"龙"在语料库中的出现频率高于教材,文化信息类关键词中,"泰山"一词在教材中出现频率较高,其他词出现频率较低,而在语料库中,"北京"词频很高,其次为"熊猫",其余的关键词频率都较低。由此可见,语料库和英语教材都关注"孔子",英语教材更关注"泰山",语料库中则更关注"北京"。

表5-2 文化观念、文化人物和文化信息类关键词词频

类别		文化关键词	教材	NOW语料库
一级类别	二级类别			
文化观念	象征意义	龙	0.01	12.72
文化人物	杰出人物	孔子	0.12	0.56
文化信息	地理	泰山	0.07	0.00
		西湖	0.02	0.11
		北京	0.02	39.45
		西安	0.02	0.34
		敦煌	0.01	0.05
	动植物	熊猫	0.03	3.00

(二) 教材和语料库对文化关键词关注度的异同

根据表5-1、表5-2信息,26个文化关键词中有22个在英语国家和英语教材中的重视程度大体是一致的,其中"茶""长城""孔子"在教材和NOW语料库中词频均较高,其余19个词的词频均较低。"龙"和"北京"在NOW语料库中词频很高,但是在高中英语教材中的词频却不高;"春节""泰山"在英语教材中词频较高,但是在NOW语料库中的词频较低。

基于上述信息,我们将教材和语料库中对中华文化关键词关注度的共性与差异汇总如表5-3。教材和20个英语国家都重视"茶""长城"和"孔子"相关文化,英语教材更重视"春节""泰山",而英语世界更重视"北京"和"龙"。然而,需要说明的是,语料库中"龙"的出现频次是"dragon""loong"和"Chinese dragon"三词出现频次之和。根据检索结果,前两者的词频较高,"Chinese dragon"的出现频次几乎为零,而三个词中只有最后一个才是中国传统文化意义上"龙"的内涵。换句话说,有中国传统文化意义的"中国龙"在国外的认可度还有待进一步求证。对此,本章第四节将对文化关键词的搭配分析部分作出具体解释和分析。

表 5-3 文化关键词在人教版教材和 NOW 语料库中的词频

类别	两者不一致			两者一致
	教材比较重视	NOW 语料库比较重视	均较高	均较低
文化产物	春节		茶、长城	故宫、书法、京剧、剪纸、瓷器、京剧、瓷器、兵马俑、毛笔、火锅、中秋节、端午节、清明节、汉字、西游记
文化观念		龙		
文化人物			孔子	
文化信息	泰山	北京	/	西湖、西安、敦煌、熊猫

(三) NOW 语料库中出现频率较高,但未在英语教材中出现的文化关键词

NOW 语料库中文化关键词的频率高低体现了英语世界的受众对中华文化关注度的高低。为了进一步了解英语世界受众感兴趣的中华文化,我们对在教材中未出现,而在语料库中出现的文化关键词进行了进一步检索,以便了解这些文化关键词的中华文化内涵,为英语教材文化内容的编写提供参考。经统计,NOW 语料库中出现,但英语教材没有出现的文化关键词共 41 个,将它们按照文化产物、文化实践、文化观念、文化人物、文化信息分类后整理如表 5-4、表 5-5 所示。对其中每百万词频>0.5 的词进行分析。

从表 5-4 可见,文化产物类的 26 个关键词中,每百万词频>0.5 的词有 6 个,印刷、丝绸、指南针、四合院、豆腐、壁画,胡同的频率接近于 0.5,有一半的关键词词频低于 0.1,其中国画、火药、针灸、烤鸭、糖葫芦等 5 个关键词的词频为 0.00。总体而言,未在高中英语教材中出现的文化关键词在语料库中的词频大多也不高,我们引以为豪的一些中华文化在英语世界的关注度不够高,如国画、火药、针灸等。

表 5-4 语料库中出现 但教材中未出现的文化产物类关键词词频

文化关键词	NOW 语料库中词频	文化关键词	NOW 语料库中词频
印刷	12.34	皮影	0.08
丝绸	6.68	园林	0.07

续　表

文化关键词	NOW 语料库中词频	文化关键词	NOW 语料库中词频
指南针	4.34	筷子	0.06
四合院	3.78	旗袍	0.04
豆腐	1.05	天坛	0.02
壁画	0.89	农历	0.02
胡同	0.49	少林寺	0.01
饺子	0.40	土楼	0.01
算盘	0.39	国画	0.00
蜡染	0.36	火药	0.00
云锦	0.32	针灸	0.00
中医	0.31	烤鸭	0.00
三峡	0.16	糖葫芦	0.00

为了进一步了解教材中未出现，而语料库中出现频率较高关键词的具体内容，我们对文化产物类高频关键词的搭配进行检索。检索发现，在 NOW 语料库中词频高的中华文化关键词，未必都与中华文化有关。例如，从 NOW 语料库中"compass"排名前三的搭配词"moral""legal"和"access"来看，这些词都是作为抽象意义的"界限、范围"来用的，与中国古代四大发明之一的指南针并无关联；语料库中对"printing"的介绍更多的是从其现代价值入手，说明印刷技术已经十分成熟，融入生活的方方面面，但对印刷术的历史和发展谈论却不多。

由表 5-5 可以看出，文化实践、观念、人物、信息类关键词中，每百万词频＞0.5 的关键词分别有文化实践类的"功夫"，文化观念类的"凤""竹""玉""礼"和文化人物类的"红娘"，上述文化关键词中"凤"的频率最高，为 18.08，后面依次为"竹""玉""礼""功夫""红娘"。为了进一步了解这几个高频词在英语世界的文化内涵，我们检索了它们的搭配词。检索发现，这些词与中华传统文化的关联不大。

表 5-5　语料库中出现但教材中未出现的文化实践、观念、人物、信息类关键词词频

类别	文化关键词	NOW 语料库中词频
文化实践	功夫	0.82
	舞狮	0.17
	太极拳	0.00
文化观念	凤	18.08
	竹	4.01
	玉	3.23
	礼	1.89
	喜鹊	0.46
	风水	0.38
	菊花	0.09
文化人物	红娘	0.53
	孙子	0.15
	老子	0.05
文化信息	黄河	0.10

例如，NOW 语料库中"Phoenix"多指美国的凤凰城，与中国的"凤"关联不大。"竹"的搭配词分别是"made""shoots"和"products"，"made"和"products"都是突出竹子在日常生活和生产中发挥的作用，"shoots"指的是"bamboo shoots"，即"竹笋"。可见，在语料库中，"竹"没有蕴含中国古代对"竹"赋予的文化意义——高洁的品格。

综上所述，有 41 个文化关键词在教材中未出现，而在语料库中的出现频率较高，这说明这些文化关键词在国内英语教学中的关注度还不高，但在英语世界有一定的影响力。语料库中每百万词频＞0.5 的 12 个关键词汇总如表 5-6 中。对这 12 个词进一步的词汇搭配进行分析发现，一些在中华文化语境中蕴含中华传统文化内涵的词汇在英语世界的文化内涵特点不突出，如"指南针""印刷""凤""竹""玉""礼"等。基于这些信息，英语教材编写和教学可以更好地结合英语国家受众的需要和兴趣，根据跨文化交际需要和教学实际，有针对性地进行文化传播。

例如，当前我国的北斗卫星导航系统、GPS 全球定位系统已被广泛应用于许多方

面,从指南针这一传统的导航工具到北斗系统、GPS,人类导航工具进入了电子信息导航的新时代。在英语教学中,可以通过展示人类导航工具从指南针到北斗系统、GPS的历史演变,展示我国和人类科技的发展与进步。

四、结论

本节首先对教材和语料库都关注的26个文化关键词的词频分别进行了统计分析,并对教材中未出现,但在语料库中出现频率较高的词进行了进一步检索和分析。

在26个文化关键词中,"茶""长城""孔子"是语料库和教材中出现频率均较高的词。"茶"在教材中多出现在练习题中,虽出现频率很高,但并未对其文化意义做充分阐述;同样地,"茶"在NOW语料库的文化意义也已经逐渐淡化。超六成(17个)的文化关键词在教材和语料库中频率均较低,在所有文化关键词中占65.4%,在文化产物、文化观念、文化人物和文化信息类中均有分布。

《你好,中国》(英语版)的文化关键词中有41个文化关键词在教材中未出现,但在语料库中的出现频率较高,说明其在英语世界有一定的影响力,这些文化关键词在国内英语教学中的关注度还不高。不过需要注意的是,有些文化关键词在语料库中的中华文化内涵特色已不显著。

表5-6 NOW语料库中每百万词频>0.5但未出现在人教版教材中的关键词词频

类别	文化关键词	NOW语料库中词频
文化产物	印刷	12.34
	丝绸	6.68
	指南针	4.34
	四合院	3.78
	豆腐	1.05
	壁画	0.89
文化实践	功夫	0.82

续　表

类别	文化关键词	NOW 语料库中词频
文化观念	凤	18.08
	竹	4.01
	玉	3.23
	礼	1.89
文化人物	红娘	0.53

上述研究发现为英语教材编写和教学中有关中华文化内容的选择提供了信息参考，实践操作中，我们可以更好地结合英语国家受众对中华文化的需要和兴趣，根据跨文化交际需要和教学实际，有针对性地进行文化传播。

第三节　文化项目的组织与呈现

根据现代物理学、哲学和传播学的理论，许多事物的本质特征或意义，是由其特殊的结构方式决定的。一组相同的构成要素，按照不同时空顺序排列，在读者心目中会形成有无、轻重等感觉，在这个过程中，某些文化价值可能被强化，而另一些则可能被遮蔽①。可见，教材中文化内容的组织与呈现方式深刻影响文化内容的学习效果。然而，目前对英语教材文化内容的研究主要关注中外文化内容的信息量占比，对文化内容的结构、中外文化内容的呈现关系尚有待挖掘。② 为了使中华文化内容真正有助于学生跨文化能力的发展，应积极探索英语教材中中华文化项目的组织与呈现策略。

---

① 倪文锦.考察母语教科书文化构成的四个视角[J].全球教育展望,2007(08):64-66.
② 郭宝仙.新时代英语教材的文化使命及其实现路径[J].课程·教材·教法,2020,40(9):102-107.

一、中华文化项目的组织

文化项目的组织,指在一定教育理念的指导下,将文化项目排列组合,形成合理的内容结构和学习序列,以使其在动态运行中产生合力,使学习产生累积效应,有效实现文化教育的目标。文化项目的组织是否得当,是否符合学生学习的心理特点和学习规律,直接影响学生的文化学习效果。这里需要从纵向和横向两方面考虑。

(一)纵向

1. 循序渐进、循环上升

根据英语教学的递归性[①],为了使学生能够在英语学习中系统地理解和传播中华文化,英语教材中可以在不同学习阶段循环递进学习相同的话题,学习文化的不同层面。

其一,文化内容本身的呈现要有阶段性,具体如基于学生的文化积累和认知水平,按照从已知到未知、从显性文化到隐性文化的顺序编排,即先学习文化产物、文化实践,再学习文化观念。例如,先学习与学生日常生活联系密切的衣食住行、风俗习惯、生活方式、行为规范、历史地理、科技进步等,再学习神话传说、民间故事、名著等文学、艺术、思想观念等。同一文化主题的呈现也应遵循循序渐进的原则。例如,关于食物,一开始可以学习饮食词汇、餐具等文化产物,在此基础上,可以学习节日饮食文化、文化饮食禁忌等文化实践,再高阶段,则可融入与饮食相关的成语、俗语、诗词文学、文化观念等。

其二,呈现文化内容的文本形式、话题、语言复杂度等循序渐进、螺旋上升,这样才能达到促进语言学习的目的。例如,由图文结合,到纯文字文本或音频;由侧重文化产物、文化实践等显性文化,到凸显文化观念,如由风景名胜、旅游线路,到旅游带来的人生感悟等。

2. 主题交替

英语教材中,有的单元主题本身就是中外文化,如某教材中"Festivals Around the World""Mystery of the Stonehenge""Tang Poems"等,单元中文化学习理解强度较大,多个单元连续开展培养中外文化理解能力的教学,教学难度较大。因此,鲁子问、

---

① 田鑫.试论汉语教学如何更好地为中华文化走出去战略服务——以提升汉语教材中的文化含量为例[J].中国文化研究,2016(02):176-180.

陈晓云[①]提出聚合与分散相结合的原则,建议不同单元之间话题交替学习。

(二) 横向

1. 学科交叉与配合

学生核心素养的培养是各个学科共同的教育目标,其他学科也从不同视角培养学生的家国情怀、国际视野和中华文化传播能力。英语教材中中华文化内容的设计与使用既要注意与其他学科中有关内容的相互支持和配合,积极利用学生在其他学科中的已学内容,同时也要体现自身学科视角和特色,这主要体现在两个方面:一是与语言学习相融合。英语学习中,学生通过英语学习,学习中华文化,因此文化项目的组织需要考虑与语言的学习相融合。例如,学习英语诗歌时,配合李白、杜甫等诗人,让学生赏析中外诗歌的不同特点。二是与中华文化的他者认知以及国外的相关内容结合,如不仅要让学生知道"一带一路"的基本信息,还要呈现国际人士眼中的"一带一路"。

2. 中外联系

从文化内容的内部联系看,教材中的文化内容可以采用文化独现和文化共现两种方式[②],前者指的是一种国别文化或一种社会文化背景的单独学习,而后者是指将多种国别文化或多种社会文化背景联系起来学习。英语教材中的中华文化内容应以促进学生跨文化能力的发展为目标,不仅要了解中外文化信息,学习相关文化知识,还要帮助他们深入理解文化的精神内涵。教材要通过中外文化联系与比较,引导学生找寻和挖掘中西文化的不同点与差异点,帮助学习者建立对跨文化差异的敏感性,并借助中华文化理解世界文化现象,基于文化差异反思中华文化。因此,应采取跨文化视角、双向文化态度,重视本土文化和其他文化的共现,介绍自身文化时尽量联系其他文化。

教材中中外文化联系的方式可以是多样化的,可以在同一语篇中同时包括中外文化(如介绍中外历史文化名城、同一历史时期中外发展差异),也可以在文化独现的语篇后,辅以中外联系、比较的活动,教材还可以通过具体的跨文化交际的实例,展示中外文化的异同,根据学生认知水平,尽可能说明差异的原因。

目前的英语教材中可以找到中外联系的具体实例。例如,人教版高中教材许多单

---

① 鲁子问,陈晓云. 高中英语文化意识教育实践路径[M]. 北京:外语教学与研究出版社,2019:66-67.
② 欧阳芳晖,周小兵. 跨文化视角下的中美汉语教材文化呈现比较[J]. 华文教学与研究,2016(01):78-84.

元的阅读语篇为关于中华文化的单一语篇,而在练习中呈现相关主题国外文化语篇,或者中外文化出现的位置相反。如必修三第二单元阅读语篇为"Mother of ten thousand babies",在练习部分出现关于白求恩的故事。必修三的第三单元中,阅读课文介绍旧金山的多元文化,听说部分为中国少数民族文化。该册书第一单元课文"Why do we celebrate festivals"涉及多元文化,中华文化是其中之一,该文既展示了不同文化庆祝同样节日的不同方式,又展示了多元文化的相通之处。

采用共现的方式时要注意文化内容的可比性。例如,有的教师在教圣诞节相关内容时,让学生比较圣诞节与春节的异同;学习万圣节相关内容时,让学生比较其与清明节的异同;学习情人节时,让学生将其与七夕节比较。上述中外节日,有些具有可比性,有些则不适合进行比较,如万圣节与清明节就缺乏可比性,因此呈现文化时应避免这种不恰当的文化比较。

二、中华文化项目的呈现

教材中文化内容的呈现,具体来说包括以怎样的视角(如国家社会等宏大叙事,还是个人微观生活化叙述)、形式(显性还是隐性)、话语修辞(是规劝还是同一,是叙述还是解释或体验)、载体(如文本、图片还是视频)等呈现。

(一) 显性与隐性相结合

文化内容在教材中的呈现方式多样,可以直接以语篇的形式显性呈现,也可以在教材的活动中隐性呈现。具体说来,显性呈现包括文化主题的阅读语篇、听力语篇和视频语篇,以及专门呈现文化知识的板块等,隐性呈现为在练习或活动中呈现。无论是采用显性呈现,还是隐性呈现,都可以根据教学需要,细化出多种呈现方式。例如,介绍中外城市所承载的历史变迁时,可以选用全篇介绍西安的语篇,也可以在同一语篇中介绍西安和佛罗伦萨,且两者所占篇幅均衡,还可以在同一语篇中介绍更多具有可比性的城市,等等。

张虹、李晓楠分别针对教材中的显性呈现与隐性呈现,区分出 10 种具体的情形,并对其从 10—1 分别赋予权重,以区分教材对文化内容的凸显和重视程度[①]。他们区

---

① 张虹,李晓楠.英语教材文化呈现分析框架研制[J].中国外语,2022,19(2):78-84.

分的 10 种显性方式为：单一文化语篇、作为多元文化语篇中的主要文化、作为多元文化语篇中同等比重的两种或多种文化中的一种、多元文化语篇中的次要文化、单一文化知识板块、多元文化知识板块中的主要文化、多元文化知识板块同等比重的两种或多种文化中的一种、多元文化语篇中的次要文化、图片/引言、背景文化信息。10 种隐性方式依据权重由高到低依次为：练习中单一文化语篇、练习中多元文化语篇中的主要文化、单一文化表达、多元文化表达、练习中多元文化语篇中同等比重的两种或多种文化、练习中多元文化语篇中次要文化、文化理解练习、图片/引言、背景文化信息、语言练习，其中文化表达包含与文化相关的写、说、文化翻译三种方式，语言练习包括词汇练习、语法练习和语言翻译。

以上所示的显性与隐性呈现方式区分了不同的文化凸显强度，教材编写和教学中可以根据教学需要，设计不同强度的中华文化呈现方式，以及显性与隐性相结合的方式，为学习者提供语言和文化输入，使语言学习与文化学习有机融合，开展语言、文化、思维相融合的语言教学，培养学科核心素养。

(二) 关注文化的相似点与差异点

在语篇中直接比较中外文化，或在同一语篇中展示多元文化，使它们能相互刻画，或通过具体的跨文化交际实例，展示英语国家和世界其他国家文化等方式，让学生清楚地感知到文化间的异同，更好地认识中华文化，培养国际视野和跨文化能力。中外文化的共现策略也应是多样化的，美国汉语教材中的以下共现策略值得借鉴[①]：(1)呈现中外文化的差异之处。例如，学习数字的英语表达，了解中西方幸运数字的差异；围绕用餐礼仪主题，展示中外差异。(2)呈现相似之处，或中外文化相互影响并被对方接受的部分。例如，中国的茶叶、瓷器在国外的使用；中国传统上常将白色与服丧相联系，但受西方文化影响，现在中国的一些新娘也穿白色婚纱参加婚礼。(3)借助中华文化解释英语国家和世界其他国家文化。例如，学习西方的圣诞节时，可以解释说它有点像中国的春节，是一家人团圆的节日。

(三) 知识导向与交际导向

本书第二章提到，文化学习有两种模式，即文化作为知识和文化作为过程，与此相

[①] 欧阳芳晖，周小兵. 跨文化视角下的中美汉语教材文化呈现比较[J]. 华文教学与研究，2016(01)：78-84.

对应,教材中文化呈现的方式也有知识导向与交际导向两种类型。知识导向的呈现,如在教材中以"文化背景""文化链接""文化点滴""文化窗口""文化小知识"等形式出现,这类文化内容主要是为学习者提供相关文化信息。交际导向的呈现,即针对文化内容设计相关练习或活动,使学习者对文化内容进行深入探究。

教材要根据学生已有经验和语言水平兼顾使用知识导向型和交际导向型两种呈现方式。对于学生日常生活中非常熟悉的文化内容,如节庆日饮食、风俗习惯等,可以用知识或信息方式呈现,让学生知道如何用英语表达即可。同时教材不仅要包括显性文化,也要包含更深层的文化理念和价值观内容,以引导学习者进行自我反思。对于比较抽象、学生不熟悉,或是有丰富文化观念、内涵的内容,再或者有争议的内容,可以设计语言交际活动,引导学生联系自我,加深对中华文化的认识,培养文化认同。

(四) 多种视角、争议性

1. 宏观与微观

从教育心理学的视角看,学生的认知分为"冷认知"与"热认知"[①],前者强调纯粹冷静的逻辑加工,后者突出在鲜明情境、特定动机与情绪色彩驱使下进行认知活动。学生对富有情感色彩的信息回忆较快,而对无情绪体验的信息回忆较慢。英语教材中针对同一个文化话题,可以从宏观与微观两种不同的视角呈现。宏观视角,即从国家、社会、民族角度出发,介绍一个国家的政治、经济、历史、社会问题等方面的信息;微观视角,即围绕个体或家庭等较小的社会单位呈现相关信息。宏观视角有助于学习者了解有关方面的全貌,但由于篇幅所限,或考虑到学习者语言水平,文化内容的呈现可能点到为止,与学生生活视域有一定距离,不容易引发学生的情感体验。微观视角有助于呈现普通人、社群日常生活,以小见大,展示真实的中国故事。

根据对 Twitter、YouTube、Tumblr、Google、Flickr、Reddit 等国际社交媒体中传播热度高的帖子的分析,中国对外文化传播要注重生活化和民众化视角,以日常文化形成对精英文化和经典文化的有力平衡[②],还应注意从我国不同地区的区域视角展示地

---

① 李群,李凯.中小学需要怎样的传统文化教育?——基于北京市中小学"中华优秀传统文化"课程与教材建设的思考[J].中小学管理,2019(01):49-52.
② 徐翔.网络文本内容挖掘视角下的中国文化形象呈现特征及差异[J].北京邮电大学学报(社会科学版),2015,17(4):1-9.

方的文化要素、文化生活、文化遗产、文化魅力,从而从个人、地方和国家三个不同的视角多样化呈现中华文化。

2. 体现争议性与思辨性

针对同一文化现象,站在不同的视角,会有不同的价值判断,很难有绝对的判断标准。文化呈现要体现这一特点,向学生展示现实世界的这种真实状况,培养学生的移情能力和思维能力。

日本英语教材非常重视呈现文化人物面临的两难处境,例如在介绍无国界医生的工作时提到,由于医疗资源短缺,这些医生在救治绝症病人时面临艰难抉择,是停止救治,以便将有限的资源留给尚能挽救的病人,还是继续救治。

这种呈现方式能让学生体悟文化现象与观念的复杂性,从而培养多视角认识事物的意识和思维能力。

(五) 内外结合,体现局内人和局外人两种视角

1. 局内与局外视角

跨文化沟通与交流是一个"自我"和"他者"、"言者"与"听者"等各个参与者之间互动的主体间性的过程。"当异质文化互相接触时,会产生局内和局外两种视角"[①],双方在平等的交流和对话中实现不同视域的融合。英语学习中,文化学习的一个重要目的是培养学生的跨文化视野,培养其开放、包容、平等的文化情感与态度,这就要求教材多角度呈现文化内容,而非只是呈现单一视角,以便让学生认识到从不同视角看待同一文化现象会产生不同看法。

例如,日本《皇冠》高中英语教材《英语交际》一个单元中听力输入材料谈论外国人士认为日本最"酷"的十个事物,如以诚待客、富士山、日本拉面等,输出活动要求学生说说自己认为哪些事物应该被列入其中并说出理由。这个例子引导学生站在局外人视角理解外国人的想法,也引导学生站在局内人视角,认识自己的看法,还可以进一步站在第三个视角,即同时以局内人和局外人的观点与学生进行有效的文化沟通,引导学生想一想,为什么外国人和本国人的认识有差异,从而让学生意识到,所有人都会表现出由文化所决定的行为,在评价其他文化之前,要想一想其原因,引导学生理解不同

---

① 陈莹.国际汉语教师培养与培训丛书国际汉语文化与文化教学[M].北京:高等教育出版社,2013:147.

文化的人有自己理解事物的方式。

2. 讲述主体的多元化

有关中华文化的呈现,无论是局内还是局外视角,中华文化讲述的主体都可以是多元化的。例如,可以是生活在中国的中国人,也可以是有丰富跨文化交际经验的中国人,让学生从中体会中外文化的差异;可以是在中国的外国人,也可以是在外国的外国人,彰显中华文化的特色和对世界的影响力;可以是中学生,也可以是人生阅历更加丰富的父辈、祖辈人士。在这些不同的讲述主体中,由外国人视角讲述的中国文化尤其具有说服力,近些年不乏外国人亲身体验中华文化产生良好传播效果的例子。例如,拔火罐在国外运动员中走红,加拿大的宝妈在香港坐月子的例子,等等。英语教材可以通过这类贴近学生生活的事例引出中医,用学生视角理解中医的理念。

教材中也有这样的例子。如人教版教材选择性必修第二单元练习册的读写板块,输入语篇为在华学习的加拿大少年吉姆(Jim)介绍自己在中国的见闻和感受,写作任务要求学生写封回信,回应吉姆找中国寄宿家庭的海报。外研版选择性必修第四册第三单元,分别从来自保加利亚、荷兰、法国、埃及四国的汉学家、翻译家的视角,探讨中国文学对其他国家及世界文学的影响。

再如,北师大版必修第三册第九单元"Reading Club 1"要求学生通过阅读三位中国学生在国外学习的体会和三位外国学生在中国学习的体验,进行对比,讨论在国外学习可能遇到的困难和文化冲击。另外,外研版必修第二册第二单元的语篇中,呈现了软件工程师王鹏(Wang Peng)、已退休的教师刘永辉(Liu Yonghui)等对不同年代年夜饭的回忆,讨论年夜饭的重要意义,并向外国人介绍中国的年夜饭。这种方式以小见大,很自然地呈现了中国的发展变化。

(六)采用恰当的修辞策略

从修辞学理论来看,言语就是以言做事,通过言语影响受众的一种行为,而修辞就是促进这一行为的手段①。对英语教材而言,话语修辞就是通过围绕蕴含恰当言语修辞语篇的学习实践,使学习者在培养语言能力的同时,潜移默化地培养跨文化能力。学习是学生主动加工、过滤和重新建构信息的过程,文化内容的呈现应结合学生特点,

---

① 耿直,高源.国际汉语教育话语体系建构:以教材话语修辞策略为例[J].国际汉语教学学报,2022,3(2):27-37.

避免说教，采用适宜的修辞策略。

整体而言，当前二语教材使用的修辞策略包含说服和认同两种取向。传统的教材更多地采用直接的说服取向，当代教材则更多地采用间接的认同取向。具体说来，说服取向将修辞作为"说服"对方的手段，主张通过晓之以理、动之以情、感之以德的策略说服对方，这三种策略也就是亚里士多德古典修辞学理论[①]的三种基本说服方法"理性诉求""情感诉求""人品诉求"。而认同取向以伯克新修辞学理论为基础，强调交际双方是平等、合作的关系，而非竞争关系，一切用语言符号促成他人合作的行动都是修辞，言者通过三种获得认同的方式，即"同情认同""对立认同"以及用模糊性词汇（如"我们"）等"模糊认同"策略，使听者与其具有共同情感、共同的对立面，不自觉地产生与言者的身份认同等。同一取向除了区分上述三种认同，还区分了认同的三种来源，即"物质性认同""形式性认同"和"理想化认同"，指的是人与人之间如果都占有某种物质，或者都参与某事件或组织（如家乡为同一地方、做着共同的事业），则更易产生物质性或者形式性认同；如果都赞同某一主张或者价值观（如具有相同理想或者信仰），则更易产生理想化认同。

英语国际语背景下，英语教材采用相关的修辞策略，尤其是认同策略有助于以言行事。例如，人教版教材必修第二册第一单元"Cultural Heritage"中读写板块"Promoting culture through digital images"一文提到来自中国和世界各地的研究者和科学家为更好地理解和欣赏中国古代文化遗产而努力，美国洛杉矶一所博物馆复制莫高窟壁画供人们观赏，介绍莫高窟在历史上和现在都是多元文化交汇的场所，人们不仅在为保护中国古代历史、文化和传统而努力，也在进一步教育人们为下一代保护历史和文化遗产的重要性，以及保护自己和其他国家文化的重要性。上述内容容易激发读者对保护文化遗产的共同情感，提升对人类在文化遗产保护方面面临共同问题的关注等，体现了同情认同、对立认同、理想认同、物质性认同等方式。

韩国高中英语教材多个单元标题中都用"我们"建立与读者间的关联，使学习者不自觉地产生与言者的身份认同。例如《英语1》第二单元"我们是相互联系的"（We Are All Connected）中阅读语篇"Turn off the lights and save a tiger"，提到仅仅关灯这一日常的细小行为就可以节省能源，拯救濒危动物，该文通过模糊词的使用，凸显人类与

---

① 亚里士多德.《修辞学》[M]. 罗念生，译. 上海：三联出版社，2006.

动物之间的密切联系。

文化内容的呈现除了注意上述修辞策略，还需要注意尽可能避免绝对化、过度概括性的表述，如少用"中国人（都）……""总是…"等说法，以便让学生意识到文化内部亚文化的多样性以及具体的交际情境和个体在跨文化交际中的重要性，避免产生文化刻板印象（stereotype）或偏见，如韩国高中英语教材中提到外国人对韩国的刻板印象是韩国人都吃泡菜。

（七）丰富文化呈现的载体

《普通高中英语课程标准（2017年版2020年修订）》和《义务教育英语课程标准（2022年版）》都要求培养学生多模态语篇的理解和表达技能，包括利用多模态语篇中的图形、表格、动画、符号以及视频等，英语教材中中华文化内容的呈现采用多样化载体形态，为学生提供丰富的资源与跨时空的语言学习和使用机会，创设良好的学习情境，激发学习兴趣和动机，促进学习方式变革。有些版本的高中英语新教材增加了视频等多模态呈现形式，如人教版教材必修第三册中关于元宵节、孔子及其"仁"的思想等，北师大版必修第三册第八单元"Writing workshop"提供共享单车的使用情况、人们使用或不使用的原因及相关数据的图表，让学生写调查报告。

除了这种载体上的变化，还可以采用将中华文化融入一定的故事，以贴近人们生活的方式，如影视剧。日本的动漫、韩国的电视剧都是潜移默化传播本土文化的手段，中国大熊猫、花木兰等重要的文化项目也通过迪士尼电影产生了广泛的影响力。英语教材可以借助类似的载体，通过学生喜闻乐见的形式，培养其语言能力的同时，也培养其中华文化的英语理解与表达能力。如接受访谈的孔子学院老师提到，"关于中国的影视剧是如何反映出中国的社会文化的，外国人还是很感兴趣的，例如《家有儿女》《小别离》就比较好地反映出中国的家庭教育观念"，这些影视剧或小说等都可以成为呈现中华文化的有意义的载体。

结语

本节阐述了中华文化项目组织与呈现的一些策略。除了上述策略，教材编写时还应注意两点，提高文化传播的效果和文化育人的效果：一是尽量将中华文化内容呈现于有教育意义的语篇、语境中。例如，关于人与动物的主题，可以在课文中直接抛出话题,呈现养宠物狗的利与弊,也可以从视障残疾人的角度呈现,后一种呈现方式使教材利用有限的篇幅,承载了更为丰富的人文内涵。二是文化项目的呈现应采取平和、务实和超然的心态,平等尊重自己和异域文化①,即将中华文化介绍的目的定位在向外国友人介绍中华文化,使其了解,进而能理解中华文化,而非要求其认同和接受中华文化。

第四节 基于教材与语料库比较的文化项目组织与呈现案例分析

教材是教学内容结构和方法结构的统一体,是知识合理化表达的存在体。教材以怎样的方式呈现知识,决定了"理想的课程"能否有效转化为"经验的课程"②。同样的文化内容,采用不同的呈现方式,学生的学习效果会有较大的差异。这就要求教材中文化内容的呈现顺应学生的学习心理需要,更好地体现中华文化的内涵与特色。本节通过对高中英语教材与国际英语语料库中中华文化呈现的比较,从独现与共现、文化关键词的搭配两方面探讨英语教材中中华文化的组织与呈现策略。

一、独现与共现情况比较

考虑到语料库只能呈现文字,不能呈现图片和音频,因此对文化关键词的分类采用比较简单的文化呈现方式分类,即将呈现方式分为共现和独现两类,统计和分析教材和 NOW 语料库中文化关键词的共现和独现两种呈现方式。

由表 5-7 可以看出,教材中本土文化独现在所有中华文化内容中所占比重为 77%,文化共现占 23%;而 NOW 语料库中文化独现占 67%,文化共现占 33%。这说明,文化关键词在教材和语料库中都以单独呈现为主,与其他文化共现为辅;与教材相比,NOW 语料库中中华文化的呈现方式更重视文化共现。

---

① 李泉. 文化内容呈现方式与呈现心态[J]. 世界汉语教学,2011(03):388-399.
② 李志超. 从"教材"到"学材":以学生为中心的教材观研究[J]. 课程·教材·教法,2020,40(08):25-31.

表 5-7 教材和 NOW 语料库中本土文化内容呈现方式

呈现方式	教材		NOW 语料库	
	数量(个)	比重	数量(个)	比重
独现	20	77%	17	67%
共现	6	23%	9	33%

(一) 文化共现的情况分析

教材中采用共现方式呈现的文化关键词是:茶、书法、中秋节、元宵节、春节、敦煌;NOW 语料库中采用共现方式呈现的文化关键词是:故宫、龙、风筝、剪纸、茶、书法、端午节、中秋节。可见,两者共现的文化关键词大多为文化产物。

教材与语料库共现的文化关键词中都包括茶、书法、中秋节。关于"书法",教材中共现的是英语书写体系,语料库中则提到了伊斯兰和日本的书法;关于"茶",教材中共现的是俄罗斯的茶壶"samovar"和"咖啡",语料库中共现的是"咖啡"。关于"中秋节",教材将埃及、欧洲国家庆祝丰收节的方式与中国的中秋节进行对比;语料库中则提到了国外唐人街庆祝中秋节的习俗。可见,两者的视角有一致之处,也有互补之处,语料库中的共现视角有助于丰富教材中中华文化内容的跨文化视角。

提及"敦煌"时,教材将敦煌莫高窟与美国的盖蒂博物馆进行对比;教材中与"元宵节"共现的是日本的成人礼和里约的狂欢节;谈到"春节"时,也提到"万圣节",用来解释节日习俗会随着时间的推移而发生变化,如春节放鞭炮的习俗有所改变,而万圣节也由宗教节日变成令儿童激动、开心的节日。

在 NOW 语料库中,与"故宫"共现的是埃及的墓地、美国的白宫,由此我们可以了解到,英语国家侧重于从政治功能认识故宫。语料库中与"龙"共现的是印度的大象;与"风筝"共现的是不同国家的风筝节,如美国和印度也会举办自己的风筝节;与"剪纸"共现的是中日剪纸技艺的异同比较;与"茶"共现较多的是"咖啡";与"端午节"共现的是加拿大和美国等地的端午节。

语料库和教材对不同文化关键词的共现,丰富了我们对这些词文化内涵的理解,而语料库对故宫、风筝、剪纸、龙、端午节的共现内容为英语教材和教学从跨文化视角设计文化内容提供了有价值的参考。

(二) 文化关键词的独现

如前所述,人教版高中教材以独现形式呈现的文化内容比较多,而且这些内容在教材中大多以完整语篇的形式呈现,如必修一对"西安"的介绍和必修二对"长城"的介绍,都是采用书信文本或是视频等非连续性文本形式完整地呈现。这种呈现方式能够最大程度地呈现本土文化内容,突出英语学习中本土文化学习的重要性,强调培养学生对本土文化的认识与理解。

与教材一样,文化关键词在 NOW 语料库中的呈现也是以独现为主。比如"清明节""毛笔""京剧"等词,在语料库中主要都以文化独现的形式呈现,"清明节"介绍清明节扫墓的习俗,"京剧"提及其为一种代表性的表演形式,没有将其与英语国家有相似文化意义的节日或是表演形式进行比较。

二、文化关键词的搭配

在词汇系统中,任何一个词都会和其他词建立一定的联结(联系),而且这种联系不是随机出现的,这是一种'相关的'语义联系,"相关"指的是两个或两个以上的词语出现在同一个语境下,他们有语义上的"相关"。德国语言学家麦克尔·斯塔布斯(Michael Stubbs)是最早基于语料库研究文化关键词的学者之一,他认为单词的意义体现在"使用"的过程中,意义是相关的,即词汇的意义来源于其在文本中的搭配,也来自于其经常出现在各种语篇中的搭配,因此他通过语料库研究文化关键词[1]。可见,探究文化关键词的搭配可以更好地了解其背后的文化相关性,根据文化关键词搭配的差异,我们可以感知国内外对中华文化的认知差异。下面研究 NOW 语料库和自建人教版教材文化关键词语料库中文化关键词的搭配。

(一) 文化关键词搭配的检索方法

语料库数据驱动的词语搭配研究有多种不同的方法,本研究采用其中的计算搭配词的方法[2],研究者在自建语料库和 NOW 语料库中,以文化关键词为节点词进行检

---

[1] Stubbs, M. Words and Phrases: Corpus Studies of Lexical Semantics [M]. New York: Blackwell, 2001.

[2] 卫乃兴. 基于语料库和语料库驱动的词语搭配研究[J]. 当代语言学,2002(02):101-114+157.

索,将跨距界定为－4/＋4,即在节点词左右各取4个词作为该词的语境。落入跨距内的所有词都被称作节点词的搭配词。按照搭配词出现频数的高低,由高到低选取3个搭配词,研究文化关键词的搭配。

关于NOW语料库中搭配词的选择有几点需要说明:(1)部分文化关键词的高频搭配词是冠词、介词等虚词,这类词不能传递文化信息和文化价值,因此不对其进行研究,而是选取具有意义的实词搭配词展开相关分析。(2)部分词的搭配词无法确定,如"长城""西湖""北京""春节""汉字"和"西游记"在NOW语料库中词频过大,并不显示其搭配。教材中"毛笔"作为非物质文化遗产出现,但在NOW语料库中,其搭配词除去虚词,其余搭配词都只出现1次,偶然性很大,不能够判断出其搭配。因此只分析这些词之外19个词的搭配。(3)部分中文词对应的英文表达不止一种,如泰山、故宫等,在检索搭配词时,我们对每一种译法分别检索搭配词,综合分析这些词的搭配情况。经分析,有的文化关键词在教材与语料库中的搭配相近,有的有差异,还有的异同兼具,下面分别对这三类文化关键词的搭配进行分析,从中了解中外认识中华文化的不同视角。

(二) 教材与语料库中认识视角比较相近的关键词

教材中未对"清明节"作具体说明,语料库中它的搭配词与人们的认识相近,所以放在认识视角相近的部分介绍。表5－8列出了教材与语料库中搭配及文化相关意义比较接近的文化关键词。

表5－8 教材与语料库中认识视角比较相近的关键词

文化关键词	教材中搭配	NOW语料库中搭配
兵马俑 terracotta warriors	Xi'an, statues	China, museum, horses
茶 tea	coffee, teapot, history	cup, party, coffee
火锅 hotpot	food	restaurant, Chinese, chain
清明节 the Qingming Festival	/	river, tomb, April

从表5－8中可以看出,关于"兵马俑",教材主要介绍了其所在地理位置、历史价值和文化价值。在语料库中,"兵马俑"排名前三的搭配词依词频高低分别是"China""museum""horses",说明英语世界将其视为中国独有的文化产物、代表中华文化的博

物馆,而"horses"指的是秦代制作的兵马俑和马。可见,教材和语料库中关于兵马俑的内容和视角基本一致,都重视其文化价值,将其视为中国优秀文明的标志物之一。

如前所述,"茶"在教材和语料库中的词频都较高,从搭配看两者也有共性,都将茶与咖啡相提并论,但也有不同之处。教材中"茶"除了与"coffee"搭配,其搭配词还有"teapot""history",有关内容详细介绍了俄罗斯的茶具"samovar"及用其煮茶的过程,文章只是在最后提到"茶最初发明于中国",没有提及中国茶文化的其他信息。"茶"在NOW语料库中除了与"coffee"搭配,还与"cup""party"搭配,前者作为量词以"a cup of tea"的形式与茶进行搭配,没有实际的文化意义,和"party"搭配则表示"茶党(tea party)",是西方国家的一个党派,具有政治意义,最初因饮茶的习俗得名,但发展至今"饮茶"的文化元素已经很淡薄了。

关于"火锅",教材中只有一处提及它是一种食物,并未提及火锅文化。在NOW语料库中该词的三个搭配词是"restaurant""Chinese""chain",说明英语世界认为火锅是海外人气极高的中国传统美食,国外开设了很多火锅连锁店。可见,国内外主要都将火锅视为一种食物,不太从文化内涵的角度认识它。

教材中并未对清明节作详细说明,"清明节"在NOW语料库中的搭配词是"river""tomb""April",其中"river"即 *Along the River in the Qingming Festival*(《清明上河图》),说的是这幅画的艺术价值,与清明节关联度不大,"tomb"指的是"tomb sweeping",即清明节的习俗——扫墓,"April"交代了清明节是四月的一个节日。

由上可知,教材和语料库中这些文化关键词语义较为接近,中外对这些文化的认识视角差异不大。

(三) 教材与语料库中认识视角差异较大的文化关键词

表5-9列出了教材与语料库中搭配差异较大的文化关键词。

表5-9 教材与语料库中认识视角差异较大的文化关键词

文化关键词	教材中搭配	NOW语料库中搭配
故宫 Imperial Palace/Imperial City	cultural, sites	Beijing, Japan, ceremony/Hue, former, Beijing
书法 calligraphy	art, Chinese, classic	Chinese, art, painting

续表

文化关键词	教材中搭配	NOW 语料库中搭配
风筝 kite	intangible, cultural, heritage	flying, festival, red
剪纸 paper cutting/paper-cutting	intangible, cultural, heritage	art, Chinese, machines/art, Chinese, technique
灯笼 lantern	festival	green, festival, crops
端午节 the Dragon Boat Festival	dragon-boat	celebrate, three, annual
西安 Xi'an	terracotta army, places	jiaotong, capital, Shanghai
大熊猫 panda	wildlife, protection	giant, Kung, Fu
龙 dragon/loong/Chinese dragon	chiwen	ball, quest, age/hsien, lee, minister/dance, boat, Indian

教材对"故宫"介绍不多,主要强调了其作为文化遗产蕴含着丰富的文化价值,但并未对其展开详细介绍。"故宫"的常见译法有两个,"Imperial Palace"和"Imperial City"。在 NOW 语料库中,第一种翻译的三个搭配词依次为"Beijing""Japan"和"ceremony",前者表示故宫地理位置,后面两个搭配词表示日本也有自己的"Imperial Palace",且其中有"ceremony"。第二种翻译的搭配词是"Hue",指的是越南的海港城市顺化,与中国的故宫并无关联;其次是"former",指的是"Marrakesh",即摩洛哥的前首都(Imperial City),与中国的故宫也无关;最后才是"Beijing",代表中国的故宫。由此可以看出,语料库中的"故宫"不全是用来指中国的故宫,且对故宫的认识,偏重其政治象征意义。

"书法"(calligraphy)在教材中的搭配词为"art""Chinese""classic",在语料库中的搭配词为"art""Chinese""painting",可以看出教材和英语世界都将书法作为中国的一种文化艺术形式,教材称其为中国古典艺术形式之一,介绍了其起源、发展过程等,而语料库中用"Chinese"将中国书法与日本、伊斯兰书法区分,同时也与中国硬笔书法区分开(Chinese calligraphy 一般指中国软笔书法);"painting"经常与"calligraphy"同时出现,说明英语国家将国画与书法看作是中国传统艺术中两种颇具代表性的艺术作品。语料库对书法的认识视角对我们有积极的参考价值。

放风筝是我国一种传统的娱乐活动,"风筝"在中国蕴含着丰富的文化内涵,英语教材将其作为一种非物质文化遗产呈现，但它在NOW语料库中的搭配词分别是"flying""festival"和"red"，说明英语世界将放风筝（flying the kite）作为一种休闲娱乐活动，"festival"指的不仅是中国的风筝节，同时也指国外的风筝节。但是语料库中提到风筝节，更多的是作为一种娱乐活动，不涉及文化内涵。"red"即"Red Kite"，是英国一家著名的游戏公司的名称，与风筝的文化意义没有实质性联系。由此可见，教材与英语世界对风筝的认识视角不同，在当今许多中国人的日常生活中，风筝的象征意义已逐渐被淡忘，放风筝大多被视为一种休闲娱乐的活动。英语世界风筝节这一文化现象无疑有助于拓展学生对"风筝"的认识，而从优秀传统文化传承视角看，风筝所蕴含的传统文化意义不容忽视，教材对风筝的呈现应体现这样的时代特点和跨文化信息。

教材中把"剪纸"作为中国的一种非物质文化遗产，侧重其文化意义。"剪纸"的常见译法有两种"paper cutting"和"paper-cutting"，在NOW语料库中分别检索到其搭配词是"art""Chinese"和"machines/technique"，都是在说明"剪纸"是一种中国传统手工艺，并且介绍了现如今剪纸批量化生产用到的机器和技术。可见，语料库中侧重的是剪纸的技艺和当前机器化生成的情况，文化内涵不是其重点。

教材中"灯笼"的表述只有一处，即"the Lantern Festival"（元宵节），除此之外，没有其他信息。"灯笼"在NOW语料库中的搭配词按频次依次为"green""festival"和"corps"。"green"，即"green lantern"，指的是美国DC漫画旗下一群超级英雄的总称，与中国的灯笼并无关联。"festival"，指的是"the Lantern Festival"，即元宵节，体现了中国传统文化的价值；第三个是"Chinese"，即"Chinese lantern"，特指中国的可以挂起来的灯笼，这个是真正具有中国传统文化内涵的词语。说明灯笼一词在英语世界首先用来指美国漫画中的人物，其次才是指中国的传统节日元宵节。此外，语料库中"灯笼"不仅作为中国元宵节的标志物出现，还提到了日本的灯笼——"paper lantern"，介绍了日本灯笼的材质。这为我们提供了关于"灯笼"的另一个跨文化视角。

教材中对"端午节"的介绍不多，没有对端午节的起源和习俗作说明。在NOW语料库中，"端午节"的搭配词是"celebrates""three"和"Ottawa"。"celebrates"指的是除了中国之外，其他国家的华人也会庆祝端午节；"annual"是指在很多国家，庆祝端午节的方式之一是每年举办一次为期三天的赛龙舟比赛，同时也提到了美国和加拿大的端午节及中国的端午节，但是只提及了中国的端午节对中国旅游业作出的贡献，拉动了GDP增长，并未涉及端午节本身的文化意义；"Ottawa"是指在渥太华举办的"the Ice

Dragon Boat Festival"(冰上端午节)。由此可以看出,语料库中的上述视角为我们认识"端午节"这一中国传统节日提供了新的跨文化视角,帮助学生比较中外文化异同,拓宽视野,发现本土文化的价值,并能主动地传播本土优秀文化,促进文化间的交流。

"西安"在 NOW 语料库中和人教版教材中的搭配词差异较大。教材中的搭配词主要为"terracotta army""places",着重介绍西安的著名景点兵马俑,以此具体说明西安的旅游价值。在 NOW 语料库中,搭配词是"jiaotong""capital"和"Shanghai"。"jiaotong"代表西安交通大学,说明西安交通大学在国际上有一定的影响力,主要指毕业于或任职于该校的知名学者、该校开展的研究、该校的著名专业等。"capital"指的是西安作为陕西省的省会发挥的政治功能。最后是"Shanghai",上海作为西安的搭配词,体现的是西安的城市功能。作为中国西部的一座城市,西安的经济、文化功能较周边其他城市更为突出,可与上海等沿海发达城市相提并论。

教材中只有一处出现了大熊猫的图片,但这一处并不是对大熊猫作详细介绍,而是 WWF 的标志,呼吁保护其他动物,与大熊猫没有直接关系。"大熊猫"在 NOW 语料库中的搭配词第一位是"giant","giant panda"是大熊猫的全称,因此该词并没有太大的意义;排在第二和第三位的是"Kung"和"Fu",即 *Kung Fu Panda*(《功夫熊猫》),该影片在海外的热播使得"大熊猫"的形象在英语国家广泛流行,同时该影片中大熊猫的形象是十分正面的,并不像"龙"在英语国家经常以负面形象出现。由此可见,以影视作品为渠道宣传中国优秀传统文化不失为一种好方法。

关于"龙",教材中出现 chiwen(鸱吻,中式房屋屋脊两端的一种兽形构件),即中国古代神话传说中的神兽,为龙之第九子,又有第七子之说法。对于"龙"一词在语料库中的检索稍显复杂,它的常见译法有 3 种"dragon""loong"和"Chinese dragon"。首先,在 NOW 语料库中检索"dragon"的搭配词有"ball",这指的是日本很受欢迎的动漫"龙珠(dragon ball)"以及由其衍生出来的周边产品"龙珠游戏"等,与中国的龙关系不大;第二个是"quest",即 *dragon quest*,是日本动漫《勇者斗恶龙》及其衍生的各类游戏产品,其中龙的形象与中国龙的形象大相径庭,中国的龙是神兽,寓意勇敢、吉祥,但日本动漫中"龙"的形象是负面的;第三个是"age",即 *Dragon Age*(《龙腾世纪》),是美国艺电制作的一款角色扮演类游戏,在该游戏的设定中,"龙"是反面的形象,各玩家在游戏中的任务是打倒"庞大而恐怖"的龙。由此可见,在英语世界的认知中,"dragon"代表的不是中国龙的正面形象。

"龙"的第二个译法是"loong",这种译法的提出是为了区分中国的"龙"和西方的恶龙形象,同时也保留了中国"龙"的读音。但是在 NOW 语料库中检索"loong"时发现,部分人的名字里面包含"龙"这个字,因此检索结果并不能客观显示出中国"龙"在英语国家的含义。词频较高的三个搭配词是"hsien""lee"和"minister",全部代表新加坡总理李显龙(Lee Hsien Loong)的名字和职位。

"龙"的第三个常见译法是"Chinese dragon",搭配词"dance"指的是舞龙表演(Chinese dragon dance),搭配词"boat"指的是龙舟(Chinese dragon boat),这二者都不是龙的本体,而是将龙的形象寓于一定的载体中,都显示了中国龙的正面形象,舞龙表演和赛龙舟都是中国佳节的标志,有吉祥美满的意蕴。第三个搭配词是"traditional",它分别与"dance"和"boat"搭配形成"traditional Chinese dragon dance"和"traditional Chinese dragon boat"。因此,"龙"的第三种译法"Chinese dragon"最能体现中国传统文化中"龙"的正面形象。

综合上述分析可见,英语世界偏向于从多个国家、不同文化视角呈现书法、风筝、端午节,偏向于从实用、日常娱乐角度认识瓷器、风筝,而不是传统文化角度;对西安的认识视角偏向于西安交通大学及西安作为省会的政治、经济文化中心的特征;而非文化特征,谈及中国的龙时,主要用"Chinese dragon"这一表述,主要谈论舞龙表演和赛龙舟,而不是作为中华民族象征的龙,谈大熊猫时主要是谈《功夫熊猫》这部电影。这些都与英语教材中以及许多中国人对相关文化的认识视角有较大的差异,英语教材中呈现这些文化时可视情况参考借鉴。

(四) 教材与语料库中认识视角异同兼有的关键词

教材与语料库中有几个文化关键词的呈现视角有相同之处,也有差异之处,这些词为京剧、瓷器、中秋节、敦煌、泰山、孔子,清明节在教材中未出现,但语料库中有相关搭配。

表 5-10 教材与语料库中认识视角异同兼有的关键词

文化关键词	教材中搭配	NOW 语料库中搭配
京剧 Beijing Opera/Peking Opera	intangible, cultural, heritage	Chinese, performer, mask/performance, master, Chinese

续 表

文化关键词	教材中搭配	NOW语料库中搭配
瓷器 porcelain	valuable, the Ming Dynasty	Chinese, white, tiles
中秋节 the Mid-autumn Festival	China, family, together, mooncake, moon	Chinese, mooncakes, moon
敦煌 Dunhuang	world, visit, caves	China, academy, caves
泰山 Taishan Mountain/Mount Tai	cultural, relics, famous	contemplation, Shandong, fasting/China, building, sunrise
孔子 Confucius	philosopher, education, Ren, moral	institute, Chinese, philosopher

关于京剧，教材只是以图片的形式呈现，指出其是非物质文化遗产之一，没有给出其他更多的信息。"京剧"的常见英语译法有"Beijing Opera"和"Peking Opera"两种，在NOW语料库中检索到的相应的搭配词分别为"Chinese""performer""mask""performance""master""Chinese"。"Chinese"用于界定京剧是一种极具代表性的中国传统文化，"performer""master"都是指京剧表演艺术家，"performance"界定了京剧是中国的一种表演艺术，"mask"指的是京剧的脸谱。由此可以看出，英语世界对京剧的文化价值有一定的了解，将其视为中国的一种传统文化，而且关注京剧的特点，如脸谱、表演等，还有与京剧有关的人物，即表演艺术家。这些为教材中介绍京剧提供了新的视角。

"瓷器"在教材中是作为一种珍贵的艺术品出现的，指向其收藏和观赏价值（valuable）。在NOW语料库中，它的搭配词是"Chinese""white"和"tiles"，此外"exhibition"也是出现频率较高的一个词。通过这些搭配词和上下文语境发现，语料库中关于瓷器涉及以下几方面信息：瓷器的原产地是中国，其颜色以白色为主，常见的瓷器除了瓷盘，还有瓷砖（tiles），介绍了瓷器作为一种价值很高的商品，其进出口情况如何。同时，瓷器作为一种艺术品出现在各大展览中。可见，教材中侧重瓷器的艺术和文化价值，英语国家既关注其商业贸易价值，也关注其艺术价值。

教材与语料库中中秋节的搭配词有共性也有差异，两者的搭配词中都有"Chinese""mooncake"和"moon"，说明其都用来指中华传统节日，节日习俗为吃月饼,在语料库中"moon"多以"full moon"搭配的形式出现,说明中秋节的月相特点为满月,人们开展赏月活动。由此可以看出,英语世界对中秋节的了解也贴合中国的实际。除了上述三个共同的搭配词,教材中还有"family""together"等词,说明教材除了关注中秋节本身的习俗之外,还突出中秋节的文化内涵——思乡、团圆。

教材中"敦煌"的搭配词有"world""visit"和"caves",说明教材中重视敦煌莫高窟举世闻名的文化价值,同时也注重敦煌的旅游价值。"敦煌"在 NOW 语料库中的搭配词一是"China",说明其地理位置,二是"academy",指的是敦煌研究院(Dunhuang Academy 或 Dunhuang Research Academy),该研究院主要用来研究敦煌莫高窟,了解其丰富的历史和文化底蕴;莫高窟是敦煌的文化地标,也是世界文化遗产之一,对莫高窟的研究,反映了敦煌的历史和文化价值。第三是"caves",指的是莫高窟的"洞窟",集中体现了莫高窟独特的文化价值。说明语料库关注敦煌研究院在保护和研究莫高窟方面的研究和贡献。

对于泰山,教材中的搭配词是"cultural""relics""famous",说明教材注重泰山的文化功能和作为世界文化遗产的文化价值,未提及具体的细节。"泰山"有两个常见译法,"Taishan Mountain"和"Mount Tai",在 NOW 语料库中前者的搭配词分别是"contemplation""Shandong"和"fasting",且三者的频数皆为1,不存在高低之分,偶然性很大,因此不作讨论;后者的搭配词是分别是"China",交代了泰山的地理位置;"building"指的是坐落于泰山的周明堂遗址,是古代帝王巡狩祭祀和诸侯朝见的地方;"sunrise"则是泰山闻名中外的壮观的日出景象。总之,NOW 语料库中提及了泰山的地理位置、人文价值与自然景观。

教材对孔子的哲学思想和道德观作了详细说明,突出了其文化价值和意义。语料库中提及孔子,首先是孔子学院(institute),其次是作为中国哲学家孔子,没有涉及孔子思想的具体内涵,这也反映出英语国家的受众所感兴趣的和中国想要传播的内容之间的差异。

通过上面的介绍可以看出,相比于教材,英语世界对京剧、敦煌、泰山的呈现内容和视角更丰富,这对英语教材和教学中的文化内容选择与呈现有参考价值,而教材中对中秋节的介绍不仅体现了文化产物的视角,还体现了其背后的文化价值观念。教材对孔子的介绍较深入和全面,而语料库中孔子学院这一视角也可以成为传播中华文化的文化社群的代表。

结语

以上我们从独现与共现、文化关键词的搭配两方面分析教材与语料库在文化关键词组织与呈现方面的异同,通过分析可以看出,在这两方面,两者都是既有差异,也有共性,语料库中的呈现方式为我们更好地了解英语世界对中华文化的认知提供了新的视角,设计英语教材和开展教学时对这些视角加以借鉴,有利于丰富和拓展对中华文化的认识,培养中华文化跨文化传播能力。

第六章

英语教材里
中华文化
学习活动的设计

在英语教材中,中华文化可能以显性或隐性的方式呈现,活动就是一种隐性呈现方式。在教材中融入丰富多彩的中华文化内容为学生开展多姿多彩的文化学习提供了可能,然而"教材的成功与失败不在于课文的难度,而在于练习的质量"①。正如第一章所述,文化具有多面性、动态性、复杂性、相对性等,与文化的这些特征相适应,教材中中华文化的学习方式应是多样化的,教材不仅要精心选择和呈现中华文化项目,还要设计科学合理的文化学习活动,引导教师避免文化教学实践中的常见问题。

目前,关于英语教材中学习活动的研究相对较多,但基于文化视角的研究较少,研究的理论性与系统性有待加强。本章分析文化学习活动对于学生文化理解和身份建构的意义,分析语言、文化、思维相融合的学习活动的基本特征和评价标准,探讨中华文化学习活动的设计策略。

第一节 语言、文化与思维相融合的学习活动的基本特征与判断标准

活动是指为了实现某一特定教学目标而设计的任务。活动的开展需要学习者积极地有目的地运用语言,选择特定的语言资源来维持交际活动的开展②。中华文化活动是指英语教材中涉及中华文化内容、指向跨文化能力培养的各类练习或任务,包括问答、对话、讨论等多种形式。例如,收集中外迎接新年举办的相关活动信息并做报告,设计介绍中外端午节庆祝方式的海报等。活动是使学习者与文化内容、语言与文化之间建立联系,产生互动,进而达成文化学习目标的重要途径。

一、活动是文化内化于心、外化于行的必经路径

正如第一章指出的,语言教学界对文化概念的认识逐步深入和丰富,逐渐由静态

---

① Penny, U. A Course in Language Teaching: Practice and Theory [M]. 北京:外语教学与研究出版社,2000.
② 王才仁,蔡荣寿.活动及活动教学法述评[J].外语教学与研究,1994(01):39-45.

的文化知识、单一国家文化,到动态的文化身份和意义建构的过程。因此,英语教材中的设计不仅仅是让学生获取文化信息,积累文化知识,更重要的是希望学生理解文化内涵,比较文化异同,汲取文化精华,结合已有经验,将优秀文化进一步内化为个人的意识和品行。被动接受的文化知识很难直接转化成跨文化交际能力,作为文化身份和意义建构的过程,文化学习是学习者基于自身经验,在建构和理解现实的过程中获得的,因此,不应将文化视为静态的事实性知识来讲授,而应将其视为动态开放的过程,供学生探究。文化学习具有过程性和体验性,它赋予学习者学习感受、理解、联系自身、情绪体验的机会[①],这种过程性文化学习能够显著提升学习者的跨文化交际能力。

外语学习中的文化体验包括内容和过程两方面,其中的过程包括学生参与的与此内容相关的活动,指向或者达成的学习结果、学习情境,活动过程中师生关系的本质[②]。可见,活动是学习者文化体验中的重要组成部分,也是学习者发展语言能力和形成对文化的自我认知的重要途径。

英语教材设计和教学实践提醒我们,能否设计合理的文化学习活动直接影响教材和教学能否满足学生语言、文化的认知需求,能否促进学生语言能力、文化意识和思维能力的融合发展。一些中华文化英语读物或文化教学实践中"以讲代悟""以知代行""顾此失彼"等问题,实际上就是文化学习活动缺失或活动设计不当的问题。这些问题主要表现为文化知识灌输多、情境化的文化学习活动少,导致学生难以对所学文化内容产生切身体验、思考和感悟,不能"内化于心",或重视文化知识的输入,轻视运用语言进行文化表达,学生难以"外化于行"。例如,将文化作为事实性知识呈现或告知,而不提任何学习要求。还有一种表现就是教学设计存在"语言"和"文化"失衡现象,要么注重语言知识和能力的培养,缺少文化意识的提升,要么走向另一极端,把英语课上成"英语版的中国文化课"。由此可见,学习活动是文化学习真正促进学生文化身份认同、家国情怀、国际视野养成,促进语言、文化与思维融合发展的重要途径。

---

① Robinson-Stuart, G., Nocon, R.S. Second Culture Acquisition: Ethnography in the Foreign Language Classroom [J]. Modern Language Journal, 1996,80(4):431-449.
② Moran, P.R. Teaching Culture: Perspectives in Practice [M]. Beijing: Foreign Language Teaching and Research Press, 2009:13.

二、语言、文化与思维相融合的学习活动的基本特征与判断标准

《高中新课标》指出,中外文化知识是学生在语言学习活动中理解文化内涵、比较文化差异、汲取文化精华、坚定文化自信的基础①。同时,课标提出了指向学生核心素养发展的"英语学习活动观",明确活动是英语学习的基本形式,是落实课程目标的主要途径,强调"英语教材设计思路要从学科逻辑转向学生的语言实践活动","以主题为引领,以活动为重点"②,构建学习活动场域,引导学生在活动中习得语言知识,训练语言技能,汲取文化营养,发展文化意识等。这无疑突出了活动及活动设计在英语教材编写中的核心地位,也突出了文化学习活动在培养学生核心素养、中华文化跨文化传播能力方面的重要地位。

(一) 语言、文化、思维相融合的学习活动的基本特征

我国绝大多数中小学生在中华文化环境中成长,从语言输出的角度看,学生英语学习中语言与中华文化的关系大体有两种情况:一是知道中华文化内容,不知道如何用英语表达。二是不了解中华文化内容,也不会用英语表达。英语课程要开展语言、文化、思维为一体的语言教学③,使中华文化学习的过程同时也成为学生语言能力、思维能力等的发展过程,不仅在选择中华文化内容时应遵循最近发展区原则,活动的设计也要有助于语言、文化与思维的融合,应体现共时展示、融入加工等特征④。

1. 共时展示

英语教材中中华文化内容的呈现方式多样,如语篇、图片、视频等,其中有些呈现方式中文化信息是与语言信息同时出现的,而有的只是呈现文化信息。如用图片展示我国某个传说故事,但并不提供相应的英语表达。再如,学习了春节的习俗后,教师让

---

① 中华人民共和国教育部. 普通高中英语课程标准(2017年版2020年修订)[S]. 北京:人民教育出版社,2020:31.
② 中华人民共和国教育部. 普通高中英语课程标准(2017年版2020年修订)[S]. 北京:人民教育出版社,2020:109.
③ 中华人民共和国教育部. 普通高中英语课程标准(2017年版2020年修订)[S]. 北京:人民教育出版社,2020:3.
④ 姬建国. 文化活动在国际汉语课堂教学中的位置[J]. 国际汉语教育,2014(01):97-109+203-204.

学生用英语向外国游客介绍当地的一个重要节日,并用中文呈现一些节日名称作为提示,让学生开展活动。这里学生接触到的中华文化信息并未与其对应的英文表达一起呈现,活动缺乏应有的语言支架。因此,文化学习活动的设计首先要遵循"共时展示"的原则,即中华文化信息与英语语言信息你中有我,我中有你,共同出现在英语学习活动中。

2. 融入加工

"融入加工"指的是文化内容必须共时、同步地参与到对语言信息进行输入、加工、输出的整个过程中①。如果活动的开展不需要学习者利用有关文化内容的知识,即文化内容无法融入对语言信息的加工处理过程,无法为语言信息的输入、理解和输出提供帮助,学习活动自然就无法成为语言文化学习活动。当语言学习活动中融入本土文化元素时,活动能让学生找到自己的视角和声音,从而在塑造自己的过程中变得更积极,从而高效地巩固和运用所学知识重点,促进了语言能力的生成②。

根据图式理论,语言、内容、(体裁)结构是影响语篇理解的三个重要因素,理解是一个自上而下、自下而上两种信息加工方式互动的过程,当学习者缺乏相应的背景知识和(体裁)结构知识时,就会更多地依赖词汇、语法等知识,采用自下而上的信息加工方式,更多地依赖其语言能力。而当具备相关文化知识时,学习者就会调用这些背景知识,以所学语篇材料中的信息为线索,积极主动理解,这时则更多地依赖自上而下的加工方式。而当文化背景知识和语言两方面都欠缺时,会采用两种信息加工相互作用的模式。由此可见,从共时加工的视角看,文化学习活动可以分为以下几种类型:

第一,语言和文化都融入信息加工的活动,即语篇所承载的文化知识和语篇中的语言、文体结构对学生而言,都是相对陌生的,需要综合采用自上而下和自下而上的加工模式。例如,学习了关于针灸的语篇后,要求学生谈谈自己是否有兴趣运用这种方法治疗健康问题。很多学生对针灸不是非常熟悉,加上其中有一些专业术语,所以用英语理解和表达有关内容也有一定难度。

---

① 姬建国.文化活动在国际汉语课堂教学中的位置[J].国际汉语教育,2014(01):97-109+203-204.
② 王鉴,江曼.普通高中英语教学中的文化回应问题研究[J].全球教育展望,2020,49(2):3-14.

第二，偏重语言加工的活动。例如学习了介绍春节、诗人李白、某一文化历史名城的语篇后，要求学生概括大意，分析作者是如何运用文本语言和结构刻画文化内容的，并就文中所隐含的文化观念发表个人的看法。这些活动中涉及的文化知识，学生在日常生活或其他学科的学习中都有所了解，或非常熟悉，因此，活动偏重语言加工。

第三，偏重文化信息加工的活动。例如关于云南人民传承东巴象形文字的故事，多数学生不具备相关文化知识，于是需要更多地借助语言获取文化信息，理解文化内涵。

这三种活动中，语言和文化被不同程度地融入信息加工过程，我们可以根据学生的语言水平、生活经验和文化积累的情况，设计不同类型的活动，促进学生语言、文化和思维的协同发展。

(二) 判断标准

我们可以从以下三方面判断文化学习活动是否体现语言、文化、思维相融合的理念：

1. 活动设计理念与目标

有效的教学活动必然指向特定的教学目标，如果将英语教学中的文化视为不仅是静态的文化知识，更重要的是运用英语，对文化主题进行探究、思考和体验等，进而建构意义和文化身份的动态过程，英语学习活动的设计就应明确地体现这一理念。具体到教学目标或活动目标上，就是设计体现语言、文化、思维融合发展的整合性目标，而不是相互割裂、互不相关的目标。

例如，本书第八章初中英语"中医药文化"单元创编案例中"Chinese Discovery Saves Millions of Lives"一文的教学目标：(1)通过分析课文结构，识别科学发现语篇的结构。(2)归纳课文的大意。(3)通过获取关于屠呦呦发现青蒿素的研究过程的具体信息，分析其伟大的个性品质。(4)分析帮助屠呦呦取得成功的除了个性品质外的因素，认识到传统中医药科学的价值及开展跨文化交流和互鉴的重要性。这些语言能力目标融合了对文化学习的要求，也对学生的思维能力提出了不同层次的要求。

2. 活动过程

从语言教学的基本规律看，文化学习与语言学习是否实现了相互融合，主要表现为这样的课是否"合理"，具体来说包括以下几方面：

（1）文化内容成为英语听、说、读、看、写等语言技能训练的有机组成部分

谈论中华文化的活动，如活动要求没有引导学生在语言实践中聚焦典型性、代表性的中华文化内容，就不能很好地实现语言、文化相融合。如要求学生写一封邀请信，邀请准备待在中国过寒假的外教到家里一起过春节，写作要点不仅要说明活动的时间，还要写出春节的传统特色活动。

（2）英语语言是活动不可或缺的条件和支撑

英语学习中，中华文化内容的理解和表达需要动用语言因素，如词汇、习惯用语、语法规则、修辞句法、篇章结构等等，否则这样的活动就算不上是语言活动，也不是语言学习活动。有的教师在英语课上，或作为课后辅助作业引入一些文化活动，如端午节香包制作、剪纸、国画欣赏、节日习俗等。这些活动有助于激发学习兴趣、增加文化感受、活跃教学气氛，但它们主要通过非语言形式开展，不是严格意义上的"语言活动"或"语言学习活动"，也谈不上是语言、文化相融合的活动。

（3）融入外语信息处理过程输入、加工、输出的所有阶段。

文化学习活动要与"语言"的学习相融合，如分析语篇中隐含的作者的情感态度、言外之意、语篇的语用特点，开展语言技能的训练等，否则课堂就容易被异化为文化课，而非语言课。

（4）文化内容为语言学习提供积极的条件

如激发兴趣、促进参与等辅佐学生的语言学习。

3. 教学效果

从教学效果看，判断标准是文化信息的融入是否既帮助学生获得新的文化信息，拓展对中外文化的认知和中华文化的理解，同时又帮助学生实现语言能力和思维能力的提高。

第二节　文化学习活动的设计（一）

英语教育中文化学习的基础是语言学习，学生只有具备一定的语言能力，才能用英语感知、理解和传播中华文化。英语教育中的文化教学与语言教学正是在学习者的

亲身实践中真正相互融通起来的①。教学性是教材的根本属性②,科学有效的学习活动是教材教学性的重要体现,针对中华文化内容设计适宜的教学活动,既为学生提供了评价和分析他们所遇到的文化实践与意义的手段,加深其对文化知识的认识与体验,拓展其文化视角,避免中华文化的呈现流于表面,又为其提供了有意义的语言实践机会,真正有助于跨文化能力的培养与发展。

英语学习活动通常包括活动目标、活动内容、活动程序、活动形式、活动结果等要素③。中华文化学习活动的设计应从活动的基本要素入手,探讨文化学习从记中学到用中学、悟中学学习方式变革,从而使活动有效地服务于学生跨文化能力的培养。本书从活动目标、活动内容、活动形式和活动评价四方面探讨本土文化的学习活动设计,本节从活动目标和活动内容展开,第三节探讨活动形式、活动评价。

一、设定明确、多维、融合性的文化活动目标

这里的目标指的是文化学习活动的教学目标。学习目标具有导引、激励等功能,帮助学生明确学习目标,有利于学生开展有效学习④。教材里中华文化学习活动的目标应明确、多维。

(一)目标要清晰明确

深刻了解本国文化、坚定文化自信是英语课程文化意识培养的重要组成部分。英语教材编写者可以从主题、语篇和文化知识着手,思考和设计文化学习活动,厘清语篇主题的价值取向和语篇承载的文化内涵,并结合学生生活、学习经验、语言水平,设计清晰明确的文化学习目标,让学习者在参与文化学习活动后,对中华文化学习的积累与收获形成明确的预期,从而能积极主动地参与到活动中,提升本土文化意识和认同

---

① Oxford, L. R. Teaching Culture in the Language Classrooms: Toward a New Philosophy [C]//Georgetown University Round Table on Languages and Linguistics 1994. 1994:26-45.
② 李新,石鸥. 教学性作为教科书的根本属性及实践路径[J]. 课程·教材·教法,2016(08):25-29.
③ 郭宝仙. 英语课堂活动研究[J]. 中小学英语教学与研究,2015(01):2-8+23.
④ Klimas, A. A Goal-Setting Logbook as an Instrument Fostering Learner Autonomy [M]// Autonomy in Second Language Learning: Managing the Resources. Berlin: Springer International Publishing, 2017:21-34.

感。具体来说，活动目标是要求学生积极运用文化信息，还是仅仅将信息作为知识储备起来；是仅仅需要对某一文化现象有所认识，还是需要深入理解，对于这些问题，教材要给出明确的说明或提供指导。否则，活动在培养学生文化意识，提升跨文化理解与表达能力等方面的意义和作用将难以保证。

例如，在一项自然灾害主题的短文词语填空活动中，输入语篇提到，为了避免地震灾害，建筑师设计各种房屋，如可移动房屋、地震时不容易倒塌的圆形房屋，并分别对这两种建筑做了简要介绍，接着呈现四川的一种特别的抗震房屋图片，让学生思考还有哪些提升房屋安全系数的设计。这一活动中虽然提到了四川的抗震房屋，但既没有像其他类型房屋那样给出简要介绍，也没有要求学生思考为何这种房屋能抗震。这一活动虽然涉及了中华文化，但文化目标不够明确，没有充分利用语境，有意识地引导学生关注中华文化开展语言信息的加工和输出，导致本土文化资源没有得到充分利用。

以下活动就较好地避免了上述问题。该活动以文化信息输入为主，文字信息中首先呈现主题句"有的建筑的设计目标是让野生动物能够在城市生活"，然后以北京奥林匹克森林公园为例加以说明。该公园种植了当地植物并为野生动物提供了开放的活动空间，使其能够自由活动。该公园的设计充分体现了城市建设与生物多样性保护间的平衡。与前一活动相比，这个活动目标明确，且提供了相应的信息输入。

（二）目标涵盖跨文化能力的多个维度

如本书第三章所述，跨文化能力由知识、技能与态度等要素构成，文化教育的最终目标是形成文化品格，这是一个内化于心、外化于行的过程，而文化品格的形成不仅需要了解和理解文化知识，还需要对文化现象进行分析、比较、归纳、解释与评价，对世界不同文化形成开放、包容、尊重、理解和欣赏的态度，增强学生对中华文化的认知理解和自信认同。同时，文化教育还有另一个重要的目标，即培养有效的文化学习者。活动是文化学习由静态的关注结果的知识学习，到动态的过程性学习的重要载体，因此活动目标应是多维的。

1. 关注文化态度目标

在实际教学中，文化知识的学习、跨文化技能及态度三者之间并非总是线性排列，而是重叠交织，共同构成循环上升的跨文化能力培养系统。但是在英语教学实践中，由于文化内容承载的态度目标较为隐性，容易被人忽视，而文化知识与跨文化技能的获得往往更受教师的青睐。针对实践中的这一现象,教材设计活动时除了引导师生围绕中华文化产物与实践开展相关活动,还可以通过设计深度提问、联系学习者自身、设计评价性活动等方式突出对情感态度目标的关注,引导师生树立全面的文化学习观念。

例如,人教版高中英语教材以汉字为主题的本土文化学习活动,要求学生思考汉字传承至今的原因及解释为何当今越来越多的国际学生对学习汉语有兴趣,学生能够在深刻的思考中感悟中华文化的独特魅力,获得对本国文化的认同感,促使情感目标的达成。

再如,许多教材中都涉及我国名胜古迹、旅游景点的介绍,语言输出活动要求学生帮助国外友人设计旅游计划,这些活动体现了中华民族好客、友好的特点,如果能够在相关活动中设计评价标准,引导学生根据游客的兴趣爱好、年龄、职业等特征,针对性地制定旅游建议,并成为一名乐于助人的公民,就有机地将文化情意的培养融入活动中。

可见,文化态度目标的达成有赖于文化学习活动的"生本化",即要与学生的现实生活相联系,激发学生作为"文化的人"的思考和探索,帮助学生形成"内居的解释框架"①。需要注意的是,"生本化"目标设计不当,反而会降低学生的学习动机。例如,关于职业主题的学习,某教材一项活动要求学生描述父母的职业并在同学之间进行比较,该活动虽然与学生的生活密切相关,但其目标设计似有"拼爹"之嫌,可能无意中挫伤学生的自信心和自尊心。

2. 关注文化学习能力的培养

"学习能力构成英语学科核心素养的发展条件"②,课标将文化意识作为核心素养的重要组成部分,意味着不仅要把学习者培养成为有效的语言学习者,"更要引导学生成为有意识的文化学习者、体验者,理性的分析比较者"③。教材设计文化学习活动

---

① 张一兵. 合手的存在秘密:不可言传的整体构境——波兰尼《个人知识》解读[J]. 学术界,2019(12):5-14.
② 中华人民共和国教育部. 普通高中英语课程标准(2017年版 2020年修订)[S]. 北京:人民教育出版社,2020:5.
③ Moran, P. R. Teaching Culture: Perspectives in Practice [M]. Beijing: Foreign Language Teaching and Research Press, 2009.

时,应结合具体的文化内容,设计指向文化学习能力培养的活动。

　　指向文化学习能力培养的活动,可以显性教授学习策略,也可以隐性渗透学习策略。例如,韩国教材每个单元的文化板块都为学生提供检索关键词,引导学生检索其他与单元文化内容相关的信息。韩国教材和日本教材中都设计了关于本国文化刻板印象的活动,向学生呈现国际上对本国常见的刻板印象,引导学生反思自己对本土文化和他国文化的认识,避免文化学习中的过度概括。这两类活动中第一种学习策略直接为学生提供检索关键词,策略的教学较为显性,第二种活动则将策略隐藏在活动中,培养学生反思的学习能力。

　　总之,文化意识与文化品格内涵的丰富性要求英语教材中本土文化学习活动的目标建构做到多维度、多层面,不仅考虑本土文化知识的获得和文化技能的提升,也要重视情意目标和文化学习能力目标等,实现跨文化能力的整体性提升。

(三) 文化学习目标与语言能力目标、思维能力目标相融合

　　文化学习活动目标的建构还应注意语言、思维与文化之间的融合。新课标提出了英语学习活动观,学生作为参与活动的主体,在活动中习得语言知识与技能,发展多元思维,理解文化内涵等,这是一个语言、思维、文化融合发展的过程。因此,本土文化学习活动还应为学习者提供英语语言的输入与输出训练的机会,引导学生对文化内容进行分析与比较、判断、评价等,从多视角认识文化现象,促进学生批判性、逻辑性、辩证思维等的发展。

　　语言、思维、文化相融合的目标往往通过争议性话题、辩论性活动实现。例如,日本东京书籍出版社高中英语教材《一起出发!》(*All Aboard!*)(以下简称 *All Aboard!*)中设计了辩论类本土文化学习活动。小笠原群岛是日本的一项世界自然遗产,教材中一项活动要求学生围绕该岛是否应当禁止旅游业展开辩论,学生一方面需要收集相关的文化信息,了解这一群岛的概况,另一方面还需要使用英语来准确表达相关文化信息,学生从提出和表达观点、提供依据,反驳对方观点等角度训练自身的思维能力,该活动体现了文化目标、语言目标和思维目标的融通。

　　这种思辨性、争议性较强的活动,不仅培养学生感知、获取、理解等语言能力,也要求学生对文化信息进行描述、阐释,并在互动讨论、辩论的过程中进一步明晰自己的看法和观点,对相关文化主题形成自己的价值观念。

二、活动涉及的文化内容类型丰富、开放,关注古今与中外文化的联系

(一) 展示文化各要素间的联系,呈现丰富全面的本土文化内容

文化的五个层面,即文化产物、文化实践、文化观念、文化社群和文化人物各具特征,又相互联系,设计文化活动时,尽可能地延伸和联系中华文化的多个要素,而不是停留于文化产物、文化实践等表层信息,帮助学生思考和探究文化价值观念,从而使学生深入全面了解和理解中华文化,并丰富和发展对中华文化的自我认知。

对中日初高中英语教材的分析发现,教材中的本土文化存在类型失衡的现象[1][2],即文化产物和文化实践比重更高,文化观念等未受到相应重视,对中日教材中本土文化活动的分析也发现[3],两套教材中的本土文化学习活动中涉及的文化类型分布不均衡,文化产物占主导,文化观念和文化社群相对被忽视。针对这种状况,教材修订或教师使用教材时,可围绕活动所涉及的文化产物、文化实践等设计延伸拓展性的学习活动,如引入典型的使用文化产物、开展相关文化实践的人物、社群等,引导学生思考支撑他们的价值观念,更好地发挥本土文化的育人价值。不过,教材中也有一些好的例子。如我国教材在学习了关于中国太空之父钱学森的语篇后,要求学生讨论关于科学家的故事,分析哪些重要的个性品质是科学家成功所必需的,并指出语篇是如何体现科学家的这些精神的。这一活动没有停留于文化人物表层信息,而是引导学生探究他们的个性品质。

其实,态度、价值观等观念性的文化教学内容对学生价值观的引导和文化品格的形成有重要作用。文化观念的深层次理解是成功进行跨文化交际的基础,学生可能会由于缺乏思维或观念差异相关的知识而产生交际障碍。

总之,中华文化源远流长、博大精深,是一个巨大的文化教学宝库。在文化内容的选择上,中华文化学习活动应呈现类型丰富的文化内容,尤其要挖掘更多具有代表性的中华文化观念、文化社群等类型的文化内容,更好地发挥文化的育人价值。

---

[1] 冯雨卓,丁珍. 本土文化视域下中日初中英语教材比较研究[J]. 吉林省教育学院学报,2020,36(10):119-128.
[2] 郑珊珊. 中日高中英语教材中本土文化内容比较研究[D]. 上海:华东师范大学,2021.
[3] 胡欣颖. 中日高中英语教材本土文化活动比较研究[D]. 上海:华东师范大学,2022.

(二) 古今联系,体现文化的传承、发展与创新

习近平总书记在党的十九大报告中指出:"中国特色社会主义文化,源自于中华民族五千多年文明历史所孕育的中华优秀传统文化,熔铸于党领导人民在革命、建设、改革中创造的革命文化和社会主义先进文化,植根于中国特色社会主义伟大实践。"这指出了不同中华文化形态之间的联系,中华传统文化代代相传,汇聚着古人的创造与智慧,是中华民族持续发展的根基。近现代文化代表着时代的前进方向,是对传统文化的发展与创新。因此,本土文化学习活动中文化内容的呈现应该重视彰显中华文化的古今融通,重视中华优秀传统文化的传承、保护与发展创新。

古今联系的策略至少有以下几种:(1)设计活动,向学生介绍人们采用新媒体、新技术传播、传承本土文化的活动。(2)联系在文化保护、传承中发挥积极作用的人物、事件。(3)联系在文化传承、发展中起重要作用的事物,如汉字。

例如,人教版教材"文化遗产"单元围绕文化遗产的保护设计多个文化学习活动,其中一项活动为段落填空,其内容呈现了国际青年营成员开发手机软件"泰山",用轻松有趣的方式向青少年推介"泰山",然后让学生讨论是否愿意参与此类活动,并让学生讨论是否能提出其他新保护文化遗产的方法。这一活动能自然激发学生对泰山等自然文化遗产的保护意识,同时也突出了传统文化与现代文化之间的联系,倡导借助现代信息技术来有效保护传统文化。

再如,一项活动向学生呈现了为保护文化遗产作出贡献的人物的事迹,要求学生撰写一篇新闻报道,介绍他们所知道的在保护文化遗产方面作出贡献的人物或组织,将语言输出训练和文化传承与保护意识的培养相融合。

古今联系的活动能够帮助学生了解中华文化的发展,提升其文化传承保护的意识和能力。

(三) 中外文化的联系与比较,体现跨文化性

文化差异的敏感度和宽容度是跨文化能力的重要指标,如果学生仅了解本国文化,可能会无意识地陷入本国文化的"孤芳自赏"①。文化比较是文化学习的重要方式,对中外文化进行分析与比较有助于提升对学生文化差异的敏感度,进一步加深对本国

---

① 文秋芳.在英语通用语背景下重新认识语言与文化的关系[J].外语教学理论与实践,2016(02):1-7+13.

文化的理解,促进对本土文化的反思,同时培养跨文化的意识。新课标提倡关注中外文化的差异与融通,在对不同文化的比较、对比、鉴赏、批判和反思的过程中理解和包容不同文化,拓宽国际视野,发展跨文化沟通能力。因此,活动的设计还应体现跨文化特征。

具体说来,教材中针对文化主题的输入语篇,有的是单独呈现某国文化,有的为跨文化语篇,而在跨文化语篇中,有的呈现的是不同文化间的共性,有的则为差异。无论输入语篇是否为跨文化的,教材编写者设计文化活动时都应设计跨文化活动,对于文化独现的语篇尤其如此,以便帮助学生从多元文化的联系与比较中加深对文化内容的理解。

活动的跨文化性可以通过两种方式实现。首先,有意识地引导学习者比较中外文化的异同。其次,在活动中补充并输入与语篇主题相关的跨文化信息,或设置跨文化情境,使学习者接触不同文化背景的信息。文化比较、问卷调查、案例分析、情景模拟、谚语学习等能为学生提供跨文化互动和比较的机会,每种方法又需要具体可行的措施,推动活动落到实处。比如文化比较可以采用画流程图或思维导图、做列表等方法。

例如,某教材呈现美国文化多样性的视频后,引导学生思考并开展小组讨论:你认为中国是一个文化多元的国家吗?请给出你的观点和理由。这样的关联学习有助于学生深入思考多元文化的含义以及多元文化在不同国家的具体体现,在相互参照中达到深入理解、鉴赏与反思自身文化的效果。听了关于曲阜的材料后,让学生写出英文习语(如浑水摸鱼、阿喀琉斯之踵等)的涵义,并写出相应的中文表达,体会两种语言或者两种文化之间的共通之处。

关注不同文化的相似性内容,能帮助学生在不同文化的相互鉴赏中增强对本民族文化的认同感,增进对世界文化的理解,拓宽国际视野。了解文化差异也同样重要,价值观、思维方式、宗教信仰、行为规范等方面文化差异的学习对于顺利开展跨文化沟通、避免交际冲突有着举足轻重的作用,文化差异的学习更有助于培养学生尊重与包容不同文化的态度。

需要注意的是,无论是联系相似性,还是对比差异,都应该采取客观中立的态度,切忌刻意褒奖或贬低某种文化。正如乔杜里(Choudhury)所强调的持有"中立的""基于事实的"跨文化态度[1],应该承认每个人在审视文化时都有不一样的视角。总之,跨

---

[1] Choudhury, M. Teaching Culture in EFL: Implications, Challenges and Strategies [J]. IOSR Journal of Humanities and Social Science, 2013,13(1):20-24.

文化内容的呈现并不意味着展示本国文化或是目标语文化的优越性,而是应该将外国文化视作一面镜子,跨文化学习是向外探求直至反思、理解自身的过程。

(四) 提供丰富资源,体现开放性

培养学生跨文化情感态度和中华文化传播能力需要大量实践和体验活动,而教材容量有限,因此,单纯依靠学校教学是不够的。随着"讲好中国故事"理念被广泛认同,社会上出现了许多丰富多彩、生动活泼的中华文化英语学习资源。同时,学生日常学习和生活是文化学习的重要资源与有机组成部分。教材在关注自身内容选择性的同时,主动介入和引导学生的课外学习,立足课内,辐射课外,加强课内外学习的关联性,可以为不同发展倾向的学生提供个性化的自主选择的机会和学习的空间,这有助于改变学生的学习方式,拓展学习的渠道。

具体做法是设计拓展性实践活动,推荐与文化主题相关的多模态、多层次资源,如网址、小说、电影、纪录片、小视频等,引导学生视自身情况在课后选择资源开展自主学习,使不同层次的学生都能生成适合自己的学习目标和内容,改变学习方式,使学习更具个人意义,拓展文化学习和语言学习的广度与深度。例如,某教材在学习了郑和下西洋、哥伦布探索新大陆的文章后,向学生介绍中国自然博物馆,引导学生浏览其网站,了解中国悠久的历史。

第三节 文化学习活动的设计(二)

文化学习活动的目标、内容、形式与评价相互联系,本节探讨中华文化学习活动的形式和文化活动的评价。

一、活动方式:注重语言支持、内容适应及情境性、体验性与互动性

(一) 活动应有必要的语言支持

要使输出类活动切实可行,教材应为学生提供开展活动所需的关键词语、句子框架等,从而使语言学习与文化学习有机地结合在一起。例如,当活动要求学生猜测某

一文化现象或行为背后的观念时,可以提供句子框架"It might be ...; Maybe it is ... because; I guess ..."。要求学生发表对某一文化现象的观点时可提供句子框架"I think/feel/believe/agree/disagree ..."等。

(二) 活动应体现文化内容的特点

文化内容自身的特点制约文化学习的方式,例如,针对文化产物、文化实践等显性文化内容,可以直接呈现学习材料开展教学,而针对文化观念类隐性文化内容,则需要引导学生去分析和体验。因此,应结合文化内容特点设计学习活动。例如,学习古代民间故事、神话传说时,学生常常会有不解或质疑,如愚公移山是否环保,这时活动的目的并不是让具有不同背景和观点的学生达成共识,而是侧重引导学生讨论或辩论为何会有这样的故事、旨在表达什么价值观念,鼓励学生表达个人的感受和见解,了解和理解其他人的看法和视角。

对于知识性较强的客观性文化内容,如地理、历史、文学、艺术、哲学、政治、经济等内容,可设计听力和阅读理解、师生讨论、文化比较、案例分析、信息收集等活动。例如,对比国内外地理环境、气候、人口比较接近的两个城市;学习关于中国世界文化遗产的情况后,表达自己对已学内容的观点,获取更多相关信息等。

(三) 活动要情境化

1. 情境化及情景要素

活动情境化,就是要创设学生与文化存在性的联系,构建学生与文本跨时空对话的桥梁,使其对学生而言具有意义。文化内容与学生的距离,"就其性质来说不是时间上的而是存在上的"①;"某些事物和过程"虽然在空间上接近儿童,"但并不保证它们接近儿童的需要",反而一些年代久远或异域他乡的东西"却是一个孩子所关心的事,是他的观点的组成部分"②。因此,教材创设文化内容与学生存在性的联系,将文本的历史语境、异域语境拉入学生的现实生活语境,使其对学生而言"具有意义",而不只是

---

① [德]扬·阿斯曼. 文化记忆:早期高级文化中的文字、回忆和政治身份[M]. 金寿福,黄晓晨,译. 北京:北京大学出版社,2015.
② [美]杜威. 芝加哥实验的理论[G]//吕达,刘立德,邹海燕. 杜威教育文集(第5卷). 北京:人民教育出版社,2008:29.

"变得有趣"①,才能真正加强学生对中华文化的认同,学习和借鉴世界优秀文化,在实践中最大限度地实现对传统文化的"创造性转化"和"创新性发展"。

语言交际是一种社会文化现象,意义的理解和表达总是受文化语境和情境语境的影响和制约。文化语境指制约语言活动的整个文化背景,情景语境是指语言活动的直接环境②。从系统功能语法视角看,情景包括语场、语旨和语式三个变量③。语场,是指正在发生的事情、社会行为,包括语言发生的环境、谈论的话题、讲话者和其他参与者所参加的活动,根据话题可以分为不同学科领域、行业语域,如文学、科技、政治等。语旨,指交际参与者角色、年龄、身份、社会地位及其相互关系、说话者的态度和想要实施的意图(如劝导、命令)等。语式,指语言交际的渠道或媒介,包括修辞方式,可分为书面语和口头语、正式语体与非正式语体、直接语与婉转语等。交际过程中,语场和语旨直接影响语式,即交际目的、交际场合和交际参与者之间的角色关系影响所要采用的语言表达形式,如口语或书面语、正式语或非正式语。

因此,情境化的活动设计,就是围绕主题,联系学生的学习和生活实际,创设真实的语境,明确活动的交际对象及参与者之间的相互关系、交际目的、交际任务与交际场景,从而帮助学生理解语篇,选择得体的方式进行沟通和交流,在语场、语旨和语式间建立联系。如活动情景要素不足,就会影响活动的可行性。

例如,如下活动中的情景就不够清晰:来自英国的弗雷泽(Fraser)对中国的历史文化感兴趣,法国的安东尼(Anthony)想来中国徒步旅游,俄罗斯的安娜(Anna)期待来中国留学,请同学们为他们设计旅行计划。该活动并没有为学生设定身份,开展活动时,学生会觉得不知所措,到底自己与这三位外国友人是什么关系,自己是作为网友还是导游给他们推荐旅游景点,应该用正式语还是非正式语。同时,活动只是笼统地描述了每位游客的喜好,要求学生据此设置长达一周的旅游规划,留给学生自由想象的空间过多,难以保证活动效果的达成。

2. 文化学习活动的情境类型

情境的设置为学生参与文化活动铺设了特定的背景,对于本土文化学习活动而

---

① [美]杜威. 与意志训练有关的兴趣[G]//杨小微,罗德红,译. 杜威全集早期著作(1882—1898):第 5 卷(1895—1898). 上海:华东师范大学出版社,2010:85-113.
② 高生文,何伟. 系统功能语言学语域思想流变[J]. 外语与外语教学,2015(03):48-54.
③ 张艳君. 语类语域理论及其对外语教学的启示[J]. 教育探索,2005(05):73-75.

言,除了要注意情境与真实的文化交际的联系,也要考虑到情境本身的完整性、情境设置与活动要求之间的关联性和一致性,要为学生提供具有高还原度的社会情境、丰富多元且有意义的情境、基于现实问题的情境等,这样才能保证学生愿意参与,沉浸于情境中,认同情境的合理性。

教材中文化学习活动情境创设情况可大致分为三种,无特定情境、单一文化情境和跨文化情境三种①。以介绍中华历史名胜古迹这一话题为例,可以设计三种不同的活动:(1)自选熟悉的名胜古迹,写一篇简介;(2)学校举办征文比赛,写一篇介绍名胜古迹的作文;(3)学校即将接待来访的国际友人,请为其制定旅游计划,写一份名胜古迹旅游计划。这三项活动分别对应无特定情境、单一文化情境和跨文化情境。情境化的本土文化学习活动有利于吸引学生主动参与,增强活动与学生现实世界的联系,上述单一文化语境具有一定的交际性,而跨文化的活动情境则涉及不同国家文化之间的交流与冲突,突出从外国友人的视角来谈论本土文化。

对中国人教版高中英语教材和日本东京书籍出版社编写的高中英语教材《一起出发!(英语交际1—3)》(*All Abroad*! English Communication (1-3))(以下简称东书版)中涉及本土文化的活动进行分析发现②,两套教材中绝大多数本土文化活动并未设置特定情境(人教版中为87.6%,东书版为75.7%),这说明要使教材中的本土文化活动真正成为有意义的学习活动,还有较多值得改进的地方。单一文化情境在人教版和东书版两套教材中的比重分别为2.0%和22.3%,跨文化情境在两套教材中的比重分别为10.3%和1.9%,表明人教版倾向于跨文化情境的创设,东书版倾向于单一文化情境的设置。

可见,如何将本土文化活动置于有意义的跨文化情境中,并使文化活动的情境尽可能地趋向真实,是一个需要创造性解决的难题,设计活动时一方面要注意选择能体现跨文化交际真实场景的素材,另一方面要捕捉和呈现学生日常生活中各种可能的跨文化特征。

(四) 活动体现互动性

语言是在对话与交流中习得的,互动与交流是语言学习与教学的核心部分。互动

---

① 胡欣颖.中日高中英语教材本土文化活动比较研究[D].上海:华东师范大学,2022.
② 胡欣颖.中日高中英语教材本土文化活动比较研究[D].上海:华东师范大学,2022.

即两个及两个以上的人之间进行的思维、情感的交流,这种交流可以使交流双方都从中获益①。在互动过程中,交际双方进行的交互调整和意义协商是促进学习者理解和语言习得的必要条件,与同伴、教师之间的互动与合作可以促进学习者认知和社会性的发展。建构主义文化教学中,学习者通过社会交往与人际互动建构自己对文化的观点②,英语教育中教师和学生都具备一定的本国文化知识和外国文化知识,可以就文化内容展开交流探讨,因此在课堂教学环境下,教师和学生都可以充当教材之外的文化学习内容的资源库,师生互动有助于跨文化沟通能力的培养。因此,"互动性"通常被视为文化学习活动应具备的重要特征③。

体现互动性的本土文化学习活动既可以是围绕本土文化内容展开的师生之间的问答交流,也可以是同伴之间的讨论合作等。从组织形式来看,可以是同伴活动、小组活动、集体活动等。从活动类型看,可以为对话活动、问答活动、讨论活动、采访活动、辩论活动等。设计互动性活动需要考虑学习者的语言和文化储备,为了更好地促进学生核心素养的提高,活动要融合语言、文化、思维的要求。

例如,同样是围绕本土文化景点介绍,日本教材《一起出发!》(*All Aboard*!)针对"日本博览会期间可以做什么"设计了问答对话:— What can I do at Japan Expo? — You can experience Japanese culture there. 教材提供三种可以体验的日本本土文化,并提示学生补充自己熟悉或感兴趣的内容。人教版教材设计的活动让学生想象自己去平遥旅游后与同学交流,活动提供了对话需要的语言表达,并给出对话样例。

日本教材的活动重视对本国文化内容英文表达的识记与积累,对话简短,双方使用的句型和内容相对固定,对话的交际性特征并不突出,整体的活动要求更低一些。而人教版教材对话内容更加丰富完整,更贴合真实的交际语境,在一轮一轮的对话协商中,学生不仅需要充分调动已知的本土文化相关的信息,还需要针对对话内容做出评价、表达情感等,双方的交流和互动更为全面、深入,对学生的语言水平、交际能力、

---

① Brown, H.D. Teaching by Principles: An Interactive Approach to Language Pedagogy [J]. TESOL Quarterly, 2001, 35(2):341.
② Damen, L. Closing the Language and Culture Gap: An Intercultural Communication Perspective [M]//Culture as the Core: Perspectives on Culture in Second Language Learning. Charlotte: Information Age Publishing-lap, 2003:71-88.
③ 祖晓梅. 汉语文化教材练习活动的编写[J]. 语言教学与研究, 2018(01):8-17.

文化意识等方面的要求都更高。

总之,互动特征鲜明的本土文化学习活动给学习者提供了思想交流的平台,参与交流、分享或合作的双方或多方实现了在本土文化的认知、态度、情感等方面的协商与沟通,这样的活动一方面能检验和促进学生语言交际能力和跨文化沟通能力的发展,另一方面也有利于密切师生关系,营造和谐愉悦、活泼生动的课堂氛围。

(五) 活动应有层次性

文化学习活动的设计应根据学生语言水平、认知特点和文化积累,根据布鲁姆教育目标分类设计感知识别类活动、理解阐释类活动和评价反应类活动。感知类活动要求学生识别和了解文化信息,回答是什么的问题;理解阐释类活动要求学生理解和描述文化信息,阐释其背后的文化观念,这类活动包括翻译、描述、分析、区分、归类、解释、报告和推断等。评价反应类活动要求学生对文化现象发表看法,表达情感,开展进一步探究等,引导学生进一步认知自我,增强中华文化认同。

例如,学习女娲补天等神话故事时,可以先通过文字和插图,让学生感知了解故事的基本信息,然后让学生分析女娲的品质及具体表现,阐释故事蕴含的价值观念,最后让学生表达对这则故事的认识和学习感想。

(六) 增强体验性

文化学习是一个动态、发展、不断进行的过程,学习者的认知、行为与情感参与其中。不少学者认为文化学习具有过程性和体验性,能够赋予学习者感受、理解、联系自身情绪体验的机会,提倡文化的体验学习。例如,莫兰[①]认为,多数的文化界定较为抽象,与人们的实际生活相距甚远,和人们所参与的文化体验无关,他由此提出"文化体验"理论,反对与学习者实践经历完全割裂的文化学习。他将文化体验分为四个阶段,分别是参与(理解方法)、描述(理解内容)、阐释(理解原因)和反应(理解自身)。这一体验式的文化学习以体验为基础,层层深入,且融合了文化实践、认知、情感与信念等。

具备体验性特征的本土文化学习活动重视文化学习的过程,以"参与"和"做"文化为主要特征,注重具身性,往往从学习者亲身体验与感悟出发,让学生亲身实践、

---

① Moran, P. R. Teaching Culture: Perspectives in Practice [M]. Beijing: Foreign Language Teaching and Research Press, 2009.

观察、操作、表演、模仿等,其目的不只是传递文化知识,而是在文化认知的基础上,实现态度、行为等的变化,实现跨文化能力的培养,常见的活动形式包括教育戏剧、角色扮演、问卷调查、情景模拟、采访、实地考察等。这些活动都需要学生亲身参与,在活动过程中完成参与文化、描述文化、解释文化和比较文化的体验性文化学习的阶段循环①。

例如,日本教材让学生搜集有关日元与加拿大元的资料,还让学生针对整理的资料做一个口头报告,这些都属于实践性强的活动。学生正是在收集资料、准备报告及陈述的过程中,逐渐加深对不同国家货币及背后文化的认识,学习者的自主性和积极性被充分调动起来。人教版教材为了培养学生用英语介绍中国景点的能力,设置了导游和游客的角色扮演活动,学生在对话时能够站在导游和游客两种不同的视角来思考和解答问题,有利于获得接近真实文化交际的感悟和体验。

二、活动的评价:突出可操作性、目标指向性、反思性

(一) 可操作性

教学活动的核心是学生,而关键是教师。与语言知识和技能相比,文化知识的学习、跨文化能力的培养比较容易被教师视为"软"性的教学要求,加之教师文化素养和跨文化能力方面的相关储备较为欠缺,关于外语教师跨文化教学能力的培训及其研究还很缺乏②,教材中如何设计具体可行的关于文化学习活动的评价工具或方法,是文化教育能否很好得到落实的重要影响因素。教材编写者可以围绕活动的文化学习目标,从文化内容的感知、理解、表达及情感态度价值观等方面设计评价工具,或设计反思性问题,提高文化内容学习评价的可操作性,也可以引导师生围绕所学文化内容,设计相关的评价工具。

例如,学习了文化遗产保护主题内容后,某教材要求学生写一份新闻报道,介绍为保护中华文化遗产作出贡献的人物或团体。教材为学生提供了新闻报道的结构、内容支架,还提供了新闻报道的评价核查单,这非常有利于培养学生中华文化的传播能力。

---

① 祖晓梅.汉语文化教材练习活动的编写[J].语言教学与研究,2018(01):8-17.
② 孙有中.中国外语教材建设:理论与实践[M].北京:外语教学与研究出版社,2021:189-190.

而有的活动虽然要求学生完成有关本土文化活动后,在全班展示并评选出完成得最好的作品,但并未提供具体的评价指标,这样的评价就容易流于形式,难以落实。

(二) 评价目标指向文化

新课标倡导语言、文化、思维相融合的英语教学,这就要求文化学习活动的评价目标既要指向语言能力、思维能力,也要指向活动所渗透的文化内容,否则,文化意识、中华文化跨文化传播能力的培养都难以落实。教材中有些渗透本土文化的学习活动,其评价指标缺少文化方面的内容。例如,某教材关于文化遗产保护的活动虽然提供了新闻报道的评价核查单,但核查单并未列出明确针对本土文化应达成目标的评价内容,这就容易使文化学习活动目标落空。再如,某课文中学生组织美食节,对学生所做食物的销售量进行比较和排名,作为衡量所做食物成功与否的标准,但举办美食节的目的是鼓励学生参与,并不是进行比较。设计文化学习活动时,坚持"教—学—评"一体化理念有助于避免这一问题。

(三) 体现反思性

新课标指出,文化意识的培养是一个内化于心、外化于行的过程,在此过程中,学习者是否能结合所学文化内容开展自我反思非常重要。目前国际上有关学习者跨文化能力的测评都非常重视学生批判性反思的能力。例如,欧盟委员会设计的两套跨文化交际能力测评工具,"跨文化经历自传"(Autobiography of Intercultural Encounters)[①]和"视觉媒体的跨文化经历自传"(Autobiography of Intercultural Encounters through Visual Media),都旨在帮助外语学习者更好地完成对跨文化经历的批判性反思。这两套自测工具分别由一系列反思性问题组成,学习者可以借助这些问题记录和反思自己在跨文化态度、意识、知识和行为方面的真实经历,加深对自身文化定位的思考,从而提升跨文化交际能力。英语教材也可以结合文化内容设计类似的反思性问题,或是引导师生建立文化学习记录手册,记录学生的课堂表现、小组学习情况等,引导学生开展自我反思、同伴评价等。

---

① Byram, M., Barrett, M. D., Ipgrave, J., Jackson, R., García, M. Autobiography of Intercultural Encounters: Context, Concepts and Theories [M]. Strasbourg: Council of Europe. 2009.

结语

本节从活动目标、内容、形式和评价四方面探讨了中华文化学习活动设计,目标是内容、形式和评价的指南,影响和决定着活动内容、形式和评价的选择,四方面具有关联性和一致性,围绕特定的本土文化主题来展开,才能有效地发挥文化学习活动应该起到的作用。

第七章

英语教材里中华文化学习资源的使用

前面几章探讨了教材中中华文化内容的研制,这些内容只有真正进入教学过程,才能成为学生学习的对象,学生通过比较中外文化异同,加深对中华文化的理解和认同,树立国际视野,坚定文化自信。因此,充分挖掘和利用教材中的文化内容,对于落实英语课程立德树人根本任务具有重要意义。如何充分利用好英语教材中的文化内容,培养学生文化认同和英语跨文化能力,相关研究尚显薄弱,本章对此展开探讨。本章所说的英语教材中的中华文化学习资源,是指教材中所有有助于加深学生对中华文化理解的内容。

第一节　英语教材里中华文化资源的使用策略

教材是英语课程的主要载体,也是学生在英语学习的过程中习得中华文化的主要资源。因此,在英语教育中开展中华文化教学,首先应立足教材,用好教材中的相关资源。

一、研读课标,明确中华文化跨文化学习的学段目标

英语教学中的文化教学,尤其是中华文化教学日显重要,但是教学实践中不少教师认为,考试不考察文化知识和文化意识,因此对教材中文化的教学不够重视,缺乏明确的文化学习目标。英语课程内容六要素(主题、语篇、语言知识、文化知识、语言技能、学习策略)是相互关联的有机整体,忽视文化教学,实际上会影响学生语言知识的学习和语言能力的培养。学生中华文化跨文化传播能力的培养是一个长期的过程,不同阶段需要根据课标的要求及不同阶段学生的思维发展特点,制订具体的教学目标。

因此,教师首先需要认真研读课标,明确课标中与中华文化相关的要求,以便在教学中有的放矢。为了对英语课程中跨文化能力形成更深入系统的认识,本书第三章从跨文化知识、跨文化技能和跨文化态度三方面梳理了高中课标中的有关要求,例如,课标中关于中华文化知识的要求比较多地出现在必修和选择性必修中,这些要求主要针对文化产物和文化实践,对文化观念的涉及较少,主要为中国体育精神。这些信息对确定中华文化学习目标有一定参考价值。

二、解读教材，明确中华文化学习可能的承载点或关联点

中华文化学习目标需要依托具体的载体、适宜的时机和条件方可实现，中华文化"不能是在脱离文本基础上的'被输入'，不能标签化、概念化、静态化、形式化"①，但教学实践中，有的老师平时对文化关注不多，对教材中蕴含的文化内容敏感度不高，不能识别出教材中的文化内容，导致这些内容得不到很好的挖掘和利用，影响学生文化意识乃至英语核心素养的培养。因此，如何立足学科本体，依托具体载体，明确中华文化学习的承载点和关联点尤为重要。

主题意义的探究，语言知识、文化知识的学习以及文化意识、思维能力的培养都需要依托具体的语篇。教材中有的语篇含有明确的中华文化内容或元素，有的语篇则为英语国家和世界其他国家文化主题，旨在培养学生的国际视野，但教师在教这类语篇时如能深入研读教材，自觉地把学习内容与学生熟悉的本土文化建立联系，帮助学生寻找文化内容学习的参照点、关联点，既有利于培养学生的国际视野，又能加深其对本土文化的认识。

以外研版高中英语教材必修第一册为例，该册书每个单元与中国文化的关联点可整理如表7-1②。

表7-1 外研版高中英语教材中国文化内容分析

教材单元	教材内容	中国文化内容
B1U1 A new start	开启高中校园生活	中国高中教育
B1U2 Exploring English	学习英语、探索英语	汉语的表达方式及中国式英语
B1U3 Family matters	家庭生活	中国家庭观念和生活方式
B1U4 Friends forever	良好的人际关系与社会交往	中国文化对友谊的探讨和歌颂

---

① 谭轶斌.语文课程彰显中华优秀传统文化的实施策略[J].中学语文教学，2022(05):24-27.
② 王洋洋,张贵福.中国文化融入高中英语教学的实践探究[J].中小学英语教学与研究，2023(02):68-71+76.

续　表

教材单元	教材内容	中国文化内容
B1U5 Into the wild	人与动物的关系	中国珍稀动物
B1U6 At one with nature	人与自然和谐相处	中国人民与自然和谐相处的情况

明确教材语篇中华文化关联点和承载点,使得中外文化联系与比较有了具体的抓手,为培养学生的跨文化能力创造了条件。教师可在此基础上,寻找适合的语篇与教材一起配套学习,使文化学习系列化,帮助学生对文化主题形成综合、全面、立体的学习,形成相关知识结构。例如,张嫦安[1]针对人教版八年级下册各单元中蕴含的中华文化元素,从人民教育出版社和美国圣智学习公司编著的《中国读本》(China Readers)系列丛书中挑选与之相关的阅读语篇,确定它们之间的链接点,并整理成表格(如表7-2)。

表7-2　中国文化资源开发计划表

单元	单元话题	单元主题	链接语篇及内容	配套语篇
Unit 1	Health and first aid	了解常见疾病和急救措施,保护自我,果断决策	Section A 2b 常见疾病及建议	Traditional Chinese Medicine
Unit 6	Legends and stories	讲述故事、分享快乐、增长智慧	Section A 3a 美猴王	Monkey King: A Chinese Superhero
Unit 7	Facts about the world	了解、探索自然,探讨人与自然的关系,并学会保护自然	Section B 2b 熊猫	Pandas: China's Ambassadors
Unit 9	Fun places	游风景名胜,品人文历史	Section B 1b 参观兵马俑	Xi'an: Past and Present
Unit 10	Living environment	旧物件含深情,老地方有深意	Section B 2a 家乡的感觉	Home for the Chinese Spring Festival

---

[1] 张嫦安. 初中英语教学中中国文化阅读资源的开发和运用[J]. 中小学英语教学与研究,2022(12):56-59+67.

三、明确目标,围绕单元主题意义,确定中华文化跨文化传播能力培养的落脚点

英语教学要培养学生中华文化跨文化传播能力,就要站在文化的立场设定显性的、指向清晰明确的教学目标,"关注以文化人、以文育人,注重语篇语料的文化浸润、感染与熏陶的作用"①。许多教师比较重视制定具体明确的语言能力目标,中华文化跨文化传播能力目标往往笼统、宽泛,难以指导评价活动和教学活动的设计。例如,"能够听懂并谈论某地的风俗习惯或生活习惯""了解中西文化差异,能够表达人际交往中的关爱",这样的目标并没有指向具体的文化知识,可以放到针对其他不同内容的教案中。要避免此类问题,就需要结合主题和语境设计目标,使其具体、明确、可行。上述第二个目标如改为"了解中西方赠送生日礼物的差异,知道通过准备符合对方需要和特点的礼物表达关爱",对评价活动和教学活动的设计就具有较强的导引作用。

有的教学目标虽然指向具体的文化知识,但并没有指出学生在相关方面应获得怎样的文化意识、语言理解与表达能力的提升,以下面的目标为例:(1)通过阅读和写作活动,加深对春节文化的理解。(2)学习保护中国春节的传统。(3)通过听说活动,对西方的生日晚会有更多了解,加强跨文化能力。这些目标都没有明确学生到底要从哪些方面对春节加深理解,怎样保护春节,以及了解西方生日晚会在哪方面加强学生的跨文化能力等。

文化有隐性与显性表征方式,文化产物、文化实践比较容易识别,文化观念较为隐秘;主题文化等文化内容的表征较为显性,情境层面则较为隐性。这就要求教师深入挖掘潜藏于文本中的每一个与文化相关的符号和要素,深入感受体现于一定语言形式之中的文化内涵和情感境界②,从中提炼文化教学目标。例如,沪教版牛津教材 7B Unit 1 "Tour suggestions in Shanghai"听说板块是凯蒂(Kitty)与同学的对话,主要内容是为游客提供旅游建议,包括介绍上海主要景点名称、所处位置、可以开展的活动

---

① 戴军熔.学科核心素养中文化意识的内涵要义及其对阅读教学的启示[J].中小学英语教学与研究,2019(01):43-49+55.

② 戴军熔.学科核心素养中文化意识的内涵要义及其对阅读教学的启示[J].中小学英语教学与研究,2019(01):43-49+55.

等。对话内容表面看只有事实性信息,并不涉及文化礼仪方面的内容。但如果能够结合上海作为国际大都市、国际游客较多等实际情况,将目标设计成为外宾制订旅游计划,结合外宾喜好特征等介绍这些景点,该目标既涉及了文化内容,又涉及了情境因素,目标契合学生的生活实际,且具体明确。

四、遵循心理逻辑,寻找文化学习的契合点

无论是英语国家文化、世界其他国家文化,还是我国的优秀传统文化,由于时空距离,难免和学生的生活阅历、文化经验之间有一定距离,这为学生领略优秀文化的魅力带来困难。例如,有些学生生活中接触中医中药比较少,理解有关内容就会有一定困难。另外,有的中华文化是学生非常熟悉、习以为常的,如果教学停留于让学生学习英文版的中华传说、故事,就难以激发学生的学习兴趣,也不容易使其对相关文化产生深入的认识。如教材中嫦娥奔月、愚公移山等内容,若一味从学科逻辑出发进行教学,就难以使学生与文本产生思想共振和情感共鸣。这就要求教师站在学生立场,设法联结文本与学生的生活世界、认知水平、知识背景和兴趣点,在其已有的知识经验基础上设计教学,吸引学生融入学习过程。

例如,近年来拔火罐深受一些国外运动员的喜爱,教师如果能从学生生活中这类喜闻乐见的现象入手,教授健康保健、常用中医中药方面的内容,就比较容易激发学生的学习兴趣以及日常生活中尝试和体验中华文化的兴趣,只有经过亲身体验和感悟,所学才能真正被纳入其知识结构中。

再如,学习嫦娥奔月的故事时,如果能够采用 KWL 表格(如表 7-3),引导学生阅读前填写自己对此知道什么、想知道什么,就能比较好地了解学生对该内容的准备状态和学习期望,从而提供针对性教学。

表7-3 学情诊断 KWL 表格

我已经知道什么(K) (What I know)	我想要知道什么(W) (What I want to know)	我新学到了什么(L) (What I have learned)

五、立足文本,紧贴语言开展教学

英语课程内容六要素是相互关联的有机整体,文化知识的教学要紧扣主题,解读和处理语篇信息,开展多要素整合、多形式并举的语言实践活动,促进语言知识学习、文化内涵理解、语言技能和思维能力发展以及学习策略运用等方面的协同发展。以人教版高中必修一第四单元"Natural Disasters"中 Reading and Thinking 板块"The Night the Earth Didn't Sleep"的教学为例。

该文是一篇关于 1976 年唐山地震的纪实报告,讲述了唐山大地震前的征兆、地震中的破坏、地震后的救援及重建等情况,文章采用了排比、拟人、比喻、夸张等多种修辞方法描写细节,给人强烈的画面感,文中关于地震事实性信息的描述中隐含着中外文化差异,值得挖掘。叶翠玲①引导学生通过标题中的"The Night"预测故事发生的具体时间。教师提问后发现,大多数学生认为唐山大地震是在晚上 12 点或者是凌晨 1—2 点发生的,但实际发生时间是 1976 年 7 月 28 日凌晨 3 点左右,这个时间与学生认知产生冲突。接着,教师呈现《新牛津英语大词典》对"night"的定义:"1. the period of darkness in each twenty-four hours; the time from sunset to sunrise. 2. the period of time between afternoon and bedtime."凌晨 3 点处于这个界定的范围,这个时间往往是人们深度睡眠的时段。通过这一环节,学生可以更好地理解标题中的"Didn't Sleep"。

在此基础上,教师引导学生快速阅读,找出文章提到的"3:00""3:42""In less than one minute"这几个时间节点与其所发生的事情,帮助学生进一步巩固对"night"的认知,了解从开始震动到整个城市变成废墟,仅为几十秒之内的事情。由此可以推断地震的严重性,感知地震给人们带来的伤害,唤起他们对受灾者的同情与悲悯。

另外,在让学生把握语篇类型、理解语篇大意的基础上,教师还可引导学生品读文本,关注文本的事实性信息(如数据的使用)与描述性语言(如修辞的使用)。学生自行阅读找出事实性信息和描述性语言后,教师可组织学生小组讨论从 warning signs、

---

① 叶翠玲.基于电子辞典语料数据驱动的高中英语深度阅读教学研究[J].中小学英语教学与研究,2023(05):49-94.

deadly damage、timely rescue、revival 几方面完成事实性信息和描述性语言的整理(见表 7-4),谈论自己印象最深刻的句子并给出理由,然后在班级分享。该活动旨在通过语篇中语言表达手段的分析,领会语言背后体现的思想感情。

表 7-4　Tangshan Earthquake

Dimensions	Factual information	Descriptive languages		
		Happenings	Feelings	Effects
signs				
damages				
rescue				
revival				

六、设计灵活多样的课内外活动

如前所述,由于时空距离,教材中的文化内容难免和学生的生活阅历、文化经验相距较远,设计角色扮演、辩论、课本剧等灵活多样、吸引学生参与的体验性活动,能够活化教学内容,调动学生的学习积极性和自我融入,从而深入理解文化内容,培养文化认同和对优秀文化的热爱。

课本剧是学生喜闻乐见的一种活动形式,可以调动学生的学习主动性,发展想象力、创造力和语言能力。教师可以以教材中适宜改编成课本剧的语篇为载体,指导学生围绕有关主题查阅相关资料,或结合其他学科中已学知识,整合提炼课本剧素材,结合对文化主题及剧本素材的理解改编或扩写剧本,采用多样的戏剧表现形式,如角色扮演、独白、小型情景剧、大型情景剧等,组织学生在课内外表演,其中前三种适合作为课堂活动进行。

通常教材中对话和描写体裁的文本比较适合改编成课本剧,如杨静林等[①]在教学

[①] 杨静林,罗利娟,张丽娜,刘瑶.戏剧教育视角下中国元素融入初中英语教学的途径[J].中小学英语教学与研究,2022(02):9-11+20.

实践中发现，人教版初中英语教材中有些语篇适合改编成课本剧，作为课堂学习活动展开，如七年级上册第五单元 Section B 2b 的体育运动爱好、七年级下册第六单元 Section B 2b 关于节日习俗"龙舟节"的文字描述、八年级上册第八单元 Section B 3a 饮食文化（菜谱介绍）、八年级下册第六单元 Section 2d 关于"愚公移山"传说的对话等；而八年级上册第五单元 Section B 3a"花木兰"、九年级全一册第二单元 Section A 3a"中秋节"等，适合改编为大型舞台情景剧的课本剧。例如，教学"愚公移山"的内容前，教师布置预习作业，要求学生通过查找相关资料，或结合八年级上册语文课本中学习的"愚公移山"内容，了解和熟悉"愚公移山"的背景知识。课堂上完成对话教学后，教师组织学生开展小组讨论、交流与探究等，将对话改编成小型情景剧，并在课堂表演。这样的活动有利于学生在语言实践中深入理解主题意义，加强思维品质的培养。

结语

教材是英语教学中文化教学的重要资源，开发和利用教材开展文化教学，应以教材中文化内容的分析为基础，教材的使用要发扬其优势，弥补其不足，做好其拓展。需注意以下两点：

第一，要避免为了传播中华文化，培养文化自信而强行赋予不合乎文本自身意义和逻辑的理解，导致理解失当、过度阐释。例如，"Chinese discovery saves millions of lives"是一篇介绍屠呦呦发现青蒿素的文章，该文分三部分，分别介绍疟疾给人类带来的灾难、屠呦呦提炼青蒿素的研究、青蒿素治疗疟疾成功，证明了中医的价值。文中并没有对中西医进行对比，而一位教师在教该语篇时，为了培养学生对中医价值的认同，要求学生对中西医孰优孰劣发表观点，该活动就缺乏语篇语料的支持，一定程度上偏离语篇学习的主题。

第二，关注纵贯横通，避免"泾渭分明"。一方面，要注意纵向衔接和阶段侧重，有些文化主题在不同学段都会涉及，例如，小学、初中和高中都涉及中华传统节日，教学中应根据学生认知特点、有关知识的准备状态，注意阶段侧重，循序渐进，避免在认知层次和内容上的雷同。另一方面，要关注横向贯通，既要关注英语学科不同语篇的文化学习目标、内容和方式间的关联，还要注意与其他学科中华文化的关联性，实现英语与其他学科的综合育人功能。

第二节　英文报刊中华文化资源辅助教材的使用

培养学生中华文化跨文化传播能力,首先应立足教材,用好教材,同时也要拓展教材。新教材已经根据课标的要求,增加了中华文化所占比重。但是教材的篇幅有限,编制周期较长,而中华文化博大精深,要将学生日常生活中的中华文化与英语学习相联系,还需要教师在教学过程中对教材加以补充拓展,从而引导学生更好地理解和体验中华文化。

英文报刊承载着丰富的文化元素,具有趣味性、直观性、生活性、时效性等特点,能够为学生提供充足的语言输入,弥补教材存在的语言表述、文化视角和思维方式单一等不足,是对教材内容的重要补充[①]。教师可以引导学生学习英文报刊中的相关内容,以扩大中华文化输入量,培养学生中华文化英语理解和表达能力,进而更好地向世界传播中华文化。

一、英文报刊作为辅助教学材料的价值

(一) 承载丰富的中华文化元素

随着我国国际影响力的提升,英文报刊中关于中国的报道增多,其中承载了丰富的中华文化元素,国内的报刊尤其如此。例如,某英文报2021年高一版中包含的中华文化内容类型多样,既有文化产物(如汉字、汉服、诗歌、西南联大、国风舞蹈、古城西安美食、敦煌壁画、传统动画、神舟十三号、天问一号、嫦娥五号、天眼、人造太阳、中国制造航天服、"一带一路"、非物质文化遗产等),也有文化实践(如中国功夫、丰收节、进博会)、文化观念(如革命精神、生肖)、文化人物(如袁隆平、鲁迅、陶行知、梁思成),还包括文化社群(如中国红军、东京奥运会冠军等)。这些都是学生学习用英语谈论中华文

---

① 丁佳燕.初中英语教材与报刊阅读相融合的教学实践[J].中小学外语教学(中学篇),2020,43(05):37-40.

化的好素材,利用优秀的报刊资源有利于扩大学生中华文化的语言输入量,提高学生中华文化的表达能力。

(二) 反映中国现实生活,内容鲜活

在跨文化交际中,用英语表达中华文化的一个主要困难是词汇匮乏,尤其是一些文化词汇(culture-loaded word)和反映当今社会发展变化的新生词汇。虽然近年来,随着中国文化走出去策略的提出,国内相继出版了不少中华文化相关的英文书籍,但这些书籍大多是介绍中华传统文化,涉及当前中国社会发展的不太多,而报刊直接反映现实世界,特别是国内英文报刊直接反映当今中国的社会现实和发展变化,内容题材广泛,涉及政治、经济、文化、体育、科技、娱乐等,为提高学生用英语表达中华文化提供了有意义的语言输入。

另外,报刊中的文化内容比较通俗,且内容更新快,能够满足不同个体需求,使学生在探索未知事物及学习自己感兴趣的内容时,提升英语学习的趣味性。例如,当今日常生活中经常会提到"外卖小哥"(delivery lad)、"一线城市"(first-tier city)、"流量"(data, traffic, visits)、"躺平"(lie flat)等。

(三) 有利于培养语言能力和思辨能力

针对同一事件,不同报刊会有多方面的报道,学生可以从中体会中英两种语言和文体的差异。同时,报刊中还会包括一些专业评论分析和大众的观点,视角相对多元,能让学生看到有关同一问题的多种视角和不同观点,如呈现介绍春节的两篇文章,一篇介绍国内春节习俗,另一篇介绍国外唐人街庆祝春节的活动。这样的素材有助于提高学生的语言能力和思辨能力。

(四) 国内有些报刊与中学教材内容有较强的关联性

国内有些教辅类英文报刊的目标读者就是中小学生,其内容的选编一定程度上考虑到了与教材内容的关联度和匹配度。例如,我们通过分析发现,某报刊上约29%的中华文化内容与现行高中英语新教材相似,约46%可以在教材中找到相同主题,只有25%与教材内容完全不相关。由此可见,该报刊中的中华文化资源与教材内容关联性较高,具有与教材内容相整合、辅助进行中华文化教学的可能性。而剩余与教材完全不相关的内容,则具备单独开发利用的可能性。

二、英文报刊用于辅助教材教学的途径

利用英文报刊辅助教材中的中华文化教学时,为了使课内课外的学习能互相促进,更好地产生学习的累积效应,应立足课内,整合课外材料,促进资源的最大化利用。下面以《21世纪学生英文报》用于阅读教学为例,结合报刊与教材中华文化内容的关联性,探讨英文报刊阅读融入高中英语中华文化教学的途径。

(一) 课前补充文化背景知识

文本的许多因素,如语言形式、所谈论的话题和文本结构,都会影响阅读的过程与结果①。从话题角度看,文本主题越具体、越具想象空间、越有趣,就越具有可读性;话题越接近日常生活,越容易理解。报刊中与教材相似的中华文化内容可以在以下两种情况下用于课前为学生补充文化背景知识,激活其背景图式,为课堂教学作铺垫。

1. 教材中文化话题较为陌生

针对教材中学生较为陌生的本土文化话题,在开展正式教学之前,尤其需要给学生补充相关文化背景知识。例如,外研版高中教材选修三 Unit 3 "War and Peace"的第二篇阅读文章"Lianda: A Place of Passion, Belief and Commitment"介绍了战时大学西南联大成立的背景、遭遇的困难以及成就影响,整篇文章的历史信息量较大,还涉及部分专业人名、地名,直接开展教学有一定的难度。《21世纪学生英文报》第835期中有篇文章介绍西南联大,该篇文章对于西南联大所处的历史时代背景和战时艰难环境作出了更为详细的介绍,让学生在课前自行阅读该篇文章有利于扫清学生在内容理解和语言学习上的障碍,促进教材内容的教学。

2. 教材能力目标较高

教材中的中华文化内容能力目标可分为知道、理解、描述、阐释和反应五个层次。然而,在对比教材内容时我们发现,教材中部分中华文化内容能力要求较高,却缺少基本的文化背景知识介绍,不利于高层次能力目标的达成,因此需要在课前让学生阅读相关背景知识材料。例如,人教版高中教材必修二 Unit 1 "Cultural Heritage"中介绍

---

① 郭宝仙,章兼中.构建我国中小学外语阅读能力的结构框架体系[J].课程·教材·教法,2016,36(4):23-29.

了利用现代技术手段保护和传播莫高窟壁画的案例,旨在让学生明白保护文物的重要性,并能主动向世界传播本土文化遗产,文化能力目标属于最高层次的"反应"。然而,整篇文章对于莫高窟壁画本身的文化价值和地位着墨较少。学生若不了解敦煌莫高窟,就难以形成对其保护的认同感。因此,在正式授课前,可以让学生阅读《21世纪学生英文报》第823期的文章"Centuries of Culture"。该篇文章介绍了敦煌莫高窟的历史、艺术形式及文化价值,并配有生动的图片,有利于让学生深入了解莫高窟壁画,激起其共鸣,进而达成更高层次的能力目标,让学生学会保护和传播优秀文化遗产。

(二)课中整合性教学

报刊和教材中的中华文化内容主题相似或相同时,可以将其整合后用于课堂文化教学,使得课堂教学内容更加充实、精彩,这可以有以下几种整合方式:

1. 整合不同时效性的内容

报刊中的阅读材料往往具有时效性,而教材中的内容一经敲定则可以沿用比较长一段时间。这就需要教师在文化教学的过程中与时俱进,将报刊中的本土文化新内容和教材中相对滞后的内容相整合,帮助学生全面、准确地学习相关本土文化。例如,人教版高中教材选修一 Unit 5 "Working the Land"中介绍了伟大的农业科学家袁隆平研发杂交水稻,追梦不停的故事,突出了袁隆平锲而不舍的科研精神及心系天下的无私精神。《21世纪学生英文报》第834期的"Inspirational Spirit"一文同样介绍了袁隆平与杂交水稻的故事,且该篇文章为袁隆平逝世后刊登的纪念文章,对教材中的内容有所更新。文章的重点是对袁隆平生平的评价,强调后人要继承袁隆平的伟业,传承其伟大精神。文章下方还附上了"侠之大者为国为民""把一生浸在稻田里,把功勋写在大地上"等歌颂袁隆平话语的英文翻译,这有利于学生积累有关评价袁隆平的语言表达。在实际教学中,教师可以将两篇文章进行整合教学,既能帮助学生更好地了解和讲述中国伟人袁隆平的生平事迹,又能推动他们深入感悟并传承袁隆平的伟大精神。

2. 整合平行文本

若教材中的中华文化内容在统一主题的贯穿下以平行文本的形式出现,但文本量又有限,则可以引导学生在课堂补充阅读同一主题下的其他中华文化材料,帮助学生深入学习此主题中华文化。例如,北师大版高中教材必修二第四单元"Information Technology Reading Club"板块文章的主题为科技与文化的融合,在小标题的引领下分别介绍了利用现代科技创新呈现中国传统文化的两个典型,即清明上河图与3D技术的融合、敦煌壁画与数码技术的融合。文本整体篇幅较短,课堂教学仍有阅读补充材料的空间。《21世纪学生英文报》第850期的一篇译名为"守文化之重,创时代之新"的文章介绍了河南卫视利用现代媒体技术录制中国传统舞蹈水下表演节目,引起巨大反响的故事。该篇文章既符合该板块的本土文化主题,又具有新颖性,能够吸引学生的阅读兴趣,同样值得用于课中整合性教学。

3. 整合呈现方式

教材中以音视频等非文本形式呈现的中华文化,在教学过程中也可以引入报刊阅读,丰富其呈现方式,并巩固课堂教学。例如,人教版高中教材选修三第一单元"Art"在听力板块简要介绍了中国水墨动画,《21世纪学生英文报》第848期的一篇文章同样以中国水墨动画为主题,介绍了其制作手法、发展历程及文化价值,并对听力材料中出现的《小蝌蚪找妈妈》在中国水墨动画中的地位作出了较为详细的描述。此外,文章还在旁边附上了"文化小卡片",介绍了另外两种传统动画形式:剪纸与木偶。因此,在课中听力教学结束之后,也有必要让学生紧接着阅读该篇文章,将听力与阅读两种形式整合在一起,加深他们对中国传统动画的了解。

4. 整合产出素材

英文报刊中的本土文化资源还可以在课堂产出环节用作学生阅读、讨论的素材,将其与教材中的类似素材相整合,为学生的产出搭建更为牢靠的支架。例如,人教版必修一第三单元"Sports and Fitness"中,"Living Legends"一文介绍了郎平和乔丹两位体坛传奇人物的事迹及精神品质。在理解了文章标题"Living Legends"的内涵后,教材编写者让学生以小组合作的形式列举出更多体坛传奇人物,并给明原因。教材只给出了姚明这一个参考素材,教师还可以再提供《21世纪学生英文报》第842期中有关乒乓球主教练刘国梁的文章,供同学们选择、阅读、讨论,帮助他们了解更多体育界杰出人物。

(三) 课后自主拓展阅读

教材和课堂中文化教学的容量是有限的,要增强学生的文化知识,将文化意识的培养落到实处,还应鼓励学生在课外开展自主阅读,强化文化熏陶。教师可以布置学生根据兴趣自主选择阅读材料,也可以向其推荐适宜的材料,拓展教材文化内容的学习,促进课内和课外学习的一体化,而选取以中小学生为读者对象,且内容选编与教材内容有一定关联度的报刊资源，是教师常用方式。教师可以引导学生开展以下几种拓展阅读。

1. 巩固式拓展阅读

巩固式拓展阅读指所阅读材料能够起到巩固和强化教材所学内容的作用。例如，北师大版高中教材必修一第二单元"Sports and Fitness"在"Reading Club"板块介绍了中国武术，包括其起源、分类（太极与功夫）及用途。文章后半部分以日本空手道和韩国军训为例，介绍了中国功夫对其的影响，并在课后练习中要求学生搜集其他有关中国功夫影响力的故事。在《21世纪学生英文报》第825期中，"Explore Chinese Kungfu"一文讲述了中国功夫爱好者美国人布拉姆(Brahm)在中国寻找功夫的起源和价值并拍摄纪录片的故事。该文以布拉姆的口吻道出了中国功夫所蕴含的中国哲学和核心价值，字里行间透露出中国功夫对其个人及国际的影响，与教材内容紧密相关，是学生课后拓展阅读的不错之选。阅读该篇材料能够帮助学生再次体会中国功夫的文化意蕴及价值，进一步感受中国功夫的非凡影响力，巩固课内所学。

2. 承接式拓展阅读

承接式拓展阅读指所阅读材料能够承接教材的结尾并开启新的文化内容介绍。例如，人教版教材必修一第五单元"Languages and culture"在"reading"板块介绍了汉字的书写体系及其演变历史。文章结尾表示，汉字在中华文化中具有举足轻重的地位，随着中国国际地位的上升，越来越多的外国人开始通过学习汉语了解中国的文化和历史。《21世纪学生英文报》第830期中的"The Power of Language"一文介绍了在联合国中文日上，来自世界各国的汉语爱好者相聚一堂分享学习汉语的心得，表达对汉语的热爱。这篇文章从外国学习者的角度介绍汉语，无缝衔接了人教版教材中的文章，适合让学生在课后进行拓展性续读，了解汉语的国际影响力，增强文化自信。

3. 延伸式拓展阅读

延伸式拓展阅读指所阅读材料以教材中的某一点为参照进行延伸。例如，人教版高中教材选修四第三单元"Sea Exploration"阅读板块中的文章"Reaching Out Across the Sea"介绍了郑和下西洋的航海探索历程。在介绍郑和航海探索所到之地时，作者提到了"一带一路"，并在后文指出郑和的探索精神在如今的"一带一路"战略中得到传承，中国将致力于促进"一带一路"沿线地区的经济和文化交流。"一带一路"是中华文化的重要组成部分，而教材又缺少对其的专门介绍，有必要让学生在学完郑和下西洋一课后延伸阅读有关材料。《21世纪学生英文报》第838期"Better Future Together"一文图文并茂地介绍了"一带一路"战略，适合用于该课课后拓展阅读。

在利用报刊本土文化资源开展课后自主性拓展阅读时，教师还可以丰富学生自主阅读的形式，如组织小组合作阅读、差异分层阅读、问题引领式阅读等，并在下节课开始前通过小组汇报等形式检验学生自主阅读的成果。

结语

本节结合英文报刊中中华文化资源的特点，探讨了其辅助教材进行中华文化教学的途径。除了上述紧密结合教材内容的利用途径，还可采用其他途径，用报刊中的相关资源辅助中华文化学习。例如，有的中华文化主题，如非物质文化遗产和诗歌在中华文化中占重要地位，教材中有提及，但限于篇幅并未提供很多文化实例供学生学习品鉴。而有的学生英文报中设有相关专题，教师可以将其用于中华文化英语校本课程开发，提高中华文化教学的系统性、针对性和有效性。

另外，有的报刊中涉及较多时文类阅读材料，这些材料和当下生活息息相关，能引起学生的阅读兴趣，增强学习效果。教师可以结合社会生活中中华文化热点话题，将这些材料推荐给学生，作为选择性阅读作业。例如，建筑大师梁思成120周年诞辰纪念日和中国教育大家陶行知130周年诞辰纪念日时，某学生英文报均刊登了相关文章介绍人物事迹、成就等，教师可以在当日或教学周结束之后，推荐学生选择性阅读这两篇文章。又例如，为了庆祝中国共产党成立100周年，某学生英文报推出了暑假合刊，专门介绍中国红色之乡和当地红色革命精神。教师可以布置选择性的暑假作业，引领学生阅读报刊中的红色文化内容。

第三节 中华文化视频资源辅助教材的使用

在英语学习过程中，受限于语言能力，学生常常难以深刻感知和领悟纸质媒体所承载的中华文化。多模态资源，特别是视频资源有助于解决这一问题。随着信息化的不断深化，人们接触到的语篇类型、信息输入的方式都已发生很大的变化，从原来单纯的文字输入，拓展为文字、图像、图表、音频、视频等多模态输入。为学生提供不同类型的语篇，不仅有助于加深他们对语篇所承载的文化意义的理解，还有助于他们使用不同类型的语篇进行有效的表达和交流。视频资源涵盖了文字、图像、声音以及多类视觉效果，具备丰富的多模态特点，能够为文化学习提供更为多元的内容和真实自然的交际情境，有助于教师开展"视听触动多模态教学"①。

基于新课程标准的高中英语教材大多设置了视频板块，有的教材还在其拓展学习板块推荐与单元主题相关的视频等多模态资源，以促使学生运用多重感官，在英语环境中进行文化意义的多模态建构，实现各类英语技能的融合性发展。视频资源的内容和形式丰富且灵活，在教学中既可将其作为教学辅助资源，也可将其作为教学主体引导学生进行视听学习。由此，本节将在阐述多媒体认知学习理论的基础上，针对视频资源的不同特点，探讨如何在英语课堂中更好地利用其进行中华文化学习，并分析视频资源选择和处理需要注意的问题，为教师更好地在英语课堂中使用视频资源提供参考意见。

一、多媒体认知学习理论

以视频等为资源的多媒体学习中，学习者感知多种信息，要实现有意义的学习，他们必须主动选择、组织以及整合信息，理解所学知识，并将所学知识的一般原理迁移到新的情境中，以解决新问题。要做到这些，必须遵循三条基本原则②：双通道原则、容量有限原则和主动加工原则。

（一）双通道原则

人类有两个信息加工通道，一个负责视觉信息加工，如文字、图片、影像等，另一个负责听觉信息加工。学习者通过这两个通道对多媒体信息进行识别、选择和加工，并将加工过的信息整合在工作记忆中。教师教学时同时呈现语词等声音信息和画面、文

---

① 郭颖,张金秀,徐国辉.基于多模态语篇的高中英语单元在线教学探索——以"抗疫"主题为例[J].中小学英语教学与研究,2020(09):18-24.
② Clark, R.C., & Mayer, R.E. E-Learning and the Science of Instruction (4th edition) [M]. Hoboken, NJ: John Wiley & Sons, Inc, 2016.

字等视觉信息,使学习者在每一通道中保留相关信息,分别将信息组织成一个连贯一致的心理表征,并将两个通道中的不同心理表征——听觉心理表征和视觉心理表征整合在一起,学习者认知资源得到充分利用,才能实现意义学习。

不过研究发现,只有当学习材料特别复杂,材料呈现的速度非常快,以及学习者对动画解说中的言语相对熟悉的情况下,双通道信息加工的效果才会特别显著。同时,当学习材料用语不是学习者的本族语时,屏显文字可能比口头解说更加合适[①]。对于视听学习中字幕的作用,外语教学界进行了许多实验研究,一致认为附带字幕的视频能促进学习者的视听理解,但对于何种字幕(如外语全字母或关键词字幕、母语全字母或关键词字幕等)最为有效尚无定论[②]。

(二) 容量有限原则

在单位时间里,学习者的每个信息加工渠道同时处理信息的量是有限的。例如,大量的文字、图片、动画等进入视觉信息处理通道,会加大认知负荷,降低学习效率。同样,大量的语音、背景音乐、噪声等进入听觉通道,也不利于学习。为此,教学设计中精心选择需要学生加工学习的材料,聚焦与目标相关的内容,减少有趣但与教学目标无关的文字、声音、画面等,降低外部认知负荷。同时,如能为学习者提供学习提示,突出主要学习材料的组织,学习效果会更好[③]。

(三) 主动加工原则

学生的学习不应局限于知识的获取和保持,只有学生主动参与对知识的选择、组织与整合,并将其与头脑中已有的知识结构建立联系,完成多媒体信息的意义生成,学习才有意义。

上述多媒体学习认知理论对于英语教学中利用视频资源有积极的启示意义。梅耶基于该理论又提出了10条多媒体教学设计原则,积极利用这些原则,可以引导学生充分利用有限的认知容量,主动选择、组织和整合信息,实现有意义学习,这些原则是:

---

① 毛伟,盛群力.梅耶多媒体教学设计10条原则:依托媒体技术实现意义学习[J].现代远程教育研究,2017(01):26-35.
② 肖庚生,杨小云.字幕形式对英语视听学习影响的实验研究[J].现代教育技术,2020,30(04):81-87.
③ Mayer, R.E. Multimedia Learning (2nd Ed.) [M]. New York, NY: Cambridge University Press, 2009.

聚焦要义,提示结构,控制冗余,空间临近,时间临近,切块呈现,预先准备,双重通道,多种媒体,个性显现,原音呈现,形象在屏等①。

二、中华文化视频作为辅助资源在英语教学中的运用

不论是作为文化输入工具还是文化输出工具,视频资源都有着与其他形式语篇不同的特点,教师可以对其加以利用,在英语课堂中有针对性地为学生学习教材中的中华文化提供辅助。

(一) 视频资源作为文化导入手段

视频大致可分为场景视频(context visuals)和内容视频(content visuals)两类②,前者基本只显示谈话者的面部表情和肢体语言,如演讲、访谈节目以及一般影视作品,后者强调显现与音频相对应的图像信息,如纪录片、科普片等③。不同类型的视频语篇各具特点,将它们运用于教学时对学生视听注意力的要求也不尽相同,教师可以巧妙地利用这些特点,直接或间接地进行文化导入,在激发学生学习兴趣的同时创设文化情境,或引入核心文化元素。

场景视频,如影视作品中角色的互动交流与个人实践,演讲、访谈、娱乐节目中人物对某一话题或自身情况的主观表达,都或多或少地包含一些文化元素,如某一个体或社群的语言习惯、思维方式、生活方式、价值观念等④。在教学过程中,教师可利用此类视频引导学生从中直观地感受文化氛围,归纳文化信息,从而自然过渡到对文本的解读。以人教版高中英语教材必修一第四单元"The Night the Earth Didn't Sleep"一文的教学为例。在课前导入阶段,教师可以播放电影《唐山大地震》中地震发生的真实画面、地震期间的相关新闻报道,或者是地震幸存者的相关访谈,以此引导学生感受

---

① 毛伟,盛群力. 梅耶多媒体教学设计 10 条原则:依托媒体技术实现意义学习[J]. 现代远程教育研究,2017(01):26-35.

② Ginther, A. Context and Content Visuals and Performance on Listening Comprehension Stimuli [J]. Language Testing, 2002,19(2),133-167.

③ Ockey, G. J. Construct Implications of Including Still Image or Video in Computer-based Listening Tests [J]. Language Testing, 2007(24):517-537.

④ 周星仪,戴雪芳. 从英语电影看英美语言与文化[J]. 英语广场,2021(25):60-62.

地震的突发性、残酷性以及中国政府和人民在此次地震中所展现出的共克时艰、团结一心的民族精神,而后再让学生怀着敬畏心投入到文本的学习中去。

内容视频,如纪录片多由旁白和与其契合的图像组成,旁白为主要表达载体,对于文化要素的叙述一般较为直接,适用于为学生快速补充与教学主题相关的文化背景信息。以人教版高中英语教材必修三第四单元听说版块为例,教师可以首先播放宇航员杨利伟的相关纪录片,引导学生简要回顾其对中国航天事业作出的突出贡献,让学生能够以更加开阔的视野解读杨利伟的相关采访内容,挖掘文中宇航员所展现出的伟大品质。

总之,在导入阶段播放两类视频均重在预热课堂,为学生进入教材语篇的学习提供不同的文化导入线索,让学生能够从不同的文化视角出发进行中华文化学习。场景视频能够为文化学习提供真实语境,让学生通过视频走进文化,感受文化,缩短与文化学习内容间的心理距离;内容视频则有利于丰富学生的相关背景知识,为文化学习充实土壤,做好铺垫。

(二)视频资源作为文化迁移工具

视频资源融文字、图像以及声音三类意义模态为一体,具备多模态特点,且其中的三类模态均可继续拆分,如文字的呈现方式包括字体、字号、颜色,图像可包含图形、表格、动画等内容,声音可由音乐、人声、音效构成,各类符号相互增强或互为补充,综合表达意义。[1] 教师可以利用视频资源的多模态性,链接多元文化资源,让学生在不同模态的学习中感受不同文化的氛围,理解有关文化内容的内涵与意义,了解中华文化的传承与发展,发展跨文化意识与能力。

具体而言,文化迁移可以从多个视角进行。一方面,教师可以利用视频更加具体地呈现教材文本中出现的中华文化,加深学生对于该文化内容的了解,同时扩充与该文化相关的词汇与表达。另一方面,教师可利用视频链接中外文化,或主流文化与亚文化,对教材中提及的文化进行中外文化的横向比较,或展现该文化的历时变化,对文化的发展变化进行纵向比较,让学生从多角度、多层次领略多元文化的异同之处,由此尊重不同文化,树立文化自信,提升文化品格。

以文化的横向比较为例,在教授人教版高中英语教材必修三第一单元"Why Do

---

[1] 苏克银.利用多模态话语提升英语"看"的能力的途径探析[J].英语教师,2018,18(4):21-28.

We Celebrate Festivals"一课时,学生对于文中提到的我国春节、中秋节等重大节日的习俗与意义都已了然于心,具备丰富的生活经历与感想,但对于文中提到的埃及丰收节等节日或许有所了解,却并无机会体验。因此,教师可在课上播放相关节日的介绍视频,让学生感受各节日独有的文化氛围、了解装点方式以及庆典活动,在醒目即时的文字说明中理解各节日的特色之处,通过三重模态共同呈现了解节日的发展历史及其对于当地人民的意义。同时,教师还可以引导学生比较视频中中外国家为表达相同意义所采取的不同节日庆祝方式,以此挖掘中外独有的民俗风情。

同样,视频资源在呈现中华文化的历时变化方面也具备很大优势。在学习人教版必修一第五单元"The Chinese Writing System"时,教师可以利用视频"Chinese Characters"动态演示中国汉字的起源与发展,让学生通过图像直观地了解汉字结构由繁至简的变化过程以及不同字体的书写样貌,并在不同国家中国书法爱好者热衷练习书法的画面以及中国古典民族背景乐中体会中国汉字在世界范围内的传播,感受中华文化日益提升的国际影响力,从而提升文化自信。

由此,视频资源亦可用作文化迁移工具,使中华文化通过视频多元模态的综合呈现变得更加生动、立体与具象,让学生从不同角度加深对中华文化的认识,为中华文化的跨文化表达与传播打好基础。

(三)视频资源作为文化输出活动的载体

视频资源要求学习者通过视觉和听觉两个通道对多媒体信息进行识别、选择和加工,音频形式的信息由听觉通道负责处理,而文字、图像、图表、动画等形式的信息则由视觉通道负责。因此,教师对视频资源的合理利用能够有效促进学生视觉以及听觉双通道输入兼输出的组合型发展,提升学生的英语思维与表达能力。

而学生中华文化跨文化传播能力的培养既依托于中华文化及其相关英语表达的积累,又有赖于对中华文化输出的经常性练习。由此,教师可以巧用视频资源的双通道性为学生文化输出活动提供有效的练习载体,具体可用以下两种组合练习方式。

1. 设置"依画配音"任务

教师可通过这类任务,引导学生翻译与单元主题有关的国内影视作品并为其配音,在锻炼翻译能力、口语能力的同时为传播中国影视作品助力。人教版教材中出现的众多文化人物及事件均被翻拍为影视作品,如《夺冠》《孔子》以及《梅兰芳》等均可供学生学习使用。另外,网络上也有大量文化纪录片可用作教学资源。教师可以利用现代信息技术,依据学生的实际水平,设置由易到难的学习任务,如针对英语能力较弱的学生,可以先引导其利用英语配音软件模仿角色为视频配音,锻炼其口语能力;而针对英语能力较强的学生,可以让学生自行翻译简单影视选段并做配音,同步锻炼其翻译以及口语能力。

2. 设置"音画协同"任务

教师可组织学生依据单元教学主题,分组合作完成中华文化系列短视频。该任务要求学生首先收集资料并构思梳理想要呈现的文化内容以编排文本,而后依据文本拍摄或制作与文本内容协同的画面,可以是本人出镜讲解,也可以制作动态PPT演示内容,还可以拍摄日常生活中的真实画面,最后视情况搭配背景乐,以此形成一段音画一体的完整短视频。该任务考验学生的写作能力、口语能力、PPT拍摄能力、视频编辑能力以及小组协作能力等,能够较为综合地锻炼学生的逻辑思维能力、英语表达能力以及审美情趣,同时让学生在制作视频的过程中获得中华文化传播的参与感与成就感,从而促进中华文化跨文化传播能力的发展。

以上两类分模态锻炼任务均有利于锻炼学生的融合性技能,发展英语视听说综合能力。"依画配音"任务在考验学生译、说能力的同时有利于提升学生的视觉敏感度、情绪感知力以及文本解读能力,学生需要对剧中人物的动作、神态以及心理加以揣摩,以此完成符合人物设定的配音选段。而"音画协同"任务是综合性更高的文化输出任务,需要学生动用英语综合能力并巧用媒体技术加以实现,该任务要求一定的创造力与想象力,有利于促进学生思维品质和学习能力的同步提升。但以上两类任务均对学生的英语能力提出了较高要求,教师可以视学生水平安排分层作业,也可以视作业复杂度设置不同的完成周期。

三、中华文化视频作为学习内容主体在英语教学中的运用

英语课程标准将"看"作为"听""说""读""写"外的又一重要语言技能,课标强调教师在日常教学中既要关注具体技能的训练,也要关注技能的综合运用[①]。视频资源是

---

① 中华人民共和国教育部. 普通高中英语课程标准(2017年版2020年修订)[S]. 北京:人民教育出版社,2020.

有效促进学生"看""听"技能与其他技能融合性发展的教学素材。因此,教师可利用视频资源作为中华文化学习主体,促进学生语言能力、学习能力、思维品质以及文化意识的养成。

(一) 利用视频资源进行视、听、说教学

"视听说"早已成为一类系统的学习模式,国内外也为外语专业学习者设计了大量取材丰富的视听说教材,让学习者能够在视听教学中,同步提升外语听说能力。同时,在英语教学中采取"视听说"学习模式能够促进学生对中华文化的理解与感悟,引导学生乐于表达和传播中华文化。

"视听"后"说"的形式与内容可以有很多变化。在形式方面,可以针对视频资源的不同体裁系统设计对应的口头输出形式,如讨论、辩论、访谈、角色扮演、课堂展示等,让学生基于相应的文化主题模仿学习视频中人物的语音语调、手势、动作、面部表情等进行口语表达。在内容方面,学生可以针对相同文化主题进行不同角度的探讨,如总结文化学习成果、表达对中华文化的理解、评价中华文化内容、交流个人感悟、探讨视频观后感、结合知识经验给出具体的方法或建议、链接生活讨论中华文化相关经历等,以此加深对中华文化的认识。

以人教版高中英语教材选择性必修三第五单元"The Poet Su Shi"为例,教师可以引导学生在观看大型人文历史纪录片《苏东坡》后探讨其对苏轼个人及其作品的感受、评价,将个人的理解与情感融入对苏轼的介绍之中,以此在跨文化交流时能够用更加鲜活、真实的口吻去展现苏轼这一历史人物,让外国人能够更加鲜明地了解苏轼及其作品里展现出的洒脱、率真等气质,还有其人生哲学对于后人的深远影响。

(二) 利用视频资源进行视、听、写教学

据研究,视频资源能够有效促进学习者写作兴趣的提高、语篇结构的改善、写作内容的充实、语言表达的改进以及文化思维差异的跨越[1]。因此,教师可以利用合适的视频资源为学生提供中华文化写作素材,发展书面跨文化表达能力。教师可以依据视频资源的类型布置不同的写作任务。

若以影视作品为学习主体,可让学生在观看结束后撰写影评,总结作品主要内容并对电影的情节、主题、叙述方式、镜头画面等内容进行评述,加深对该作品的认识与

---

[1] 陈英红,刘正光.视听材料辅助外语教学探析[J].湖南社会科学,2013(03):241-243.

了解。另外,影视作品也是很好的续写素材,教师可以截取部分影视作品选段,让学生通过想象完成后续情节的撰写,作品体裁既可以是剧本,也可以是故事梗概,让学生在续写中发展创新能力,提升表达的逻辑性。

若以呈现某一文化项目或展现某一文化人物的纪实片或各类节目为学习主体,教师可引导学生归纳"视听"后"说"的讨论话题,并通过课后信息收集,以更加规范、严谨的叙述方式整理对该文化项目的学习成果和个人感悟。

教师还可在以上活动的基础上灵活变化写作体裁,例如书写推荐信,为外国友人推荐一部中国电影,或开展主题写作,以"我最喜欢的一档国内节目"为题表达爱好等,让学生能够在跨文化表达中再次感知国内影视作品的魅力,提升文化自信。

(三) 利用视频资源进行视、听、演教学

戏剧教学可为学生创设深度学习的语言情境,使其有更多机会参与交流互动,感受英语学习的意义与价值,在团队体验协作中获得成长[①]。中国短剧汇演集剧本撰写、口语表达、表演于一体,囊括了书面与口头输出,能够综合锻炼学生的组织能力和综合运用语言的能力,是传承中华文化的有效方式。教师可以引导学生对中国影视作品进行再创作、再演绎,也可围绕某一中华文化组织学生编排创意剧本,展现中华文化人物的经典场景。

以人教版高中英语教材必修三第二单元"Confucius and Ren"为例,在通过视频简要学习孔子儒学思想的起源与发展后,教师可以带领学生回忆体现孔子"仁"思想的经典故事或对话,组织学生分组将每个故事撰写为英文剧本并加以排演,最后在英语戏剧节中进行完整呈现。英语戏剧节为学生提供了张扬个性、展示自我的平台,充满趣味的戏剧表演有助于增强学生学习中华文化的兴趣,而学生通过演绎孔子经典故事,能够深刻体悟到这位"大成至圣先师"的为人之道和伟大之处。整个活动不论在中华文化传播方面,还是学生个人英语能力以及文化意识的培养方面,都极具教育意义。

以上三类中华文化视听教学模式都是融合性技能培养方式,教师需要在英语课堂中开拓教学思路、善于抓住文化教育时机,合理运用视频资源培养学生的跨文化意识和运用英语理解和表达中华文化的能力。

---

① 李剑琴,任勇.在"戏剧"中学英语[J].人民教育,2021(12):59.

四、视频资源的选择与处理的原则

(一)视频资源的选择

在互联网丰富的资源面前,教师应避免被淹没在纷杂的视频资源中,要精心挑选贴合教学实际与学生能力的资源用于英语课堂,所选择的视频至少应满足以下条件:

1. 明确契合的主题

教师首先要明确所教单元文化内容的学习目标,进而根据目标去搜索有关视频资源或截取视频中的主要片段辅以教学,切勿单纯为增加课堂丰富性或趣味性,而播放无助于凸显主题的视频,增加学生的认知负荷。如上文提及的在"The Night the Earth Didn't Sleep"一课中播放电影《唐山大地震》一例,教师在节选片段时应该避免将关注点放在片中母亲对姐弟生命的抉择上,这种做法虽能让学生感受灾难带来的强烈悲剧色彩,但极易让学生沉浸在剧中有关亲情的浓烈表达之中,不利于对文中地震整体经过的学习。另外,教师还可以灵活运用英语教材中的视频板块,该板块基于单元主题选择视频并设计练习,有部分视频与单元其他板块学习内容直接相关,可以作为很好的文化导入或链接资源,如上文提及的有关汉字发展的选段"Chinese Characters"即为单元板块所提供的视频资源。

2. 多元适切的体裁

在确定文化学习主题以及目标后,教师需要思考用何种体裁的视频来展现该中华文化内容。视频体裁的多样性为文化表达的多样性提供了可能。教师在选择视频时应尽量挑选适合表现文化主题的视频体裁,让学生在不同体裁的视频中感受不同的文化特征。以人教版高中英语教材选择性必修一第五单元"The Pioneer of All People"为例,教师若想带领学生更多地了解袁隆平的人物性格,可以摘取其相关访谈以及电影《袁隆平》选段,让学生充分感受袁老心怀天下、富有担当但又真实、幽默、接地气的饱满形象;若想补充同袁老一起为中国农业献力的相关人物及发展历程,则可以播放纪录片《中国粮的奇迹》,让学生充分体会中国人民的自信风貌以及我国为世界粮食安全所作的突出贡献。学生能够在各类体裁视频中从多元的文化视角去思考或感受文化,树立文化自信,也可以在文化输入的过程中学习视频的呈现方式,为跨文化输出积累表达灵感。

3. 合理适中的难度

虽然学生在学习中华文化时,大多都已具备相关的文化背景知识,但受英语语言能力的限制,视频中混杂的口音、过快的语速、较大的词汇量以及不同的翻译思维都容易引发学生的理解障碍。如在播放关于孔子、苏轼等名家的纪录片时,不可避免地会遇到一些名句和诗词的翻译。这些翻译多为通俗直译,与中文原版诗词的对仗格式和表达意蕴存在一定的差别,部分学生若只通过写意的动画以及英文画外音或许难以第一时间领悟选段的内容与意义,为此,将诗词翻译内容在视频中以文字方式进行同步呈现就显得尤为重要。总之,教师应基于学生的实际能力水平选择视频,若视频本身难度较高,则可以选择带字幕或者注释丰富的视频版本,让学生能够在体验文化的过程中,顺利学习并总结文化相关的英语表达,达到中华文化学习的语言目标。

4. 真实关联的内容

真实而有时效性的视频常常比较容易引发学生的学习兴趣,但真实语料大多未经处理,对于学习者来说具有较大难度。教材编写的周期较长,更新换代较慢,其中的视频语篇较难体现时效性。因此,教师可考虑选取兼备时效性和真实性的视听材料,进行适当剪辑,作为视频补充教学资源。

另外,学生在观看视频开展语言和文化学习时,容易本末倒置,重剧情轻学习,为了尽可能避免这种情况,选择视频时应以音画相关性较高的内容视频为主。

(二) 视频资源的处理

在信息爆炸的时代,网络上虽充斥着大量的视频资源,但这些资源并不能拿来即用,教师需要依据课堂教学需要、教学内容以及学生水平对其加以处理,以适应教学的需要。主要需要做以下两方面的准备。

1. 内容的译制

教师在搜索视频资源时,经常会遇到暂无英文版材料的问题,特别是在学习内容为中华文化的情况下,因此译制视频内容便显得尤为重要。为此,一方面,教师可以组建工作小组,为单元文化教学需要使用的视频进行整体译制和配音处理,减轻教师个体的工作量。另一方面,教师可以组织学生以练代学,对视频进行翻译和配音,而后,教师需要对内容译制的质量进行把关,并将学生的作品整理形成作品库,形成资源传承,供下届学生进行文化学习使用。

2. 内容的剪辑

一般视频资源都较为完整,但直接将其用于课堂就容易出现时长过长且重点不够突出的问题,需要教师对视频进行一定的剪辑处理。为此,教师要预先确定需要的视频段落,并利用剪辑软件将可用于中华文化学习的段落进行删减、合并、字幕添加等操作,让视频资源能够真正地服务于英语课堂、融入文化学习。剪辑技术的掌握有赖于教师在工作中主动提升自身的信息素养,学会熟练运用信息技术辅助教学。

结语

视频资源能够丰富文化的表现方式,其多模态以及音、画双通道等多元组合方式能够锻炼学生的思维,为英语综合技能的发展打下坚实的基础。学生在学习视频资源的过程中能够感知与理解中华文化,体验与欣赏多元文化,提升文化包容度和文化解读能力。同时,课堂中视频资源的利用能启发学生巧妙利用视频,将其作为文化输出的有效渠道,发展中华文化跨文化传播能力。因此,教师应当在英语教学中充分挖掘并合理使用中华文化视频作为教学资源,为培养学生文化自信和跨文化交流意识提供有利环境。

第八章

英语教材里
中华文化学习的
单元创编与使用案例

第八章 英语教材里中华文化学习的单元创编与使用案例

本章基于前文研究,研制初中和高中各一个英语学习单元,体现本课题所倡导的文化学习理念、文化内容选择、组织与呈现的策略。单元学习材料都结合课程标准规定的主题选取。下面分别呈现两个单元的内容,对单元编写的思路加以说明,并提供课题研究过程中实际使用过的部分教学设计。①

第一节 初中英语"中医药文化"单元创编案例

Across Borders: Chinese Medicine in Modern Healing

Bilingual Reading

Warming up

Take a look at these pictures of the Olympic swimmers. What are those dark spots on their bodies?

Mysterious "Oriental Forces" Appeared Once More...

Cupping, an ancient remedy for pain relief, has made a comeback at the Tokyo Olympics, five years after it first gained prominence at the Rio games.

Sports fans watching from home might have noticed the dark circular marks on the upper body of a prominent swimmer as he dived into his campaign at the Tokyo Olympics this week.

Attentive viewers might also have observed similar marks on other Olympians, including a well-known Japanese relay swimmer.

The form of acupuncture is based on the idea that suction

---

① 初中案例由上海泗塘中学的周黎频老师、龚慧老师编写,高中案例由上海交通大学附属中学嘉定分校的曾文琦老师编写。

from the cups draws the skin upwards and enhances blood circulation, relieves muscle tension and stimulates cell repair.

Advocates of this method also suggest that it aids in the movement of "qi" within the body. "Qi" is a Chinese term for the life force. Ge Hong, a famous Taoist alchemist and herbalist, was reportedly one of the first practitioners of cupping.

In recent years, with Traditional Chinese Medicine (TCM) having attracted more and more attention and love from people around the world, more mysterious "Oriental forces" have begun to become popular overseas.

参考译文

东方神秘力量再现……

5年前，有些运动员身上的"火罐印"在里约奥运会上吸睛无数。如今，拔火罐，一种古老的治疗疼痛的康体疗法又出现在了东京奥运会上。

近日，不少体育迷们注意到一位外国游泳名将在开始他的东京赛程时，他的上身赫然印着不少深红色圆形大斑点。

细心的观众也会发现，其他奥运会运动员，包括一位日本接力游泳运动员身上也有独特的拔罐印。

拔罐的理念是用玻璃罐内的吸力把皮肤提拉起来，从而促进血液循环，缓解肌肉疼痛并刺激细胞修复。

拔罐的支持者认为，罐的吸力能够促进体内"气"的流动。"气"是一个中文词，指生命的力量。著名的道教炼丹家、医药学家葛洪（Ge Hong）据称是最早拔火罐的人之一。

近些年来，随着中医药得到越来越多国际友人的关注和喜爱，更多神秘的"东方力量"开始风靡海外。

Think and answer

Q1: How does cupping work? Why do you think it is popular?

Q2: Have you ever seen others cupped in your life? Have you ever tried? Do you think it is useful or not?

Q3. Choose one of the topics you are interested in from the following table, and search for more information about it.

Chinese	English
针灸	acupuncture
艾灸	moxibustion
刮痧	guasha
气功	qigong
食疗	food/diet therapy
推拿	massage
...	

Listening and speaking

Discuss and say

Colds are very common and most people will have at least one every year. However, this doesn't make them any easier to deal with, and you'll probably feel lousy for a few days while you recover.

1. How do you feel when you catch a cold?
2. How do you usually treat a cold?

How to Get Rid of a Common Cold

Everyone experiences a common cold at some point in their lives. Although many people rely on home remedies（治疗法）to manage the symptoms brought about by a common cold, such as getting enough rest and drinking lots of water. Traditional Chinese medicine can provide immediate and lasting results.

Method 1: Treating a Cold Caused by Wind-Cold

Drink hot chicken soup or try Fenghanganmao granules.

Hot chicken soup or ginger tea is believed to help remove the pathogens（病原体）that cause cold. Of course taking some Fenghanganmao granules also works well.

Method 2: Treating a Cold Caused by Wind-Heat

Drink more water or try Yinqiaojiedu pills. You can drink garlic water for wind-heat cold. You can also take honey. Honey contains a variety of bioactive substances, which are good for the human body. If you have a bad cold, try yinqiao pills. It can also be used to treat the early symptoms of fever.

Listen and read

drink ginger tea   take Chinese herbal medicine   take Western medicine

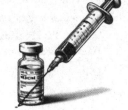

37℃左右湿毛巾   水温38℃~40℃

stick cooling paste   apply an ice towel/have a warm bath   have an injection

Think and say

S1: Can you tell a cold caused by wind cold or wind heat?
S2: ...
S1: How do your family treat a cold caused by wind cold/wind heat?
S2: We often ... How about your family?
S1: My grandparents prefer ... while my parents prefer ...
S2: Which one is better, Chinese or Western treatment?
S1: It's hard to say, because ...
S2: I think ... is better, because ...

Practical project: a survey

Make a survey about more useful ways to treat colds. You can visit **your parents, grandparents** or **aged relatives** as well as search the Internet for information. Please collect the tips and fill in the table.

A survey	Tips to treat common colds
Name 1_____	tip_____
Name 2_____	tip_____
Name 3_____	tip_____
Name 4_____	tip_____

Main Reading

Chinese Discovery Saves Millions of Lives

[Introduction]: In 1981, Chinese scientist Tu Youyou① gave a speech titled "Chemical Research into Artemisinin②" at an international conference of the World Health Organization (WHO). The discovery of artemisinin was really a great shock, as people recognized that this was a lifeline for malaria③ sufferers.

① Malaria is a blood disease, which is transmitted by mosquitoes. It has troubled

---

① Tu Youyou 屠呦呦(人名),中国首位诺贝尔生理学或医学奖获得者、药学家。
② artemisinin /ˌɑːtɪˈmiːsɪnɪn/ [医] n. 青蒿素
③ malaria /məˈleəriə/　n. 疟疾,是经按蚊叮咬而感染疟原虫所引起的虫媒传染病。

us for centuries and could not be controlled until the invention of the quinine① type of drugs in the 17th century. In the 1960s, as the drug began to lose its effectiveness, malaria spread quickly again. Every year, over 200 million people in the world suffered from it. Even worse, at least 1.5 million people died of it. Almost every country poured a huge amount of human resources into discovering an anti-malaria drug.

② In 1969, Tu Youyou, who tried to look for a breakthrough from Chinese medicine, took on the job to find a cure. Tu and her team performed various kinds of experiments in over 280,000 plants, including artemisinin. However, the results were disappointing. Later, she visited experienced old doctors, reviewed over 2,000 ancient Chinese medical books and arranged old records of the herbs. She found a book written by Chinese scholar Ge Hong② in the Eastern Jin Dynasty (317 - 420). The great wisdom in the book pointed to a new direction for Tu and her team. She discovered that artemisinin needed low temperature to work properly instead of being boiled in water. After failing more than 190 times, in 1972, Tu Youyou used solvent ether③ to extract④ artemisinin successfully.

③ Artemisinin has become an important part of the treatment for malaria. Since 2000, thanks to the Chinese discovery, malaria deaths have been decreased by more than 60%. This success proves the great value of traditional Chinese medical science. However, we won't stop our work until no one dies from a mosquito bite.

Understand the main ideas

    1. Where can you probably read this passage?
    A. In a travel guide.   B. In a storybook.   C. In a science magazine.
    2. Read *[Introduction]*, and fill in the blanks.

---

① quinine /kwɪˈniːn/ type of drugs [医] 奎宁类药物,17世纪时在欧洲流行的一种重要的抗疟药。
② Ge Hong 葛洪(人名),东晋著名医药学家。
③ solvent ether /ˈsɒlvənt/ /ˈiːθə(r)/ n. [化] 乙醚溶剂
④ extract /ɪkˈstrækt/ v. 提取

What is the Chinese discovery?	
Who discovered it?	
What disease can it treat?	

3. What are the three paragraphs mainly talking about?

   Para ①　　Traditional Chinese medical science is spread to the world.

   Para ②　　Malaria troubled human beings.

   Para ③　　Chinese scientist Tu Youyou made researches into artemisinin.

Read for details

1. Read Paragraph 1 and answer the question:

   Q: Why are these figures [e.g. 200 million, 1.5million] mentioned in Paragraph 1?

2. Read Paragraph 2 and finish the flow chart, and then answer the questions:

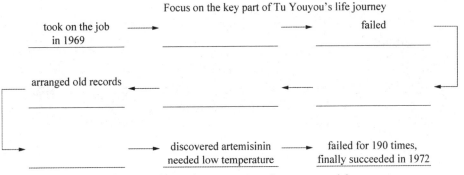

Q1: In what order does the writer organize the paragraph?

Q2: What do you think of the process of Tu Youyou's discovering artemisinin? What adjectives would you use to describe it?

Q3: What adjectives would you use to describe Tu Youyou's qualities?

3. Read Paragraph 3 and answer the following questions:

Q4: What does the underlined word "success" in Paragraph 3 refer to?

Q5: What's the purpose (目的) of the writer to write this passage?

Think critically

1. What plays an important part in Tu Youyou's success in addition to her personal efforts and character?
2. What kind of Chinese strategy is shared with the world in this passage?
3. Do you think we should share Chinese strategies globally? Why or why not?

Write

Select one of the following tasks and complete it within a week:

1. Watch the TV series《功勋(屠呦呦章节)》and describe the part that impresses you the most. Share your feelings about it.
2. Your American friend Peter is curious about why so many foreign people are interested in Chinese medical treatments. Make a practical research on "Tips to treat _____ (a health problem) in the Chinese way" and introduce your findings to Peter. You can use the information and expressions from your homework on common colds.

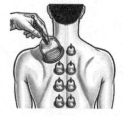

Cupping

Sometimes, we also have a cupping. It can promote blood circulation (促进血液循环), and drive out (驱除) the cold from our bodies.

herbal remedy

We have some herbal medicine, such as cough syrup (咳嗽糖浆) and oral liquid (口服液) for relieving cough and resolving phlegm. (止咳化痰)

n. /flem/

第二节 初中英语"中医药文化"单元设计与使用说明

一、材料编制概况

(一) 单元话题

单元话题为 Across Borders: Chinese Medicine in Modern Healing。

(二) 单元内容框架与教学安排

表 8-1　单元内容与教学安排

序号	材料主题	材料内容	材料出处	课型	课时数
1	Mysterious "Oriental forces" appeared once more …	近两届奥运会上多位外国著名运动员身上的"火罐印"备受关注,说明中国古代康体疗法得到越来越多国际人士的关注和使用	文本改编自"占豪"微信公众号 2021 年 8 月 21 日的推文《果不其然,神秘"东方力量"再现东京奥运会!》	泛读（次阅读）	1课时
2	How to get rid of a common cold?	谈论感冒及常见疗法,并完成一份治疗感冒的生活小妙招调查报告	文本改编自 Wikihow 网站（English）	听说	1课时＋长作业（2—3天完成）
3	Chinese discovery saves millions of lives	中国首位诺贝尔生理学或医学奖获得者屠呦呦钻研中医药古籍,并结合现代医学,成功提取青蒿素,攻克世界传染病难题——疟疾	*Stories of China Retold in English*（Element Stage）人民出版社,2019:199-202,根据学生语言情况改编	精读（主阅读）	1课时
4	Cultural Project	学生作业品鉴（二选一）:1. 观看电视剧《功勋(屠呦呦章节)》,描述其中自己印象最深刻的片段,谈谈自己的感受。2. 做小调查并为美国朋友彼得（Peter）推介常见病中医药治疗方法	学生原创	复习总结	展示课,1课时（1周完成长作业）

（三）预设学习对象与材料使用方式

本单元主要针对上海地区普通初中的八、九年级学生或学有余力的低年级学生，可用作学校英语拓展课程的学习材料，也可用作教材的补充学习资料。

（四）单元预期教学目标

围绕有关拔火罐、日常感冒常见的中西方疗法以及屠呦呦提炼青蒿素等关于"传统中医药文化"话题的真实素材，通过听、说、读、看、写等语言、文化学习实践及长短作业相结合的活动，学生能理解符合自身语言水平的中华文化主题语篇，掌握其大意和具体信息；把握语篇的基本结构和语言特征；辩证地认识中西医的价值；加深对优秀传统中医药文化的感知与体验，认识到中西医结合的积极意义，从而增强传统中医药文化自信，愿意体验中医药疗法，乐于用英语传播中医药文化。

二、单元设计理念

（一）设计意图

《义务教育英语课程标准》（2022年版）颁布后，基于该课标的初中英语教材尚在编写中，现行初中英语教材中的中华文化内容较少。课题研究期间，社会各界也在讨论中西医哪种更有效，加之社交媒体中关于外国游泳运动员拔火罐的报道引人注目。为此，我们基于学生学情，编制了该单元。

从单元内容设计的角度看，"中医药"是具有典型性和代表性的中华优秀传统文化，但日常教学中发现，多数初中生对中医药了解较少。本单元从学生熟悉的奥运会，特别是从西方运动员身上拔火罐的印痕引入，进而谈到日常生活中治疗感冒的方法，再学习科学家屠呦呦提炼青蒿素的故事。整个学习单元不是静态地呈现中医药，而是通过中西方互动（西方运动员拔火罐）、互鉴（屠呦呦从中医典籍中获得灵感，运用科学研究的方法从中药中提炼青蒿素）的方式呈现。这一思路体现了两个"突破"——突破以西方为中心的文化视角；突破单一、静态的国别文化视角，体现了中外联系。这有助于学生感悟中华文化的国际影响力，体会中华优秀人物和优秀传统文化对国际社会的贡献，培养文化自信。

从教学使用的角度看，双语阅读语篇旨在引入话题，激发学习兴趣，为单元学习做好心理和背景知识方面的准备。听说板块旨在通过讨论日常生活中感冒的治疗、课后小调查,利用学生生活中的文化资源,加深对中西医治疗方法的了解和思考。主阅读进一步学习屠呦呦的科学精神和个性品质,了解中医药的价值,认识中西医科学结合的积极意义。单元大作业则引导学生进一步体悟科学家的个性品质,增强传统中医药文化自信,乐于用英语传播中医药文化。整个单元文化学习与语言学习有机融合。

(二) 中华文化内容的关联角度

单元内容涉及的文化要素多元,包括文化产物(中药、青蒿素)、文化实践(拔火罐、吃中药治疗感冒)、文化观念(感冒时吃西药还是中药好得快、中医典籍中的智慧)、文化人物(身上有火罐印的奥运会游泳运动员、屠呦呦、葛洪、美国朋友彼得)、文化社群(偏好物理疗法治感冒的中国祖辈群体)等。

同时,这些文化要素之间不是静态呈现的,而是相互关联、互动的。例如,双语阅读板块体现了中华文化的古今联系、中外互动;听说板块语篇体现了普通感冒中西医文化的多元性、中医药古今中外的联系;主阅读语篇也体现了古今中外的联系。文化间的关联、互动也体现在单元大作业中。

(三) 文化学习活动及其指向的中华文化内容

文化学习活动目标清晰明确,涵盖跨文化能力的多个维度,活动涉及文化信息的获取、理解、反应等层次,且具有跨文化性、互动性。

表8-2 文化学习活动及其对应的文化内容

序号	学习材料(简称)	活动设计	对应文化内容
1	泛读"东方神秘力量再现"	通过思考题引导学生探究火罐的工作原理及受人关注的原因,知道其他常见中医康体疗法的英语表达并收集相关信息	文化实践:拔火罐 文化观念:火罐的工作原理 文化间相互影响(古代中国康体疗法对现代外国人的影响)
2	听说践行"普通感冒的中医治疗方法"	通过听、读活动学习普通感冒治疗的中西医知识,课外完成感冒治疗妙招的小调查,培养理解、描述、反应能力	文化观念:普通感冒吃中药还是西药好得快 文化实践:采用中药或西药,或中西医结合治疗普通感冒 文化社群:偏好物理疗法治感冒的中国祖辈群体

续 表

序号	学习材料(简称)	活动设计	对应文化内容
3	主阅读"中国发现拯救数百万生命"	精读文本了解屠呦呦发现青蒿素的过程,并在问题引导下感悟优秀科学家的品质和中医药文化的贡献,分析语言和结构特征对语篇表达及主题意义的作用	文化产物:医疗科技(青蒿素)、葛洪的中医著作 文化人物:杰出人物 文化观念:科学家的优秀品质、中医智慧
4	文化学习项目	辩证思考中西医在应对人类面临共同挑战时的积极作用	文化产物:电视节目、中西医治疗方法 文化人物:屠呦呦、美国朋友彼得、喜欢用中医或西医的人群 文化观念:科学家的优秀品质、中医智慧、治疗疾病用中(医)药还是西(医)药好得快的认识

(四) 中华文化内容的教学设计

表8-3 中华文化内容的教学设计

课时	教学内容	文化教学目标	教学方式	教学评价
1	泛读"东方神秘力量再现"	通过阅读,了解中国古代康体疗法得到越来越多国际人士关注和喜爱的信息,增强中医药优秀文化自信的同时引发对常见中国传统康体疗法的探究	双语泛读引入话题图文并茂激发兴趣问题驱动启迪探究	解决问题,感知文化: 问题1:思考生活中的火罐文化; 问题2:探究更多生活中的传统康体疗法
2	听说践行"普通感冒的中医治疗方法"	通过听说,走进生活中普通感冒并初步了解常见的中西医感冒疗法,通过调查收集家人亲友治疗感冒的妙招和特殊群体偏好	生活情境热情参与讨论思辨头脑风暴	实践探究,体验文化: 对不同年龄、不同学历、不同经历的群体收集信息,分析信息,完成调查报告

续表

课时	教学内容	文化教学目标	教学方式	教学评价
3	主阅读"中国发现拯救数百万生命"	通过阅读,了解中国首位诺贝尔生理学或医学奖获得者屠呦呦钻研中医药古籍,并结合现代医学,终于成功提取青蒿素攻克世界传染病难题——疟疾的故事	精读文本;语言、思维、文化相融合教学	思考感悟,内化文化:体会屠呦呦的个性品质;感悟中医智慧,增强中医药优秀文化自信,感悟中西医科学结合的意义,并进行恰当的语言表达
4	文化学习项目	通过学生可选择性的作业展示,让不同水平的学生都能够运用本单元所学知识表达关于传统中医药文化的观点,并在作业中迁移践行文化,反馈学习效果	展示交流品读指正表彰优秀推广精华	思维升华,践行文化:《功勋》屠呦呦相关片段的英文描述和观后感,或中医治疗某一种疾病的方法小调查

Chinese Discovery Saves Millions of Lives 教学设计

Lesson Type: Reading
Grade: 8
Teaching objectives:
After this class, students should be able to

1. identify the structure of a science discovery passage by analyzing the text's layout.

2. summarize the main idea of the text.

3. analyze Tu Youyou's great personality by obtaining the specific information about the process she went through to discover Artemisinin.

4. discuss the application of traditional Chinese medical treatments in their daily life.

5. enhance their awareness of cultural confidence, cultural communication and mutual learning by examining the success of Tu Youyou.

Teaching focus:

1. To help students understand the text literally and critically;

2. To Foster students' thinking about cultural integration.
Potential learning difficulties:
1. Grasping a critical understanding of the text.
2. Stimulating thoughts on cultural integration.
Teaching procedure:

Steps		Learning activities	Purpose
Pre-reading		1. Talk about Chinese Nobel Prize winners.	To build background knowledge and arouse students' interest.
While-reading	1st reading	1. Read the title and the introduction to think about the key word "Chinese discovery". 2. Skim the whole text to get the general idea of each paragraph.	To help students understand the structure and main idea of the text.
	2nd reading	1. Read Para. 1 to think about the effect of the figures (eg. 200 million, 1.5million). 2. Read Para. 2 to find what Tu Youyou and her team did during the research, and analyze Tu's great quality and reasons for her success.	To help students get detailed information, appreciate the spirit of Tu Youyou. To improve students' cultural confidence.
	3rd reading	1. Read Para. 3 and get the purpose of the writer.	To help students think about Chinese medical culture critically.
Post-reading		1. Discuss traditional Chinese medical science in our daily life. 2. Plan a practical assignment about traditional Chinese medicine.	To lead students to feel and spread the value of traditional Chinese medical science and encourage them to apply in their daily life.
Assignments		Choose one of the tasks. 1. Write about what impresses you most and your feelings after watching the TV series *Medal of the Republic*(屠呦呦篇). 2. Make a practical research on "The tip(s) to treat _____ (disease/illness) in the Chinese way".	

第三节　高中英语"古今交汇"单元创编案例

Where History and the Present Join Hands

Part One【Main Reading】

(语篇来源:China Youth International 2020 年 7 月 17 日,根据学生学情作了修改)

Pre-reading

1. Below are some pictures of historic places in the world. Discuss with your partners and tell what cities they are located in.

2. Anthony, a visitor from Florence, is going to visit China. Please recommend to him one of China's historic sites and give your reasons for choosing it.

Undoubtedly, Xi'an is one of the most popular tourist destinations in China.

The Xi'an City Walls are some of the oldest, largest and best preserved city walls in China. Built under the rule of the Hongwu Emperor as a military defence system, the wall has been rebuilt several times  since it was built in the 14th century, and encloses an area of about 14 square kilometres. Showcasing the pride and magnificence of Xi'an, the ancient Chinese capital of 13 dynasties, it is situated at the end of the ancient Silk Road, and its history can be traced back to the Sui and Tang dynasties.

Praised as the world's eighth ancient wonder by the former French President Jacques Chirac, the Terracotta Army is a collection of life-sized sculptures of the armies of Emperor Qin Shihuang. Dating from approximately the late third century BCE, the Terracotta Army includes warriors, chariots and horses, and has more than 8,000 soldiers, 130 chariots with 520 horses, and 150 cavalry horses. The figures not only possess unparalleled artistic value, but also demonstrate the integrity and strength of a united China, attracting visitors worldwide who come to admire its magnificence.

In addition to its rich history, Xi'an also boasts fantastic natural beauty. Surrounded by Qinling Mountains, one of China's largest and longest mountain ranges, the mountain areas around Xi'an are also home to countless rare plants and animals. Ginkgo, one of the oldest species of trees in the world, is native to the area, while Qinling pandas, a sub-species of the giant panda, accounts for around a fifth of the entire wild panda population. In 2009, a UNESCO global geopark was built in Xi'an, attracting scholars and visitors worldwide who come to admire its abundant geological heritage sites, splendid landscapes, diversity of biological species, as well as its favourable environment and rich historic culture.

Xi'an cuisine is best known for its noodles and mutton dishes. Featuring salty and spicy flavours, some of the dishes have been passed on from generation to generation for centuries, with Biangbiang noodles being one of the most famous and popular. The Chinese character for Biang is one of the most complex Chinese characters in modern usage, and is made up of 58 strokes in its traditional form.

Once a significant centre on the ancient Silk Road, Xi'an retains its international commerce hub status today, now serving as the most important transportation hub of the China-Europe Railway Express in Northwest China. The advanced train network connects Xi'an with 14 nations, making it China's new commercial center. 1,667 "Chang'an" freight trains departed from Xi'an to Europe and Central Asia in the first half of 2020, carrying 1.3 million tons of merchandise, increasing two and 1.9 times year on year respectively.

Xi'an is also a city brimming with creativity and imagination. Thanks to its long history and cultural diversity, it has now become a rising star in the cultural industry. Creative design, games, anime, as well as e-sports have become the new economic pillars of the city. One of the four major national film production companies in the country, China Western Film Group, established in 1958, has produced over 300 movies and documentaries, and more than 180 TV series, and its works have won more than 70 international awards such as the Golden Bear. From Xi'an, China's stories have entered the international stage.

It is rare to find a city ＿＿＿＿＿＿＿＿＿＿＿＿＿＿＿＿＿＿＿＿＿＿. By using advanced technologies, people can now enjoy the ancient capital's former glories, as well as the hustle and bustle of a modern city. In the trendy city centre, a business street featuring ancient architecture and art, as well as traditional cuisine, has sparked a global frenzy.

Comprehension task 1

Match the following sub-headings with the corresponding paragraph.

A. geographic landscape

B. city walls

C. local food

D. a city where history and modernity meet

E. a popular tourist destination

F. a great miracle

G. cultural industry

H. importance in trading

Comprehension task 2

Task One

Scan Paras 2 – 3 and fill in the table.

Anthony is a fan of history. What must-sees can be recommended to him according to the passage?

What do you know about it?

Must-sees	Facts

Task Two

Scan Paras 4 – 5 and correct the false statements.

Besides a long history, Anthony can also enjoy Xi'an's natural beauty and delicious food. Anthony has got a booklet about Xi'an, but there exist some mistakes.

Let's look for them and make corrections.

1) Surrounded by Qiling Mountains, the mountain areas and Xi'an are dotted with rare trees.

2) Ginkgo and bamboos grow there and the Qinling pandas cover half of the wild panda population.

3) The UNESCO global geopark built in Xi'an admits scientists only for their scientific research.

4) Noodles and mutton dishes attract food lovers with its little sweet tastes and Biangbiang noodles are the newly-created dishes which are also famous for its complex characters.

Task Three

1) Scan Paras 6 – 7 and label the identity of Xi'an in the past and now.

Having visited interesting places in Xi'an, Anthony surfed the Internet to learn more about this city. To his amazement, he has uncovered a different aspect of this city. Now please identify different facets of Xi'an by scanning Paragraphs 6 and 7.

Identity Card:

Xi'an	In the past	Now
Identity 1		
Identity 2		

2) Read and discuss.

Read Para 7 and complete the first sentence according to your understanding.

It is rare to find a city _____. By using advanced technologies, people can now enjoy the ancient capital's former glories, as well as the hustle and bustle of a modern city. In the trendy city centre, a business street featuring ancient architecture and art, as well as traditional cuisine, has sparked a global frenzy.

Task Four

Read the passage and choose the best title for the passage.

A. Xi'an, a tourist destination worth recommendation

B. Better understanding of the city, Xi'an
C. Welcome to Xi'an
D. A peek into Xi'an, where history and modernity meet

Read and discuss your understanding of the title.

Food for thought

Have you noticed Anthony comes from Florence? Let's read the passage about Florence. (语篇来源:上海教育出版社 2020 年版《普通高中教科书·英语》必修第一册 Unit Two)

Florence, Italy

Florence, one of the famous historic cities in Italy, is the birthplace of many amazing ideas and discoveries!

Florence's history is alive with the memory of a time when art, culture and science were being "reborn". In the late 13th century, the Renaissance began here before spreading to the rest of Europe. At that time, Michelangelo, Leonardo da Vinci and Galileo were some of the people living, working and studying in Florence. During this period, they, along with other great minds, contributed valuable artworks and made important scientific discoveries.

Florence is filled with art, science and history museums and ancient buildings, as well as historic universities. You can visit many of these places to experience and admire the amazing work and discoveries that happened during the Renaissance period. An example is Michelangelo's famous statue *David*, which he completed between 1501 and 1504. Another must-see is the University of Florence. It was started in 1321 and many famous people studied there in the Renaissance period, including Leonardo da Vinci.

In Florence today you can experience the old and the new. Historic sites are neighbours with fancy restaurants and high-end shops. While you are trying the delicious local food, you can decide which interesting places to visit next.

Please compare the similarities and differences between the two cities and try to conclude the characteristics of such a place.

	Xi'an	Florence
Status		
Main Features		

My understanding:
The place where history comes alive is the one that _____.

Language Focus

Word bank:
Read and identify phrases used to express admiration for a city.

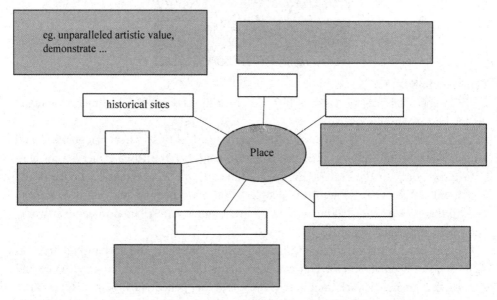

Writing

(The place) _____ in China I want to recommend

Group work:
- Select a place to introduce.
- Brainstorm some aspects of the place (such as history, location, status, food, cultural events, sights, geography, etc.)
- Foucs on one or two aspects and describe them using proper expressions.

Part Two 【Read and Speak】

Pre-task

Know more before you learn:

Quiz: Do you know about Luoyang?

Identity Card of the City Luoyang

1. located in _____, and seated on the north bank of the Luo River;

2. the capital city for the longest period, the most dynasties, and the earliest time _____ emperors of _____ dynasties set their capitals in Luoyang during China's history;

3. known as the "_____," and the best time to visit it is in late spring when the flowers are in full bloom;

4. home to the UNESCO-certified _____. Longmen is home to an incredible collection of tens of thousands of Buddhas carved into the limestone cliffs over the Li River;

5. home to the first-ever Buddhist temple, _____, which is considered by many as the cradle of Chinese Buddhism;

6. home to _____ heritage sites, which were listed as UNESCO World Heritage Sites in 2014;

7. home to the site of the ancient capital city of the Han and Wei dynasties, which is the eastern starting point of _____ to Europe;

8. the _____ of Shaolin Kung Fu. Shaolin Temple originated in Luoyang and Luoyang witnessed its glory throughout history.

9. three of _____ were created in Luoyang. Gunpowder, printing, and papermaking were all invented there, which have had a significant influence on Chinese culture.

10. _____ is the most representative food in Luoyang. It contains 24 dishes. Most of the dishes are cooked in soup. It is a traditional food that you can only taste in Luoyang.

Task One Reading

Read the following passage and discuss with your partners to answer the following questions:

Forgotten capital aims to revive past glory (语篇来源: *China Daily* 2017 - 9 - 22)

Before the middle of the 10th century, the city of Luoyang was already a bustling metropolis _____ for half of its then 3,000-year-old history it had been the capital of some 13 dynasties. However, despite being home to six UNESCO World Heritage sites, the city in Central China's Henan Province is not as well known as its Western peers like Athens and Rome. The modern city landscape gives few clues of its historic past. The often forgotten capital has been overshadowed by Xi'an, known for its Terracotta Army. But Luoyang is planning to step out of the shadows and reclaim its former glory.

1. What challenges is Luoyang currently facing?
2. Why is Luoyang referred to as a "forgotten city"?

Task Two Speaking

Discuss in groups and conduct interviews about Luoyang's revival. Interview at least three classmates for their suggestions. Fill in the table below and present your findings to the class:

Name	Suggestion(s)

Current situations for you to refer to

- Most of Luoyang's ancient buildings have been destroyed by historical wars and natural disasters.
- Archaeological relics have been discovered and attract many tourists home and abroad and the facilities in the museums need updating.
- Heritage protection is often in conflict with city development, especially as the relics area occupies a quarter of the city center. It is no easy job to strike a balance.
- The 3000-year-old history of the city remains to be more widely recognized globally.
- ...

Language guide:

Interviewer	Interviewee
❖ Have you been to Luoyang?	❖ I have been to...
❖ What's your impression of this city?	❖ Personally, Luoyang is a city...
❖ How much do you know about Luoyang?	❖ Luoyang is a city that...
❖ What do you think we can do to bring glory back to Luoyang?	❖ I suggest...
❖ What's your suggestion?	❖ I hope...
	❖ It is beneficial to the city if...
	❖ ...

Part Three 【Supplementary Reading】

Pre-reading:
**Look at the following pictures and discuss with your partners the following questions:
Are they pictures or words? What do they mean?**

Observe the shop front of Starbucks. What unique feature can you find on it?
Pictographs survive in a Chinese tourist town(本文节选自《经济学人》20201010 期)

During the "golden week" national holiday that began on October 1st, hundreds of thousands of sightseers flocked to Lijiang, a picturesque historic town in the southwestern province of Yunnan. Among its attractions are the symbols printed beneath the Chinese characters on road signs and shop fronts.

They are Dongba pictographs, an ancient form of writing that originated among the Naxi, a local ethnic group. It was almost defunct until about a decade ago, when local officials cottoned on to its touristic value and plastered the town with the script.

Dongba was never widely used by the Naxi, of whom there are about 300,000 living in the Himalayan foothills near Lijiang, as well as in adjacent Xizang and Sichuan Province. Their elite spoke Chinese and used it for written communications (a few Chinese characters are pictographic, but Dongba is mainly so).

The pictographs, which evolved as early as the seventh century, were developed by shamans of the Dongba faith, which has roots in Xizang. When called upon, the wizards would don a five-lobed crown and pray for divine favours.

The roughly 2,000 pictographs would help them to recall the chants. As in ancient Egypt, the glyphs were also used as rebuses (ie, for their sounds alone) to form new words.

Over 20,000 of these religious records survive. They provide rich insight into how Naxi people thought about warfare, geography, astronomy and agriculture. But they are devilishly hard to read. Linguists are helped by the area's Dongba priests.

There are about 600, most of them very old, including Yang Guoxing who ran a school from 2010 to 2015 to teach Dongba to children living in the mountains. When Mr Yang was growing up, "everyone was too busy farming" to learn it. Now they are all busy soaking up China's dominant Han pop culture, he says, shuffling outdoors to offer rites for safe travel to a gaggle of tourists.

Primary schools in Lijiang teach the Dongba script twice a week, as well as Naxi nursery rhymes. Li Dejing, the head of the Dongba Culture Research Institute, says this is not just about keeping alive the pictographs, but letting children grasp "the very spirit of their own culture". And, as the government would see it, helping tourism to thrive in Lijiang.

Words and expressions

Pictograph /ˈpɪktəɡrɑːf/ *n*. 象形文字
flock to 蜂拥而至；涌向
picturesque [ˌpɪktʃəˈresk] *adj*. 独特的；别致的；风景如画的
defunct [dɪˈfʌŋkt] *adj*. 非现存的；不再使用的
divine [dɪˈvaɪn] *adj*. 神圣的；天赐的
glyph [ɡlɪf] *n*. 象形文字
devilishly [ˈdevəlɪʃli] *adv*. 极其，非常
shuffle [ˈʃʌfl] *v*. 拖着脚走

Read and judge whether these statements are true or false:

1. Dongba pictographs originated among the Naxi, a local ethnic group, are widely used by local people.

2. The characters in Dongba are mainly pictographic.

3. The pictographs were used to pray for divine favours and recall the chants by shamans just like what the ancient Egyptians did.

4. The religious records in Dongba pictographs were of great value in that they provide rich information about Naxi people's thought about warfare, geography, astronomy and agriculture.

5. One of Dongba priests ran a school to teach children Dongba pictographs to record their religious chant.

6. The Dongba script is taught in school in order to keep alive the pictographs as well as to let children grasp "the very spirit of their own culture".

Related information:

As early as 2003, Dongba ancient books, as the carrier of Dongba culture, were approved by UNESCO to be included in the World Memory List. The Dongba script has more than 2,000 characters and dates back to the 7th century. Up to now, Dongba is still used by many Naxi people, and it is the only hieroglyph still used in the world, so it is also called living fossil of hieroglyph.

Work in pairs and discuss the questions:
1. What do the officials in Yunnan Province do to protect Dongba pictographs?
2. Why are Dongba pictographs taught in primary schools in Lijiang?

Note:

The UNESCO Memory of the World Programme is a global effort initiated to protect humanity's documentary heritage from collective amnesia, neglect, the effects of time and weather, and intentional destruction. This initiative advocates for the preservation of significant archival holdings, library collections, and private individual compendia worldwide for future generations. It also emphasizes the reconstitution of scattered or displaced documentary heritage and aims to enhance the accessibility and distribution of these materials.

联合国教科文组织的世界记忆项目是一项国际倡议，旨在保护人类文献遗产免遭集体性遗忘、忽视、时间和气候的蹂躏以及故意和蓄意破坏。它呼吁为后代保存珍贵的档案馆藏、图书馆收藏和世界各地的私有个人文献，重建分散或流离失所的文献遗产，提高文献的可及性并传播这些文献。

By October 2017, 10 Chinese projects had been selected for the Memory of the World Programme. They are: "Traditional Music Archives" "Secret cabinet archives of the Qing Dynasty" "Naxi Dongba Ancient Books" "Jin Bang of the Qing Dynasty" "Qing Style Lei Tu Archives" "Bencao Gangmu Archives" "Huangdi Neijing Archives" "Official Archives of the Yuan Dynasty in Xizang, China" "Archives of Overseas Chinese Approval — Overseas Chinese Bank Letters" and "Archives of Nanjing Massacre".

至2017年10月，中国共有10个项目入选了世界记忆项目，分别是:《传统音乐档案》《清代内阁秘本档》《纳西东巴古籍》《清代金榜》《清代样式雷图档》《本草纲目》《黄帝内经》《中国西藏元代官方档案》《侨批档案—海外华侨银信》《南京大屠杀档案》。

Food for thought

What do you think about the practice of printing pictographs beneath Chinese characters on road signs and shop fronts? Is it fashionable or out-of-date?

Mini-project

Resources: The Xinhua Community Library began a Shanghainese learning program last year with the support of volunteers from East China Normal University. College students were taught 45-minute classes on Shanghainese language, custom and culture twice a week. The classes attracted primary school students and received favorable comments from society. (reported by *That's Shanghai*)

Make a poster about saving Shanghai dialect

1. Work in groups. Using your own experience and online research answer the following questions:
   ❖ What is the current status of the Shanghai dialect?
   ❖ Why is Shanghai dialect endangered?
   ❖ How can we preserve it?
2. Make a poster.

第四节 高中英语"古今交汇"单元设计与使用说明

一、材料编制概况

（一）单元主题

Where history and the present join hands(古今交汇)

(二) 单元内容框架与课时安排

序号	材料主题	材料内容	材料出处	课时类型	课时数
1	A peek into Xi'an, where history and modernity meet	描述古城西安：从西安的古迹——古城墙和兵马俑、西安的现代发展、西安是如何传承历史，并在现代赋予其新的样貌和身份等方面诠释单元主题——古今交汇。	选自 China Youth International 2020年7月17日（根据学情做了修改）	阅读读写结合	2
2	Forgotten capital aims to revive past glory	介绍洛阳的现状：洛阳是13朝古都、拥有六处联合国教科文组织世界遗产，现在却面临着危机。在现代的城市景象中几乎找不到古代的踪迹，其知名度远不及雅典、罗马和西安。这座被遗忘的城市受到了当地政府的重视，希望它能恢复往日的辉煌。	China Daily 2017年9月22日	读说结合	1
3	Pictographs survive in a Chinese tourist town	介绍了东巴象形文字的渊源和云南人民如何传承它，使其与现代和谐相融	《经济学人》20201010期	补充阅读	1

(三) 预设学习对象与教学渠道

本单元创编主要针对上海地区普通高中二年级或者一年级学有余力的学生，希望通过学校英语拓展课程，或作为教材的补充学习资料进行教学使用。

(四) 单元预期教学目标与效果

本单元主题为"Where history and the present join hands（古今交汇）"，本单元旨在通过"西安——古今交汇之地""有待复兴的被遗忘的古都""中国旅游小镇的象形文字"等素材，让学生通过阅读、读写结合和读说结合，了解中国古老的文化及其传承，以培养他们对中国传统文化的自豪感、保护传统文化的责任感和使命感。

二、单元设计理念

(一) 设计意图

本单元的创编结合上海教育出版社现行高中英语教材必修1第二单元"Places"主题,教材主阅读语篇介绍西安和佛罗伦萨名胜古迹和历史人文信息。该语篇中西结合,有助于学生通过历史名城古今情况,体会文化的传承和发展。我国有许多文化历史名城,但并不是每个历史名城都能延续昔日的辉煌,有的历史名城在发展过程中遭遇困境,传统文化和历史遗迹的保护与传承是文化历史名城现代化发展面临的一个重要课题。该语篇的学习可以培养学生对中国古老文化的自豪感及文化保护的责任感和使命感。

本案例围绕古今交汇这一主题,结合学情和教材语篇特点,创编学习单元。教材课文中关于西安的部分较为宽泛、笼统,为此我们用一篇更具体描述西安的语篇替换教材中的相应部分,并补充关于洛阳的短文,希望通过对西安、洛阳两个历史名城的历史与现状的学习,培养学生中华文化传承与创新发展的意识。同时,古老语言文字是文化传承保护的重要内容,因此本单元选取一篇关于云南丽江东巴文的拓展阅读,希望学生通过学习了解相关文化及人们在传承和保护方面所做的工作,提升文化保护的意识和责任感。东巴文是我国纳西族所使用的兼备表意和表音成分的图画象形文字,被称为世界唯一存活的象形文字。

本单元针对高中英语教学中文化教学的一些误区,试图体现以下基本理念:

1. 文化古今联系、中外互鉴。整个学习单元不是静态地呈现文化状况,而是注意中华文化的古今联系,帮助学生体会中华文化的传承与发展,注意中外文化学习的相互渗透,通过英语学习来学习、比较中西方文化的异同,更好地了解、认同、接受、欣赏、弘扬中华文化。

2. 语言、文化与思维相融合。语言学习中将语言学习、文化学习、思维能力培养相融合,让学生在语言学习中学习文化,培养文化意识。同时,通过西安与洛阳、西安与佛罗伦萨的比较等深度读写、读说活动,培养思维能力。

(二) 中华文化内容的关联角度

单元内容涉及多元文化要素,包括文化产物(既有有形产物,如城市规划,又有无形产物,如语言)、文化实践(文化的互相影响、文化遗产保护)、文化信息(区域城市介绍、地理历史概况)、文化社群(少数民族),可见文化内容既古今联系,又中外交融,体现了文化的多元性及文化传承与交融。

(三) 文化学习活动及其指向的中华文化内容

活动目标清晰明确,涵盖跨文化能力的多个维度,活动涉及信息文化获取、理解、反应等层次,且具有跨文化性、互动性。通过多模态语篇,培养阅读、听说、写作能力。

表 8-4 文化学习活动及其指向的中华文化内容

序号	学习材料（简称）	活动设计	对应的文化内容
1	主阅读：古今交汇	任务驱动教学活动,通过阅读了解西安这一古今交汇的城市。通过阅读任务了解文本结构、文本细节,分析西安是如何保护、传承和创新文化的,了解其成为既古老又年轻的城市的原因	文化信息(区域城市介绍、地理历史概况) 文化产物(建筑、遗迹) 文化实践(文化间相互影响)
2	读写结合：介绍中国的一个地方	融语言、思维、文化于一体的深度读写教学活动,通过对世界名城佛罗伦萨和西安的比较,了解西安在世界上的地位,从而激起学生对西安的热爱,同时积累表达相关积极情感的词汇,并运用于介绍中国其他城市的写作活动中	文化产物(建筑、遗迹) 文化实践(文化间相互影响)
3	读说结合：恢复古都的荣耀	培养理解、反应能力的教学活动,通过阅读了解古都洛阳在历史上的地位及其现状,通过生生采访的口语任务讨论如何保护、传承和弘扬洛阳的文化	文化产物(建筑、遗迹) 文化实践(文化遗产保护、文化间相互影响)
4	补充阅读：东巴文	阅读教学活动,通过泛读和阅读任务了解东巴文的传承及保护； 综合项目：如何保护身边的语言——上海话	文化产物(语言文字) 文化实践(文化遗产保护) 文化社群(少数民族) 文化实践(文化间相互影响)

(四) 中华文化内容教学角度

表8-5 中华文化内容教学角度

课时	教学内容	文化教学目标	教学方式	教学评价
1	主阅读：古今交汇	理解语篇内容，掌握主旨大意和事实信息，了解西安的历史和现状；通过语篇学习，理解"历史再生"的含义，与作者产生共鸣，激发对古都西安的积极情感	通过阅读了解西安的历史地位、文化遗址、地理风貌及其与现代文化的交融	了解主旨：课文段落与主旨配对；了解细节：填表、改错、补全段落等练习
2	读写结合：介绍中国的一个地方	通过语篇中的语言学习，讨论如何用英语描述城市，并在情境中进行写作，描写一个地方	通过阅读了解东西方古都的相似性；理清积极态度的词汇表达；读写结合，运用阅读文本的框架和语言介绍中国的另一个地方	通过阅读比较东西方古都的相同与不同之处，概括主要特征；语言聚焦：梳理介绍古都时表达积极态度可用的词语；读写结合：运用阅读框架和词汇写作
3	读说结合：恢复古都的荣耀	通过知识竞赛、阅读信息了解洛阳的历史地位、世界知名度及其现状；通过口头采访活动，培养学生的口语表达能力、传承历史的使命感和责任感	泛读文本了解洛阳的有关信息，并就其面临的问题、产生的原因等进行思考；口语活动，采访讨论如何恢复古都洛阳往日的辉煌	知识测试：洛阳的十大标签；读后讨论：了解洛阳现状，并且结合西安的学习讨论如何保护、传承其历史文化；口语活动：综合运用语言和文化感悟开展语言实践
4	补充阅读：东巴文	通过阅读了解丽江东巴文的历史、保护和传承；通过讨论，激发学生传承中国传统文化，保护、弘扬少数民族文字的意识和责任感	阅读任务驱动了解东巴文的历史、现状和传承；项目驱动如何保护身边的语言——上海话	了解主旨和细节：回答问题，阅读判断句子正误；讨论如何保护方言——上海话；制作保护上海方言的英语小报

教学设计

Where history and the present join hands

Part One 【Main Reading】

Lesson Type: Reading（文本来自于本土文化补充材料）
Grade: Senior One
Learning Objectives:
By the end of the period, students should be able to:

1. grasp the structure, main idea and factual information of the passage by reading.

2. use skimming and scanning skills to comprehend the passage and finish the reading tasks.

3. understand the theme, resonate with the author and inspire admiration for the ancient capital of Xi'an by further reading and comparing Xi'an with European famous city, Florence.

4. describe a city and introduce a place in a proper way, showing admiration.

5. foster admiration for traditional Chinese culture and develop an awareness of inheriting it

Teaching Procedure
Period One
I. Pre-reading
Engage students in identifying the cities in the pictures and recommend a city to Anthony a visitor from Florence by discussion.

II. While-reading
1. Task One
Ask students to skim and analyze the structure of the passage.
2. Task Two
1) Ask students to scan Paras 2 – 3 and identify the facts by filling in the table.
Anthony is a fan of history. What must-see can be recommended to him according to the passage?
What do you know about it?

Must-sees	Facts
The City Walls	some of the oldest, largest and best-preserved city walls in China built under the rule of the Hongwu Emperor built in the 14th century defence system enclose an area of about 14 square kilometres situated at the end of the ancient Silk Road
The Terracotta Army	the world's eighth ancient wonder dating from approximately the late third century BC a collection of life-sized sculptures of the armies includes warriors, chariots and horses, and has more than 8,000 soldiers, 130 chariots with 520 horses, and 150 cavalry horses not only possess... but also demonstrate...

2) Analyze the information and learn how to describe a place.
The City Walls:
some of the oldest, largest and best-preserved city walls in China — status
built under the rule of the Hongwu Emperor — origin
built in the 14th century — origin
defence system — function
enclose an area of about 14 square kilometres — coverage
situated at the end of the ancient Silk Road — location
The Terracotta Army
the world's eighth ancient wonder — status
dating from approximately the late third century BC — origin
a collection of life-sized sculptures of the armies includes warriors, chariots and horses, and has more than 8,000 soldiers, 130 chariots with 520 horses, and 150 cavalry horses — detail
not only possess... but also demonstrate... — remark
(identify the facts while determine the structure used for describing a site and list related expressions)

3. Task Three

Ask students to scan Paras 4-5 and identify the facts by correcting the false statements.

Besides its long history, Anthony can also enjoy Xi'an's natural beauty and delicious food. Anthony has got a booklet about Xi'an but there exist some mistakes. Let's identify them and make corrections.

1) Surrounded by Qinling Mountains, the mountain areas and Xi'an are dotted with trees. (home to)

2) Ginkgo and bamboos grow there and the Qinling pandas cover half of the wild panda population. (be native to, account for,同位语表达)

3) A UNESCO global geopark built in Xi'an admits scientists only for their scientific research. (attract, admire its abundant geological heritage sites, splendid landscapes, diversity of...)

4) Noodles and mutton dishes attract food lovers with its little sweet tastes and Biangbiang noodles are the newly-created dishes which are also famous for its complex characters. (be passed on from generation to generation for centuries, one of the most complex Chinese characters in modern usage)

(find the expressions to describe the facts and learn the expressions including phrases and sentence patterns)

4. Task Four

1) Ask students to scan P6 - 7 and identify information of the new identity of Xi'an.

Having visited interesting places in Xi'an, Anthony surfed online to learn more about this city. To his amazement, he has uncovered a different aspect of this city. Now please label different identities of Xi'an by scanning Paragraphs 6 and 7.

Identity Card:

Xi'an	In the past	Now
Identity 1		
Identity 2		

2) Ask students to read and discuss the question to have a further understanding of the theme of the passage.

Ask students to prompt their answers according to the context.

Read Para 7 and complete the first sentence according to your understanding.

It is rare to find a city _____. By using advanced technologies, people can now enjoy the ancient capital's former glories, as well as the hustle and bustle of a modern city. In the trendy city centre, a business street featuring ancient architecture and art, as well as traditional cuisine, has sparked a global frenzy.

III. Post-reading

Food for thought

Ask students to read the passage and discuss the theme of the passage.

1. Xi'an, a tourist destination worth recommendation
2. Better understanding of the city, Xi'an
3. Welcome to Xi'an
4. A peek into Xi'an, where history and modernity meet

Read and discuss

What's your understanding of the title?

Period Two

I. Read and compare

Situation:

How time flies! Tomorrow is the last day for Anthony to stay in Xi'an and he really appreciates his trip. Last night, he told his friends in Italy on the WeChat that he found a sense of familiarity, namely, it shared much similar features with his hometown, and he called it the Eastern Florence. Do you agree with Anthony? Let's explore and compare.

1) Ask students to read the passage of Florence again.

2) Find out the similarities and differences between Xi'an and Florence to discuss their understanding of "the place where history comes alive".

Have you noticed Anthony comes from Florence? In the previous lesson, we've learnt it is a city where history comes alive. Then what about Xi'an? Now I'd like you to compare their similarities and try to conclude the characteristics of such a place.

My understanding:

The place where history comes alive is the one that _____

	Florence	Xi'an
Status		
Main Features		

II. Language focus:

Ask students to read the passages of Xi'an and Florence again and work in pairs to identify phrases used to express admiration for a city and report to the class.

1. Show and explain some examples in the mind map and ask students to brainstorm the expressions when they want to show admiration to a place.

2. Divide the class into several groups (4 in one group) to finish the following tasks:

• read either of the passage again and discuss what aspects have been introduced.

- read and pick out the expressions showing the writer's favor and admiration in the passage.
- finish the mind map together.
- choose one member to report the group's findings orally.

Students may begin with:

In the passage, Xi'an is introduced in the following aspects including.... From the passage, we can feel the writer loves and admires this place. What impresses me a lot is the expression,... /... is my favoriate sentence, as.... / When I read the phrase,..., I can't help...

让学生阅读后讨论,然后口头分享

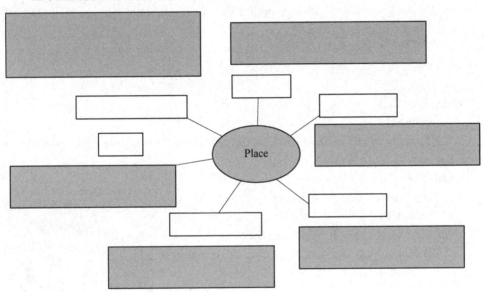

III. Writing

Ask students to work in groups and write a place in China with the expressions they have learnt.

The place _____ in China I want to recommend

Group work:
- Select a city to introduce.
- Brainstorm aspects of the place (such as history, location, status, food, cultural events, places to see, geography, etc.).
- Choose one or two aspects and describe them by using proper expressions.

IV. Homework

Polish the writing: (The place) _____ in China I want to recommend.

Part Two 【Read and Speak】

Lesson Type: Read and Speak（文本来自本土文化补充材料）
Grade: Senior One
Learning Objectives:
By the end of the period, students should be able to:
1. Acquire basic information about Luoyang through a quiz.
2. Learn about the current challenges and issues Luoyang faces by reading a related article.
3. Conduct an oral survey in pairs on how to revive Luoyang, using situational context and guided expressions.
4. Develop a sense of responsibility towards preserving and protecting ancient cities, as well as Chinese traditions and culture.

Teaching Procedure

I. Pre-task

Ask students to fill in the blanks of the quiz about information of Luoyang to be familiar with the ancient city.

Quiz: What do you know about Luoyang?

Identity Card of the City Luoyang

1. located in _____, and seated on the north bank of the Luo River. (**Henan Province**)
2. the capital city for the longest period in China's history, the most dynasties and the earliest time (_____ emperors of _____ dynasties set their capitals in Luoyang during China's history. (**105, 13**)
3. known as the "_____," and the best time to visit it is in late spring when the flowers are in full bloom. (**city of peonies**)
4. home to the UNESCO-certified _____. Longmen is home to an incredible collection of tens of thousands of Buddhas carved into the limestone cliffs over the Li River; (**Longmen Grottoes**)
5. home to the first-ever Buddhist temple, _____, which is considered by many as the cradle of Chinese Buddhism. (**White Horse Temple**)
6. home to _____ heritage sites, which were listed as UNESCO World Heritage Sites in 2014. (**two Grand Canal**)
7. home to the site of the ancient capital city of the Han and Wei dynasties, which is the eastern starting point of _____ to Europe; (**the Silk Road**)

8. the _____ of Shaolin Kung Fu. Shaolin Temple originated in Luoyang and Luoyang witnessed its glory throughout history. (**birthplace**)

9. Three of _____ were created in Luoyang. Gunpowder, printing, and papermaking were all invented there, which have had a significant influence on Chinese culture. (**the four great Chinese inventions**)

10. _____ is the most representative food in Luoyang. It contains 24 dishes. Most of the dishes are cooked in soup. It is a traditional food that you can only taste in Luoyang. (**A Water Banquet**)

II. Pre-Speaking

Ask students to read the material and learn the challenges Luoyang is currently facing. Ask and discuss

1. What challenges is Luoyang currently facing?

2. Why is Luoyang referred to as a "forgotten city"?

3. Do you think it necessary to revive the city? Why?

III. While-speaking

1. Group work—brainstorming: What are your suggestions for reviving Luoyang? Organize students into groups of four to share ideas within their group.

Instruct them to read the content guide and choose one problem to discuss potential solutions.

One student in each group should note down the suggestions put forward in the group.

2. Role-play Presentation: Invite one group to present their suggestions through role-play.

The teacher will act as the interviewer, and a group representative will be the interviewee.

The rest of the class should observe the interview and note down the questions asked and the suggestions proposed.

3. Interview Expressions: Demonstrate common expressions used in interviews.

Interviewer:

❖ Nice to see you. I am ... from ... Thank you for accepting my interview.

❖ Speaking of ..., what do you think of ...?

❖ Have you been to ...?

❖ What's your impression of ...

❖ What's your suggestion of ...?

❖ What do you advise the government to do in terms of ...?

❖ Why do you think ... is beneficial?

❖ What's your impression of this city?

❖ How much do you know about Luoyang?

❖ What do you think we can do to bring glory back to Luoyang?

...

Interviewee:

❖ I am ...

❖ I have been to ... and ... really impresses me.

❖ Personally, Luoyang is a city ...

❖ Luoyang is a city that ...

❖ I suggest ...

❖ I hope ...

❖ It is beneficial to the city if ...

...

4. Conduct an interview in the class.

Students should interview peers in different groups and note down the names of interviewee and their suggestions.

5. Presentation of Interviews.

Invite some students to present their interviews to the class.

6. Feedback session.

Invite the rest of the students to make comments on the interview.

Comments on the interview

Group	Members (names)	Comments															Information (what you've learnt in it)
		Content					Language					Coherence				Total	
		1	2	3	4	5	1	2	3	4	5	1	2	3	4	5	
1																		
2																		

IV. Homework:

Assign students to write a letter to relevant departments with suggestions on how to revive Luoyang.

Part Three

Lesson Type: Supplementary Reading（文本来自本土文化补充材料）

Grade: Senior One

Learning Objectives:

By the end of the period, students should be able to:

1. understand the content of the discourse and learn the facts of the Dongba pictographs by reading the passage.

2. understand the history and importance of protecting Dongba pictographs by reading and discussion.

3. recognize the necessity of protecting the endangered culture of the Naxi and develop an awareness of inheriting and protecting the traditional culture in the world.

Teaching Procedure

Pre-reading

1. Display the pictures of Dongba pictographs and invite students to guess their meaning.

2. Show the picture of shop fronts in Lijiang adorned with Dongba pictographs and ask students to discuss why these pictographs are used on the shop fronts.

Have you noticed the symbols printed on the shop fronts?

What do they mean?

3. Paraphase the word "pictograph".

While-reading

1. Ask students to read and judge whether the statements are true or false to get the facts of Dongba pictographs.

1) Dongba pictographs originated among the Naxi, a local ethnic group, is widely used by the local people. (F, It was almost defunct until about a decade ago.)

2) The characters in Dongba are mainly pictographic. (T)

3) The pictographs were used to pray for divine favours and recall the chants by shamans just like what the ancient Egyptians did. [F, Ancient Egyptians used as rebuses (ie, for their sounds alone) to form new words.]

4) The religious records in Dongba pictographs were of great value in that they provide rich information about Naxi people's thought about warfare, geography, astronomy and agriculture. (T)

5) One of Dongba priests ran a school to teach children Dongba pictographs to record their religious chant. (F, for fear that the children forget pictographs with the influence of China's dominant Han pop culture.)

6) The Dongba script is taught in school in order to keep alive the pictographs as well as to let children grasp "the very spirit of their own culture". (T)

2. Ask students to read and discuss

1) What measures are officials in Yunnan Province taking to protect Dongba pictographs?

2) Why are Dongba pictographs taught in primary schools in Lijiang?

3. Ask students to read the note to know about the UNESCO's Memory of the

World Programme and the Chinese projects which are on the list.

4. Ask students to discuss in pairs the following questions:

What do you think of the practices of printing pictographs beneath the Chinese characters on road signs and shop fronts? Is it fashionable or out-of-date?

Mini-project

1. Ask students to read a news report:

Resources: The Xinhua Community Library began a Shanghainese learning program last year with the support of volunteers from East China Normal University. College students were taught 45-minute classes on Shanghainese language, custom and culture twice a week. These classes attracted primary school students and received favorable comments from society. (reported by *That's Shanghai*)

2. Ask students to work in groups to have a discussion:

❖ What is the current situation of Shanghai dialect?
❖ Why is Shanghai dialect endangered?
❖ How can we save it?

3. Show more related online reference to help students have a deep understanding of the importance of saving Shanghai dialect. (www.China.org.cn by Unisumoon July 20, 2005)

❖ More and more parents in Shanghai have found that their children are forgetting how to use Shanghai dialect to express themselves.
❖ Professor Sun Xun of Shanghai Normal University said a dialect is not only a linguistic tool, but is also like a person's "birthmark" and part of their local identity and feeling of belonging.
❖ Professor Zhou Zhenhe, from Fudan University, said dialects carry and preserve local culture.

Homework:

1. Surf the Internet to collect information of the questions about Shanghai dialect discussed in class (What, Why, How).

2. Make a poster.

附录

附录1 《中学英语教材里中华文化内容的重要性及语言能力要求》调查问卷

尊敬的老师：

您好！

为了明确我国中学英语教学中应涵盖的中华文化内容，了解其重要性，准确描述其语言能力要求，我们编写了本调查问卷。问卷的编制借鉴了国际汉语教学中的中华文化项目表，问卷中的文化项目来自对人教版、外研社版初、高中全套共25册教材中的中华文化内容，以及韩国、日本高中英语教材中的本土文化内容的分析。请根据您对中学生英语学习中中华文化学习内容和能力要求的理解填写本问卷，答案无对错之分。本问卷匿名填写，调查结果仅用于学术研究和讨论。非常感谢您的支持与参与！

"中学英语教学中华文化内容大纲的研制"课题组

若您为中学英语教师，请填写以下信息（在合适的选项上打√）。
1. 教龄：_____　　　　　　　　　　2. 性别：_____
3. 学历：1) 本科　2) 硕士　3) 博士　　4. 执教年级：1) 初中　2) 高中

若您为教材编写者，请填写以下信息（在合适的选项上打√）。
1. 性别：_____
2. 学历：1) 本科　2) 硕士　3) 博士
3. 参与教材编写的数量：_____
4. 参与哪个学段教材的编写：1) 初中　2) 高中
　　　　　　　　　　　　　3) 初中和高中[请选择您最熟悉的学段：1) 初中　2) 高中；后续填写时则判断该学段学生应该达到的最高语言能力要求。]
5. 是否有中学教学经验：1) 否
　　　　　　　　　　　2) 是[执教学段：1) 初中　2) 高中；　您的教龄：_____]

相关内容说明：
本问卷将英语教材中的中华文化内容分为中华文化产物、中华文化实践、中华文化观念、中

华文化社群、中华文化人物、中华文化信息六类(具体定义如下);将中华文化内容的语言能力要求分为知道、理解、描述、阐释、反应五类(具体定义如下)。

中华文化内容类型的定义:

中华文化产物:指由人所创造的提供社会的产物,既包括有形的产物(如工具、衣物、建筑等),也包括无形的产物(如音乐、政治、语言、制度等)。

中华文化实践:指文化成员的日常行为和互动,包括语言和非语言的行为和交流,以及和产物使用相关的行为。如春节习俗、打太极拳等。

中华文化观念:指隐藏在文化产物背后、指导文化实践的信仰、价值和态度,可以是显性的,也可以是隐性的。如长寿面代表长寿、儒家思想等。

中华文化社群:指进行文化实践的特定群体,包括国家、民族等广义的社群,也包含运动队、诗人群体等狭义的社群。如少数民族、中国大学生等。

中华文化人物:指能够代表某方面中国文化的个体成员。如袁隆平、孔子等。

中华文化信息:指历史事件以及动植物、地理、人口等并非完全经由人所创造和操作而存在或产生的中国文化内容。如长江、汶川地震等。

语言能力要求的定义:

知道:学生接触、认识中华文化内容,能够识记文化内容。

理解:学生初步领会中华文化内容,能够理解文化内容的大意。

描述:学生以书面或口头的形式用英语描述中华文化内容,回答相关文化的事实性问题。

阐释:学生用英语对中华文化内容进行解释,包含比较与对比、得出结论、作出预测、讨论可能性等。

反应:学生结合自身用英语对中华文化内容进行评估,表达相关情感、观点,开展相关研究等。

填写说明:

以下问卷左侧为中华文化内容的具体项目,括号中的内容是人教版和外研社版初、高中教材内涉及该文化内容的所有教材实例(含少量受日本和韩国教材启发补充的本土文化项目)。

请您阅读这些项目以及教材实例,根据您的理解判断:

(1) 该文化内容项目的重要性,重要性由低到高分为3级;

(2) 该文化内容在中学英语教材的核心语篇中应达到的最高语言能力要求。若您为中学英语教师,请选择您所执教学段学生应该达到的最高语言能力要求。

请您在合适的数字位置上打√。例如:

中华文化产物	重要性 低↔高			最高语言能力要求				
	1	2	3	知道	理解	描述	阐释	反应
国家战略(改革开放,"一带一路",构建人类命运共同体)	√			√				

该题勾出了"1"和"知道",表示认为该文化内容的重要性较低,为"1",同时该文化内容需要达到的最高语言能力要求为"知道"。

如果您对个别文化内容项目或是教材实例有增减或修改的建议,请一并批注在侧。

如果您对本研究还有其他建议,请在问卷最后一页空白处填写。

中华文化产物内容的重要性及语言能力要求

中华文化产物		重要性 低↔高			最高语言能力要求				
		1	2	3	知道	理解	描述	阐释	反应
国家战略(改革开放,"一带一路",构建人类命运共同体)									
货币[交子(中国最早的纸币),中国古代钱币]									
法律(日本教材:未满十六周岁不能开车)									
教育	教育制度(学制,高考)								
	教育机构(孔子学院,西南联大)								
大众传媒(CCTV)									
体育赛事(北京马拉松赛,张家口滑雪比赛,北京奥运会,北京残奥会)									
科技	工业技术(日本教材:新干线列车降噪设计)								
	农业技术(龙脊梯田)								

续 表

中华文化产物		重要性 低↔高			最高语言能力要求				
		1	2	3	知道	理解	描述	阐释	反应
科技	航天航海(神舟九号载人飞船,中国太空探索历程,中国火星探索计划,中国海洋探索进程)								
	IT技术(3D版清明上河图)								
	天文历法(天眼,二十四节气)								
	古代发明(印刷术,造纸术,指南针,火药)								
	水利科技(都江堰,三峡大坝)								
	医疗科技(中医中药)								
艺术	书法篆刻(书法,刻章)								
	乐曲及乐器(琵琶,苗族芦笙,电影少林寺插曲《牧羊曲》,《梁祝》,《二泉映月》)								
	舞蹈(孔雀舞)								
	绘画(齐白石《虾》,唐寅《柴门掩雪图》,徐悲鸿《奔马图》,国画,张择端《清明上河图》,丰子恺《战场之春》,敦煌壁画)								
	雕塑雕刻(兵马俑,唐代青铜器,唐代佛像雕塑)								
	工艺品(剪纸,面粉捏人,风筝,刺绣,瓷器,天灯,泥塑娃娃)								
	曲艺(京剧,京胡,昆曲,相声表演)								
	影视作品及节目(《家有儿女》《美猴王:大圣归来》《少林寺》,水墨动画片,春节联欢晚会,中国达人秀)								
文学	诗词曲(唐诗,宋词,辛弃疾《青玉案·元夕》,山水诗,王建《望夫石》)								
	小说(《西游记》《三体》《茶馆》《神雕侠侣》《红楼梦》《骆驼祥子》《京华烟云》)								

续 表

中华文化产物		重要性 低↔高			最高语言能力要求				
		1	2	3	知道	理解	描述	阐释	反应
文学	神话传说及故事(精卫填海,女娲补天,后羿射日,天狗吃月亮,蜃气,嫦娥奔月,精卫填海,愚公移山)								
	童话成语故事(庖丁解牛)								
	格言警句(老子的"千里之行,始于足下")								
	古代典籍(《论语》《史记》《茶经》《易经》《孙子兵法》)								
	其他文学作品(《曹雪芹传记》,杜环《经行记》)								
语言文字	汉字与中文(汉字的演变,甲骨文,中文,英文标点符号和中文不同)								
	少数民族语言(日本教材:阿伊努语)								
	特殊人群语言(韩国教材:韩国盲文)								
服饰	传统服饰(韩国教材:韩服)								
饮食	日常食物(米饭,面条,汤圆,水饺,肉丸子,点心)								
	菜系及地方风味(四川火锅,北京烤鸭,饺子,宫保鸡丁,麻婆豆腐,云南米线,川菜,东北菜,新疆菜,广式点心,河南烩面,湘菜,臭豆腐,大闸蟹)								
	茶(茶,绿茶,乌龙茶)								
	就餐用具(筷子)								
	节庆食物(月饼,粽子)								
交通	交通工具(共享单车)								
	交通基础设施(中国高铁系统,青藏铁路,中国318国道)								

续 表

中华文化产物		重要性 低↔高			最高语言能力要求				
		1	2	3	知道	理解	描述	阐释	反应
节日基本信息	传统节日(春节,重阳节,端午节,中秋节,元宵节)								
	非传统节日(国庆节,劳动节,哈尔滨国际冰雪节,潍坊国际风筝节,中华慈善日)								
	少数民族节日(傣族泼水节)								
日常安全	紧急号码(119,120)								
建筑	古代建筑(故宫,天安门,圆明园,颐和园,承德避暑山庄,苏州留园,岱庙,天坛,长城,西安城墙,敦煌莫高窟,丽江古城,北海公园,曲阜"三孔",平遥古城,德和园大戏楼,北京胡同)								
	近现代建筑(鸟巢,贵州省少数民族村寨,北京动物园,上海金茂大厦,上海东方明珠塔,珠海长隆海洋公园,中国茶叶博物馆,山西离石博物馆,北京798艺术区,贵州肇兴侗寨,旧金山中国城,加拿大中国城,北京奥林匹克公园,老舍茶馆)								

中华文化实践内容的重要性及语言能力要求

中华文化实践		重要性 低↔高			最高语言能力要求				
		1	2	3	知道	理解	描述	阐释	反应
体育运动(打太极拳,中国功夫,蹴鞠,下象棋,五禽戏,武术,越来越多的中国人参加马拉松)									
社交礼仪与习惯	称谓(中国姓和名的顺序)								
	送礼收礼(中国人当面不拆礼物并且双手接礼物)								

续 表

中华文化实践		重要性 低↔高			最高语言能力要求				
		1	2	3	知道	理解	描述	阐释	反应
社交礼仪与习惯	就餐(中国餐桌礼仪与习惯)								
	非语言交际(中国人见面握手点头,中国女孩走路时常手挽手,中国人见面微笑)								
节日习俗	传统节日习俗(春节习俗,中秋节习俗,元宵节习俗,端午节习俗,制作腊八粥)								
	少数民族节日习俗(壮族歌节,内蒙古那达慕大会)								
	外来节日习俗(母亲节)								
人生庆典	满月(满月宴)								
	生日(过生日吃长寿面)								
	成人礼(古代中国成人礼)								
购物消费	付款方式(移动支付)								
环境与动物保护	环境保护(垃圾分类举措,保护三江源自然保护区,中国采取许多措施应对气候变化,创建绿色学校,颁布水十条,保护太湖,光盘行动,实行河长制,保护黄山迎客松,维护云台山红石峡环境,保护神农架林区,减少漓江水污染,保护泰山,"绿水青山就是金山银山")								
	动物保护(保护藏羚羊,保护华南虎,保护大熊猫,保护白暨豚)								
文化遗产保护(保护莫高窟,保护长城)									
自然灾害救援(汶川地震救援及重建,唐山地震救援及重建)									

续 表

中华文化实践	重要性 低↔高			最高语言能力要求				
	1	2	3	知道	理解	描述	阐释	反应
社会服务与国际救助(中国志愿者在多领域提供服务,中国救援队援助尼泊尔,中国参加联合国维和行动)								
文化间相互影响(母亲节和父亲节在中国越来越受欢迎,美国许多产品为中国制造)								

中华文化观念内容的重要性及语言能力要求

中华文化观念		重要性 低↔高			最高语言能力要求				
		1	2	3	知道	理解	描述	阐释	反应
象征意义	颜色(红色在中国有喜庆、吉祥等寓意)								
	动植物(丹顶鹤代表长寿和好运)								
	食物(长寿面代表长寿,月饼背后的观念,红鸡蛋背后的观念)								
	节日(春节背后的团圆观念)								
哲学思想	儒家[孔子的"有朋自远方来,不亦乐乎","仁",儒学基本信息,孔子的教育与学习观念("学而不思则罔"),"慎独"]								
	道家(老子的"善为士者,不武;善战者,不怒;善胜敌者,不与")								
	兵家(孙子的"不战而屈人之兵,善之善者也")								
时代精神(女排精神,汶川地震所体现的自强不息的精神)									
家庭观念(中国成年子女和父母同住以便赡养父母)									

中华文化社群内容的重要性及语言能力要求

中华文化社群	重要性 低↔高			最高语言能力要求				
	1	2	3	知道	理解	描述	阐释	反应
民族社群(蒙古族,壮族,苗族,侗族,傣族,瑶族)								
年龄社群(中国大学生)								
其他社群[中国国际救援队(CISAR),中国红军,宋朝诗人,CBA女排运动员,农民工]								

中华文化人物内容的重要性及语言能力要求

中华文化人物		重要性 低↔高			最高语言能力要求				
		1	2	3	知道	理解	描述	阐释	反应
杰出人物	体育领域杰出人物(郎平,邓亚萍,陈中,张怡宁,李跃,许海峰)								
	教育领域杰出人物(孔子)								
	医药医学领域杰出人物(华佗,屠呦呦,林巧稚)								
	科技领域杰出人物(刘洋,郭守敬,杨利伟,钱学森,于敏,邓稼先,钟扬)								
	艺术领域杰出人物(齐白石,刘伟,梅兰芳,吴冠中,张大千,柳公权,唐寅,杨小楼,谭鑫培,徐悲鸿,冼星海,阿炳,丰子恺,韩干)								
	文学与历史领域杰出人物(白居易,鲁迅,莫言,司马迁,钱钟书,杜甫,老舍,苏轼,林语堂,陶渊明)								
	领导人(古代皇帝乾隆,近现代领导人孙中山,毛泽东)								
	中外交流领域杰出人物(郑和,张骞,甘英,玄奘,鉴真)								

续 表

中华文化人物		重要性 低↔高			最高语言能力要求				
		1	2	3	知道	理解	描述	阐释	反应
	其他领域杰出人物[陈景润,白方礼,郦道元,徐霞客,马旭(中国首位女空降兵),杨靖宇(抗日民族英雄),王津(钟表修复师),袁隆平,贾思勰]								
历史虚构人物	神话传说中的人物(嫦娥,神农)								
	文学作品中的人物(孙悟空,花木兰)								

中华文化信息内容的重要性及语言能力要求

中华文化信息		重要性 低↔高			最高语言能力要求				
		1	2	3	知道	理解	描述	阐释	反应
地理	地理概况(中国地图,中国地理概况)								
	区域城市介绍(北京,乌镇,云南省,张家界,阳朔,吐鲁番,上海,中国香港,大连,哈尔滨,西安,天津,南京,成都,重庆,桂林,三亚,深圳,神农架林区)								
	自然景观及保护区(天山,丽江自然景点,贵州省黄果树瀑布,东北虎豹国家公园,泰山,西溪国家湿地公园,张掖丹霞地质公园,武陵源景区,黄山,珠穆朗玛峰,三江源自然保护区,黄果树国家公园,长江,卧龙大熊猫自然保护区,太子山,洞庭湖,桂林漓江,庐山国家公园,黄河,喜马拉雅山脉,梵净山,黄龙风景名胜区,九寨沟,喀斯特地貌,敦煌鸣沙山,神农架林区)								
人口(中国人口概况)									
动植物(藏羚羊,熊猫,牦牛)									

续 表

中华文化信息		重要性 低↔高			最高语言能力要求				
		1	2	3	知道	理解	描述	阐释	反应
历史	历史概况(中国历史概况)								
	历史事件(长征,重庆大轰炸)								
	中外交流史(丝绸之路)								
	考古发现(三星堆文明,商朝在甲骨上记录和预测天气)								
自然灾害(汶川地震,唐山地震)									

如果您对本研究还有其他建议,请在此填写:
_____
_____

感谢您的支持!

附录2　中学英语教材中华文化内容大纲

中华文化产物

1　国家战略:"一带一路"倡议;改革开放;构建人类命运共同体

2　货币:中国古代钱币;交子(中国最早的纸币)

3　法律:(日本教材)未满十六周岁不能开车

4　教育

  4.1　教育制度:学制;高考

  4.2　教育机构:西南联大;孔子学院

5　大众传媒:CCTV

6　体育赛事:北京马拉松赛;张家口滑雪比赛;北京奥运会;北京残奥会

7　科技

  7.1　工业技术:列车降噪设计

  7.2　农业技术:龙脊梯田

  7.3　航天航海:神舟九号载人飞船;中国太空探索历程;中国火星探索计划;中国海洋探索进程

  7.4　IT技术:3D版清明上河图

  7.5　天文历法:天眼;24节气

  7.6　古代四大发明:造纸术;印刷术;指南针;火药

  7.7　水利科技:都江堰;三峡大坝

  7.8　医疗科技:中医中药

8　艺术

  8.1　书法篆刻:书法;刻章

  8.2　乐曲及乐器:琵琶;《梁祝》;苗族芦笙;《二泉映月》;电影少林寺插曲《牧羊曲》

  8.3　舞蹈:孔雀舞

  8.4　绘画:齐白石《虾》;唐寅《柴门掩雪图》;徐悲鸿《奔马图》;国画;张择端《清明上河图》;丰子恺《战场之春》;敦煌壁画

  8.5　雕塑雕刻:兵马俑;唐代佛像雕塑;商代青铜器

- 8.6 工艺品:风筝;剪纸;刺绣;面粉捏人;瓷器;天灯;泥塑娃娃
- 8.7 曲艺:昆曲;京剧;相声表演;京胡
- 8.8 影视作品及节目:《家有儿女》《美猴王:大圣归来》《少林寺》;水墨动画片;春节联欢晚会;中国达人秀

9 文学

- 9.1 诗词曲:唐诗;宋词;山水诗;辛弃疾《青玉案·元夕》;王建《望夫石》
- 9.2 小说:《西游记》《三体》《京华烟云》《茶馆》《神雕侠侣》《红楼梦》《骆驼祥子》
- 9.3 神话传说及故事:精卫填海;后羿射日;愚公移山;女娲补天;天狗吃月亮;蜃气;嫦娥奔月;精卫填海
- 9.4 成语故事:庖丁解牛
- 9.5 格言警句:老子的"千里之行,始于足下"
- 9.6 古代典籍:《论语》《孙子兵法》《史记》《茶经》《易经》
- 9.7 其他文学作品:《曹雪芹传记》;杜环《经行记》

10 语言文字

- 10.1 汉字与中文:汉字的演变;甲骨文;中文;英文标点符号和中文不同
- 10.2 少数民族语言
- 10.3 特殊人群语言:盲文

11 服饰

- 11.1 传统服饰

12 饮食

- 12.1 日常食物:点心;肉丸子;米饭;面条;汤圆;水饺
- 12.2 菜系及地方风味:四川火锅;北京烤鸭;臭豆腐;麻婆豆腐;饺子;宫保鸡丁;云南米线;川菜;东北菜;新疆菜;广式点心;河南烩面;湘菜;大闸蟹
- 12.3 茶;乌龙茶;绿茶;茶
- 12.4 就餐用具:筷子
- 12.5 节庆食物:月饼;粽子

13 交通

13.1 交通工具:共享单车

13.2 交通基础设施:青藏铁路;中国高铁系统;中国 318 国道

14 节日基本信息

14.1 传统节日:春节;重阳节;元宵节;端午节;中秋节

14.2 非传统节日:哈尔滨国际冰雪节;潍坊国际风筝节;五一劳动节;国庆节;中华慈善日

14.3 少数民族节日:傣族泼水节

15 日常安全

15.1 紧急号码:120;119

16 建筑

16.1 古代建筑:故宫;天安门;曲阜"三孔";敦煌莫高窟;长城;圆明园;颐和园;承德避暑山庄;苏州留园;岱庙;丽江古城;天坛;西安城墙;北海公园;平遥古城;德和园大戏楼;北京胡同

16.2 近现代建筑:贵州肇兴侗寨;旧金山中国城;北京奥林匹克公园;鸟巢;上海金茂大厦;贵州省少数民族村寨;北京动物园;上海东方明珠塔;珠海长隆海洋公园;中国茶叶博物馆;山西离石博物馆;798 艺术区;加拿大中国城;老舍茶馆

中华文化实践

1 体育运动:下象棋;打太极拳;武术;蹴鞠;五禽戏;中国功夫;越来越多的中国人参加马拉松

2 社交礼仪与习惯

2.1 称谓:中国姓和名的顺序

2.2 送礼收礼:中国人当面不拆礼物并且双手接礼物

2.3 就餐:中国餐桌礼仪与习惯

2.4 非语言交际:中国人见面握手点头;中国人见面微笑;中国女孩走路时常手挽手

3 节日习俗

3.1 传统节日习俗:元宵节习俗;中秋节习俗;春节习俗;端午节习俗;制作

　　　　　腊八粥

　　3.2　少数民族节日习俗:内蒙古那达慕大会;壮族歌节

　　3.3　外来节日习俗:母亲节

4　人生庆典

　　4.1　满月:满月宴

　　4.2　生日:过生日吃长寿面

　　4.3　成人礼:古代中国成人礼

5　购物消费

　　5.1　付款方式:移动支付

6　环境与动物保护

　　6.1　环境保护:垃圾分类举措;保护三江源自然保护区;中国采取许多措施应对气候变化;创建绿色学校;颁布"水十条";保护太湖;光盘行动;实行河长制;保护黄山迎客松;维护云台山红石峡环境;保护神农架林区;减少漓江水污染;保护泰山;"绿水青山就是金山银山"

　　6.2　动物保护:保护藏羚羊;保护白暨豚;保护大熊猫;保护华南虎;中国保护野生动物

7　文化遗产保护:保护莫高窟;保护长城

8　自然灾害救援:汶川地震救援及重建;唐山大地震救援及重建

9　社会服务与国际救助:中国志愿者在多领域提供服务;中国救援队援助尼泊尔;中国参加联合国维和行动

10　文化间相互影响:母亲节和父亲节在中国越来越受欢迎;美国许多产品为中国制造

中华文化观念

1　象征意义

　　1.1　颜色:红色在中国有喜庆、吉祥等寓意

　　1.2　动植物:丹顶鹤代表长寿和好运

　　1.3　食物:长寿面代表长寿;月饼背后的观念;红鸡蛋背后的观念

　　1.4　节日:春节背后的团圆观念

2 哲学思想

    2.1 儒家:孔子的"有朋自远方来,不亦乐乎";"仁";儒学基本信息;孔子的教育与学习观念("学而不思则罔");"慎独"

    2.2 道家:老子的"善为士者,不武;善战者,不怒;善胜敌者,不与"

    2.3 兵家:孙子的"不战而屈人之兵,善之善者也"

3 时代精神:汶川地震所体现的自强不息的精神;女排精神

4 家庭观念:中国人成年子女和父母同住以便赡养父母

中华文化社群

1 民族社群:蒙古族;壮族;侗族;傣族;瑶族;苗族

2 年龄社群:中国大学生

3 其他社群:中国国际救援队(CISAR);女排运动员;中国红军;建筑设计世家"样式雷";宋朝诗人;CBA;女排运动员;农民工

中华文化人物

1 杰出人物

    1.1 体育领域杰出人物:郎平;邓亚萍;陈中;张怡宁;刘翔;李跃;许海峰

    1.2 教育领域杰出人物:孔子

    1.3 医药医学领域杰出人物:林巧稚;屠呦呦;钟南山;华佗

    1.4 科技领域杰出人物:杨利伟;邓稼先;钱学森;于敏;刘洋;郭守敬;钟扬

    1.5 艺术领域杰出人物:吴冠中;张大千;柳公权;杨丽萍;齐白石;刘伟;梅兰芳;唐寅;杨小楼;谭鑫培;成龙;徐悲鸿;冼星海;阿炳;丰子恺;韩干

    1.6 文学与历史领域杰出人物:鲁迅;白居易;司马迁;苏轼;莫言;钱钟书;杜甫;老舍;林语堂;陶渊明

    1.7 领导人:古代皇帝乾隆皇帝;近现代领导人孙中山、毛泽东

    1.8 中外交流领域杰出人物:郑和;甘英;玄奘;张骞;鉴真

    1.9 其他领域杰出人物:王津(钟表修复师);陈景润;郦道元;白方礼;袁隆平;贾思勰;徐霞客;马旭(中国首位女空降兵);杨靖宇(抗日民族英雄)

2 历史虚构人物

  2.1 神话传说人物:嫦娥;神农

  2.2 文学作品中人物:孙悟空;花木兰

中华文化信息

1 地理

  1.1 地理概况:中国地图;中国地理概况

  1.2 区域城市介绍:北京;乌镇;云南省;张家界;阳朔;吐鲁番;上海;中国香港;大连;哈尔滨;西安;天津;南京;成都;重庆;桂林;三亚;深圳

  1.3 自然景观及保护区:天山;丽江自然景点;贵州省黄果树瀑布;东北虎豹国家公园;泰山;西溪国家湿地公园;张掖丹霞地质公园;武陵源景区;黄山;珠穆朗玛峰;三江源自然保护区;黄果树国家公园;长江;卧龙大熊猫自然保护区;太子山;洞庭湖;桂林漓江;庐山国家公园;黄河;喜马拉雅山脉;梵净山;黄龙风景名胜区;九寨沟;喀斯特地貌;敦煌鸣沙山;神农架林区

2 人口:中国人口概况

3 动植物:藏羚羊;熊猫;牦牛

4 历史

  4.1 历史概况:中国历史概况

  4.2 历史事件:长征;重庆大轰炸

  4.3 中外交流史:丝绸之路

  4.4 考古发现:三星堆文明;商朝在甲骨上记录和预测天气

5 自然灾害:汶川地震;唐山地震

附录3 大纲里中华文化项目的重要性和语言能力要求情况表

一、重要程度归类情况

以下将大纲中每个文化内容类型的二、三级项目分别按照重要程度归类。每个类别中的项目按照重要性均值由低到高依次列出。

中华文化产物

重要程度	二级项目	三级项目
重要性低	货币	货币 语言文字—特殊人群语言
重要性中等	服饰 语言文字 艺术 教育 科技 大众传媒 法律 节日基本信息 文学 交通 建筑 体育赛事 饮食	语言文字—少数民族语言 节日基本信息—少数民族节日 教育—教育机构 文学—其他文学作品 艺术—舞蹈 科技—农业技术 科技—水利科技 艺术—影视作品及节目 服饰—传统服饰 科技—天文历法 艺术—乐曲及乐器 节日基本信息—非传统节日 科技—工业技术 科技—IT技术 文学—成语故事 艺术—书法篆刻 艺术—绘画 艺术—雕塑雕刻 艺术—曲艺 艺术—工艺品 法律

续表

重要程度	二级项目	三级项目
重要性高	国家战略 日常安全	大众传媒 文学—神话传说及故事 饮食—菜系及地方风味 交通—交通基础设施 建筑—近现代建筑 文学—小说 文学—诗词曲 饮食—茶 体育赛事 科技—古代四大发明 科技—医疗科技 教育—教育制度 科技—航天航海 文学—古代典籍 饮食—就餐用具 交通—交通工具 建筑—古代建筑 饮食—日常食物 文学—格言警句 国家战略 日常安全—紧急号码 语言文字—汉字与中文 饮食—节庆食物 节日基本信息—传统节日

中华文化实践

重要程度	二级项目	三级项目
重要性中等	节日习俗 人生庆典 体育运动 社会服务与国际救助 自然灾害救援	节日习俗—少数民族节日习俗 节日习俗—外来节日习俗 人生庆典—满月 人生庆典—成人礼 体育运动 社会服务与国际救助

续 表

重要程度	二级项目	三级项目
		社交礼仪与习惯—非语言交际
		自然灾害救援
重要性高	社交礼仪与习惯 购物消费 环境与动物保护 文化间相互影响 文化遗产保护	社交礼仪与习惯—送礼收礼 人生庆典—生日 购物消费—付款方式 社交礼仪与习惯—就餐 环境与动物保护—环境保护 文化间相互影响 环境与动物保护—动物保护 社交礼仪与习惯—称谓 文化遗产保护 节日习俗—传统节日习俗

中华文化观念

重要程度	二级项目	三级项目
重要性中等	无	象征意义—动植物 哲学思想—兵家
重要性高	哲学思想 象征意义 家庭观念 时代精神	哲学思想—道家 象征意义—颜色 象征意义—食物 哲学思想—儒家 家庭观念 时代精神 象征意义—节日

中华文化社群

重要程度	二级项目
重要性中等	其他社群 年龄社群 民族社群

中华文化人物

重要程度	二级项目	三级项目
重要性中等	历史虚构人物	杰出人物—其他领域杰出人物 历史虚构人物—文学作品中人物
重要性高	杰出人物	杰出人物—艺术领域杰出人物 杰出人物—体育领域杰出人物 历史虚构人物—神话传说中人物 杰出人物—中外交流领域杰出人物 杰出人物—医药医学领域杰出人物 杰出人物—文学与历史领域杰出人物 杰出人物—领导人 杰出人物—科技领域杰出人物 杰出人物—教育领域杰出人物

中华文化信息

重要程度	二级项目	三级项目
重要性中等	动植物	动植物 历史—考古发现 地理—自然景观及保护区
重要性高	自然灾害 历史 人口 地理	自然灾害 历史—历史事件 人口 历史—中外交流史 地理—区域城市介绍 历史—历史概况 地理—地理概况

二、最高语言能力要求归类情况

以下将大纲中每个文化内容类型的二、三级项目分别按最高语言能力要求归类。每个最高语言能力要求类别中的项目按照能力要求均值由低到高依次列出。

中华文化产物

最高语言能力要求	二级项目	三级项目
知道	无	语言文字—特殊人群语言
理解	货币 语言文字 服饰 科技	语言文字—少数民族语言 货币 文学—其他文学作品 教育—教育机构 科技—天文历法 科技—农业技术 节日基本信息—少数民族节日 艺术—舞蹈 科技—水利科技 科技—IT技术 服饰—传统服饰 艺术—乐曲及乐器 科技—工业技术 艺术—影视作品及节目
描述	教育 艺术 大众传媒 法律 文学 国家战略 体育赛事 建筑 节日基本信息 交通 饮食	艺术—书法篆刻 大众传媒 文学—诗词曲 法律 艺术—绘画 艺术—雕塑雕刻 科技—医疗科技 艺术—曲艺 科技—古代四大发明 艺术—工艺品 文学—古代典籍 科技—航天航海 国家战略 文学—成语故事 饮食—菜系及地方风味 饮食—茶 交通—交通基础设施 节日基本信息—非传统节日

续 表

最高语言能力要求	二级项目	三级项目
		教育—教育制度 文学—小说 文学—神话传说及故事 建筑—近现代建筑 体育赛事 建筑—古代建筑 语言文字—汉字与中文
阐释	日常安全	饮食—日常食物 交通—交通工具 文学—格言警句 饮食—就餐用具 日常安全—紧急号码 饮食—节庆食物
反应	无	节日基本信息—传统节日

中华文化实践

最高语言能力要求	二级项目	三级项目
理解	无	节日习俗—少数民族节日习俗 人生庆典—满月
描述	节日习俗 人生庆典 体育运动 社会服务与国际救助	节日习俗—外来节日习俗 人生庆典—成人礼 体育运动 社会服务与国际救助
阐释	购物消费 自然灾害救援 社交礼仪与习惯 环境与动物保护 文化间相互影响	社交礼仪与习惯—送礼收礼 社交礼仪与习惯—非语言交际 购物消费—付款方式 人生庆典—生日 自然灾害救援 环境与动物保护—动物保护 社交礼仪与习惯—就餐

续表

最高语言能力要求	二级项目	三级项目
		社交礼仪与习惯—称谓 环境与动物保护—环境保护 文化间相互影响
反应	文化遗产保护	节日习俗—传统节日习俗 文化遗产保护

中华文化观念

最高语言能力要求	二级项目	三级项目
描述	哲学思想	哲学思想—兵家 哲学思想—道家
	象征意义	象征意义—动植物
阐释	象征意义	象征意义—颜色 象征意义—食物
	哲学思想	哲学思想—儒家
反应	时代精神 家庭观念	时代精神 家庭观念
	象征意义	象征意义—节日

中华文化社群

最高语言能力要求	二级项目
理解	其他社群
描述	民族社群 年龄社群

中华文化人物

最高语言能力要求	二级项目	三级项目
描述	无	杰出人物—其他领域杰出人物 杰出人物—艺术领域杰出人物 杰出人物—中外交流领域杰出人物 杰出人物—体育领域杰出人物
阐释	历史虚构人物 杰出人物	历史虚构人物—神话传说中的人物 历史虚构人物—文学作品中的人物 杰出人物—领导人 杰出人物—医药医学领域杰出人物 杰出人物—文学与历史领域杰出人物 杰出人物—科技领域杰出人物 杰出人物—教育领域杰出人物

中华文化信息

最高语言能力要求	二级项目	三级项目
描述	动植物 自然灾害 地理 历史	地理—自然景观及保护区 历史—考古发现 动植物 自然灾害 地理—区域城市介绍 历史—历史事件 地理—地理概况
阐释	人口	历史—历史概况 历史—中外交流史 人口

附录4 不同类别文化项目重要性分布情况（问卷调查结果）

中华文化产物各项目重要性均值排序表

重要性层级	中华文化产物	重要性评价比率			重要性均值
		重要性低	重要性中等	重要性高	
重要性低（2项）	货币	66.7%	33.3%	0	1.33
	语言文字—特殊人群语言	57.1%	33.3%	9.5%	1.52
重要性中等（35项）	语言文字—少数民族语言	52.4%	33.3%	14.3%	1.62
	节日基本信息—少数民族节日	45.8%	45.8%	8.3%	1.62
	教育—教育机构	37.5%	54.2%	8.3%	1.71
	文学—其他文学作品	50.0%	29.2%	20.8%	1.71
	艺术—舞蹈	33.3%	54.2%	12.5%	1.79
	科技—农业技术	33.3%	50.0%	16.7%	1.83
	科技—水利科技	33.3%	41.7%	25.0%	1.92
	艺术—影视作品及节目	33.3%	41.7%	25.0%	1.92
	服饰—传统服饰	29.2%	50.0%	20.8%	1.92
	科技—天文历法	16.7%	70.8%	12.5%	1.96
	艺术—乐曲及乐器	25.0%	54.2%	20.8%	1.96
	节日基本信息—非传统节日	20.8%	58.3%	20.8%	2.00
	科技—工业技术	29.2%	37.5%	33.3%	2.04
	科技—IT技术	20.8%	54.2%	25.0%	2.04
	文学—成语故事	25.0%	45.8%	29.2%	2.04
	艺术—书法篆刻	20.8%	50.0%	29.2%	2.08
	艺术—绘画	8.3%	75.0%	16.7%	2.08
	艺术—雕塑雕刻	12.5%	66.7%	20.8%	2.08
	艺术—曲艺	12.5%	66.7%	20.8%	2.08
	艺术—工艺品	12.5%	62.5%	25.0%	2.13

续　表

重要性层级	中华文化产物	重要性评价比率			重要性均值
		重要性低	重要性中等	重要性高	
重要性中等（35项）	法律	17.4%	47.8%	34.8%	2.17
	大众传媒	17.4%	47.8%	34.8%	2.17
	文学—神话传说及故事	12.5%	58.3%	29.2%	2.17
	饮食—菜系及地方风味	12.5%	58.3%	29.2%	2.17
	交通—交通基础设施	20.8%	37.5%	41.7%	2.21
	建筑—近现代建筑	25.0%	29.2%	45.8%	2.21
	文学—小说	12.5%	50.0%	37.5%	2.25
	文学—诗词曲	12.5%	41.7%	45.8%	2.33
	饮食—茶	8.3%	50.0%	41.7%	2.33
	体育赛事	8.3%	45.8%	45.8%	2.37
	科技—古代四大发明	4.2%	54.2%	41.7%	2.37
	科技—医疗科技	45.8%	45.8%	8.3%	2.38
	教育—教育制度	25.0%	16.7%	58.3%	2.42
	科技—航天航海	0	54.2%	45.8%	2.46
	文学—古代典籍	4.2%	45.8%	50.0%	2.46
重要性高（10项）	饮食—就餐用具	4.2%	41.7%	54.2%	2.5
	交通—交通工具	12.5%	25.0%	62.5%	2.5
	建筑—古代建筑	12.5%	25.0%	62.5%	2.5
	饮食—日常食物	8.3%	25.0%	66.7%	2.58
	文学—格言警句	4.2%	29.2%	66.7%	2.62
	国家战略	4.2%	25.0%	70.8%	2.67
	日常安全—紧急号码	12.5%	4.2%	83.3%	2.71
	语言文字—汉字与中文	0	25.0%	75.0%	2.75
	饮食—节庆食物	0	25.0%	75.0%	2.75
	节日基本信息—传统节日	0	4.2%	95.8%	2.96

中华文化实践各项重要性均值排序表

重要性层级	中华文化实践	重要性评价比率			重要性均值
		重要性低	重要性中等	重要性高	
重要性中等（8项）	节日习俗—少数民族节日习俗	45.8%	41.7%	12.5%	1.67
	节日习俗—外来节日习俗	37.5%	50.0%	12.5%	1.75
	人生庆典—满月	20.8%	58.3%	20.8%	2.00
	人生庆典—成人礼	12.5%	41.7%	45.8%	2.33
	体育运动	4.2%	50.0%	45.8%	2.42
	社会服务与国际救助	16.7%	25.0%	58.3%	2.42
	社交礼仪与习惯—非语言交际	19.0%	19.0%	61.9%	2.43
	自然灾害救援	16.7%	20.8%	62.5%	2.46
重要性高（10项）	社交礼仪与习惯—送礼收礼	9.5%	28.6%	61.9%	2.52
	人生庆典—生日	8.3%	20.8%	70.8%	2.62
	购物消费—付款方式	4.8%	28.6%	66.7%	2.62
	社交礼仪与习惯—就餐	4.2%	25.0%	70.8%	2.67
	环境与动物保护—环境保护	4.2%	25.0%	70.8%	2.67
	文化间相互影响	4.2%	20.8%	75.0%	2.71
	环境与动物保护—动物保护	0	29.2%	70.8%	2.71
	社交礼仪与习惯—称谓	4.2%	16.7%	79.2%	2.75
	文化遗产保护	0	16.7%	83.3%	2.83
	节日习俗—传统节日习俗	0	4.2%	95.8%	2.96

中华文化观念各项重要性均值排序表

重要性层级	中华文化观念	重要性评价比率			重要性均值
		重要性低	重要性中等	重要性高	
重要性中等（2项）	象征意义—动植物	54.2%	8.3%	37.5%	2.29
	哲学思想—兵家	20.8%	16.7%	62.5%	2.42

续　表

重要性层级	中华文化观念	重要性评价比率			重要性均值
		重要性低	重要性中等	重要性高	
重要性高 （7项）	哲学思想—道家	16.7%	16.7%	66.7%	2.50
	象征意义—颜色	12.5%	16.7%	70.8%	2.58
	象征意义—食物	8.3%	16.7%	75.0%	2.67
	哲学思想—儒家	4.2%	16.7%	79.2%	2.75
	家庭观念	4.2%	12.5%	83.3%	2.79
	时代精神	0	17.4%	82.6%	2.83
	象征意义—节日	0	4.2%	95.8%	2.96

中华文化社群各项目重要性均值排序表

重要性层级	中华文化社群	重要性评价比率			重要性均值
		重要性低	重要性中等	重要性高	
重要性中等	其他社群	20.8%	50.0%	29.2%	2.08
	年龄社群	29.2%	25.0%	45.8%	2.17
	民族社群	16.7%	45.8%	37.5%	2.21

中华文化人物各项目重要性均值排序表

重要性层级	中华文化人物	重要性评价比率			重要性均值
		重要性低	重要性中等	重要性高	
重要性中等 （2项）	杰出人物—其他领域杰出人物	4.2%	70.8%	25.0%	2.21
	历史虚构人物—文学作品中的人物	12.5%	33.3%	54.2%	2.42
重要性高 （9项）	杰出人物—艺术领域杰出人物	0	45.8%	54.2%	2.54
	杰出人物—体育领域杰出人物	4.2%	37.5%	58.3%	2.54
	历史虚构人物—神话传说中的人物	12.5%	20.8%	66.7%	2.54

续 表

重要性层级	中华文化人物	重要性评价比率			重要性均值
		重要性低	重要性中等	重要性高	
重要性高（9项）	杰出人物—中外交流领域杰出人物	0	37.5%	62.5%	2.63
	杰出人物—医药医学领域杰出人物	0	25.0%	75.0%	2.75
	杰出人物—文学与历史领域杰出人物	0	20.8%	79.2%	2.79
	杰出人物—领导人	0	20.8%	79.2%	2.79
	杰出人物—科技领域杰出人物	0	16.7%	83.3%	2.83
	杰出人物—教育领域杰出人物	0	8.3%	91.7%	2.92

中华文化信息各项目重要性均值排序表

重要性层级	中华文化信息	重要性评价比率			重要性均值
		重要性低	重要性中等	重要性高	
重要性中等（3项）	动植物	0	56.5%	43.5%	2.43
	历史—考古发现	4.2%	45.8%	50.0%	2.46
	地理—自然景观及保护区	0	54.2%	45.8%	2.46
重要性高（7项）	自然灾害	4.2%	41.7%	54.2%	2.50
	历史—历史事件	4.2%	37.5%	58.3%	2.54
	人口	4.3%	26.1%	69.6%	2.65
	历史—中外交流史	0	29.2%	70.8%	2.71
	地理—区域城市介绍	0	29.2%	70.8%	2.71
	历史—历史概况	4.2%	16.7%	79.2%	2.75
	地理—地理概况	0	12.5%	87.5%	2.88

附录5　教材文本分析的能力要求结果

中华文化产物第二、三级项目最高语言能力要求表

中华文化产物第二、三级项目		最高语言能力要求
国家战略		反应
货币		理解
法律		无
教育	教育制度	理解
	教育机构	反应
大众传媒		知道
体育赛事		知道
科技	工业技术	无
	农业技术	描述
	航天航海	阐释
	IT技术	理解
	天文历法	反应
	古代四大发明	理解
	水利科技	理解
	医疗科技	知道
艺术	书法篆刻	描述
	乐曲及乐器	反应
	舞蹈	反应
	绘画	反应
	雕塑雕刻	理解
	工艺品	反应
	曲艺	反应
	影视作品及节目	反应

续 表

中华文化产物第二、三级项目		最高语言能力要求
文学	诗词曲	理解
	小说	反应
	神话传说及故事	描述
	成语故事	阐释
	格言警句	知道
	古代典籍	反应
	其他文学作品	理解
语言文字	汉字与中文	阐释
	少数民族语言	无
	特殊人群语言	无
服饰	传统服饰	无
饮食	日常食物	反应
	菜系及地方风味	反应
	茶	理解
	就餐用具	理解
	节庆食物	知道
交通	交通工具	知道
	交通基础设施	反应
节日基本信息	传统节日	反应
	非传统节日	阐释
	少数民族节日	知道
日常安全	紧急号码	描述
建筑	古代建筑	反应
	近现代建筑	描述

中华文化实践第二、三级项目最高语言能力要求表

中华文化实践第二、三级项目		最高语言能力要求
体育运动		阐释
社交礼仪与习惯	称谓	知道
	送礼收礼	知道
	就餐	描述
	非语言交际	描述
节日习俗	传统节日习俗	反应
	少数民族节日习俗	反应
	外来节日习俗	无
人生庆典	满月	无
	生日	理解
	成人礼	反应
购物消费	付款方式	描述
环境与动物保护	环境保护	反应
	动物保护	描述
文化遗产保护		反应
自然灾害救援		阐释
社会服务与国际救助		反应
文化间相互影响		反应

中华文化观念第二、三级项目最高语言能力要求表

中华文化观念第二、三级项目		最高语言能力要求
象征意义	颜色	知道
	动植物	理解
	食物	理解
	节日	知道

续　表

中华文化观念第二、三级项目		最高语言能力要求
哲学思想	儒家	反应
	道家	反应
	兵家	反应
时代精神		阐释
家庭观念		知道

中华文化社群第二、三级项目最高语言能力要求表

中华文化社群第二、三级项目	最高语言能力要求
民族社群	描述
年龄社群	阐释
其他社群	理解

中华文化人物第二、三级项目最高语言能力要求表

中华文化人物第二、三级项目		最高语言能力要求
杰出人物	体育领域杰出人物	反应
	教育领域杰出人物	描述
	医药医学领域杰出人物	反应
	科技领域杰出人物	描述
	艺术领域杰出人物	反应
	文学与历史领域杰出人物	反应
	领导人	知道
	中外交流领域杰出人物	理解
	其他领域杰出人物	反应
历史虚构人物	神话传说中的人物	知道
	文学作品中的人物	理解

中华文化信息第二、三级项目最高语言能力要求表

中华文化信息第二、三级项目		最高语言能力要求
地理	地理概况	描述
	区域城市介绍	反应
	自然景观及保护区	反应
人口		描述
动植物		描述
历史	历史概况	描述
	历史事件	理解
	中外交流史	理解
	考古发现	反应
自然灾害		反应

附录6 不同类别文化项目最高语言能力要求分布情况（问卷调查结果）

中华文化产物各项目最高语言能力要求均值表

最高语言能力要求	中华文化产物	最高语言能力要求判断比率					最高语言能力要求均值
		知道	理解	描述	阐释	反应	
知道（1项）	语言文字—特殊人群语言	61.9%	28.6%	4.8%	4.8%	0	1.52
理解（14项）	语言文字—少数民族语言	52.4%	38.1%	4.8%	4.8%	0	1.62
	货币	60.9%	21.7%	8.7%	8.7%	0	1.65
	文学—其他文学作品	47.8%	17.4%	21.7%	8.7%	4.3%	2.04
	教育—教育机构	37.5%	16.7%	41.7%	0.0%	4.2%	2.17
	科技—天文历法	16.7%	45.8%	33.3%	4.2%	0	2.25
	科技—农业技术	37.5%	20.8%	20.8%	16.7%	4.2%	2.29
	节日基本信息—少数民族节日	29.2%	29.2%	29.2%	8.3%	4.2%	2.29
	艺术—舞蹈	20.8%	41.7%	20.8%	16.7%	0	2.33
	科技—水利科技	33.3%	20.8%	29.2%	8.3%	8.3%	2.38
	科技—IT技术	20.8%	29.2%	37.5%	12.5%	0	2.42
	服饰—传统服饰	37.5%	20.8%	20.8%	4.2%	16.7%	2.42
	艺术—乐曲及乐器	16.7%	50.0%	16.7%	4.2%	12.5%	2.46
	科技—工业技术	29.2%	20.8%	25.0%	16.7%	8.3%	2.54
	艺术—影视作品及节目	20.8%	37.5%	16.7%	12.5%	12.5%	2.58
描述（25项）	艺术—书法篆刻	12.5%	29.2%	45.8%	8.3%	4.2%	2.63
	大众传媒	21.7%	34.8%	17.4%	8.7%	17.4%	2.65
	文学—诗词曲	16.7%	37.5%	20.8%	8.3%	16.7%	2.71
	法律	17.4%	43.5%	8.7%	8.7%	21.7%	2.74
	艺术—绘画	12.5%	29.2%	33.3%	20.8%	4.2%	2.75
	艺术—雕塑雕刻	12.5%	37.5%	20.8%	20.8%	8.3%	2.75
	科技—医疗科技	8.3%	33.3%	37.5%	12.5%	8.3%	2.79

续 表

最高语言能力要求	中华文化产物	最高语言能力要求判断比率					最高语言能力要求均值
		知道	理解	描述	阐释	反应	
描述 (25项)	艺术—曲艺	8.3%	41.7%	25.0%	12.5%	12.5%	2.79
	科技—古代四大发明	12.5%	25.0%	37.5%	16.7%	8.3%	2.83
	艺术—工艺品	16.7%	20.8%	41.7%	4.2%	16.7%	2.83
	文学—古代典籍	13.0%	30.4%	26.1%	21.7%	8.7%	2.83
	科技—航天航海	16.7%	16.7%	37.5%	20.8%	8.3%	2.88
	国家战略	8.3%	33.3%	25.0%	20.8%	12.5%	2.96
	文学—成语故事	12.5%	25.0%	33.3%	12.5%	16.7%	2.96
	饮食—菜系及地方风味	12.5%	12.5%	45.8%	25.0%	4.2%	2.96
	饮食—茶	12.5%	16.7%	37.5%	29.2%	4.2%	2.96
	交通—交通基础设施	4.2%	33.3%	37.5%	12.5%	12.5%	2.96
	节日基本信息—非传统节日	16.7%	20.8%	20.8%	33.3%	8.3%	2.96
	教育—教育制度	12.5%	37.5%	8.3%	20.8%	20.8%	3.00
	文学—小说	8.3%	25.0%	41.7%	8.3%	16.7%	3.00
	文学—神话传说及故事	4.2%	33.3%	33.3%	16.7%	12.5%	3.00
	建筑—近现代建筑	16.7%	12.5%	41.7%	8.3%	20.8%	3.04
	体育赛事	8.3%	25.0%	33.3%	12.5%	20.8%	3.13
	建筑—古代建筑	4.2%	8.3%	54.2%	12.5%	20.8%	3.38
	语言文字—汉字与中文	16.7%	4.2%	20.8%	37.5%	20.8%	3.42
阐释 (6项)	饮食—日常食物	8.3%	8.3%	33.3%	16.7%	33.3%	3.58
	交通—交通工具	4.2%	4.2%	45.8%	20.8%	25.0%	3.58
	文学—格言警句	0	17.4%	21.7%	43.5%	17.4%	3.61
	饮食—就餐用具	4.2%	4.2%	37.5%	25.0%	29.2%	3.71
	日常安全—紧急号码	20.8%	0	8.3%	20.8%	50.0%	3.79
	饮食—节庆食物	0	0	29.2%	41.7%	29.2%	4.0
反应 (1项)	节日基本信息—传统节日	4.2%	0	4.2%	33.3%	58.3%	4.42

中华文化实践各项目最高语言能力要求均值表

最高语言能力要求	中华文化实践	最高语言能力要求判断比率					最高语言能力要求均值
		知道	理解	描述	阐释	反应	
理解（2项）	节日习俗—少数民族节日习俗	37.5%	33.3%	16.7%	4.2%	8.3%	2.13
	人生庆典—满月	25.0%	20.8%	37.5%	4.2%	12.5%	2.58
描述（4项）	节日习俗—外来节日习俗	4.2%	41.7%	37.5%	12.5%	4.2%	2.71
	人生庆典—成人礼	8.3%	33.3%	20.8%	8.3%	29.2%	3.17
	体育运动	8.3%	16.7%	37.5%	16.7%	20.8%	3.25
	社会服务与国际救助	0	33.3%	16.7%	25.0%	25.0%	3.42
阐释（10项）	社交礼仪与习惯—送礼收礼	14.3%	9.5%	14.3%	28.6%	33.3%	3.57
	社交礼仪与习惯—非语言交际	19.0%	9.5%	4.8%	23.8%	42.9%	3.62
	购物消费—付款方式	9.5%	4.8%	38.1%	9.5%	38.1%	3.62
	人生庆典—生日	8.3%	16.7%	16.7%	16.7%	41.7%	3.67
	自然灾害救援	0	20.8%	25.0%	20.8%	33.3%	3.67
	环境与动物保护—动物保护	4.2%	8.3%	25.0%	20.8%	41.7%	3.88
	社交礼仪与习惯—就餐	8.3%	8.3%	4.2%	37.5%	41.7%	3.96
	社交礼仪与习惯—称谓	8.3%	0	20.8%	20.8%	50.0%	4.04
	环境与动物保护—环境保护	0	8.7%	13.0%	34.8%	43.5%	4.13
	文化间相互影响	0	8.3%	8.3%	29.2%	54.2%	4.29
反应（2项）	节日习俗—传统节日习俗	0	0	16.7%	29.2%	54.2%	4.37
	文化遗产保护	0	0	12.5%	33.3%	54.2%	4.42

中华文化观念各项目最高语言能力要求均值表

最高语言能力要求	中华文化观念	最高语言能力要求判断比率					最高语言能力要求均值
		知道	理解	描述	阐释	反应	
描述（3项）	哲学思想—兵家	8.3%	29.2%	16.7%	29.2%	16.7%	3.17
	哲学思想—道家	4.2%	33.3%	12.5%	33.3%	16.7%	3.25
	象征意义—动植物	8.3%	16.7%	16.7%	37.5%	20.8%	3.46

续　表

最高语言能力要求	中华文化观念	最高语言能力要求判断比率					最高语言能力要求均值
		知道	理解	描述	阐释	反应	
阐释 （3项）	象征意义—颜色	16.7%	8.3%	12.5%	16.7%	45.8%	3.67
	象征意义—食物	8.3%	8.3%	12.5%	37.5%	33.3%	3.79
	哲学思想—儒家	0	16.7%	20.8%	29.2%	33.3%	3.79
反应 （3项）	时代精神	0	8.7%	4.3%	30.4%	56.5%	4.35
	家庭观念	0	8.3%	0	20.8%	70.8%	4.54
	象征意义—节日	0	0	8.3%	20.8%	70.8%	4.62

中华文化社群各项目最高语言能力要求均值表

最高语言能力要求	中华文化社群	最高语言能力要求判断比率					最高语言能力要求均值
		知道	理解	描述	阐释	反应	
理解 （1项）	其他社群	25.0%	29.2%	25.0%	12.5%	8.3%	2.5
描述 （2项）	民族社群	20.8%	25.0%	29.2%	16.7%	8.3%	2.67
	年龄社群	28.6%	4.8%	38.1%	9.5%	19.0%	2.86

中华文化人物各项目最高语言能力要求均值表

最高语言能力要求	中华文化人物	最高语言能力要求判断比率					最高语言能力要求均值
		知道	理解	描述	阐释	反应	
描述 （4项）	杰出人物—其他领域杰出人物	20.8%	16.7%	41.7%	12.5%	8.3%	2.71
	杰出人物—艺术领域杰出人物	8.3%	12.5%	29.2%	37.5%	12.5%	3.33
	杰出人物—中外交流领域杰出人物	8.3%	4.2%	41.7%	33.3%	12.5%	3.38
	杰出人物—体育领域杰出人物	8.3%	16.7%	25.0%	25.0%	25.0%	3.42

续　表

最高语言能力要求	中华文化人物	最高语言能力要求判断比率					最高语言能力要求均值
		知道	理解	描述	阐释	反应	
阐释 (7项)	历史虚构人物—神话传说中的人物	12.5%	4.2%	25.0%	37.5%	20.8%	3.5
	历史虚构人物—文学作品中的人物	12.5%	4.2%	29.2%	20.8%	33.3%	3.58
	杰出人物—帝王及领导人	4.2%	0	41.7%	33.3%	20.8%	3.67
	杰出人物—医药医学领域杰出人物	4.2%	0	41.7%	25.0%	29.2%	3.75
	杰出人物—文学与历史领域杰出人物	4.2%	4.2%	29.2%	37.5%	25.0%	3.75
	杰出人物—科技领域杰出人物	0	4.2%	33.3%	33.3%	29.2%	3.88
	杰出人物—教育领域杰出人物	4.2%	0	25.0%	16.7%	54.2%	4.17

中华文化信息各项目最高语言能力要求均值表

最高语言能力要求	中华文化信息	最高语言能力要求判断比率					最高语言能力要求均值
		知道	理解	描述	阐释	反应	
描述 (7项)	地理—自然景观及保护区	20.8%	25.0%	20.8%	8.3%	25.0%	2.92
	历史—考古发现	8.3%	25.0%	37.5%	20.8%	8.3%	2.96
	动植物	17.4%	21.7%	21.7%	13.0%	26.1%	3.09
	自然灾害	8.7%	17.4%	43.5%	8.7%	21.7%	3.17
	地理—区域城市介绍	4.2%	16.7%	45.8%	8.3%	25.0%	3.33
	历史—历史事件	0	25.0%	33.3%	25.0%	16.7%	3.33
	地理—地理概况	4.2%	4.2%	58.3%	8.3%	25.0%	3.46
阐释 (3项)	历史—历史概况	0	12.5%	37.5%	20.8%	29.2%	3.67
	历史—中外交流史	0	0	45.8%	37.5%	16.7%	3.71
	人口	4.2%	12.5%	25.0%	12.5%	45.8%	3.83